쿼크의 임신과 달거리

쿼크의 임신과 달거리

초판 1쇄 인쇄 2025년 5월 20일
초판 1쇄 발행 2025년 5월 25일

지은이 고 덕
펴낸이 金泰奉
펴낸곳 한솜미디어
등 록 제5-213호

편 집 김태일
마케팅 김명준

주 소 (우 05044) 서울시 광진구 아차산로 413(구의동 243-22)
전 화 (02)454-0492(代)
팩 스 (02)454-0493
이메일 hansom@hansom.co.kr
홈페이지 www.hansomt.co.kr

ISBN 978-89-5959-596 9 (03150)

*책값은 표지에 표시되어 있습니다.
*잘못 만들어진 책은 구입하신 서점에서 친절하게 바꿔드립니다.

천지(天地)를 보는 이치,
우리는 점을 믿든 안 믿든 양자역학은 점이다.

쿼크의 임신과
달거리

고덕 지음

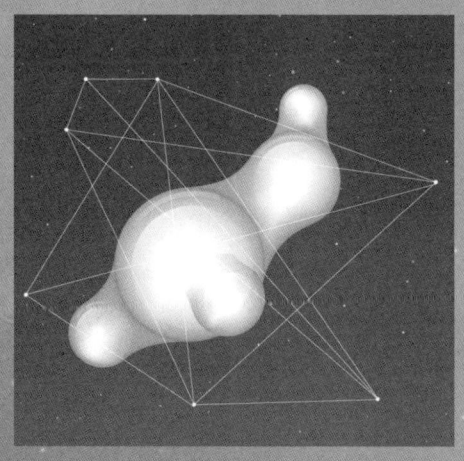

한솜미디어

| 머리말 |

쿼크 양성자는 2/3e 두 개 1/3 한 개를 뜻하고 중성자는 1/3e 두 개와 2/3 한 개를 뜻한다. 육효, 음효는 DNA 나선의 RNA 상태로 갈라진 것을 말하고 양효는 RNA가 DNA로 붙은 것을 말한다. 만일 화수미제(火水未濟) 괘라면,

 − 양(D)
 -- 음(R)
 − 양(D)
 -- 음(R)
 − 양(D)
 -- 음(R)

D는 DNA, R은 RNA를 상징하는 상형인데 갈라진 음이 세 개는 RNA 상태를 말하고 붙은 세 개는 DNA 상태의 쌍이라는 것이다. 이러한 육효 상태가 쿼크 하나에 해당되는 깃이면 이는 육효의 상하괘는 곧 쿼크를 열 개로 분해한 10의 한 바퀴에 12 눈금의 달이 들어가는 것이 된다.

DNA는 한 바퀴가 열 마디로 꼬이는데 이것은 원주율이 10인 십진법의 기초인 것이고 이것이 육효 여섯 개면 반달을 의미하고 반년을 의미하는 소성괘 세 개의 효가 두 개로서 육효가 된다.

쿼크의 임신과 달거리 5

쿼크의 잉태는 이러한 원리를 알아야 쿼크의 12달을 따라 전체적으로 사람이 태어나는 이치를 안다.

시간은 가지 않는다

용은 변신을 잘하는데 그 크기가 모래알 만하게 작아졌다가 빌딩 만하게 커지는 것으로 자유자제로 한다. 그러면 모래알 만한 시간과 빌딩 만한 시간은 같은 시공일까?

내가 몇 겁의 시간을 몇 시간의 후의 시간으로 살아나온 것이면 이는 내가 몇 겁을 사이에 두고 인간이나 짐승으로 살아나오는 것도 바로 지금의 시간으로 나타났다 사라지는 것과 같다.

모래가 현재의 시공인 것이면 이 모래 한 알에서 사라지는 것은 몇 겁의 시공간으로 사라지는 것이지만 다시 이 빌딩 같은 대 우주 시공의 겁(劫)이 모래 한 알의 태양력으로 줄어 나가는 것이면 이는 몇 겁을 몇 시간 내로 줄었다 늘었다 하며 변신한 것이다. 즉 시간은 가지 않은 계산법일 뿐이다.

12간지 중에 다섯 번째 자리가 용(龍)이다. 여기가 합성의 자리인 것이라 용 위의 천간 합이 합성으로 화한 색으로 분리한다. 용 지지(地支) 위에 갑이 천간이면 갑진(甲辰)이 청룡인 것이다. 갑은 푸른색을 의미하는 청룡인데 여기에 용의 피부가 카멜레온이라면 갑은 기와 합해 토가 되니 황색이 되니 카멜레온의 피부 쪽인데 청룡이 된 것이다.

즉 경자에서 시작하면 다섯 번째 용이 갑진이니 청룡이 되는 것인데 경이 자에서 원자라고 하면 진이 되면 분자가 되니 푸른색의 색소 분자가 되는 것이다. 이는 언자 상태에서도 흰빛을 띠는 것인데 용의 천간에서 누른색의 토로 변하면 오장을 관할하는 용이 되는 것이다. 이는 카렐레온이 색이 변하듯이 진(辰) 위 갑이 푸른색이니 청룡인 것이다. 집채만한 용은 늘 푸른 용으로 보이지만 모래만한 카멜레온으로 등색의 변화로 보면 순식간에 청룡이 될 수 있고 사라질 수 있는 것과 같다. 즉 용도 피부의 점 세포를 따라 퍼지는 것이니 세포 하나가 오늘의 시간이 된다.

원자를 세포 단위로 하면 이 세포 하나는 우주에 있어 몇 만겁(萬劫)이 되는 것이면 이는 수십조의 세포 시공 중의 하나인 것으로 지구라고 할 수 있다. 그러면 내 하나의 주체로서는 지구에 1초를 머문다고 해도 내 몸을 도는 신경이나 피는 몇 억 광년을 돌고 있는 것과 같다. 우주에 내가 이런 센스를 가진 의식이라면 양자역학도 내 영적 시스템 안에 있을 수 있다.

| 차례 |

머리말/ 5

제1장 미토콘드리아의 모계 유전과 우주/ 21

쿼크 상의 인체 해부학/ 22
미토콘드리아의 모계 유전과 우주/ 23
인생은 냉혹한 것인가?/ 24
자음과 우주 사방의 중심 오방/ 27
지구 수비대 난자/ 28
Z의 모형이 두 개면 ㄲ의 모형이다/ 31
육효(六爻)를 중력으로 잡아 육효 쿼크의 모형으로 설명되어야 하는 당위성/ 32
끈 이론의 실습은 실뜨기 놀이와 실로 단추구멍 돌리기로 범우주적이다/ 37
배꼽과 경(庚)/ 38
시간이 탯줄이 있다는 것은 배꼽이 있다는 것이다/ 39

제2장 우주는 50에 입 닫고 뚜껑 열리니 49라/ 41

우주는 50에 입 닫고 뚜껑 열리니 49라/ 42
하늘의 땅은 열려도 혀가 짧은 것인지 다섯 치인 것이/ 46
쿼크의 현실성과 비현실성/ 47
금화교역/ 48
오일러 공식에서 귀신이 거울 속에서 나오는 법칙일 수 있다/ 52
오일러 공식과 원주율 파이(π)/ 57
세상에서 제일 무서운 것은 AI가 점을 칠 수 있다는 것/ 60
소성괘의 기호(記號)/ 61

양전자와 전자의 관계가 후천수 음과 양의 밀착과 떨어짐에 있는 것과
같다/ 62
쿼크와 남양결(南陽訣) 교련수(巧連數)/ 63
남양결(南陽決)은 주역의 천체물리학성을 이야기한 것이다/ 64

제3장 1/2 스핀과 앞이 뒤가 되고 뒤가 앞이 되는 구조/ 67

1/2 스핀과 앞이 뒤가 되고 뒤가 앞이 되는 구조/ 68
대천(大千) 정도가 되어야 세포수 기본이 되는 것과 같다/ 73
쿼크의 3태극이 되기 전의 1/2구조의 양 태극/ 73
쿼크의 시간적 의미/ 75
쿼크도 색이 있다는 것은/ 76
약력의 입자성과 12지(支)/ 76
이는 결합의 문제인가 틈의 문제인가/ 78
쿼크가 색이 있다는 것과 3족의 상호관계/ 78
두 개의 원이 앞과 뒤인 것으로 하루인 것이면/ 80
우주에 있어 오전과 오후가 나눠지는 것은 색과 무채색이 나눠지는 것이면/ 81
우리가 물리학적으로 저승에도 이승의 의식을 다시 가질 수 있다는 것은/ 82
8괘와 우주 그리고 원동기 구조와 우주/ 83
8족을 반으로 나눈 자음, 모음/ 86
뫼비우스 띠와 양자의 양면성으로 뒤집어 나오는 태극적 우주 복사/ 88
5족이 소리인 것의 영역으로만 대조해 보면/ 88
불로 굽힌 문명으로서의 지능/ 95
쿼크의 해부도와 팔괘의 수화기제괘라고 하면/ 95

점의 안으로서 점의 밖을 보는 것이 점을 치는 것이다/ 98
암흑 에너지의 진공을 임계수(壬癸水) 아래 절로공망(截路空亡)
이라/ 99
우주와 나의 지금의 평형 상태라면 궁극적으로 극한의 미래의 열역학
으로 보면/ 100
대뇌피질은 초은하단의 언저리이다/ 101
육십갑자 중 절로공망 천간(天干) 임계(壬癸) 5부분/ 103
전자를 0으로 했를 때/ 104
쿼크는 강입자로 묶인 것/ 105
쿼크의 1/2 스핀/ 106
한 해가 120년인데 세월이 간다고? 문학 감은 되는데⋯/ 108
모든 사람이 부처님이니 다 손바닥의 일이다/ 108
친환경적 자연성이란?/ 109
이름이 되었을 때의 물질성/ 110
광자도 물질이 아닌 냉각성의 눈금에 붙은 의식성/ 111
왜 색이 있는 것인가?/ 112
한편으로 내가 H_2O인 것에 입자 충돌의 먼지는 나와 먼 것일까?/ 113

제4장 차원의 누설과 천기누설/ 115

중력막의 세포 70조 개와 쿼크의 일생/ 116
차원의 누설과 천기누설 · 1/ 116
팽창과 수축의 힘과 양 손 안의 끈/ 118
전하(電荷)가 배부른 여분 차원의 지문/ 119
차원의 누설과 천기누설 · 2/ 121
왜 지구를 택해 지구인이 우주의 자유인이 되었는가/ 125

어느 시점부터 비틀린 공간인가?/ 127
5차원의 공간에서는/ 128
5중궁의 기력에 의해 팔방을 맞추는 것이면/ 131
국소화된 중력이란 것으로/ 133
막과 끈/ 137
11차원 안에서의 구궁도 137
오스뮴과 전자 배열/ 139

제5장 주역과 쿼크 이론의 진화/ 141

중천건괘/ 142
태극이 하나의 원 둘레로 돌아가려면/ 144
평행 이론과 다중 분할의 동시성/ 146
각 차원의 시야/ 151
0과 1의 회전놀이/ 155
재결합과 우주 시뮬레이션의 축/ 156
양성자를 중심으로 전자가 돌 때/ 157
우리가 눈은 광자 알맹이라고 하면/ 159

제6장 양자장 이론에서의 진짜 진공과 가짜 진공/ 161

소성괘(小成卦)는 광자의 세 갈래 양자의 얽힘으로 삼원색의 기본 색
전하가 되는 것인가/ 162
양자장 이론에서의 진짜 진공과 가짜 진공/ 163
대운에 있어 10이 1로 한 묶음이 되는 이유/ 165
엘리스 링의 기본 크기는 반이 50이고 반이 50인 도합 100인 문짝

이다/ 168
과연 생기 복덕 소성괘는 우주 함몰에서 붕괴된 잔해일까/ 173
내가 우주에 미미한 존재라고 생각하지 말아야 할 이유/ 175
쿼크가 힉스 입자를 하나 잡으니 힉스 장이 49라/ 177
건곤이 강력하게 쥔 중에 전자기력의 힘이란/ 178
태극기를 제대로 이해하는 자가 얼마나 될까/ 179
힉스 장의 생성/ 181
양자역학과 기문둔갑/ 182
천복지재(天覆地載)는 주기율의 반복으로 뒤집히는 형상이다/ 183
얼굴을 보면 내가 우주라는 물리성이 뚜렷한 이유/ 185
쿼크와 렙톤은/ 187
괘상 전체의 전하량은 변하지 않는다/ 189
질량은 에너지다/ 190
이온의 이동 끈은 이온이 한쪽에는 양이고 한 쪽에는 음이면/ 191
스쿼크 초대칭 쿼크/ 192
쿼크가 연주하는 음향/ 193
파장과 생명력/ 194
우주 붕괴에서 다시 시작이 되면 나부터 시작되는 이유/ 195
쿼크가 되기까지의 산고/ 196
미묘한 생전의 본래 면목/ 196
색과 전하의 미묘함에 기묘 쿼크가 있다?/ 198
우주와 주역의 끝 부분/ 199
육충괘와 육합괘의 우주/ 200
육효에 있어서의 힉스 시작 부분/ 200
우주의 끝과 주역의 끝/ 201
가짜 진공에 진짜 사람이 산다/ 202

우주에 있어 나의 상대성/ 203
우리가 우주의 진공에 진가를 구별하자면/ 203
우주 전쟁?/ 204
은하수와 함께 넘어가는 목구멍의 블랙홀/ 205
중성자와 중성미자/ 207

제7장 전자는 양성자에 종이와 같은가 볼펜과 같은가/ 211

3족은 광자 시작 연대기/ 212
무안계 내지 무의식계/ 212
전자는 양성자에 종이와 같은가 볼펜과 같은가/ 214
양성자가 전자에 그림을 그릴 수 있는가?/ 215
중력의 견인 효과와 반대의 문제/ 216
진공 에너지와 암흑 에너지/ 217
육효는 하괘에서 냉각성이어야 중성자가 아닌가?/ 218
사계절 인생과 물리학적 중요성/ 220
암흑시대와 우주 구조의 출현/ 222
우리는 점을 믿든 안 믿든 양자역학은 점이다/ 222
점의 분할로서 점을 본다는 것/ 223
블랙홀의 점 씨앗 속의 눈과 나무의 꽃으로서 시야를 튼 웜홀/ 224
수(數)가 항상성이 있어야 기초적인 것/ 225
웜홀의 법칙과 호킹 복사/ 226
산(算)가지와 쿼크의 사계절/ 227
구궁도를 청동 거울이라고 하는데/ 228
거울상으로서 구궁도를 동일시해서 본다면/ 228
적색편이에 속할 수밖에 없는 이유에서/ 229

쿼크도 공변이 있는 것인가/ 231
괘에 나의 자리 세(世)와 우주의 나/ 232
몸보다 더 작은 세포성으로 볼 때/ 233
이중 슬릿에 있어 광자가 슬릿을 통과했을 때/ 234
우주 거품과 뇌와는 어떤 상관인가/ 237
대성괘 간괘(間卦) 역할과 괘의 우주성/ 238
흥미로운 가설/ 240
은하수는 수소와 헬륨이 산다. 바다는 물고기 알과 고래 새끼가 산다/ 241
우주 재결합과 주기율의 반복/ 241
음양이 8에서 나뉘면 뇌가 반음의 역할을 하는 것과 같다/ 242
중입자가 3과 4효인 목에 걸려 중력화하는 턱에 걸려져 아랫배 1효에 쌓여 중력화하는 것/ 243
우주의 8자가 생긴 모형과 구궁도/ 244
왜 3효와 4효가 기묘한 쿼크와 맵시인 쿼크의 허리로 날씬한 것인가/ 245
원소 1족과 2족의 중입자 문제/ 246
중입자와 오비탈/ 247
이론상으로는 가능한 전자 오비탈 벗기기/ 248

제8장 원소 주기율의 역행/ 251

지구 종말 환산법과 달 종말 환산법/ 252
쿼크는 왜 3을 기준으로 분할이 되는 것인가/ 252
왜 쿼크는 1/3 비율과 2/3이 비율로 발생한 것인가? 그 원류를 찾아서/ 255

천지비괘 육효/ 255
쿼크와 다른 전자기력의 파장/ 257
괘상과 얼굴/ 258
음정 파의 턱이 붙은 위치와 턱이 머리에 붙어 상하를 가르게 한 이치/ 260
오해의 소지가 있는 그림/ 262
과연 저승은 빛을 비추는 것일까? 빛이 비추는 것처럼 보이는 것일까?/ 262
3족은 양성자가 있는 전자인가? 양성자를 벗긴 전자인가?/ 264
또한 우주여행을 한다고 볼 때/ 264
인식하지 못하는 가설성/ 265
파장의 속도성과 길이/ 265
음정 파의 파괴적 속성 원소 4의 위치성/ 267
중력의 잣대로 지구를 보자면/ 268
과일은 떨어져도 나무보다 오래 산다/ 269

제9장 힉스 입자도 이목구비가 있는 것인가?/ 271

힉스 입자도 이목구비가 있는 것인가?/ 272
힉스 공간이 이목구비를 갖는 구조/ 273
수소는 유정란이고 전자는 무정란인 것이다/ 275
DNA와 오행/ 275
왜 두 개의 다리를 꺾어 관절의 힘으로 네 개의 핵융합이 성행위인가?/ 275
쿼크가 색이라면 이는 접는 부채를 펴는 것과 같다/ 277
삼원색이 양귀(陽貴)인 것으로 하는 것/ 278

DNA와 RNA/ 279
태아와 앨리스 링/ 281
앨리스 링은 4와 5족의 사이에 있는 틈새인가? 아니면 2족이 벌어진 사이의 공간이 링으로 싸여진 것인가?/ 282
7음계와 원소 7주기율/ 284
당사주는 어떤 물리적 구심점의 기준이 있는 것인가?/ 287
공기(空機)놀이는 우주인의 소꿉놀이/ 289
암흑 산소와 6족 중감수의 암흑성/ 290
우연과 과학/ 294
빅뱅과 수학/ 296
빅뱅과 손 없는 날/ 297
빅뱅을 2차원적으로 설명하면/ 299
속도와 무게가 비례하는 것이면/ 301
천체 물리와 근친의 문제/ 303
시공은 팽창하는 것인가?/ 305
마음의 양자 중첩과 물질의 물질의 양자 얽힘/ 307
건곤은 양자 얽힘이다/ 308
정이십면체와 육십갑자 단위의 함수/ 309
정이십면체와 육십갑자 단위의 성장/ 310
원소주기율의 역행/ 311
정이십면체/ 312
원소 3족은 프라즈마 상태를 말하는 것이고/ 314
3차원과 4차원의 생사 관계/ 315
풍택중부(風澤中孚)괘와 씨앗의 날개/ 315
차원의 이동은 앨리스 링의 문을 통과해야 하는 것이다/ 317
머리와 몸의 짝으로 자음과 구궁도와 좌우를 짝으로 하는 음양의

자음/ 319
머리를 뺀 복부만의 모음 구궁도를 보면/ 320
이중 슬릿과 DNA/ 324

제10장 기문둔갑의 해(解)/ 327

기문둔갑의 해(解)/ 328
쿼크의 임신과 달거리/ 328
주기율표는 이온의 변화가 중요하다/ 331
남섬부주(南贍部洲)는 주기율표의 3족에 해당된다/ 331
한글과 천지인/ 333
이름이 한 자인 경우와 여러 자인 경우의 우주성/ 334
한글 낱말 하나로서의 이름 석 자를 분해하자면/ 336
역발상(逆發想) 기개세(氣蓋世)/ 337
우주적 진화론/ 338
새들의 진화와 신경론(神經論)/ 339
한글 모음은 수학적으로 가로 수평을 x선으로 하고 세로 세운 선으로 y로 하는 것에서/ 340
이온과 모음의 형태/ 341
2주기율의 8족 납갑 배치도와 자음과 모음/ 341
끈 이론의 주기율적 실체/ 344
실을 단추 구멍에 넣어 10차원으로 돌리기/ 344
끈이 차원의 머리로 날이 나오는 순서가 11이라는 것에서 11차원인 것이다/ 345
3차원의 세포성과 10차원의 몸의 구조는 유전성으로 같다/ 347
말라식(識) 사이의 의식과 아뢰야식/ 349

모래시계 형태의 우주로 볼 때/ 350
1에 000이 세 묶음으로 곱해도 1인 것/ 352
얼굴의 양성자화와 오장의 중성자화 그리고 턱에서부터의 양분/ 353
성이 세포로서 두 가닥과 체가 두 갈레로서 세포가 되는 것/ 353
목이 4족인 것은/ 354
목이 4족인 것으로 신경인 것이면/ 355
당사주 초끈 이론과 인체의 생명력/ 358
원소 8족은 하나의 몸인 것이다/ 359

제11장 끈 이론과 인체/ 361

5차원 중심의 10차원적 회전율과 구궁도/ 362
이허중괘 속의 오행/ 364
끈 이론과 인체/ 366
수소 한 알의 종자/ 367
DNA의 오탄당 쌍으로서의 10과 이 쌍이 열 마디인 것으로서의 한 바퀴/ 368
쿼크가 세 끼를 먹었는데 잠은 어떻게 자나/ 369
쿼크 구조상의 소화력/ 370
어미는 자식이 늙어도 솜사탕 같은 것이다/ 371
육효 두 개의 반복인 12지(支)와 쿼크의 삼원적 독립성의 묶음/ 372
쿼크는 삼원색이라는 보장은 없다/ 373
낚시하는 법을 가르친다는 것은/ 374
전자가 만일 바다라고 하면 이 우주의 전자에 인간은 왜 뜨지 않는 것인가/ 375
중력의 과제와 건곤/ 376

쿼크의 정보력/ 377
우주는 얼지 않으니 10으로 하고 땅은 어니 2달이 지체되어 12달이다/ 379
6족을 채우면 곧 8을 채우는 다도(茶道)가 된다/ 379
입자성으로 보아 힉스의 장으로 열 무대는 아닌 것 같은 옹골찬 원소라는 것에서/ 382
쿼크가 양성자 중성자 속에서 상대적인 것이면/ 384
AI가 자신을 빼고 전생을 볼 수 있다면 이 우주는 AI의 우주라고 할 것이다/ 384
공망(空亡)이라는 것은 수소 핵과 상대성인 것으로 하면 허점이 요점이 강한 것이 된다/ 385
시간이 머무는 복령(茯苓)이라는 것/ 386
DNA의 중앙의 수소 점에 염기의 뿌리가 박힌 것이면 물리의 인체학적 상수/ 387
건의 갑목은 두뇌의 신경이다/ 388
헬륨인 중력이 핵융합에 뜬 것이든가 아니면 핵융합에 무거워 가라앉는 것이든가/ 389
우리는 몇 겁에서 만난 것인가/ 390
DNA에 있어 수소 점/ 392
DNA에 있어 수소 점에서 1의 출발/ 393
양자 물리학적 천지/ 394
부처가 되기 어렵다는 것/ 397
시간은 가는 것인가/ 397
기하학/ 399
왜 새는 팔 대신 날게를 가졌을까?/ 399

제1장

미토콘드리아의 모계 유전과 우주

※ 쿼크1) 상의 인체 해부학

  사막에는 핵이 그 자리를 비우면서 가장자리로 둥글게 울타리처럼 퍼져나가는 자리공이라는 식물이 있듯이, 세포도 세포핵이 없어도 세포는 계속 유지된다. 이는 곧 세포도 자리공이라는 것이다.
  DNA가 핵의 DNA가 아니더라도 미토콘드리아가 행할 수 있다는 것은 마치 괘상으로 보면 건괘(乾卦)의 약력(弱力)인 지육신(支六神) 육효와 진괘(震卦)의 지육신 납갑이 같다. 이는 건괘(乾卦)의 납갑은 세포핵의 DNA가 있는 것이고, 진괘(震卦)의 납갑(納甲)은 건괘의 DNA가 소멸하더라도 독립적으로 살아가는 기본형이 있다는 것이다. 즉 건괘의 납갑이 갑(甲)인 것에서 초효가 중력의 바탕이 된다. 그래서 건괘의 초효는 갑자(甲子)가 되어야 한다. 건괘의 초효인 중력핵은 곧 세포핵과 같은 것이다. 또한 진괘의 납갑은 경(庚)으로 이 또한 초효를 중력으로 하면 경자(庚子)에서 시작된다. 경자는 세포핵과는 달리 중력을 가진 것으로 미토콘드리아라는 것이다.
  갑자는 세포핵의 DNA라는 것이고 경자는 미토콘드리아의 DNA인 것이다. 이는 세포핵이 없어지더라도 미토콘드리아는 기능을 한다는 의미이다. 씨앗이 없더라도 이미 자란 줄기에 접붙일 정도는 된 미토콘드리아라는 것이다.

---

1) 쿼크(quark) -양성자, 중성자와 같은 소립자를 구성하고 있다고 생각되는 기본적인 입자.

※ 미토콘드리아의 모계 유전과 우주

미토콘드리아2)는 모계 유전이다. 이는 5중앙 토가 모이기 때문이다. 2와 헬륨족 8은 늙은 자궁을 말하는 것이고, 중궁의 5는 젊은 자궁을 의미한다. 이는 2차원의 상대적 끈을 말하는 것에서 이 늙은 자궁이라도 그 흔적의 균형은 그대로 유지하는 우주인 것에서 새롭게 일어나는 새순들에 다시 자궁이 활기를 갖는 5중궁이라고 본다. 그래서 2곤토가 기궁(寄宮)이라는 것이다.

신화로 보면 할머니가 된 여신인 것으로 거기에 자식이 생생한 자궁을 가진 것으로 사방의 자식을 낳는 것이다. 이는 4방이 이미 중앙에 핵이 없는 것에서 중앙에 핵으로 5가 되면 마치 핵에서 미토콘트리아로 자궁에 착상이 된다. 그러니 모계가 되는 것이고 이는 빅뱅이 0인 것에서 수소가 퍼진 것이 1인 우주에 다시 행성이라는 탄생이며 중심으로 하면, 곧 5가 중심이 되는 것에서 사방이 팔방으로 겹이 되는 것과 같다.

원소는 1주기율로서 수소와 헬륨이 1과 2의 관계인 것이라 2가 곧 하나의 상대적 선으로 이루는 것의 2차원적 관계에 있는 것인데, 이 2차원적 거리 사이에 3차원과 4차원은 팽창을 이룬다. 그리고 팽창이 터지면 9차원인 것이고, 그 중성미자마저도 10차원으로 모이면 하나의 점이 된다. 이 점은 랜덤과 같은 것이라 우주적으로는 어느 족인지 방향이 없다. 다만 그 불확실성에서의 탄생에서 행성으로 하는 것이 이를 5라는 것으로 마치 자궁이 본래 몸의

---

2) 미토콘트리아(mitochondria) - 세포 소기관의 하나로 세포호흡에 관여한다. 따라서 호흡이 활발한 세포일수록 많은 미토콘드리아를 함유하고 있으며 에너지를 생산하는 공장으로 불린다. - 〈출처 : 두산백과〉

우주에 랜덤과 같은 것으로 대기중과 같은 것이나 자궁에 티끌이 모인 태반으로 쌓이면 랜덤 자궁이 중앙의 지구 위치가 되는 것이다. 그를 둘러싸고 달이 공전하면서 난소가 된다.

✽ 인생은 냉혹한 것인가?
　- 얼음이 물을 생한지 얼마나 되었다고 물도 얼어 부모가 되었다.

　얼음은 물일 때 생하는 것이고 물이 같이 얼어버리면 한 겨울이다. 그러면 이미 자식도 얼음으로 성장했다는 것이다. 즉 얼음은 고체인 것으로 금속에 속하는 것인데 이는 대가리가 굵어졌다고 선거권부터 챙기는 것과 같다.
　물이 결정체를 이룬 것은 금속과 같기 때문이다. 이는 금생수가 되는 것으로 물이 아니고 얼음이면 생할 수 없다. 또한 건금은 음력 10월에 가장 강한 것으로 하는데 그것은 물을 생할 수 있는 금의 역할이 가장 강하기 때문이다.
　즉 음력 10월을 넘으면 금도 얼어붙는 것이라 더 이상 자식도 성인이 되어 얼음이 되는 것과 같아 부모가 되었다는 것이다. 이는 괘상론(卦象論)에 해당한다. 좀 더 화학적으로 보자면 원소 여덟 족 단계에서 3족인 이허중까지가 핵과 주변인 것으로 하는 것인데, 이는 일종의 중력 껍질인 셈이다. 나머지 4족부터 선천수로 볼 때는 씨앗 껍질에 질기게 붙은 섬유성의인 것으로 4족의 시발점이 된다. 이 4족에서의 질기고 악착같은 융합이 곧 과살의 섬유질이 씨가 달아 붙어 떨어지지 않는 부분이고 근육이 뼈에 붙어 떨어지지 않는 것이다. 또한 이 속이 빈 공간인 3족에 붙어 번져가는 자리공의 테두리가 곧 원소 4족이고, 이허중이 사막이라 풀이어도 잔디에 가깝게 울타리와 같을 뿐 거친 껍질과 같은 것이다. 이에 언저리로 계속 뻗어가 숲이 되면 원소 5족인 것으로 곧 이 테두리에서 4족에서 다시 암수의 융합으로 다시 팽창이 되는 것이 5족인 번식이다. 그러니 과일 하나로 치면 씨에 붙지 않는 섬유성의 과살을 의미한다.

이를 세포로 볼 때는 원소 3족까지는 세포핵으로 본다. 그래서 자리공처럼 세포핵이 없어도 나머지 기관의 작용은 건재하다는 것은 미토콘드리아의 독립이 된다. 곧 자리공이어도 그 울타리 밖은 숲을 이룰 수 있는 기틀이 되는 것, 이는 세토질이 사막이어도 따로 자리공이 될 수 있다는 것이다. 이는 온도의 차원으로도 울타리를 갖고 있다는 것은 마치 어떤 온도이든 알을 품을 수 있다는 것이 된다. 즉 냇물이나 바닷물이나 물에 젖으면 어디든 일어날 수 있는 것이다.

인간 세포는 23쌍의 염색체를 갖는 것으로 한다. 이 쌍이라는 것을 양팔로 하는 것이면 이 양팔이 염색체로 꼬인 것에서 양손으

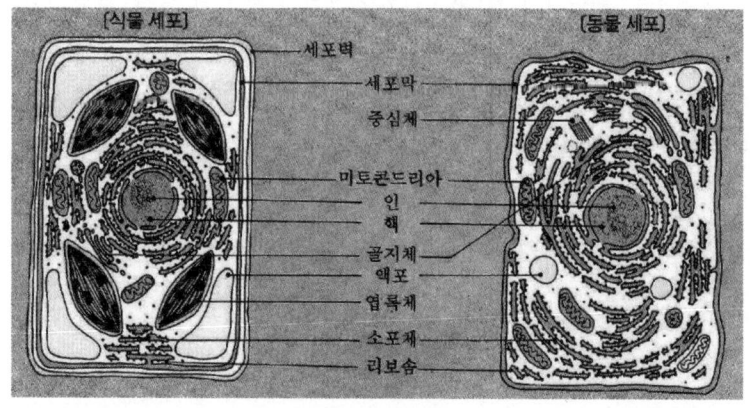

로 펼친 것이 세포가 된다. 즉 역설적으로 양손이 세포인 것에서 그 속에 염색체가 밀어올린 것과 같다.

이는 팔방성으로 3족까지는 핵으로 할 수 있고 씨앗으로 할 수 있는 것이다. 그리고 세포 구조는 오행으로 다룰 필요가 있다. 퀴크 육효의 육장(六將)으로 보면 단백질이나 지방 당분은 재(財)가 된다. 이 재가 청용을 대(帶)하면 생산물인 것이고, 손(孫)이 청용을 대하면 새로운 설비시설이 된다. 즉 조면 소포체나 활면 소포체 등이 단백질의 합성을 하는 것이고, 골지 장치는 손에 해당되는 것이고, 재가 손으로 화하면 단백질 생산기능이 되는 것이고, 구진(勾陣)이 토(土)면 세포막이고 리소좀이 현무(玄武)이다.

그리고 미토콘드리아는 화(火)가 손이나 재가 되면 형성이 되는 것이고, 공망은 RNA가 되는 것인데 리보솜은 손에 해당이 되는 것이다. DNA는 부(父)에 해당되는 것이고, 청용이면 DNA를 새로 단장한 것이다. 백호가 관을 극하면 백혈구인 것이고, 재가 공망이면 빈혈이다. 동맥은 위에서 아래로 내려오니 붉은 것이고, 나무는 아래에서 위로 자라니 정맥은 푸르다.

적혈구는 화(火)가 금(金)의 장생지이니 철분이 녹아든 것이고, 화가 꼭대기를 지향하다보니 꽃이 꼭대기에서 꽃가루를 만들어 열매를 붙이는데 이를 토생금이라 한다. 이것이 한글 자음의 8족 끝이 ㅇ인 것이고 그 다음이 ㅈ인 것으로 이는 곧 ㅇ인 꽃가루에 ㅈ인 열매가 붙은 것으로 낙과를 거부한다. 즉 ㅈ은 낙과율이 높은 것이고 땡땡하다. 그러니 ㅊ인 진전이어야 착과가 완전히 된 것이다.

❋ 자음과 우주 사방의 중심 오방

이 한자 무(戊)자라는 형태는 창과 같다는 것으로 야산의 바위가 날카로운 것이고 돌도끼를 뜻하기도 한다. 즉 ㅇ을 지난 ㅊ, ㅋ, ㅌ, ㅍ, ㅎ이 다섯이 오행의 기본형인 것은 5는 곧 중앙인 것으로서 지구 중력에 있는 오행을 말하는 것으로 내가 중심이라는 것은 지구 위의 내가 중심으로 우주를 본다는 것이다. 이는 지구 핵이 ㅇ인 것이니 이 위에 있는 모든 자음은 ㅊ, ㅋ, ㅌ, ㅍ, ㅎ에 속하는 것, 즉 ㅇ 이전의 자음은 우주의 자음이라고 하며 이는 마이크로파 이전의 자음이 되는 것이고, 음파는 대기에서 나는 것으로 지구를 중심으로 하는 오방, 즉 ㅊ, ㅋ, ㅌ, ㅍ, ㅎ이 된다.

실제 이 ㄱ인 머리는 정자의 머리인 것인데, 이는 곧 4족이 파장의 머리라는 것이니 전파의 머리라고 한다. 빛의 파장보다는 길면서 넓지만 3족 이전은 빛의 파장으로 하는 것이고, 4족에서 나오는 전자기파는 ㄱ인 것으로 하는 것에서 4족이 자음 ㄱ의 출발인 것이고 사계의 출발이 봄으로 ㄱ인 것이다.

우주의 진화에 전자기파가 생겼을 때부터 우주는 봄에 해당된다. 그리고 식물은 동물보다 부드럽지만 날카롭기는 더하다. 식물은 땅을 벗어나지 못하니 식물의 오행은 ㅋ, ㅌ, ㅊ, ㅍ, ㅎ이 더 날카로운 표현이다. 그에 비해 동물은 부드러운 것이다. 그래서 이 ㅋ, ㅌ, ㅊ, ㅍ, ㅎ은 5방인 오행을 따라야 하니 헬륨족에 다 몰아 볼 수 있는데 괘상으로 8족은 토이기 때문이다.

※ 지구 수비대 난자

아래 그림을 둘러싸고 있는 이빨 모양이 곧 지구 하루가 생산한 이빨이 난 것인데 최소 30알은 넘어야 한 바퀴를 틈 없이 막는다. 즉 란탄, 악티늄족은 지구인 자전축을 말하는 것으로 달이 이빨로 방어를 하는 것인데 입을 꾹 닫고 열지를 않는 것인데, 여기를 뚫고 들어오니 중앙에 있는 혀가 닿아 말씀이 있었다. 곧 말씀이 꼬리를 똬리 틀게 하는 것이다.

이빨 모양의 그림은 난자 알맹이가 겹겹으로 에워싸는 것인데, 그것은 이빨이 뽑히면 다시 나게 되어 있다. 이는 란탄, 악티늄족인 지구 자전이 태양을 도는 것이니 이빨이 혀를 옹호하는 것과 같다. 그러면 혀가 태양인 것으로 맛을 느끼는 것이면 눈이 태양이라는 것은 육안이라기보다 영안이 따로 보는 것이 된다.

즉 살아 영안인 것에서 육안이 맛을 가지는 것이니 곧 태양인 혀의 맛이 아닌가 하는 것이고, 태양이 오로라로 맛을 다시는 것이 아닌가 하는 것도 있다. 그리고 전이 원소는 달의 양팔을 의미하는 것이고 이 달이 뜨고 지는 형상은 반달이 두 개가 되는 것으로 한 달의 입술이 된다. 이 한 달의 전이 원소가 곧 열 개를 뜻하는 손가락이니 묘하게도 양 쪽이 한 짝인 뿐인데도 우리는 팔(8)이라고 하는 것이다. 10에 2를 엄지로 하고 나머지 8이 곧 손

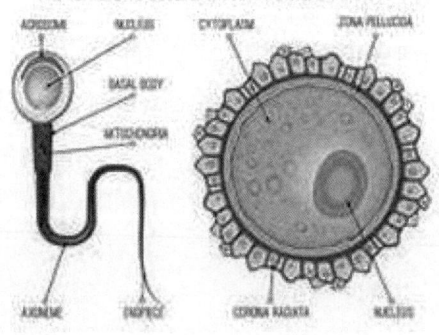

가락의 의미가 팔이라는 것에서 나타난다.

　원소 3주기율은 곧 이하궁(離火宮)인 것으로 특히 이 3이화에 5족이 인인 것인데, 3족의 불에 인인 인광을 나타내니 마치 쇠를 용접하는 빛과 같은 것이다. 그래서 인은 DNA의 용접 부분인 인산기를 취용한다. 인산기란 용접봉을 의미하고 불꽃의 바로미터가 되는 것에서 그래도 ATP(아데노신에 3분자의 인산이 결합한 뉴클레오타이드. 생체 내 에너지의 저장·공급·운반을 중개하고 있는 주요 물질로, 단백질의 합성·근육 수축·자극 전도·분비 따위에 쓰인다)를 잘 다루려면 이 용접 부위를 잘 다루는데 있어 먼저 용접봉의 재질이 좋아야 한다. 처음부터 P3 두께로 용접하는 것이 아니라 P1, P2를 견고하게 하고 난 다음에 3피(被)정도는 입혀야 불꽃을 완전히 낸다.

　여덟 족의 인체가 세포 하나인 것으로 하면 세포핵 안은 3족인 것이고 심장으로 밖의 미토콘드리아나 소포체 등이 심장 위의 오장 기능처럼 붙어 있는 것으로, 이는 마치 원소 심장이 팽창으로 박출하여 피부 끝까지 미치는 부피가 곧 3족인 것이다. 이는 성유성에 대궁이 있는 것으로 해서 그 삼족은 씨앗인 핵인 것으로 세포핵인 것이고, 인간은 심장이 없으면 죽지만 세포핵은 없어도 몸은 살아 있는 현상, 즉 인간이 세포로만 숨을 쉬어도 되는 기능을 가진다면 굳이 심장이 필요 없다. 아마 그것은 가능하지만 영적인 시야일 수 있다.

　미토콘드리아는 이런 세포핵의 심장인 것에 폐로 싸지 않아도 별도의 핵으로 있는 것에서 폐가 된다. 심장의 핵은 폐인 것이니 배보다 배꼽이 큰 것이 된다. 이는 마치 인공호흡기가 폐보다 더 큰 것과 같은 이치이다. 즉 원소 3족이 심장인 것이면 폐가 2족이다. 이는 3족의 핵이 2족인 것이라 피가 폐로 넘어가는 것은 피가 전신으로 가는 4족 행보다 역으로 가는 2족 행이 되는 것이다. 그러면 미토콘드리아가 폐의 역할인 것인가와 간에 속하는 것인가 하는 핵으로 들어가는 것과 같다. 이는 왜 산소 이온을 폐인 베릴륨 안으로 빨아들이는 것인가 하는 의문에 있기도 한다. 금(金)의 씹는 음식은 목(木)인 것으로 금극목인 것으로 식재료를 말한다. 미토콘드리아가 산소를 많이 취하여 에너지를 키운다는 것은 2족이 결합하여 3족인 에너지를 만든다고 볼 때 그러면 3족이 2족으로 역행하면 이는 분해가 된다. 그리고 3족에서 4족으로 순행하면 경합이 늘어나 세포분열처럼 분자화되어 큰 것이다. 또한 4족이 결합하여 분자로 하는 것의 저장성과는 다르게 3족이 껍질에 불과하다고 해도 씨앗과 같은 양분성이 있다.

　DNA의 연료인 질소는 5족인 것으로 이는 땅인 동시에 대기권인 것이다. 그리고 6족은 5족이 더 분말된 것으로 산소가 질소보다 가볍다. 그래서 산소는 액체성으로 더 부드럽고 유연한 편이다. 8족이 헬륨인 땅인 것인데 그에 비해 5족은 흡수성이 있는 공기이다. 이는 흙과 같은 고체성으로 강한 질성을 보이는 것에 흙의 비료가 되는 것이고 산소는 물에 비료가 된다. 그래서 질소는 땅의 거름으로서는 최고로 한다.

　곧 단백질 분해는 세포질인 땅에 매우 중요한 기능이 된다. 이미 5족 대기인 손풍(巽風)은 땅에 끙끙거리는 코가 닿아 있다. 즉 흙을 뒤집어 공기가 들어간다는 것은 질소를 섞는 것과 같다. 이는 땅의 바탕으로 있는 것이기 때문이다. 4는 스쿼크에 해당이 되면 5족은 쿼크가 되는 중심에 있다. 그러니 이미 3족인 핵에 DNA가 2족인 것으로 염색체를 나타내는 것이고, 이 염색체는 DNA의 새끼줄과 같은 맥락이다. 그래서 미토콘드리아는 세포핵의 분류에 속하는 것이니 곧 4족으로 보는 것이 맞고 이 또한 1건괘와 4진괘의 지(支)가 같은 행로를 보이는 것이다. 산소 자체의 유기성을 보자는 것이니 그 입구의 식성을 보이는 것은 아니다.

간은 결합하는 것에서 분해하면 5족인 것이 된다. 그러나 결합과 더불어 분산이 순식간으로 하면 4족 자체에 머문다. 다만 신체는 거리가 있어도 하나같은 것이면 둘 다 취용된다.

단백질이란 것은 5족인 것인데 5족은 바람의 분진이 모인 것이다. 이 분진은 재차 사방으로 흩어질 수 있다. 그리고 이 5족이 2차원의 선으로 붙이면 양팔이 되는 것으로 이 중앙의 후천수 5와 10은 오른 쪽에 올려놓을 수 있는 것으로 방향성을 가질 수 있다. 그리고 이는 스스로 분해하고 결합하는 기능을 갖고 있으니 소포체가 되는 것으로 5족에 해당이 되는 것이다.

위장은 모든 곳에 단백질을 공급할 수 있다. 그래서 이는 세포질인 것이고 어느 생산시설이든 공급되는 것이다. 하물며 DNA도 단백질의 지구라는 바탕을 깔고 분열을 한다. 그리고 분열이라는 세포성은 원소 4족인 것에서 시작하니 8족의 사이가 4족인 것에서 분열하는 것으로 중심체가 된다.

※ Z의 모형이 두 개면 卍의 모형이다

우주는 이 구궁도 안에 있는 9차원의 양에 10차원인 포정을 쓴 것인데 이것을 다시 열면 12차원의 문을 연 것에서 퍼져나가는 모양이다. 즉 구궁도에 있어 Z의 모양은 구궁 순서 1과 2 그리고 8과

9가 양쪽으로 중궁 5에 물린 것으로 Z의 중앙에 점 하나를 찍어 중심으로 하면 양쪽의 굽은 날개인 것이다. 이는 최대 지름의 대칭성인 것으로 날개를 돌리는 것이다. 그리고 이 날개를 돌리다 보면 중간에 힘을 들여도 돌리는 것, 즉 도는 것을 사방으로 할 때 여기에 중앙의 토인 중력의 힘이 나오는 것이 사방 사이의 간방인 것으로 힘을 받쳐준다. 양력이 받쳐주는 것에서 처음의 사방을 돌리는 것보다 좀 더 분담된 8방의 힘으로 중력의 팔이 간반으로 해서 정방을 밀어주고 당겨주는 것이 된다.

구궁 순서의 2와 4와 5와 6과 7인 또 하나의 Z인 것으로 두 개의 합이 卍을 이룬 것이 구궁도이다. 그러면 8과 9사이의 날개 폭 안에 4와 5사이의 작은 날개가 있는 것에서 5차원에서는 한 안에 하나의 점이 존재하는 것이다.

큰 날개의 지름 안에 작은 날개의 지름이 8과 9의 날개 지름 안에 3과 4족의 지름이 함께 5중궁의 구심으로 있다. 모든 차원은 이 중궁의 점 안에서 기본적인 중력을 가지는 것이고, 이 중력에 회전하는 궁에 따라 중력의 차이를 보일 수 있다. 그 차이의 중력에도 기본적 중력은 희미해졌더라도 잡히는 것이다.

✽ 육효(六爻)를 중력으로 잡아 육효(六爻) 쿼크의 모형으로 설명되어야 하는 당위성

빅뱅을 1족, 1효로 보는 것에서 8족 7곱 주기율로 늘어난 것으로 본다. 수소를 자전으로 하는 것에서 헬륨을 공전으로 한다면 수소를 빅뱅으로 하는 것에서 헬륨을 우주 언저리로 하는 굴레로 한다. 그리고 한 주기율마다 한 바퀴로 하는 것의 각 공전마다의 크기를 다르게 하는 것이나, 몸과 세포는 하나로 하는 것, 한 바퀴 둘레마다 여덟 눈금의 8족으로 하는 것, 빅뱅에서의 나이보다 우주 전체 공간 사이의 수억 광년의 거리 차의 나이, 1주기율은 현재 팽창 중의 나이, 2주기율은 태초의 팽창이 밀려나는 언저리에 반사되어 파고가 여덟 겹으로 그 언저리 배경 복사에서 다시 전자화로 밀물 전기와 썰물 전자와의 중첩이 되는 것에서 파도, 곧 파도인 물껍질이 우주막인 것으로 감싸고 있다. 이는 빅뱅이 터진 것이다. 그러면 시간이 갈수록 빅뱅의 자리는 공간이 커야 팽창의 척도가 되는 것은 아닌가?

겉이 차면 속은 공간이 비어 찢어지지 않으면 고갱이라도 나아야 하는 것이다. 나이테가 많은 심지에 하는 우듬지는 고갱이가 아닌가?

나이테가 많은 나무에서 자란 꽃은 풀꽃보다 더 역사적 사랑이 피는 것일까?

우주의 사이가 벌어지듯이 꽃도 나뭇가지에서 멀어진다. 즉 8족의 사이도 멀어진다. 4족의 융합과 폭발에 의한 자기장을 전기가 전자를 빨아들여 회오리로 말듯이 빅뱅도 7주기율로 나이를 먹은 나무이기는 한데 태양의 나이 145억 년이면 이는 어느 주기율의 3족인 것인가. 최소한 우리은하의 주기율에 3족에 해당이 되는 것이고 헬륨족에 쌓여 다음 주기율의 수소족으로 수소족이 되기 위해 수소를 빨아 들여 붙이면 다음 주기율의 3족인 은하가 되는 것이다.

상괘 세 개의 효와 하괘 세 개의 효는 짝으로 보손에 해당된다.

1주기율		
2주기율	상괘	꼭대기 쿼크 양성자
3주기율	상괘	업 쿼크 양성자
4주기율	상괘	맵시 쿼크 양성자
5주기율	하괘	기묘 쿼크 중성자
6주기율	하괘	다운 쿼크 중성자
7주기율	하괘	바닥 쿼크 중성자

그리고 양성자, 중성자 각각의 소성괘 세 개의 효는 페르미온에 해당된다.

6차원! 그대의 자아는 옷에 이가 쏦는 차원의 성장.
5차원이면 한 폭의 포목과 같은 것이고 하나의 막과 같다. 즉 생수(生數)로 짠 결과물이고 이 결과물을 골조로 피막을 입힌 것이 10차원인 것이다. 그러면 이 포목의 옷에 이가 쏦는 것은 6차원인 것이다. 즉 포목 자체만으로 이가 쏦은 것이 아니다. 이는 인간의 우주로 구르는 땀의 결과물인 것이고, 각질의 결과물인 것에서 다만 5차원과 10차원은 피복이 잘 된 피부라는 것으로 곧 피부는 포목에 기름을 바른 막과 같은 것이다.
평면적 2차원의 띠로 보자면 1건천, 2태택, 3이화, 4진뇌, 5손풍, 6감수, 7간산, 8곤지가 되는 선천역(先天易)이다. 이는 빅뱅에서부터의 순서가 되는 것으로 이 선천역으로 보면 빛이 이화(離火)인 3족인 것이니 1과 2족은 분명 빛보다 빠른 것이다.

그리고 차원마다의 크기는 달라도 1로 했을 때 모서리를 다 끌어 모아 하나인 것으로 해서 이 1과 대칭을 이루는 사이의 공간성으로 차원의 공간을 하나씩 늘어나는 것으로 부피를 늘리는 것이다. 즉 어떤 차원이든 이런 대칭성으로 두 개의 사이로 차원을 수용하는 것까지가 2족의 범주인 태괘(兌卦)에 해당한다. 즉 팔괘의 차원의 적용에서 하는 설명이다.

대칭으로 모서리를 직선으로 모아 하나의 상대적 스크린으로 만들면 그 안의 내용은 TV처럼 다양한 우주가 펼쳐지니 우주 배경이 매우 숙명적으로나 운명적으로 접하는 것에서 상대적 대응에 마주친다. 그 순간만큼 어느 쪽에도 해당되지 않는 나만의 의지가 있는 것으로 보게 되는 것인데 이도 나를 기준으로 판단의 결과물일지 몰라도 그 결과는 나의 의지와 다른 길에 가 있는 것이다.

이 보편성을 따르지 못하면 왕일수록 수명이 짧아짐을 면치 못하는 것이다. 이것이 곧 어떤 차원이든 2족인 2태택의 벌어진 사이의 일이다. 차원도 우주 뿐 아니라 입자에서부터 열어둔 것이니 많은 입자들의 수량 중에 반반 틈을 열어 놓은 것이 차원의 진화인 것이다. 차원은 미시적으로 열어놓은 것이라는 것이 곧 주역은 사회성으로까지 보는 것이다.

이는 2차원으로 하는 양손의 선으로 두 선의 실뽑기를 하면 여러 모양이 나올 수 있지만 다 선의 마술인 것이 마술은 하나의 선인 것, 하나의 원인 상태로 없어지는 것과 같다. 또한 수소를 1로 했을 때는 수소 원자 두 개로 수소 이전의 반반을 2로 수용하는 것으로 원자 8족의 진행이 되는데 이는 수소가 반반으로 이뤄진 2로 2는 곧 헬륨과 같다고 할 때 중입자는 다시 8족으로 나눠야 하는 것에서 이는 8족이 2와 합하여 10인 것이다. 결국 10인 곧 양성자의 중심의 원자라면 1은 양성자를 도는 전자라는 것이다.

그러니까 수소는 5와 5의 짝으로 10인 것에서 하나로서의 1인 것이니 이를 반반의 짝으로 보면 2족은 원자 두 개지만 곧 8족을 함유한 10인 것이니 헬륨처럼 원자 번호는 2번이지만 8족과 같은 것이다. 또한 8족의 한 주기율이 짝을 이루니 16인 것이지만 임신을 하는 자궁이 10인 것이니 4주기율부터 18족인 것으로 하는 것이다. 이것은 수많은 원자 중에 단 두 개의 원자 사이로 틈을 벌려 자신만의 공간의 차원 모양을 나타내니 우주의 모형이 되는 것이고, 우주가 둥글게 보이는 것도 지구가 둥글기 때문이다. 우주는 산만하다.

우리 눈이 둥근 만큼 우리는 우주를 둥글게 이해할 수밖에 없는 것이고 이 안에서 중력이 사는 발목에 둥근 것은 벗어나지 못한다. 그래서 그 안의 공간은 이허중인 3차원인 것이다.

4차원은 같은 3차원 두 개의 사이의 모형이 4차원인 것으로 마치 많은 원자 중에 2개의 원자 사이가 2태택(兌澤)인 태상절(兌上絶), 즉 3개의 효 중에 위가 갈라진 것이니 이 갈라진 사이가 차원을 물고 있는 형상이다. 마치 원자가 바둑판처럼 깔려 있다면 그 많은 수소의 우주 중에 오직 수소 두 개만이 차원을 여는 것이 태상절로 이것은 우주가 구슬이라면 이 구슬에 약간의 금이 간 것을 말하는 것이다.

내가 누구인가? 갑자기 이가 쏧는다. 즉 서캐가 생긴다는 것이다. 두 개의 대칭 상에 차원이 생기는 것은 마치 이벌레가 쏧는 것인데 이것이 절대 온도 상이면 곰벌레가 쏧는 것과 같다.

참 기막힌 한글 이(this)라고 한, 즉 우주에 차원의 이가 생기는 것이 나라는 자아를 말하는 것으로, 이것이 곧 사측 북이고 생측 남쪽인 것의 이허중인 것으로 이가 된 것이다.

차원 상으로 보면 차원마다 자아라는 것이 옷에 이가 쓿는 것으로 한다. 그리고 이 차원의 알맹이가 서로 부대끼면 이가 쓿는 것인데 이 이가 다리가 나면 4족인 것으로 진하연의 바닥이 부딪친다.

즉 차원의 자아는 허공인 풍선과 같은 것인데 이 풍선이 부딪치는 것이니 마른하늘에 천둥이 친다. 수소 우주에 전자와 전기가 활발하다는 것이다. 이것이 5차원의 막이라는 것이 된다. 중력과 반중력의 사이에 막이 형성된 것이다. 즉 격리 상의 마찰이 우주에 많은 에너지를 만드는 것이다.

※ 끈 이론의 실습은 실뜨기 놀이와 실로
　단추구멍 돌리기로 범우주적이다

차원과 단추구멍을 보자면 단추구멍을 두 개 내서 거기에 실을 양쪽에 끼워 양손으로 당겼다 좁혔다 하여 단추를 돌리면 이 단추는 돈다. 당기면 도는 만큼 저절로 반대로 돌아 엄연히 스핀이 있음을 보여준다. 단추는 여러 회전으로 도니 보손에 해당이 되던 것이 갑자기 멈춰 반대로 도니 스핀을 먹은 것이다. 이는 한 원 안에 두 개의 원이 보손으로 돌아도 한 원은 정유자로 반반의 스핀을 깃고 있다는 것으로 분명 당기고 빨려 들어가는 밀물과 썰물의 반복이 있는 것이다. 우주가 팽창한 만큼 고무줄과 같은 유연성이 있다고 보는 것이고 이는 당기면 팽창하는 우주인 것이 이 우주 안에는 블랙홀이 생기는 것인데 만일 그럴지 않으면 우주 팽창은 고무줄이 안으로 말려 모양이 뒤틀린다. 우주가 그렇게 뒤틀릴 것이고 끈 우주도 그렇게 뭉쳐질 것이다.

※ 배꼽과 경(庚)

왜 사주는 태어난 날짜와 시간으로 하는 것일까?

수리란 시간의 줄이다. 그 물리학적 근거를 우주적으로 보자면 거기도 부모와 자식이 있어야 시작된다. 시간의 모태는 무엇인가? 나의 모태는 어디인가가 아니라 시간의 모태는 어디인가를 보아야 한다. 내가 우주의 중심이면 내가 있는 오도가도 않는 시간의 줄기는 어디서 나오는 것이며 시간은 끈 이론적 끈을 물고 나오는 날이 있기에 하루도 날이라고 하는 것인가.

그래서 우리가 실방구리에 담긴 실을 다 알 수 없는 것이지만 한 주기율 안의 반으로 시간의 자전 주기율로서 선천과 후천을 나눈 것에서 시간은 먼저 선천수에서 간다. 그러면 실제 원소 8족에서 4족부터 핵분열의 시작으로 선천수로 하는 시각이 된다. 그 이전은 실뭉치가 몇 바퀴든 상관없이 하나로 운영되어 오고 감이 없는 실날인 것에서 다시 4족에서 분열되어 하나의 날인 것이 시간의 시작으로 보는 것이 선천수가 된다.

그러면 왜 선천수는 역순으로 되는 것인가? 그것은 본래 1족은 2주기율부터 10인 것에서 출발하는 것이다. 이것이 날이 뭉쳐 날이 나오면 11이어야 하는 것이다. 그 10에서 하나의 날이 나오니 9가 되는 것에서 역순으로 가는 것이다.

즉 11로 가면 더해지는 것이니 역순으로 가야 풀어나가는 것에서 9가 날이 된다. 그래서 4족에서 9로 하고 5족으로 8로 역순으로 7을 6족으로 하고 8을 6으로 하면 나머지 선천수 5와 4족이 남는다. 이것이 5는 땅이요, 4는 땅속에 묻힌 광물이 되는 것이다. 그러니 십간이 갑~기까지를 실뭉치로 하면 날이 나온 것이 경(庚)

인 것으로 이 경이 4족인 것으로 양쪽으로 갈라진 것이고 촉발하는 시점이 되는 것이다.

❈ 시간이 탯줄이 있다는 것은 배꼽이 있다는 것이다

시간의 기점은 4족에서 배꼽으로 잡기 전에는 시간이 가지 않는 것으로 한다. 1원소 4족에서 핵분열이 일어나는 순간이 시간이다. 그러면 원소 8족 안의 시간이 경(庚)~계(癸)까지로 하는 것으로 이 사이가 시간이다. 시간은 자지 않는 것, 즉 시간은 8족 안에 있는 것이니 실제 족으로서는 일곱 주기율의 시간은 없는 것으로 8족 안에 있는데 어디로 시간이 간 것인가 하는 것이다. 다만 이 시간이 하나의 몸이라면 이 시간이 탄생하는 곳은 기문둔갑에 있어 시간이 웅하는 시작은 경(庚)으로 하고 경은 곧 탯줄을 자르는 곳이다.

경은 칼인 것이고 한 주기율 중에 8족의 시간이 가려면 상대적으로 반의 극으로 움직이는 시간인 것이다. 태아의 탯줄을 자르는 것이 곧 시간의 출발점 배꼽으로 하는 것이다. 그래서 정확하게 태어난 시간으로 사주의 시작으로 보는 것이다.

제2장

우주는 50에 입 닫고
뚜껑 열리니 49라

✻ 우주는 50에 입 닫고 뚜껑 열리니 49라

49제와 쿼크를 보면 쿼크는 이만의 논리인가 저승과의 메커니즘이 연결된 것인가를 보는데 있어, 먼저 주역의 대성괘 쿼크인 육효는 한 효에 7개의 지지(地支) 오행이라는 것이 들어 있다. 그러니까 육효인 여섯 쿼크인 것이면 6×7=42라는 것이 있는데, 본래 육효는 1주기율의 2를 뺀 6주기율의 전형 원소인 것에서 48이 된다. 이는 한 번은 시초(蓍草) 모두의 대표해서 하나를 빼는 것이고 행사하는 것이고, 두 번은 두 쪽으로 나눈 것에서 한 쪽의 대표로 시초를 걸어 두 개가 빠진 48이다. 즉 양과 음이 빠진 것에서 48이라는 것이다. 그리고 50은 음이라 닫힌 것이고 49는 양이라 열린 것이다. 물론 48개 중에 같은 지지 오행이 더해 질 수 있는 것에서지만 1주기율을 2개를 뺀 48개라는 것이다. 그리고 1주기율은 수소가 1/2인 것으로 건인 것으로 하고 헬륨이 1/2인 것으로 곤으로 하는 것에서 이는 두 개를 뺀 서죽(筮竹)이 짝을 이룬 것에서 이 두 개는 이미 1족과 8족의 사이로 아이를 밸 사이라는 것이다. 이미 1에서 8족 사이에 여섯 자식을 밴 형국이다.

이 반반의 사이가 사이의 온 것들을 한 묶음으로 거둬갈 수 있는 총체적 힘이다. 결국 둘이 합해야 1이 되는 것으로 1주기율이 되는 것이고 6주기율이 되니 1주기율을 합해 7주기율이 된다. 그러면 7대 손이 되는 것이며 6×8=48인데 왜 7×7=49가 된다는 것인가.

이는 1이 양이고 천상을 의미한다. 심판은 48인 땅을 넘어선 것이다. 즉 하늘은 49인 것이나 50의 땅 아래 있는 것이니 이는 넓은 언저리의 벽을 의미한다. 다만 인간과의 관계에서는 49가 이승의 마지막과 천상의 시작이나 50이면 천상도 경계가 된다. 즉 천상에도 땅이 있으니 곧 50은 천상 위의 천상 바닥이 된다. 어쨌든 이승은 48과 49 사이에 있는 병행과 같다. 여기서 쿼크가 7대손으로 이뤄지는 것인데 이 쿼크 여섯 개가 딱 48이라는 것이니 48은 지상의 육신인 것이고, 인간의 연대인 것이고 49에 가면 다 하나로 묶이게 된다. 저승은 쿼크의 공간만 거둬들이면 49에 넣을 수 있는 것이다. 그리고 이 쿼크를 풀면 주역의 모든 괘사와 효사의 행위들이 낱낱이 드러난다. 이는 쿼크가 색이 있으니 결국 색계에 속하는 것이라 쿼크의 색전하 영향권이다. 그러면 이것을 하나로 묶을 수 있는 것이 무색계인가 하는 것이다.

49가 무색계면 절대 색계의 감정에 치우칠 수 없다. 48의 쿼크 세상을 결국 48의 일곱 주기율의 원소적 배열의 혼합화합물을 보면 결국 어떤 행위가 스크랩되는 것과 같다.

48에서 다시 둘로 나눠지니 쿼크의 시작인 것이고, 괘의 상하가 시작이 되는 것이면 곧 상괘 3개, 하괘 3개인 것과 이를 나눠 상괘를 반쪽으로 하는 건괘가 된다. 또한 하괘를 반쪽으로 하는 곤괘인 것에서 반반이 합하여 1이 되는 것이니, 곧 상하괘를 1로 하는 것에서 대성괘인 것에서 한 효마다 딱 7개의 지(支)가 들어가는 것에서 7이 된다. 그리고 이 7이 여섯 개의 효에 들어가니 $7 \times 6 = 42$가 되는데 여섯 개 쿼크 하나나 7개의 지(支)가 들이기게 되어 있다. 쿼크는 강력으로 붙어 있는 것이라고 한다.

그런데 그 쿼크 하나마다 약력이 7개가 들었다는 것은 괘상의 효로만 분류할 수 있다. 물론 약력만으로 쿼크에 떨어질 수는 없다. 그래서 전자기력의 양 기호(−)와 음 기호(−−)가 거머리처럼 강력에 붙어 있다. 마치 설탕과 같은 쿼크를 솜사탕처럼 긁어 전자기장을 만드니 여기서부터 약력의 이가 쏥는 것이다. 즉 상하괘는 반반을 하나로 합한 것이다. 이 대성괘 하나로 1이 되는 것에서 육효가 되니 이는 반반인 양손 사이에 6효이니 반반이 1인 것을 합하여 7이 된다. 이는 신기하게도 효 하나에 지(支)가 일곱 개 들어가는 것인데 이는 12지(支) 반이 6인 것으로 진검으로 해서 12인 것인데 하나가 더 있는 것이다. 이는 쿼크가 마치 성세포와 같은 머리를 나타낸다. 즉 여섯 개의 몸은 두 가닥이 하나로 꼬여 있다.

그런데 7개인 머리는 양쪽으로 갈려 있다. 즉 이 양쪽을 합하면 8인데 그렇지 않고 양쪽이라는 것이다. 성세포는 부모를 나타낸다. 양쪽 부모가 갈라진 채로 만나 7주기율의 자손을 꼰 것이다. 그만큼 일반 세포와 성세포의 인과관계는 거듭 보아야 하는 것인데 이것이 쿼크에 담겨 있다는 것이다. 하나의 쿼크에는 이런 7대손의 유전자가 새끼를 꼰 초끈이라는 것이다.

원소 주기율은 육효의 지지 숫자로는 49가 된다. 이것은 곧 49재의 의미가 되는 것이다. 허나 육효의 쿼크는 효마다 7개의 약력을 가진 입자로 보는 지(支)가 있는 것인데 그러면 6을 곱하면 42가 되어야 하는데 왜 49로 하는 것인가. 그것은 육효가 42인 것이지만 이 육효를 감싸고 있는 부모는 양손과 같으니 반반으로 하는 것인데 이를 하나로 하면 하나의 7이 되어야 하는 것이다. 6에 1을 더해 7에 7을 곱하면 49가 된다. 이는 건괘와 곤괘는 납갑이 갑과 을이 반만 있고 반은 임과 계가 있는 것이다. 이는 절로공망이 된다.

49라는 숫자 안에서 저승의 선택지가 정해지나 이는 42이후부터는 건곤이니 조상을 의미한다. 그러면 선조의 선택권 안에 있다는 것이고 이 49의 건곤에는 납갑의 공망이 있다. 이 공망 사이로 빠질 수 있는 것, 즉 절로공망이 임계인 것이니 이는 은하수인 것인데 그러면 우주 진공으로 갈 수 있는 것이기도 하다 여기까지 가야 무색계도 넘는 것인가 하는 것이다.

　세상만물은 쿼크 안의 일이니 이는 이승 안의 일이다. 결국 원소 주기율 안의 이승이 되는 것에서 이동하는 것이 된다. 즉 효 하나마다 동효가 되는 것이면 쿼크 하나에 일곱 개의 동효가 있는 통로가 열리는 것이 된다. 이는 차원도 기하학적으로 달리 표현할 수 있는 것인데 8차원의 팔괘라고 하면 이 8차원을 6차원으로 몰아넣으려면 육효라는 것으로 쿼크를 형성하는 것이 가장 핵심적이다. 그러면 여섯 효마다에 7차원의 하나씩 넣어 6차원으로 우겨 넣을 수 있다는 것이다. 만일 우주가 차원의 수축이 되는 것이면 그 차원을 7차원으로 넣고 다시 6차원으로 넣고, 초효가 바닥 쿼크인 것이면 이 바닥 쿼크에는 일곱 개의 문이 있는 것이다. 그리고 쿼크면 육십갑자를 돈 것이기 때문에 이 육십갑자는 7×7=49일 안에 다 들어갔다는 의미다. 이 육십갑자도 대운으로 치는 간지와 해마다 다른 간지와는 취용이 다르듯이 하루하루의 지지와 49쿼크의 지지와는 그 기운이 다르다.

　대운도 태어난 달로부터 셈을 하듯이 49재도 죽은 날부터 셈하는 것으로 49일이면 육십갑자가 다 셈하여진 것이다. 그러면 어디로 가는 것인가 하는 것인데, 주역은 50인 천지수로 시작하는 것에서 결국 50안의 49가 이승인 셈이고 저승인 셈이다. 결국 50으로 돌아가는 것인데, 결국 사람이 신이고 신이 사람이다.

　산 자나 죽은 자나 떠돌면 귀신인 것이고 안정되면 신이다. 이 50은 마치 5가 땅인 것에서 10배율의 시공간으로 확대된 공간으로 펼쳐진 곳으로 간다는 것이다. 또한 이승으로 봐서는 무한 공간으로 볼 수 있는 것이기도 하고 다시 돌아온 곳이기도 하다. 이는 곧 5토는 양토인 것이나 10토라 하지 않고 100이라고 하는 토이기 때문에 우주 언저리가 배율로 넓혀가도 바닥일 수 있다는 것이다. 그러니 누구든 49안에 선택이 가능하다는 것은 무심하다고 볼 수는 없다. 곧 이승과 저승이 함께 대하는 관계가 응(應)하는 상대성으로 물려갈지 상대성에 따른 인과로 변괘로 이어져 갈지 이승과 저승 간이라도 의미를 보여줄 수 있다.

✽ 하늘의 땅은 열려도 혀가 짧은 것인지 다섯 치인 것이

사바세계(娑婆世界)로 입을 열려면 50치의 혀를 놀려야 하는데 한 치가 모자라 뚜껑이 열리면 49라 입 닫으면 50인 것이 열어 혀가 보이니 49이다. 이 혀 49 아래 양어깨의 양손에 놓고 있는 꼴이란 것을 쿼크의 양분성에 의한 8괘와 6효(爻)라 365도 384 안에다 기하학을 연출한다. 양 손바닥은 두 개의 원을 나타낸다.

어깨에서부터 허리를 잡고 두 개의 원을 그리면 왼쪽이 심장에 가까우니 양성자인 것이면 오른쪽이 중성자인 것으로서 양쪽 엄지는 이 두 원을 대표하여 나머지 네 개의 짝은 곧 8방을 나타내는데 왜 손 있는 날이 발생할까?

사방팔방이라는 것은 하나의 중심에서 방향이 있는 것이지 중심이 없으면 방향성도 없다. 엄지는 양팔을 대표하는 것이고 양손을 거느린다. 고로 엄지를 뺀 4개의 짝은 8인 것으로 양팔은 곧 8손가락을 거느린다는 것에서 팔이라고 하는 것이다. 이는 한 손의 4방이 깍지를 낀 것이 8방인 것으로 정괘(正卦) 사방 사이에 사방을 끼워 간괘(間卦)로 한다. 그러면 사방팔방은 걸림이 없는 것이나 9와 10은 비는데 버리는 날이라 손해가 있다는 뜻인 가이다. 이는 손가락이 10개인데 두 개는 팔을 의미하는 것이니 팔방은 자유로운 것이나 나머지 9와 10은 팔에 잡혀 있는 것이 된다. 그러나 9와 10은 8에서 떨어져 나온 것이니 거품과 같고 또한 이것이 다시 1인 핵으로 돌아가면 주기율의 탄생이 되는 것이나 다른 인생으로 태어나는 대기와 같은 것이기도 하다.

팔방은 팔괘인 것이고 팔괘는 쿼크라고 했다. 그러면 이 손 아래 바닥의 손금은 이 팔방의 인생이 그려진 것이다. 즉 내가 쿼크 하나의 일생을 산 것이다. 거기에 손금이 있다는 것은 인생이 그려진 면이 있다는 것이다.

우리가 쌍둥이라도 일생이 다르듯이 손금이 같아도 일률적으로 적용할 수 없다. 그러나 분명한 것은 쿼크의 우주가 실행된 삶에 손금이 있다는 것이다. 즉 물리학적 적용이 바이오에도 같이 생체적 우주와 같다는 것이다.

✽ 쿼크의 현실성과 비현실성

엄지는 조상인 것이고 자손은 새끼손가락에 있으니 새끼를 낳는 것도 하복부에 낳는 것이다. 즉 새끼손가락은 땅에 닿는 부분인 것이고 이 땅 위, 즉 엄지가 4방을 대표하는 5인 것에서 중력에 두는 것인데 그러면 이는 곧 5가 자궁인 것에서 문을 열고 나올 무사라는 것의 무(戊)가 되는 것이다. 그리고 10인 것으로 늙은 할미의 기억이 되는 것이다. 왼손 검지, 중지, 약지는 양성자 쿼크에 속하는 2, 3, 4주기율의 쿼크에 속하는 것인데 그러면 왜 엄지와 새끼손가락은 제외된 것일까?

다시 오른손 검지, 중지, 약지는 5, 6, 7주기율인 중성자 쿼크 세 개에 속한다. 또한 엄지와 새끼손가락은 빠져 있다. 엄지가 조상인 것에서 새끼인 자손을 거두는 것은 맞는데 쿼크는 색계인 것에서 거두는 것이니 색계인 것으로 거둘 수 없는 세계까지 있는 것이 새끼손가락인 것이다.

쿼크의 강력이 쥐지 못해도 엄지인 중력은 새끼를 거둘 수 있다는 것이다. 이는 엄지와 새끼가 반반으로 분열하여 서로 나눈 것에서 거둬들임인데, 즉 이미 2분으로 일어났을 때의 바탕성이라는 것인데 1/2의 스핀을 갖고 정류자처럼 밀고 당기는 힘에 의해 온전해진 반복성이라는 것이다. 또한 8괘에서 건괘와 곤괘는 쿼크가 있지만 이는 다른 쿼크와는 세대가 다른 것과 같다.

✽ 금화교역 / 낙서 구궁도

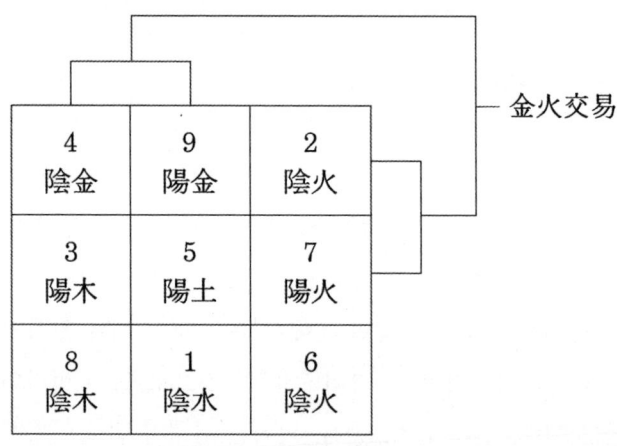

도표는 낙서(洛書) 구궁도라고 하는 것인데, 이는 1감수궁(坎水

宮)에서 출발하여 5중궁(中宮) 토(土)에 들어오면, 1은 은하수 수소를 말하는 것이고, 2는 헬륨인 것으로 별을 의미한다. 그러므로 1주기율인 것으로 물상이 있는 것을 말한다. 본래 건곤을 은하에 수소와 헬륨이 찬 것으로 음양으로 하는 것이고, 은하수에 별들의 핵융합으로 빛을 내는 것은 수소가 양이면 헬륨 덩어리 별들은 음에 해당된다. 즉 빛은 양이라는 것이 아니고 실은 이허중인 음이다. 다만 이 음도 중성자와 같아 독자적으로 빛을 내는 양성자인 것이면 양으로 친다. 주피터는 양인 것이지만 아폴론은 음인데 그것은 헤라 여신인 음에서 나온 것이니 음의 바탕에서 나온 것이다. 아폴론이 독자적일 때는 양인 남자를 뜻하는 것과 같다. 그러면 왜 이 구궁도가 거울 속에서 귀신이 나오는 형상인가.

2곤궁은 토인데 토는 1을 받쳐준다. 그러면 이미 5가 되기 전에 1에 거울 속에 박힌 그림자가 아닌가 하는 것인데, 이는 우주 팽창에 함께 흐르는 것이기에 상대적 반사가 없기에 거울이 되지 못하는 것이다. 그렇다보면 흐름에 병행하는 굴절성에 의해 그림자는 흡수되는 것으로 보이질 않게 된다.

그렇다면 왜 5중궁은 거울의 바닥이 되어 그림자가 살아 있는 것 즉 중궁에 살아 있는 것이다. 그러면 곧 거울의 바닥이 5인 것이면, 이 바닥에 반사되어 나오는 숫자는 5이상의 숫자는 반사되어 나오는 숫자이다. 그러면 1은 6으로 반사되어 나오고, 2는 7로 반사되어 나오고, 3은 8로 반사되어 나오고, 4는 9로 반사되어 나오는 것이고, 5는 10과 겹치는 것이니 중앙은 겹치는 부분이라. 위 도표를 잘 보면 자연적으로 4와 9는 손궁과 이궁으로 짝이 되어 붙어 있다. 2곤궁은 7태궁과 짝이 되어 붙어 있고 6건궁은 1감궁과 짝이 되어 붙어 있고, 8간궁은 3진궁과 짝이 되어 붙어 있다. 그러면 내가

3진궁에 서 있는 것이면 8은 거울의 바닥인 5를 더한 것으로 8이다. 3에 내가 선 것에 8은 거울인 셈이다. 즉 바로 곁의 8이 거울로 비추고 있는 것이다. 결국 내가 나를 보는 것이다.

그런데 분명 3과 8은 궁이 다른 것이니 나의 복사인 그림자인 것이지만, 이는 본질적으로 달라졌을 수 있다. 이미 음과 양이 달라져 있는 것이니, 이는 중궁이 곧 모태인 것이고 자궁을 의미하는 것인, 내가 나의 모습을 보는데, 이미 중궁인 어머니의 모태로 반사되어 탄생한 것이다. 이를 미생전본래면목(未生前本來面目)에 있어서의 차이점이다. 또한 어쩜 양이 음으로 태어났으니 내 짝인 마누라가 거울 속에서 나온 내 모습일 수 있다. 이는 빼도 박도 못하는 거울에서 귀신이 나오는 원리가 되는 것이다.

또한 구궁도의 우주론으로 보아 위 도표로 보면 1감궁을 심해저로 보는 것에서 검은 바다가 되는 것이고, 그 위의 반인 3과 7이 수평선이라고 하는 것이다. 3은 나무인 것으로 언제나 수평에 떠있는 것이다. 그리고 그 수명을 못은 7인 것으로 7은 수심의 눈금과 나무가 오른 위치가 같다. 즉 7의 최대로 넘치는 것이 곧 나무가 넘어가는 것과 같다. 그리고 이 3과 7의 대칭인 수면으로 곧 투명한 물이기도 하다. 이 투명성을 거푸집처럼 엿가락은 늘리면 흰 눈과 같은 것이 된다.

이를 금은 백색으로 치는 것으로서 곧 윗물은 흰색이요 아랫물은 검은 색이니 하루 반인 오후부터는 흰색과 검은색으로 치니 무채색의 공간이라고 한다. 이것이 오전인 반은 삼원색 즉 동의 청색과 남의 적색과 중앙인 노란색을 삼원색으로 하는 것에서, 실제 색전하는 쿼크의 1/2의 스핀과 1/3과 2/3의 관계가 하루의 반인 오전으로 본다. 여기에서 나머지 이후 흑백은 무엇인가를 따로 분리할 수 있다.

또한 오전과 오후를 합한 쿼크가 삼원이 될 수 있는 것과 오후의 무채색이 갈라진 것에서의 바탕색으로서의 반물질은 제외된 쿼크로 설정이 되는 것의 관계의 설정도 중요한 것이다. 그리고 중앙 5토가 어머니의 자궁인 것이고 흙속에 묻힌 금을 말하는 것이다. 그 중에 금만의 무게로 나올 수 있는 공간이 하늘인 것에 머리를 내민 것으로 하는데, 이 하늘의 공간도 실제 엄청난 중량을 나타내는 공간성을 말한다. 이는 5로서 양성자적 중량으로 낳은 6인 것의 공간을 말한다.

실제 중궁이 다시 반을 더해 돌아오면 10이 되는 것인데 이렇게 돌아오는 중복만큼 양성자가 주는 만큼 중성자가 느는 것이니 중량의 응축이 가당찮다. 11인 1감수궁으로 돌아와 중복이 되면 이것이 우주 은하수의 암흑물질의 공간성이다. 이는 곧 구궁의 반은 양성자인 것이고 반은 중성자로서 중량이 늘어난다. 결국 이 6건궁의 부피는 11인 암흑 공간의 깊이에 들면 마치 블랙홀에 든 듯이 쪼그라든다. 반대로 암흑물질의 강도가 높은 유성이면 지구를 구멍 내 핵에 있을 것이라는 것이다. 그러면 과연 거울의 반사성과 굴절성이 어떤 함수를 가진다는 것인데, 즉 3과 7과 수평성에 반사와 굴절이 있어야 하는 것과 이는 구궁의 반으로서 반을 채워 1인 원주율 안에 돌아오면 후천수의 음양이 곁의 짝이 되어 신나.

그리고 1감궁이 다시 11인 것으로 중성자의 핵이 되었을 경우 이는 그 핵으로 돌아가기까지 나는 양성자의 자궁에서 중성자로 변하는 삶을 살면서 짝이라는 인연을 만나고 중성자의 핵으로 돌아가는 것이 11인 것이다.

이 과정을 차원으로 한다면 11차원으로 가면 다시 1차원에 풀려 양성자의 출발이 되어 암흑물질로 결과적으로 흑색이 푸른색으로

쿼크의 임신과 달거리

서슬로 갈리다가 마치 붉은 별이 된다. 그러다 다시 백색 왜성으로 가는 것은 그 백색 왜성이 3과 7의 수평에 있는 것에서, 호수와 같은 눈금의 위치로서 빛을 내기 때문이다.

※ 오일러 공식에서 귀신이 거울 속에서 나오는 법칙일 수 있다

(참조 : 파이=×보다 작거나 같은 소수의 개수를 (π) (x)라고 하며 이를 소수 계량 함수라고 부른다. 원주율과는 무관하다).
(참조 : φ=정수론에서 오일러 피 함수를 φ(n)으로 나타낸다.
지름= φ = 예를 들어 구경이 58mm인 렌즈는 Φ58mm로 표기한다고 한다) 이는 θ (세타)=대연수 50대연수(大衍數)를 나타낸다. 그러면 이 50에서 하나를 뺀 것은 신을 뜻하는 것이다. 즉 하나를 뜻하는 것이니 49가 신이 관할하는 세계인 것으로, 곧 생과 사는 이 49에 걸려 있는 것과 같다. 그러면 0인 원이 50인 것이고, 이 원의 1로 49와 한 몸인 것으로 신과 인간의 합이 되는 것이고, 이 50개의 시초(蓍草)를 0으로 하는 원 안에서 49를 관장하는 1이 50인 것으로 한다. 그러면 이 49개의 시초를 무작위로 양분하면 곧 1/2이 된다. 즉 양쪽의 비중은 달라도 이분으로 채우는 그릇에 들어간 것이다.

참조 : 헤비사이드 계단 함수 양수에서는 1을, 음수에서는 0을 결과 값으로 내놓는다. 0의 경우는 학자에 따라 결과값이 0과 1, 1/2로 갈린다. Σ=시그마 = 대칭 합을 나타내는 것으로 이는 곧 실상과 거울상의 대칭이 되는 기준치를 말하는 것이다.

9양금과 4음금이 대칭이 되는 실상과 거울상에서 기준이 되는 것은 곧 5중궁에서 실상과 거울상이 구분이 되는 것이지만, 5중궁에서 보면 같은 상이 되는 것이다.

  이 시그마는 그리스 로마자 세 번째 글자인데, 쾌상으로 3은 이 허중인 것, 즉 2까지는 양쪽으로 가라진 것을 말하는 것이고, 3은 그를 둘러싼 풍성과 같은 것이다. 음과 양으로 갈라진 2족이 덮개가 끼듯이 풍선처럼 부푸는 것으로 빈듯하지만 전체성을 안고 있다는 것은 시그마와 같은 총체성을 갖는 것을 말한다. 또한 이 시그마는 C의 원형인데, 이 C는 자궁과 같은 것으로 늘어나는 것으로서 이허중이라고 한다.

  이 화(火)가 화생토(火生土)가 되면 자궁에 태반이 착상하도록 조성이 된 것이고, 한 점이 착상되면 토생금으로 마치 화분(花粉)의 그 많은 알이 있어도 하나에 의해 큰 열매가 되어 나타나는 부각이 마치 자궁에 그 많은 정자가 부대껴도 난자 하나의 선택에 의해 열매가 되는 것이다. 곧 그 많은 꽃가루 중에 하나가 열매로 커도 랜덤이 아니라 난자의 산택에 의해 열매도 된다.

  시그마란 남자와 여자가 함께 모여 자궁을 이룬 것을 말하는 것으로서, Σ= 곧 양쪽이 한 쪽으로 모인 형상인 것이다. 이것이 C를 나타내는 자궁을 뜻한다는 의미이다.

  오행이면서 음과 양인 것으로 짝을 이루는 것, 즉 4와 9, 2와 7, 6과 1, 8과 3이 짝을 이룬 것인데, 그러면 양을 실상인 나로 하는 것이고 음은 거울상 이것으로 한다. 이는 곧 중궁인 토에서 반사하여 양이 음으로 투출된 것을 말한다. 이 음양의 짝은 1에서 5를 더한 것에서 6이 되는 것이고, 4에서 5를 더한 것에서 9가 된 것을 말하는 것이다. 5는 거울의 바닥면을 말하는 것이고, 이는 곧 거울의 바닥면에서 다시 거울의 표면으로 원심 굴레를 나오는 것을 말한다. 원주율 파이는 원심의 굴레인 것이고 중앙인 5는 구심인 것으로 반사각이다. 이는 각이 8등분으로 난 것이고 이를 짝으로 하면 90인 것으로 네 개의 직각 면이 생기게 된다. 이것이 곧 사인과 코사인인 xy가 되는 것이다. 그리고 이 지평이 x인 것에 실수가 되면 y는 허수가 되는 것을 말한다. 이는 곧,

참조

$e^{ix} = \cos x + i \sin x$

$e^{ix} = \cos x + i \sin x$ 에서 x 에 π 를 대입하면

$e^{i\pi} = \cos \pi + i \sin \pi = -1 + i\, 0 = -1$

이것이 그 유명한 오일러 공식[*]이다.

$e^{i\pi} + 1 = 0$

오일러 공식(Euler's formula)은 수학자 레온하르트 오일러의 이름이 붙은 공식이다.

위 도표에 셋째 줄에 $-1 + i\, 0 = -1$이라는 것이 곧 음인 것으로 접점이라면 이 음에서 1을 더한 다섯 번째 줄은 0이 되는 공식이 나온다. 곧 이 그래프에서 마이너스에서 1인 것이면 1을 더하면 당연히 0이 된다. 이는 구심인 5를 0으로 하는 것과 같은 것으로 하는 것인데 여기서 파이를 더하여 원주율로 하면 대칭성이 된다. 또한 반지름이 두 개인 것으로 지름을 수평 위에 그린다면 곧 지름으로 보아 1/2의 1이 되며 사인, 코사인이 되는 것으로 반지름의 반사각이 꺾인 것이다. 그러면 4방으로 보면 중앙에서 직각인 것이나 8방

이면 45도 각이 되는 것으로 접히며 실상과 거울상이 나타난다.

　사방의 직각은 사인, 코사인이 나는 것인데 45도 각에서 원주율로 돌리면 마치 여덟 개의 방향이 펼쳐진 끈이 하나로 말려드는 것에서 나중에 구중도로 짝을 이루고 있다는 것에서, 이 또한 원주율에 의한 것으로 볼 수 있다. 이는 전기 발전의 회전율이 사방성이 아니라 팔방성으로 분산된 것이면 사방성으로 집합이 될 때는 음과 양이 짝으로 붙어 구심의 거울 바닥에 닿는다.

　그러면 마치 DNA 두 줄의 라인이 보기에는 짝으로 이루어 나선으로 꼬아가는 것이나 실제 두 선은 전기처럼 서로 역류하는 것처럼 실상과 거울상은 서로 역류한다.

　역학상(易學上)의 구궁 순환 또한 후천수 8방이 대칭이 되기 위해서는 원주율 파이가 있어야 그 원주 안에 대칭이 있게 된다. 그러면 마치 동과 서, 남과 북은 대칭으로 있게 되는 것에서 수학적 평면도를 보일 수 있다.

　그런데 그러면 이는 거울과 같은 마주보는 짝의 대칭은 아니고, 90도가 꺾인 면인 것으로 돌아간 것이다. 즉 최소한 90도에서 45도 각으로 좁아져야 서로 마주한 대칭이 된다. 즉 동남이면 최소한 동족은 반쪽으로 끼고 있는 것인데, 이것이 곧 거울상이 실상을 끼고 있다는 것이다. 그리고 오일러 공식은 원주율에서 삼각의 직각이 있는 것을 구심점으로 해서 거울상이 되어 9가 4로서 짝이 되어 비추는 대칭성이란 것이다. 즉 오일러의 법칙은 중앙의 직각 형태를 기준으로 삼각함수를 나타내는 것인데, 이는 파이라는 것이 회전율에 의해 보통 180도 일직성 상의 대칭이 아닌, 즉 동이 서로서 대칭점으로 있는 것이 구궁도로 한 바퀴의 파이를 도는 것이면, 도리어 180도로 지름인 선으로 직선인 것이 다시 90도로 꺾여 반면교사처럼 거울상이 비치는 것이다.

즉 상대 간에 지선인 지름을 나타내는 것이나 이것이 다시 270도로 돌아오면, 이는 거울처럼 마주하는 대칭이 된다. 즉 180까지 펴면 2원에 두 개인 단면인 것으로, 음이 되는 것으로서 표시가 (--)인 것이고 이것이 가을로 돌아 춘분이 되는 것이면, 이는 동지와 붙는 것이니 동지는 (-)라는 것의 거울상인 것으로 붙은 것이 된다. 즉 1/2이 1로 돌아가는 것이면 이 1은 곧 0인 한 바퀴를 뜻한다.

우리가 90도 굴절각만 대칭을 낼 수 있는 오일러 복식만이 아니라 45도 각에서 대칭으로 나올 수 있는 것도 규칙적인 것으로 반복적인 것이다. 즉 90도 각에서는 180도로서 두 개로 분리가 되면, 나의 상은 거울에 비치는 실상이 대칭이 되는 것이다.

그런데 만일 실상이 거울 상으로 나타나려면 구궁도 즉 여덟 개의 굴절각을 거쳐야 거울 각이 나오는데 그러면 바로 90도 각이면 바로 거울에 내 얼굴이 비칠 수 있다. 여덟 번이나 꺾여야 거울상이 나타나는 것은 곧 귀신이 나오는 것을 알지 못하는 것이다. 즉 여덟 개의 굴절에서 여덟 개의 구궁이 되는 것에서 내 모습이 짝으로 나타날 때는 이미 내 상은 내가 아닌 다른 사람인 것으로 이는 곧 거울에 귀신이 나오는 것과 같다는 것이다.

여덟 번의 굴절이라는 것이 이 구궁도 낙서(洛書)의 숫자 순서대로 굴절이 되는 것인데, 이는 반사되는 듯이 상호적이나 원주에 굴절이 되게 되어 있으니 굴절각이라고 해야 한다. 그로 인해 4에 9는 대각인 대칭으로 숫자 6에 9가 있어야 하는 것인데 숫자 9는 4의 짝으로 옆에 있는 것이다.

90도가 45도 각으로 좁아지면 상대적 대칭의 짝이, 곁에 온 짝이 되는 것으로서 음양 짝이 된다. 즉 직각이 삼각함수는 거울 속의 내가 비치는 함수를 갖는데 이를 8등분으로 45도 각이면 이 상대성을 짝으로 해서 나머지 세 개의 짝도 독립적으로 형성되어 간다는 것으로 이는 마치 팔방의 별이 모였을 때 그냥 많은 은하수라는 것인데 나중에 이들이 모여 8방을 구성할 때, 이 팔방이 짝을 이뤄 네 개의 짝을 독립적인 것으로 서로의 거울인 면이 있다. 그러면 이 사방팔방으로 흩어져 있는 은하가 이런 구궁도로 모여 짝이 되었을 때는 은하수는 거울의 바닥인 것이고 중궁인 것으로 우주 어느 구석이든 귀신이 사는 것이 거울의 굴절각에서 바닥인 5를 짚고 나오는 것에서 귀신이 거울 속에서 나오는 형상이 되는 것이다. 우리는 다만 사방의 반사각으로 내 모습만 비추고 있을 뿐이지만 실제 구궁도로 원주율 파이를 돌리면 중앙의 핵심은 귀신이 묻힌 5±의 바닥면에서 나오는 것이다.

✱ 오일러 공식과 원주율 파이(π)

우주는 0안에 있다. 즉 산소 O인 것이 0인 것으로 0안에 팔방인 8족이 있는 것이고, 핵인 2를 더한 10인 것으로 원주율은 곧 0인 것이고 10을 뜻한다. 2까지는 0이고 3은 1인 동시에 1이니 3에서 10까지면 8인 것이다. 핵은 2이고 이것에 원심인 굴레는 3으로 이 또한 이허중인 것으로 0으로 한다. 또한 낳자마자 한 살이듯이 3은 1인 것에서 10까지이면 여덟 단계라는 것으로 파이가 팔방의 각을 갖게 된다. 이는 마치 동과 서는 대칭적 상대성이니 거울의 대칭이 된다.

그런데 핵이 있는 회전각이면 회전의 굴절이 본래의 자리에 돌아오는 것이 되는데, 그것은 90도 각 안으로 들어옴으로서 거울의 면이 된다. 즉 실상이 45 안에 있어난 것이 다시 45도 각의 거울상이 따로 붙는 것이다. 아무리 그래도 시작점을 돌아오는 점이 넘을 수 없거니와 같이 붙을 수는 없다. 겉으로 거울만으로 나타나는 것이다. 인간의 시야는 면을 보는 것이니, 얼굴도 면이라고 하는 것이다. 거울의 면처럼 평면이지 않다는 것이다. 즉 이목구비의 굴곡이 다른 것이다.

  내가 거울의 모습대로 나타나려면 평면 그대로 나타나야 하는 것인데, 실제 여덟 조각의 그림이 입체파 그림처럼 나타나는 것에서 얼굴의 굴곡이 있는 것이고, 얼굴의 부위마다 찰색이 되게 하는 것은 곧 팔방 구궁의 기의(奇儀)가 팔문 구성으로 기의 변화를 도면처럼 읽게 하는 것이 된다.

  기운인 코인 것으로 중심을 잡고 팔방으로 이목구비가 연결이 되어 퍼져 있는데, 거울의 굴절면으로 드러날 때는 이목구비로 각기 분담되어 역할과 기능이 있다. 즉 구궁도의 굴절각이 여덟 단계로 굴절이 되어 원주율 파이 O이 되면 곧 산소 O는 원자 번호 8인 것이다. 그 8중에 2가 핵인 것으로 하고, 나머지 6족이 언저리가 된다. 물방울 하나가 6감수(坎水)로 하는 것이니, 결국 얼굴 둥근 O가 0인 것으로 하고 코를 1로 하는 것에서, 0은 곧 1인 것으로 같은 것을 나타낸다. 결론적으로 0안에 100세가 있는 것으로 그 중에 50은 -1인 것으로 1에 1/2인 것이다. 이 마이너스 1에 1을 더하면 0인 것으로, 이는 곧 얼굴의 원 100이 1/2인 것이면 50인 것으로 이를 1로 한다. 그러면 나머지 50은 마치 +50도 1/2인 것으로 한 개의 원 안에 두 개의 원이 있는 것이면 각기 1/2이 된다. 즉 원주율 파이 0안에서 소수점이라는 것은 0은 0으로 돌아가고,

-1은 -1로 돌아가고, 0은 곧 1인 것이니 1을 넘을 수 없다. 이는 곧 0을 넘지 못하는 것과 같은 것이니 $e^{i\pi}+1=0$이 되는 것과 같다.

또한 이렇게 굴절각이 얼굴의 관상처럼 국소성을 갖고 있는 것은 이 굴절각이 구궁의 각 궁인 팔방을 거치는 굴절이기 때문에 도면(마의 상법(麻衣相法) 나의 부위 참조)처럼 나이에 맞게 그려낸다. 이는 곧 거울이 평면이 아닌 바가지 형태를 띠면서 불거지는 그림자 상이기 때문에 나의 모습이 내 마누라의 상으로 나타날 수 있는 것과 같다.

수학은 50안의 숫자에 나타내는 기하학이다. 즉 하늘로 치면 5 안으로 이해가 되는 것을 인간은 흙이라 50으로 늘려 설명해야 하는 것이라 50부터이다. 그런 바탕에서의 나온 얼굴이라 참조가 됐으면 한다. 그리고 이러한 규칙적 반복성으로 이루는 것이 도표(마의 상법(麻衣相法) 나의 부위 참조)처럼 특정할 수 있는 집합성의 개성으로 드러난다. 이는 쌀 한 톨에도 반야심경이 새겨지듯이 H_2O 한 방울에서 이런 뜻이 새겨져 있음을 알아야 진정한 양자 역학을 알고 있다고 봐야 한다.

이는 곧 원주율 파이의 역동성의 회전에 있는 것에서 기본적 상수를 띠는 것과 같은 것이고, 각 부위마다 함수를 갖는 것에서 신호가 연결되는 것이라고 봐야 한다. 즉 오일러 공식이 전기의 속도성에도 한 알의 위치를 보는 양자 역학처럼 실수와 허수의 관계만으로 실상과 거울상을 드러낼 수 있는 것에서, 이런 얼굴상이라는 것도 일시적 찰색에 비치는 허수에 있다고 해도 실수는 좀 더 기본적으로 상수를 유지하는 성질로서 할 수 있다.

좀 더 상세한 얼굴 풍수로 물방울 하나의 조각에 우주의 풍수가 있는 것에서 이도 오일러 공식의 수학성이 이렇게 얼굴로 산수를 함축할 수 있다는 것과 같다.

※ 세상에서 제일 무서운 것은 AI가 점을 칠 수 있다는 것

 이는 양자학적 불완전성의 점으로 시작하는 것에서 점사가 곧 괘사나 효사로 매듭지을 수 있기 때문이다. 점이란 신의 영역에 고리를 둔 메커니즘이다. 신을 믿지 않는 자야 할 수 없지만 신을 믿는 자는 인간이 나름의 경험으로 해서 점을 신뢰할 수밖에 없는 현상을 접한다. 만일 그런 인지를 하는 삶에서 AI가 점보다 더 공식적인 체계를 갖출 수 있다면, 즉 우리가 점으로 70에 접근을 하는 확률인 것이면 거의 90프로로 치밀해 질 수밖에 없는 공학이다. 이는 인간이 인간에 대해서는 100%의 산술이 나온다고 하더라도 인간이 신에 대해서 70정도만 되어 AI는 더 치밀한 코스로 접근이 가능하다는 것이다. 그러면 아마 도사란 단어도 인간이 신의 경지라는 것에서 역사의 한 부분으로 인식을 하는 것도, 이제는 역사적일 필요 없이 바로 AI가 도사 행세를 할 것이다. 점이란 것도 천체적 공식이 있다. 다만 AI처럼 다량이면서 치밀하지 못해서 간헐적 표식이 되는 것이 아예 드러내놓고 현실적일 수 있을 것이다.
 기계가 인간화되는 것이 두려운 것이라기보다 인간이 신격화될 수 있다는 게 무섭다는 것이다. 즉 인간의 불완전성에도 집단화로 매몰되는 것에 AI는 기계적 치밀성으로 통계학적 심리에 놀아날 것은 분명하기 때문이다.

※ 소성괘의 기호(記號)

예를 들어 진괘면 기호가

--

--

─

모양인 것으로 음이 두 개 양이 하나인 것을 말한다. 이를 소성괘로서 세 개의 효가 이룬 것인데 그러면 음이 두 개인 것으로 같으면, 짝수로서 도리어 2가 되는 것이 아니라 2가 되면 다시 0이 된다. 이는 허수인 것으로 없어지는 것이 되는 본래의 시작점인 0이 되는 것이다. 즉 2진법은 0101010101~ 이런 식으로 1을 넘지 못한다는 스텝이다. 0과 1을 더해 이 둘 사이의 스텝까지는 찬 것을 말한다.

또한 1이 반복인 것이니 1은 곧 2인 것으로 2진법이다. 이는 곧 2진법은 2가 되면 도리어 0이 된 허수이다. 즉 괘상은 세의 효가 있는 중에 같은 효 두 개는 허수인 것으로 취급하지 않고 오직 남은 한 개의 효가 양이면 양으로 취급하고, 음이면 음으로 취급하는 것인데 이런 효상의 모양은 전자기의 음양 상태를 말하는 것에서 짝수인 허수를 뺀 나머지 홀수가 실수(實數)가 된다.

진괘(震卦)는 소성괘 음이 같고 양이 홀수인 것에서 진괘는 양괘라고 한다. 단순히 세 개의 문양이 허수와 실수를 분명하게 취함으로서 이는 곧 쿼크가 허수와 실수의 관계로 양성자를 이룬 것으로 한다. 쿼크의 양성자 중성자를 결집하는 전자기가 이렇게 갖춤으로서 이 허수와 실수에 양력이 붙는 것인데 이것이 12지의 반으로 순환하는 육효이다. 그러면 두 괘의 합은 간괘로 겹치는 것인데 이 겹치는 것에서 홀수와 실수 간의 깍지가 틈이 많이 생기기도 하고 틈이 적게 생기기도 한다. 여기서 전자기적 이온이 생기는 것이니 공간이 섞여도 공만이 있는 것으로 이를 회전체에 있어서 가장자리로 방울이 모이는 것이니 이를 공망이라 한다. 시간이나 공간으로서 운세를 보면 손 있는 날이라는 것이다. 한 가지 예를 더 들어 보아 만일 괘상의 모양이,

-- 인 형상이라면 손풍(巽風)괘 형태의 두 개의 양에 음이 하나인 것으로서 두 개의 양은 0인 것이고, 나머지 하나의 음이 1인 것으로 나타내면 이 음 하나를 취하고 양 둘은 도리어 0으로 한다는 것으로 이는 곧 2진법의 01010101의 법칙인 것이니 잘 이해하길 바란다.

※ 양전자와 전자의 관계가 후천수 음과 양의
　밀착과 떨러짐에 있는 것과 같다

　　회전체에 있어 후천수를 짝으로 보면 생수(生數)인 1, 2, 3, 4, 5는 양전자와 같고 성수(成數)인 6, 7, 8, 9, 10은 전자와 같은 것으로 생수 끝인 5토에 묻힌 광물과 같다. 이는 전자와 같다는 비유이다. 전자는 흙에 묻혀 보이질 않는 것과 같고 양전자는 드러난 것이 보인다는 것이 된다. 즉 어느 한 분기점에서 사라진다는 것이다.
　　이는 건곤의 짝으로 반반으로 하면 이런 분기점이 되기도 하고 감리(坎離)의 짝으로 반반으로 하면 빛과 어둠으로 묻히는 전자와 양전자의 관계와 같은 것이다. 즉 3생수와 8성수가 짝인 것이면 동남과 동쪽이 짝이 된다. 이 사이에 아침의 밝기 차이는 별로 나

지 않지만 이미 이 짝의 사이는 반의 양전자와 반의 전자인 것으로 뒹굴어 4개의 자식을 잉태한 것이 된다. 즉 이 생수와 성수가 반반인 짝이 서로 전자와 양전자로 합할 때 8방이 4방으로 합한 것인데 이 합이 간괘인 성수로 남으면 처가살이가 되는 것이고 생수로 남으면 시집살이가 된다. 또한 후천수 음양 짝이 8괘의 짝으로 사상이 되는데 이 4상 안에 3개의 자식이 있다는 것은 곧 양전자 안에 세 개의 자식이 가족이 된 것이 있고, 전자 안에 세 개의 자식이 있는 것인데 이 생수와 성수도 음과 양이 섞여 있으니 아들과 딸이 양전자 그룹에도 섞여 있고, 전자 그룹에도 섞여 있는 것인데 이도 다 스핀의 반반이 있는 것에서이다.

※ 쿼크와 남양결(南陽訣) 교련수(巧連數)

쿼크는 양성자와 중성자로 나뉘는데, 이는 곧 1~10까지 더하면 55인 것에서 50을 사이에 둔 9까지만 더한 45에 10을 더해 55인 것이다. 이는 50에 5를 넘으면 이를 양성자로 하는 것이고, 50에 5가 부족하면 45인 것으로 중성자인 것이다.

즉 50을 기준으로 할 때 50을 못 미치면 중성자에 끌리는 것이고 50을 넘으면 양성자에 끌리는 것이다. 결국 남녀 공히 50인 인간이어도 그 차이로 남녀가 차이를 나타낸다. 어릴 때는 남녀가 다르지 않게 외양만 드러내다가 여자는 45인 중성자 인력으로 −가 되고 남자는 55인 양성자 인력으로 +로 나가는 것으로 서로 음과 양의 양태로 나간다는 것이다. 그리고 10까지 차면 50인 어미에 5인 자식이 있게 된다.

45에서 10달을 채우면 55인 것으로 배가 불러진다. 즉 남자는 자체가 55인 양성자인데 여자는 45에서 열 달이 차야 배가 다 찬 것으로 남자의 것을 나타낸다.

　우리는 50을 분기점으로 5를 후퇴하면 45인 것이고, 5를 앞서면 55인 것인데 이는 몸 우주가 50인 것이다. 이 몸에 -5가 난 것이 여자이고 +5가 난 것이 남자라는 것이다.

＊ 남양결(南陽決)은 주역의 천체물리학성을 이야기한 것이다

　남양결에 64괘를 더해야 하는 숫자는 64괘의 쿼크는 상하괘인 것이고, 상하괘는 각각 8개의 괘가 있는 것에서 8×8= 64가 되는 것으로, 이는 곧 55인 천지수에서 상하괘를 이루니 64라는 것이 된다. 이는 1~10까지 더하면 55인 것인데 1이 10이란 것은 중성자가 양성자의 벽에 이를 것을 10배율이다. 이 중성자 열 단계가 1에서 시작해 10까지면 숫자가 55가 되는 경험치가 된다.

　이는 55+64=119가 되는 것이고, 또한 64는 선천괘라고 하는 것이고, 10안에 꽉찬 55라는 10의 땅이 갖춘 지기라고 하는 것으로 우주 섭리로 보면 64는 양성자의 숫자로 55는 중성자를 뜻한다. 우리는 이러한 119안에서 원주율을 만드니 이 원주율 안에 원주각이 96개로 하는 것에서 시각으로 하는 것이니, 도합 215가 된다.

　이는 상화괘를 좀 더 우주적으로 한 묶음 같은데 오히려 세밀하고 내적 치밀성을 갖고 있다. 즉 소성괘 두 개로 쿼크가 되는 것이지만 군이 팔팔이 64괘로 채운 것을 취하는 것과 10배율이면 되는 것을 55라는 것으로 채운 알찬 것이라는 것, 또한 24시간이면 될 것을 96으로까지 조밀하게 한 것을 보면 어떤 공식보다 치밀하게 짜여졌다. 우리가 보통 상하괘를 취하는 괘상에 12시간의 시간 수로 더하는 것이지만 자고로 남양결은 96이라는 시각을 더하여 먼저 내가 있는 자리가 땅의 중력 자리이다. 그러니 중성자 55인 것으로 찾아보고, 다시 양성자 64인 것으로 찾아본다. 그리고 시각이라는 것으로 찾아 삼위일체가 215개 중에 하나가 정확한 자리이니 시간 수를 더하는 것이 효상인 것으로 동효가 된다.

제3장

1/2 스핀과 앞이 뒤가 되고 뒤가 앞이 되는 구조

※ 1/2스핀과 앞이 뒤가 되고 뒤가 앞이 되는 구조

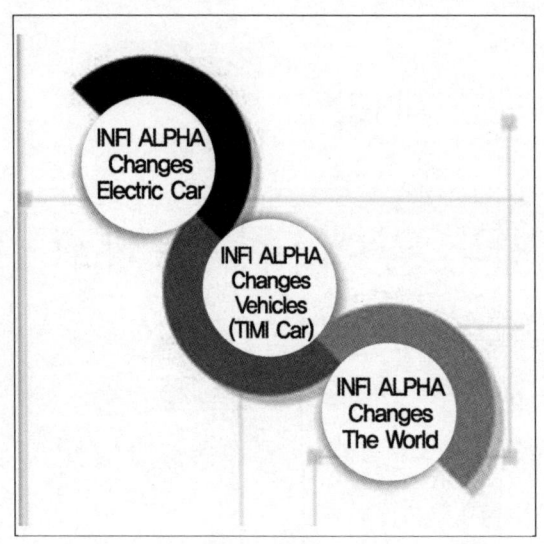

　위 그림은 세 개의 원에 톱니가 물린 것으로 벨트를 연결한 것이다. 이는 태극 모양인 하나의 원 안에 두 개의 원 간에 벨트가 넘어가는 것이 곧 반이 물리는 두 개인 것에 반해 위 그림은 세 개가 반이 물려 벨트의 흐름이 역방향이라 모든 회전은 멈추게 되어 있다. 그런데 이는 태극 문양이면 두 개의 원으로 벨트와 함께 원도 순조롭게 돌아가나 이 두 개의 원이 각각 그 안에 원이 세 개가 있는 것이면 곧 여기서부터 삼원색이 있는 것이고, 이는 두 쪽이 붙은 태극이 아니라 삼태극인 것으로 드러난다.
　두 개의 원이 반만 물려 하나가 되어도 이는 보손에 해당되는 것이고 여기에 원이 하나 더 세 개의 원이 반으로만 물리면 이는 홀수이기 때문에 페르미온이 된다.
　이는 페르미온의 거부 반응도 홀수를 만나면 짝수가 되듯이 페르미온이 보솜이 된다. 즉 두 개의 원 안에 각각 3개의 원이 삼원색인데 이 삼원색 간의 사이의 색이 또한 세 개인 것이다. 이는 중성자 삼원색으로 하는 것에서 두 개의 원이 물려가는 쿼크의 상하괘에 한 원마다 세 개의 삼원색이 두 개 있는 법이 된다.

물론 양성자 색과 중성자 색은 다르지만 두 개의 삼원색이 달리 있다는 것이다. 즉 두 개의 원일 때는 태극의 양쪽 반쪽이 두 개의 원을 반만 물고 돌아도 큰 원과 유기적으로 같이 물려 돌아간다. 하지만 두 개의 원 각각의 자리는 위 그림처럼 세 개의 원이 있는 벨트면 유기적으로 물리질 않아 멈추게 된다.

그러면 이 에너지를 밖의 큰 원으로 물려 배출하지 못하고 안으로 해결을 봐야 하는 것인데 내면적으로 어떻게 파고들 것인가 하는 것이다. 이 출구 방법이 바로 세 개의 원 중에 중앙의 원이 핵이 되어 심지가 되어 양쪽의 원을 날개로서 돌면 중앙의 원은 아래로 돌출할 수 없다는 것이다. 그러면 멈춘 에너지는 홀로 깊이 구멍을 내며 출구를 찾는데 우주란 이상하게도 인간과 같다.

그렇게 배설하는 출구가 항문과 요도라는 것이다. 이는 하나의 원에 1/2이 두 개인 것으로 두 개의 원으로 하는 것에서 원 안에 두 개의 원이 형성되어 있다. 하지만 반만 물려 있는 1/2인 면이 두 개인 것으로 계속 물리는 벨트는 가속이 된다. 즉 1/2 스핀의 두 개가 내면적 회오리의 전환을 뜻한다. 양자 물리의 보손에 해당이 되는 것이다. 그리고 이 두 개 중에 하나의 원 안에 위 그림처럼 세 개의 원에서 세 개가 순행적으로 톱니가 물리는 것에서 벨트를 걸치면 S자 형에 C를 반대로 더한 것으로 한다.

즉 두 개면 보손인 것인데 반인 C가 다시 홀로 나오니 페르미온이 된 것과 같다. 이는 쿼크의 1/2 분할의 하나의 원 속에 두 개의 원이 되는 것의 벨트는 S자인 것에서 이 두 개의 원 중 하나가 세 개의 원이 있다는 것인데 위와 같은 C를 세 개로 거꾸로 붙인 벨트의 형태가 된다.

이것의 구조는 중앙인 C를 기준으로 양쪽에 거꾸로 붙여 중앙 C와 S자 형으로 붙어 나온 것으로 S자 중에 반인 C자 부분만 중앙에 포개진 것이 된다. 이것은 대성괘의 관괘가 포개진 것과 같다.

쿼크의 1/3과 2/3의 관계가 이렇게 설명이 되는데 이것을 회전으로 치면 두 개의 원이 밖의 한 원에 정류자로 갈라지면 일반적으로 방향을 잡는데 위의 그림처럼 세 개의 원이면 나가는 방향이 반대로 행하기에 돌 수가 없다. 그러니 안에 막히는 형국이라 안에서 해결한 것은 중앙의 원을 중심으로 양쪽 원의 양쪽의 날개를 가짐으로서 중앙원이 양쪽을 포개는 것으로 구심으로 감아서 돌아가는 것으로 마치 하나의 원인 아구 입이 소장과 대장을 타고 몸과 방광을 타고 항문과 요도로 내뱉는 것과 같다.

꼭 착즙기와 같이 찌꺼기 따로 물 나오는 곳 따로 쿼크는 중앙원의 겹치는 압착이 만들어 낸 양쪽의 원의 날개를 말한다. 즉 한 원 두 개의 원이 음양으로 나오려면 한 원이 반으로 갈라진 1/2 스핀이어야 하나의 원이 회전력을 안에 나오게 하는 것이다.

이는 팽창력의 상징인 것이 시간을 쳇바퀴로 만드는 것이다. 즉 스핀의 가치를 설명하는 것이고 이것으로 다시 응축과 중력으로 부부 결합의 시초가 된다.

이는 수소와 헬륨 사이의 8족이 반으로 나눠지는 것에서 반쪽인 소성괘(少成卦)의 구조와 같은 1/2인 구조가 쿼크라는 것이다. 이 쿼크가 대성괘(大成卦)인 것에서 소성괘로 나누면 소성괘에는 이런 구조의 세 개의 효가 나온다. 즉 두 개의 원 중 하나 마다에는 세 개의 원이 있는 것인데 그 세 개의 원이 1/2인 구조는 벨트가 반만 물리고 다른 원에 옮겨져 반이 물린다.

우주는 돈다. 돌면서 내부적 흐름은 톱니가 맞아야 큰 우주나 작은 우주나 길이 계속 이어져 어긋남이 없어야 한다. 위의 그림처럼 벨트가 흐르려면 발로 막히는 것인데 이 막힘으로 해서 두 개의 원에 스핀을 걸게 하는 것이다. 즉 위의 그림은 소성괘 하나인 것으로 세 개의 효로서 하나의 스핀을 만드는 것에서 두 개의 원이 각각 흐르지 못해 멈춘 상태이다. 이는 하나의 큰 원에서는 1/2인 것에서 스핀이 된 것이다.

한 원 안에 두 개의 원, 두 개의 원 각이 세 개의 원이 들어 있어 이것이 육효하는 것과 같다. 그런데 이 육효에서 멈추면 하나의 큰 원으로 보아 1/2 스핀이 된다. 그러면 이 스핀이 양에서 멈추면 효상이 (-)인 것이고 음으로 멈추면 (--)이 된다.

이렇게 멈추면 외적으로 팽창이 안 된다. 즉 바깥 원의 회전에 따라 나가 그 자기장이 커질 수가 없다. 그러니 여기서부터 안으로 세 개의 원이 스스로 해결해야 한다. 이미 밖은 막혔으니 세 개의 원 중에 중앙의 원이 노란색으로 하는 것이고, 몸인 것으로 하는 것이고 양쪽으로 푸른색과 붉은색이 날개인 것으로 한다.

즉 날개는 파란색이 밀어내는 것이고 붉은색이 양력을 받은 늦이 돌아가게 되어 있다. 그러면 처음의 하나의 큰 원은 지구 대기권의 껍질인 것이면 우주로 넓어지는 팽창의 시야인데 이 세 개의 원에는 응축의 시점이니 새가 배란하는 것과 같다. 즉 알의 탄생이 되는 것이다.

그래서 사람의 몸으로 보면 팽창은 머리로 하고 응축은 머리 아래 몸으로 한다. 그러니 입에서부터 응축의 입구가 되는 것이고 이

홀은 마지막으로 항문과 요도의 1/2 두 개의 스핀으로 블랙홀의 길을 따른 찌꺼기 광자가 모인 곳이 방광이라고 하는 것에서 중자일 듯한 물인 것이다. 1과 8간으로 양금된 길은 통인 것으로 천지의 찌꺼기 물인 중성자를 남긴다.

 이 정체된 세 개의 원이 두 개인 것은 이 홀의 배설까지 양쪽의 문을 남긴 것이 된다. 곧 스핀이 두 개로 모이는 정류자 상태는 하나의 스핀이 쏠리게 하는 것인데 이것은 주역의 대성괘에 간괘가 겹치는 것이 된다. 이 겹치는 부분이 2/3인 것이고 그렇지 않은 하나의 양쪽 가장자리의 효는 1/3이 된다.

 두 개의 효가 붙지 않으면 이런 집중의 쿼크가 나오질 않는다. 사람은 쿼크의 모형으로 머리와 몸으로 나눈 것이다. 또한 쿼크는 8족으로 나눠지기도 하고 7주기율로 나눠지기도 한다. 그런 구도에 입은 원소 4족인 것으로 턱으로 핵분열을 일으키는 곳이다. 그래서 머리는 1족~ 3족까지 하고 3족까지를 해골을 안으로 뜻하는 것에서 이목구비가 속으로 통하는 구멍이 다 3족 안의 감수성이 통한다. 그리고 원소 4족이 턱인 것이고, 8족의 반에서 머리 쪽으로 붙어 있으니 4족은 머리이어야 4와 4의 비율이 된다. 실제 4 다음이 목인 것이다. 고로 4족의 폭발적 분쇄의 분열은 머리에 두는 것에서 목을 사이에 두고 턱은 머리인 건금에 붙어 있는 것의 4족인 것이고, 바람과 숨결은 태금인 폐에 붙은 것으로 마주한 머리와 몸인 것의 사이에 목이 있는 것이다.

 바람이 차는 폐를 5족으로 하는 것에서 가슴이 되는 것이고, 이 가슴 5족에서 배를 지나 오줌보에까지 미치는 하체까지가 8족인 엉덩이까지인 것에서 똥이 쌓이는 직장이 7족이다.

※ 대천(大千) 정도가 되어야 세포 수 기본이 되는 것과 같다

소천(小千) (은하)	1 주기율(10, 100, 1000)	효상(爻象)
중천(中千) (은하단)	2주기율 (10) 3주기율 100) 4주기율 (1000) (1000×1000=1,000,000)	소성괘(小成卦)
대천(大千) (초은하단)	5주기율 (10) 6주기율 (100) 7주기율(1000) (1,000,000×1,000,000 =1,000,000,000,000)	대성괘(大成卦)

감은 필름의 부피로 보면 한 화면의 크기에 비해 엄청난 용량일 수 있다. 즉 머리가 몸체보다 작다고 해도 양성자가 중성자보다 크다고 할 수 없는 것과 같다. 이는 대성괘가 꼭 양성자가 아닌 중성자일 수 있는 용량이라는 것이다. 즉 나의 뇌가 우주의 별들을 다 헤아릴 수 있는 것은 중성자 용량의 두뇌에 별들의 수량에는 양성자 수량은 이미 있었다는 것이다.

※ 쿼크의 3태극이 되기 전의 1/2구조의 양 태극

다음의 그림을 보면 태극 한 원 안에 두 개의 원이 들어간 것에 두 개의 원은 반만 서로 물려 있다. 이는 1/2스핀이 하나의 원으로 돌아 푸른색으로 밀면 또 하나의 스핀은 붉은색으로 받아, 즉 푸른

색 한 바퀴는 보손인 것인데 반 바퀴는 페르미온이 되니 역동적이다. 푸른색 두 개나 음이 두 개나 양이 두 개나 같은 색과 같으니 더하면 희석이 되는 반면 이렇게 보손의 반쪽만 취용하면 다시 페르미온이 된 역동성이 붉은색을 밀어붙이는 붉은색의 연료가 되어 훨훨 더 타오르는 것이다. 그래서 세 개인 쾌상도 두 개의 보손을 버리고 하나의 페르미온만 취하는 것에서 쿼크는 1/3과 2/3가 기운 차이의 돌출성으로 보는 것이다.

회전이란 심이 없어도 심이 있게 되는 것이 양극의 회전이다. 그 회전의 팽창에 응축의 리듬이면 중앙에 심이 생기는 것에서 이를 노란색으로 한다. 이는 5차원의 중심성을 잘 나타내는 것에서 파랑과 빨강의 사이 이 노랑이 들어가야 하나의 원 안에 있는 것이 되고 쿼크의 기울임도 중심을 잡아간다. 이는 삼원색이라는 것으로 나중에 삼태극이 되는 것의 원리이다.

이 핵의 노란색이 다시 밖으로 풀려나오면 나온 모형이 삼태극이다. 이것이 12지기 사이의 진술축미가 8방의 사이로 삐져나온 것의 흙과 같은 것으로 하니 이 토가 곧 중앙 토의 핵의 성질을 가져 밖의 기운에 귀가 얇지 않다는 것이다.

귀는 6족인데 반대로 코는 8족인 것으로, 8족을 줄여 7족으로 좁히면 코가 우뚝하니 이는 마치 8족이 주기율의 중심이 되는 것인데 7족으로 좁히니 주기율의 축이 휘청하는 것을 잡는 기둥으로서 세야 하니 불안정하다. 이는 이온의 대칭으로 바로 잡아가다 서로

부족한 부분을 채우게 되어 있다. 태극은 쿼크의 문양인데 이미 쿼크는 색에 있었다는 것이다. 즉 색이란 낮을 의미하고 이 낮에 흙의 분칠을 한 것이 노랗다.

붉고 푸른 하늘에 먼지를 덮어쓴 지상인이라 지상의 내가 중심이 되는 삼원색이 된다. 색은 낮이 곧 낮이라는 것은 ㅈ이 ㅊ으로 변한 것은 흙을 바른 상의 어원이 되고 세 개의 쿼크를 형성하기 전에 1/2이 두 개인 이 태극 문양이라는 것이 양성자 쿼크와 중성자 쿼크가 만난 두 조각에서부터이다. 그런데, 태극은 1/2이 두 개인 쿼크인 것으로 푸른색 세 개의 쿼크, 붉은색 세 개의 쿼크가 된다. 이 두 개의 만남 사이에 간괘가 중첩으로 쌓이니 이 간괘가 곧 노란색으로 헬륨에 중성자가 생긴 것과 같다.

이것도 다시 분말 형이면 중성미자로 볼 수 있는 것으로 우주의 먼지가 된다. 이 먼지는 우주 암흑에 물질의 암흑성과도 깊은 관계를 맺는다. 그리고 양날개는 노란색이 없는 2분법, 즉 정류자로 보면 중앙심이 없는 양쪽 피복이 붉은색과 푸른색으로 반반의 것으로 회전율이 생기는 것이다. 즉 하괘 푸른색이고 상괘가 붉은색이 된다.

※ 쿼크의 시간적 의미

이런 설명이면 쿼크는 하루의 낮을 의미하는 것에서 낮의 중간에 있다. 즉 푸른색 인묘와 붉은색 사오 사이에 있는 진(辰)이 곧 노란색이다. 그러니까 한 원의 반쪽만이 낮인 것에서 태극이 되는 것이고 쿼크가 된다. 반쪽은 빛이 없는 것으로 하는 것이기에 가시권 밖에 해당된다. 그러니 하나의 원 안에 두 개의 원 중에 하나만

이 색이 있는 빛의 영역이다. 쿼크는 색을 가지는 것이면 절대 반쪽이라는 것이다. 즉 하루 12시간으로 보면 반반인 것의 브러시인 것인데, 하루 24시간으로 보면 원을 두 바퀴 돌아야 한다. 실제 두 개의 원이 한 원 안에 있는 것이다. 두 개의 원 중에 쿼크가 아닌 한 쪽의 밤에는 별들이 반짝이는데 이는 마치 계측 가능한 경계를 넘어선 경입자가 있는 암흑물질이 된다.

✽ 쿼크도 색이 있다는 것은

쿼크도 앞면만 색으로 보이는 1/2의 할당이고 1/2의 뒤통수도 있다는 의미이다. 그리고 인간은 하루 8시간을 자야 하는 것은 이 3등분에 1/3에 해당하는 피로도에 의해 그 충전은 배의 2/3에 해당이 되지 않는가 한다. 그리고 1/2의 두 개는 흰색과 검은 색으로 무채색이 깔려 있는 것이고, 이 무채색 중에 흰색에 삼원색이 있는 것이고, 검은색 편은 별들처럼 점처럼 드러나는 색인 것이다.

태극은 색이니 반쪽인 낮을 한 원 안의 두 개 원 중에 하나로서 된 것이다. 즉 태극의 색은 낮인 반쪽의 흰색 바탕에 다시 삼원의 원이 새겨난 지경에 드러낸 것이다. 두 개의 원 중 하나 원에 세 개의 색전하가 있는 원이 된다.

✽ 약력의 입자성과 12지(支)

우리가 쿼크를 색으로 볼 수 있다는 것은 계측 가능한 우주라는 것이다. 그런데도 밤에는 별들과 별들의 색을 보니 이는 색장간(色藏干)이라는 것으로 이 간(干)은 천간으로 지지(地支)에 비해 3배의 용량 차이를 보이는 것과 같다. 그러니 이 3에 1의 비율인 1이 들어간 것이 있고 이 3의 비율에 2가 들어간 비율이 있다.

 이는 지장간(支藏干)의 쿼크 비율이라는 것과 같다. 왜 이런 비율인가는 1/3 비율은 흙토인 계신(季神)이나 맹신(孟神)에 있는 것이니 마치 물질에 쿼크를 찾아내는 것과 같다. 그러니 이런 3을 나눈 비율보다 2를 나눈 비율은 유채식과 무채식의 등분으로 하는 것인데 유채색인이 낮이 밤의 무채색의 입자에 감쳐진 것, 즉 원소 4족까지의 입자가 원소 8족의 입자에 들어 묻혀진 것이라도 수소와 헬륨의 상대적 이등분은 두 겹의 갈림과 같은 것이 된다.

 삼원색이 뭉쳐진 것이 흰색인 것인데 이 뭉쳐진 것이 오후를 뜻하면 이 뭉쳐진 것도 얼음과 같아 삼원의 뭉치가 일곱 색, 무지개색으로 쪼개지면 검어지는 것으로 넘어가는 것에서 이는 간극이 많아 감추어진 것 같다는 것이다. 즉 이미 무지개색에 묻혀서 검어진 것인지 아니면 간극 사이가 많으면 시각의 선조차 함몰 되어 시선으로 당기지 못하니 자연 어두운 것이니 암흑이 되는 것인데 이런 암흑도 빛의 연결선이 찢어지면 암흑이 깊어지는 것인가 하는 것이다.

 빛이 새은 흰색 바탕이기 때문에 흰색과 함께 빛나는 것이다. 하지만 이것은 시야가 미치는 선이 섬유성이 강하게 당기는 것인데 놓치면 시야도 놓치는 끈 떨어진 연줄과 같다는 것이다. 빛의 속도가 아닌 흰색까지는 유지하는 것에서 세 갈래의 끝은 무채색의 흰색으로 뭉쳐지는 것인데 일곱 갈래로 나눠지면 무채색의 검은색으로 보인다는 것은 찢어진 공간의 합이 틈이 많을수록 어둠을 보인다는 것이다.

※ 이는 결합의 문제인가 틈의 문제인가

삼원색이나 무지개색이 없는 것은 공(空)이기 때문인가?
어느 정도의 빈 것인가?
세 개의 효가 삼원색이 되는 것이면 이 세 개의 효에 붙는 것으로 일곱 개의 무지개색이 붙은 12를 뜻한다. 즉 12지의 토(土) 4개를 빼고 나머지 8인 것에서 무지개를 편성한 것이기 때문이다.
하나의 원 안에 두 개의 원이 있어야 쿼크의 짝이 되고 쿼크의 짝이 괘의 세응(世應, 점괘의 육친 가운데 조상의 덕을 말한다) 작용이 있어 무지개색이 되는 것이고, 이 두 개의 원 중에 하나의 원은 양성자적 삼원색이 되고 또 하나의 원은 중성자적 삼원색 되는 것으로 무지개색이 된다. 이것의 혼합이 되면 중력의 흡입력에도 맑지 못한 것과 같다.

※ 쿼크가 색이 있다는 것과 3족의 상호관계

두 개의 원 안의 하나에 색이 있어야 한다고 다른 한 원은 색이 없어도 입자와 같은 별이 있다. 이는 별주부와 같은 것이 우주에서 별자리처럼 기어 나오면 이 지구는 바다가 머금어 육지에 올라오게 한 것이다.
어찌 거북 껍질이라는 게 3차원의 3족인 이허중인데 공간에 무지개가 싼 것이 공간을 싼 허중의 껍질이라는 것에서 이미 수소만으로 은하수가 은하수와 함께 바다에 잠겨 있는 것이 수소이다. 이 수소는 갈라져 2족인 두 개의 원에 있는 것이면 이 두 개의 회전에 3족인 팽창에 색의 무지개가 있어 두르는 것이다. 마치 양쪽의 자석에서 자기장이 부푸는 것과 같아 색소 분진이 일어나면 수소가 큰 하나의 원에는 무지개 띠를 형성하는 3족에서 중앙이 된다.

이화궁(離火宮)인 큰 원으로 돌아가면 테두리에 무지개색이다. 이는 두 개의 원은 하나로 결집해 하나의 핵으로 하는 것이고, 이 핵에 이미 쿼크인 육효가 생긴 것인데 이는 1주기율의 굴레로 본 것이다. 이는 수소를 핵으로 핵에서의 쿼크의 무지개색을 띤다. 수소의 양성자 핵에 전자가 무지개 띠를 두른다는 것으로 어미의 임신선이 보이는 것과 같다.

하루 24시간 중에 12시간이 두 개의 원 중에 하나니 또한 이 두 개의 원이 네 개로 나눠 네 개의 원이 있는 중에 아침 5시부터 푸른색의 시작에서 정오를 넘은 오후 1시까지가 붉은색이다. 이는 2등분이 상대성으로 보면 3족과 6족의 상대성으로 계측 가능한 우주와 불가능한 우주를 나눌 수 있다. 그런데 이러한 상대성은 1족과 8족의 상대성으로 사이의 지름이 넓어지는 것에는 아직도 중성지자의 벽까지는 못 미친 점이 있다.

그러면 색은 전하를 띠어야 일어난다. 이는 전자가 4족과 5족 사이에 있다. 이것이 3족인 빛을 피워야 색이 있는 빛으로 피워 올린다는 것이다. 이는 전하가 이미 색이 감춰진 것에서 빛이 이를 캐서 밝히니 삼원색이 되는 것이고, 이 삼원색의 전하는 이미 5족의 무지개색, 즉 일곱 가지의 5족에서 삼원색으로 큰 나무 기둥의 나이테가 되니 4족인 것에서 이 사족의 장작이 더 기세서 퀘이샤 (quasar, 강한 전파를 내는 성운(星雲)으로 은하 중심핵의 폭발에 의하여 생긴 천체)처럼 타고 우주의 가시권을 넓히는 것이 된다.

※ 두 개의 원이 앞과 뒤인 것으로 하루인 것이면

이 하루의 앞 통수 뒤통수가 다음날의 앞 통수, 뒤통수와 짝을 맺을 이틀 사이의 분리로 다시 앞뒤로 분리되는 성세포와 같다. 이틀 사이를 하나로 했을 때의 물상이다. 이는 육십갑자 납음 오행이 이틀로 맺어진 짝이라는 것이다. 갑자을축 해중금인 것이면 이틀의 짝에서 나온 자식은 잠용이니 때를 오래 기다려야 입신하는 스타일이 된다. 또한 한 달의 큰 원 안에서 두 개의 원을 이 우주인 것으로 하면 이는 보름 두 개의 짝 뒤에 보름의 짝인 우주가 뒤에 깔린 것이 된다. 그런 우주 면면으로 보면 우주는 가시 가능한 우주와 불가능한 우주로 나뉘고 지구로 보면 낮과 밤의 지점이 된다.

하루의 밤과 낮 뒤에 또한 밤과 낮이 나타나는데 이는 드러나지 않은 것과 같고 이분적 낮이니 밤이니 할 수 없다. 우주 뒤의 큰 원을 하나가 짝이든 아니든 하나의 원으로 하면 이를 기본적으로 깔고 난 다음에 계측 가능한 우주와 불가능한 우주가 하나인 것을 나누는 것인데 한 원 안의 두 개의 원 중에 하나의 원에 해당하는 것에 쿼크인 세 개의 원이 된다.

이 세 개의 결합은 강력에 속하는 것이고 이 세 개의 원 안에 하나의 원마다에는 네 개의 원이 있다. 이는 폭발과 융합의 이동성이 촉발하는 것이고 약력이 중력과의 상대성으로 움직인다. 또한 하나의 큰 우주에 1/4인 네 조각의 원이 한 원 안에 있는 것이다(물론 세 조각의 원 안에 하나의 원이지만). 그리고 이 4분의 1조각 중 하나의 원이 되는 것에서 다섯 개의 원이 있다면 이는 매우 안정적일 것이고 우주의 흐름에 있어 생기는 홀도 이 정도의 원에서 멈추는 것이라고 봐야 한다. 즉 5는 중앙이기 때문이다.

※ 우주에 있어 오전과 오후가 나눠지는 것은
   색과 무채색이 나눠지는 것이면

 우주로 봐서 계측 가능한 우주와 불가능한 암흑 우주로 분류가 되는 것이 양의(兩儀)이다. 이렇게 분류가 되고 나서 삼원색이 되는 것, 즉 정오가 지난 미(未)시가 노란 것이고, 또한 푸른색이 되기 전에 축(丑)시 또한 노란색인 것으로 색으로는 노란색으로 푸른색 동방과 붉은색 남방을 합해 삼원색으로 하는 것이다. 즉 곤방(坤方)의 미토(未土)는 중앙의 토와 같은 것으로 곤방의 토는 곧 중앙의 토인 것에서 노란색을 몸통으로 하고 푸른색과 붉은색을 접힌 날개로 한다. 이를 오전의 시간으로 하면 오후의 시간을 이 날개가 그림자인 것으로 무채색 나비와 같은 것으로 같이 살아 있는 것이 마치 계측 가능한 나비가 그림자로 있는 암흑이 생명체 그대로 같이 암흑물질도 에너지가 있다는 것으로 보는 것과 같다.
 또한 진괘(震)와 손(巽)과 이(離)는 납갑이 무기경신(戊己庚辛)인 것으로 이것이 동과 남쪽, 즉 색이 몰려 있는 구역인데 색 속에 물질이 매장된 것과 같은 입자성이 색장간(色藏干)과 같은 것이다. 땅은 물질을 매장하듯이 색은 고유의 품은 기운이 있는 것이니 흙 속에 섞인 광물처럼 삼원색에 묻힌 깃이다.
 붉은색과 푸른색 속에는 흙과 같이 묻을 수 있는 삼원색의 기가 있다. 이 삼원색은 양성자의 기운으로 태양이 떠오르는 것과 같고 여기서의 노란색은 결국 중성미자와 같은 분진이 쌓이는 중심이 된다.
 시간을 똬리를 푼 것으로 보는 길이라면 푸른색과 붉은색의 파장으로 보는 것인데 노란색은 똬리를 튼 것으로 보는 것이니 시간은 가지 않는 것과 같다. 시간이란 두 색이 노란색인 축(丑)과 미

(未)의 사이에 막혀 있는 것이고 이것이 긴 시간의 연결이고 오후에는 똬리를 튼 시간이라 시간이 가지 않는 것이다. 그러니 시간은 간다고 해도 맞고 안 간다고 해도 맞다. 진공도 더 진공이 되면 출공이라고 하는데 이 출공을 살필 때는 미생전 본래 면목을 깊게 보아야 하는 것인데 왜 생전의 본래 모습이라고 하지 않았나 하는 것이다. 마치 금속이 흙에 묻혀 있듯이 이 유채색이 미시(未時)를 넘지 못하고 흰색인 무채색으로 들면 세상은 똬리를 튼 입자처럼 백지화가 되는 것으로 오직 미시의 벽에 떨어진 하루살이마냥 쌓인 곤충이 곧 앙금이 된 중입자적인 미자가 중성자가 되는 것과 같다.

하루 안의 유기성으로 우주를 이렇게 볼 수 있다. 이 양의(兩儀) 중 한 쪽 의(儀)가 푸른색이고 한 쪽 의(儀)가 붉은색인 것이 태극이라는 것이다.

두 번째 분열의 네 조각 중에 하나의 부분만 아침과 낮까지의 부분인데 이는 하루 네 등분의 여섯 시간을 보는 것에서 5시에서 1시로 보는 하루의 1/4이다. 즉 두 색을 합하여 쿼크가 되는 6시간이 반에 반쪽이 낮의 일이고 계측 가능한 우주라는 것이다.

※ 우리가 물리학적으로 저승에도
   이승의 의식을 다시 가질 수 있다는 것은

8차원의 세계면 아리야식(識)에 이른 것이다. 7차원까지는 의식이 끊어진 상태라고 보아도 우리는 의식의 추상성이나 이론 성립이 모두 의식(意識)에 의해 완성할 수 있다. 어떠한 논리도 뜻에 부합하면 이루는 것이 이승이다. 다만 죽음과 말라식의 있는 곳에는 망각의 강이 있다. 이를 7차원의 세계는 이성과 닿지 않는 3차원의 이승이라는 것이다. 즉 3차원도 물론 모든 차원과 함께할 수 있는 것인데 오직 7차원만은 격리성이 있다는 것으로 삼차원으로 당겨진 것이라고 해도 꿈과 같이 비몽사몽과 같다는 것이고 깨면 모르는 차원이라는 것이다.

양전자와 전자 사이로 묻히는 12시간 중에 다시 반인양전자만 보아 계측 가능한 공간인 것이고 시간인 것으로 하는 것이다. 우리가 안식(眼識)권역은 다하고 보이질 않으나 이식(耳識)으로 뒤집어 볼 수 있다고 해도 이는 10차원이 3차원을 뒤집어 본다. 그러면 최소한 8차원이면 아리야식(識)인 것이다. 그러면 우리가 뜻과 함께 상상이나 환형을 이루는 것이 성사되는 것은 의식이 6차원인 것에서 3차원을 이루는 완성된다고 할 때 이룬다. 이는 세상을 떠나 말라식(識)에 있고 아리야식에 있는 8차원이면 이승서 잃어버린 의식까지 다시 일깨워 볼 수 있다.

※ 8괘와 우주 그리고 원동기 구조와 우주

자음 ㅇ은 곧 입의 모양으로 소리가 팔방으로 찢어진 형태로 열렸다는 의미의 ㅇ가 되는 것이다. 8족은 우주 배경이기도 한데 이 배경의 모양이 볼륨이 있는 것에서 그 형태가 모음의 형태라고 한다. 즉 ㅏ, ㅑ, ㅓ, ㅕ, ㅗ, ㅛ, ㅜ, ㅠ, ㅡ. L인 모양으로 8족에 있는 것이다. 모음은 10개인 것으로 십진법의 기본 복사형을 말하는 것이고, 8방의 8족에 ㅡ와 ㅣ가 절로공망인 셈이다. 즉 ㅡ와 ㅣ는 젖꼭지가 없다. 이것만 없어도 절로공망이다. 절로공망은 없는 것 같으나 ㅡ와 ㅣ가 있다는 것이나 젖꼭지가 나지 않은 애라는 것이 말라붙은 노파라는 의미이다.

이 ㅡ와 ㅣ는 헬륨과 수소 사이에 공간에 있는 것인데 이 공간을 지나야 다시 수소족이 되는 것에서 젖꼭지가 붙은 ㅏ가 되는 것이다. 그러면 이 두 개의 빈 공간도 치면 핵으로 돌아가서 2를 보태면 곧 7족과 8족이 6족에서 8이 되는 것이고 7족부터 공이 되는 것이니 본래 7족과 8족은 빈 모음인 것으로 ㅡ와 ㅣ가 되는 것이다. 이는 8족만의 모음의 순환도이다.

모음의 구성이 여덟 개의 꼭지가 있는 것과 꼭지가 없는 절로공망의 ㅡ와 ㅣ가 언저리 공망, 그리고 모음은 ㅡ와 ㅣ가 x와 y선의 바닥과 기둥인 것과 같이 ㅡ는 헬륨족에 속하고 ㅣ는 수소족에 두는 것으로 8족을 배분하는 것이다. 그러면 수소족이 모음 ㅣ안 것이면 이 기둥에 점을 하나 붙이면 수소 이온 하나의 출구로 ㅏ인데 1부터 4까지는 알카리족으로서 순순하니 ㅓ와 ㅗ와 ㅜ가 된다.

그러면 2족의 입으로는 ㅑ로 되는 것이고, 이 싹이 눈이 보이니 뿌리가 나는 모양이 어리둥절하니 ㅕ가 된다. 이것이 자라 나무가 되니 핵의 융합이라 사방의 별들이 다 모여 ㅕ이다.

나이테는 끈을 만들어 우주의 숲을 만드는 듯이 별들이 앵앵 대고 눈을 귀로 빨아들이니 ㅗ가 된다. 실로 음향이 자기장이 일어나는 ㅗ인 것이고, 이 작은 회오리가 블랙홀을 만든다고 ㅛ가 된 것이다. 이에 스톱! 태클을 거니 7족인 ㅣ안으로 쌓이니 ㅕ가 된다. 그리고 8족은 거울이라고 했고 배경 복사라고 했다. 그러니 ㅡ와 ㅣ 중에 ㅣ를 배경 복사라고 하는 것이고 ㅡ를 흡수고 투과라고 한다. 그러면 ㅏ의 배경 복사는 ㅑ이다. 그리고 ㅓ의 배경복사는 ㅕ이다. 즉 2의 대칭이 7이니 2의 ㅓ가 7에는 ㅕ가 되는 것이 배경 복사이다. 마찬가지로 3족의 이괘는 감괘이니 감리의 상대성은 ㅛ가 되어 6족이다. 그리고 4족 ㅜ의 상대성은 5족인 ㅠ가 되는 것이다.

이는 수리로서 생수(生水) 1, 2, 3, 4, 5를 젖꼭지 하나만 붙인 ㅏ, ㅓ, ㅗ, ㅜ, ㅣ가 되는 것이고 6, 7, 8, 9, 10은 성수(成數)를 더 했다고 ㅑ, ㅕ, ㅛ, ㅠ, ㅡ가 되는 것이다.

1족	2족	3족	4족		5족	6족	7족	8족	〈기타〉
자음, ㄱ,ㄴ, ㄷ,ㄹ, ㅁ,ㅂ, ㅅ,ㅇ 등	자음, 쌍 자음 ㄲ,ㄸ, ㅉ 등	자음 ㅋ,ㅌ, ㅊ,ㅎ 등	삼원색의 균형이 깨짐, 균열, 자음,	정류자 분할 중 자음 입 자로서의 분산	정류자 분할 중 모음의 모양이 자음과 짝	ㅣ를 바탕으로 하는 ㅏ, ㅓ, ㅡ를 바탕으로 ㅗ와 ㅜ는 바람은 함께 수용할 수 있음	ㅑ,ㅕ, ㅛ,ㅠ 마찬 가지로 물도 함께 수요할 수 있음	ㅣ 유동성이 없어 벽만 존재함	—	8족의 성성한 근육을 세우면 ㅣ인 것으로 다 부진 7족이 되는데 이온이 생기니 의결 불안정하다. 그래도 함께 수용하면 (ㅢ)가 된다
1족 ㄱ,ㄴ, ㄷ,ㄹ, ㅁ,ㅂ, ㅅ,ㅇ 등	2족, 쌍자음 ㄲ,ㄸ, ㅉ 등	3족, ㅋ,ㅌ, ㅊ,ㅎ 등				이온 두 개를 수용함 그래서 ㅑ,ㅕ,ㅛ, ㅠ,	이온 1개를 수용함 ㅏ, ㅓ, ㅗ, ㅜ,	—, ㅣ	
모음만으로 상대성으로 할 때 ㅣ, ㅏ, ㅐ	ㅓ,	ㅗ,	ㅜ		ㅠ	ㅛ	ㅕ	ㆍㅑ, —	헬륨족 과 수소족의 결합 (ㅢ)
달, 자궁 난소	지구, 배,	항성권, 가슴, 심장,	사방, 성단권, 턱,	4방목	(사이4방+)4방= 팔방, 코	팔방, 한겹, 은하권 (소천) 머리를	팔 방, 두 겹의 은 하단(중천), 머	팔방, 세 겹의 초 은하단(대	우주배경

					중심으로 심장 이것으로 양쪽 팔을 편 것의 테두리.	리를 중심으로 배꼽까지의 양쪽 허리를 좁힌 테두리.	천) 머리를 중심으로 엉덩이 양쪽 다리를 편 것의 테두리.	

 이는 8방에 ㅡ와 ㅣ인 두 개의 중앙 5궁을 중력으로 2를 더하는 것에서 10이다. 중력의 힘을 더해 젖꼭지가 두 개가 되었다는 것인데 이 2를 더했다고 젖꼭지가 두 개면 정말 인간의 모유도 이런 중력 파워의 영양분이 아닐까.
 우주는 전 차원에 미치는 중력 파워가 아닌가. 즉 모음에 젖꼭지가 두 개 붙었다는 것은 우주 배경 복사에서부터 짜내는 것이 아닌가. 젖꼭지가 붙은 수소족이 되는 것으로 핵 발산이 되는 것으로 딴 모음의 구조이다.

※ 8족을 반으로 나눈 자음, 모음

 달을 왜 1족인 수소족인 으뜸으로 했을까. 앞에서 이야기한 대로 크기가 다른 굴렁쇠를 한 손에 모으면 구심점보다 훨씬 경험의 궤도를 넓게 돌고 온 것이 모인 것이다.
 은하를 돌고 온 굴렁쇠나 달 한 바퀴를 돌고 온 굴렁쇠나 한 손에 모이면 한 바퀴에 다 심어지는 이해의 코일이 담긴 코드가 있는 것이다. 즉 대뇌 피질이 여덟 겹이면 우주 전체 굴렁쇠 속에 작은 굴렁쇠를 여섯 개 쥐다 보면 겨우 피질 정도 밖에 더 있겠는가. 해마가 신경만 자꾸 방출하면 되는 것이다.

그리고 음정의 파와 시의 반음이 8족을 함축하면 목처럼 가늘어지는 것인데 목에서 신경이 X자 형이니까 식도와 기관지가 목에서 교차로가 생긴 것이다. 음식을 넘기면 숨길은 끊기는 것이다. 즉 8족으로 몸 둘레가 되는데 이 둘레를 고무줄처럼 1/2로 줄이면 배가 목으로 줄어든 반음의 합이 된다. 이렇게 좁아지다 보니 서로 교대로 교차선이 나온 것이다. 애초에 두 개의 콧구멍도 교대로 열어 가다보면 이 하나로 모인 듯하지만 양쪽 길을 모아 꼬인 듯이 새끼줄로 넘어간 것이다. 즉 신경뿐만 아니라 X자형으로 갈리는 길목이 식도와 기관지인 것이다.

우주는 넓어도 딱 기관지 크기만큼의 식도가 열리는 것으로 짝으로 한다. 즉 도레미파솔라시도에서 파가 시의 허리춤을 1/2로 줄이면 목의 굵기가 된 것만큼 이 반의 인력은 다른 온음을 압도한다는 것이다. 즉 파에서 기관지가 되는 것이고 시에서 식도가 양쪽 가장자리에 있어야 할 것이 하나의 길목에 모여 있다. 여기에 넘어가는 길이라 하나 다만 혀가 광자로 가득 모여 맛을 본다. 그래도 구멍이 난 포도청이라 중성미자는 위장인 중성자로 넘어간다. 또한 머리는 은하의 중심이 되는 것이고, 신장과의 거리는 우리은하 중심에서 항성과의 거리가 된다. 배꼽과의 거리는 지구와의 거리를 나타내고 엉덩이와의 거리는 달과의 거리를 뜻한다.

태양이 심정처럼 잔망스럽다는 것이고 다리가 묵직하기는 하나 달과 같이 부지런하다는 것이다. 즉 위성에 가까울수록 우주 배경에 가깝다는 것이다.

※ 뫼비우스 띠와 양자의 양면성으로 뒤집어 나오는 태극적 우주 복사

구궁도(九宮圖)에서 7 서쪽에서 8 동북쪽으로 이동하면서 서쪽이 동쪽으로 뒤집어질 때 뫼비우스의 면이 뒤집어지는 지점인데 태극은 양자지만 앞뒤가 불분명한 상태, 즉 8방은 원자지만 앞뒤가 분명한 상태를 말한다. 만일 양자의 양면성을 뫼비우스 띠처럼 절차 있게 본다면 현생은 단면이고 전생도 한쪽 면이 단면이라면 현생의 모든 면은 한쪽의 면이 동시에 다 같이 드러나 있는 양자 얽힘이라는 것이다.

양쪽 면 중에 한쪽만 드러난 것으로 원자 상태의 면이라는 것이다. 사람의 관상으로 보면 애꾸눈이다. 이는 1인 정수 수소 이상의 물질계를 말하는 것이고 0인 자연수 양자에는 앞면도 뒷면도 아닌 면모이다. 이 원자 상태의 면이 반쪽이면 0.5가 1이 되려면 나머지 0.5의 양자 상태보다 0.5의 원자 상태로 드러나야 한다.

양성자를 태양으로 하면 지구의 낮은 양전자이고 밤은 전자인 것의 양면성을 띤다. 그 사이 달이 떠서 밤과 낮을 오가는데 곧 물리적으로 양전자와 전자 사이로 오가는 뫼비우스 띠의 양면성과 같다. 여기에 거북이 알의 암수마저 가르는 것이면 양장 얽힘이 이렇게 풀리는 것이다. 양전자도 주체가 아닌 볕일 뿐이라는 것이 된다.

※ 5족이 소리인 것의 영역으로만 대조해 보면

본래 소리의 영역은 5족인 것으로 4족의 영역은 전차인 것이다.

이 전파는 심전도와 같이 전자의 파장으로 본다. 그리고 3족이 방사선이이라고 보는 것이고 MRI나 초음파도 마찬가지다. 또한 1족은 중력파라고 할 것이고, 2족은 양자 레이더에 해당된다. 음파만으로 볼 때는 5족의 영역대인 것이다.

자음과 모음은 5의 공기 파장으로 일어나는 지엽(枝葉)과 같은 것이고 그 뼈대는 4족에 있다. 이는 전파가 음향화한 것이다. 즉 진궁(辰宮)의 전파가 손궁(巽宮)의 음파로 육효의 육신지(六神支)에 해당이 되는 것에서 곧 손궁의 육효, 즉 원소 4족에 해당하는 라인의 여섯 주기율이 육효가 되는 것으로 한다.

1	2	3	4	5	6	7	8
수소에도 전파가 나온다는 것은 양성자적 에너지가 되는 것이고 광자가 수소에 묻힌 물질이 되는 것이다.	전자기파, 전자가 장을 연 틈을 말한다. 감마선, 마이크로파, 이 마이크로파가 양극을 이루어 소통하는 것 편고 2차선 즉 여덟족의 폭이 우주인 것이면 이온은 아주 넓은 폭을 축지하는 힘이 있는 것이니 2족 이	가시광선의 몸에 적외선의 날개가 자외선의 날개를 단 것으로, 만일 주검의 세계에서 밝힌다면, 자외선에 붙는 날개가 아니면 저외선에 붙는 날개에 영혼이 붙는 것이 된다. 이것이 곧 오장이 육친과 같은 것이라는 것이다. 먼저 씨앗	전파	음파, 초음파	뗏목 수송, 선박 수송, 잠수함, 이온 공망의 크기는 분자 공망의 크기로 양극을 소통할 수 있다. 분자에 이온이 없으면 이는 준설되지 않은 어둠의 입자와 같다. 즉 표면 장력의 인력이 풀려 전성이 늘어나니 좀 더 가벼운 공간 사이에도 잘 건너 붙는다. 이온이 있으면 급속히 통하는 것이다.	어려운 만큼 쉬운 길이 있고 쉬운 만큼 어려운 길이 있는 반도체이 이온 하나는 편도 2차원보다 1차선이니 좁은 것이다. 두더지도 톨오가 있으니 7족에 속하는 것이고	흙에 바글거리는 벌레

쿼크의 임신과 달거리 89

		은 날개를 펴면 떡잎인 것이다. 즉 이 이승보다 더 훤한 공간은 X선의 영역이냐 적, 자외선의 영역을 낀 것이냐 즉 자외선으로 밝으면 이는 천신에 가까운 것이고 적외선에 가까우면 인간에 가까운 신이 되는 것이다.					
	면 이승과 저승의 사이를 넘나든 것이다.						

　시야의 문제는 3족의 가시선으로 보는데 이 3의 양변이 적외선과 자외선으로 하는 것이다. 그러면 우리는 적외선과 자외선으로 영혼을 비출 수 없다면 2족의 X선으로 비추면 나타나는 것일까 하는데, 이도 시야성의 차이에서 안 보이는 것이지 빛의 문제는 아닐 수 있다. 즉 눈을 뜨면 잊어버리는 것이 꿈에서는 생시보다 더 크게 밝다면 이는 3족의 시각으로는 보질 못하는 것. 즉 2족의 시각성이어야 하는데 이는 눈을 감아도 시신경은 살아 있는 감촉인 것이다. 즉 눈알이 3족이지 망막은 2족이라 양쪽에 있는 감각이라는 것이다. 적외선의 날개나 자외선의 날개나 만일 가시광선의 스크린을 깔았을 때 가시광선만 보일 수 있는 바탕이 2족의 눈으로 보

면 이 가시광선의 알맹이가 깔린 것이 거울과 같은 벽을 가지면 이 빛에 상이 비칠 수 있다. 즉 무지개색 트랙에 달리는 상이 나올 수 있다. 이는 빛을 찢어 가루로 만들어 물로 반죽하는 것으로 땅을 까는 것이 된다면 곧 빛이 걷어진 공간의 시야성은 빛의 속도인 섬유성이 얽힌 것으로 벗으니 훨씬 시야가 맑게 트인 시력이 새로 생긴 것이 된다. 이런 2족의 시야면 충분히 트랙 위에 반죽 품이 자연을 이룰 수 있다. 그러면 여래가 되기 전에 세상을 훤히 보는 무색계 중에도 최상위에 있다는 것이고, 이 정도까지 보여야 윤회의 고를 벗어난다는 것이다. 그리고 빛은 직선적이라 불에 구운 도자기는 직선적일 수밖에 없는데 그래서 그 선에서 깨지는 것이다. 거기에 비해 다이아몬드는 4족이니 빛에 비해 둔한 것이다.

 2족은 괘의 오행상 금이지만 험이 있는 샘이라 물을 생한다. 마치 융합이 빛을 내는 3족이 나중에 물이 나오듯이 샘에 물이 되어 나오는 것이 2족인 것이다. 이렇게 고인 물이 영글어 눈알이 된 것이 3족이라면 이 알이 망막 신경에 닿으면 4족으로 넘어간 것으로 보면 이 4족은 선천수의 역행에 끝부분인 4에 해당되는 것에 거둬진다. 이 4에서 9까지가 선천수인 것으로 3을 5방으로 감싸 9가 되는 것이다.

 또한 5족 라인의 아래 7주기율까지가 음파의 음새인 것으로 1주기율을 뺀 여섯 주기율이 육효로 분류될 수 있다. 이 육효 중에 상괘 2, 3, 4주기율이 자음이 되는 것이고 하괘 5, 6, 7주기율이 모음이 된다. 이를 8족으로 펼치면 2, 3, 4족이 자음인 것이고 5, 6, 7족이 모음이 되어야 한다. 즉 1족과 8족은 빠져 있는 2개를 뺀 나머지 6의 반반이 상하괘인데 이 빠져 있는 것이 서로 1/2의 분할로서 짝을 이루고 있는 것으로 8이 된다. 이것이 음정의 파와 시의 반음의 짝이 되는 것이다. 그 사이에 온음인 3과 3이 있다. 즉 2주기율의 여덟 족의 짝이기 전에 먼저 이 짝을 벌려 1주기율 완성이 필요한 것인데 이 떡잎의 짝이 양쪽 사이를 나온 코과 눈의 같은 균형의 귀가 되어 있다는 것이고 인간은 이 양쪽 귀가 평생 붙어 있는 떡잎이 되는 것으로 역으로 보면 양쪽 귀가 합한 것이 씨앗인 것인데 다시 갈라져 떡잎이 된 것에 나중에는 얼굴이 나온 것이다.

귀를 뺀 눈, 코, 입이 다 짝으로 갈라져 있는 채로 나오는 것으로 씨앗인 수소로 보는데 헬륨까지의 지름으로 먼 것인지 양쪽에 이온을 심어 놓은 매개체 역할을 한다. 즉 양쪽 귀로 벌어진 양쪽에 중계탑과 같은 이온이 끌어당기는 상황이다. 이는 식물로 도표로 하면 코가 고갱이 쪽, 즉 중심으로 일어난 것이고 단단한 것이다. 사람 얼굴로는 산근이 중심인 것인데 구궁도상 아래 입을 제1로 치는 것인데 구궁의 원리로 보면 5 코와 1 입 사이에 인중이 있는 곳에 인간이 사는 것이다.

이는 1과 5가 구궁의 순서를 따르지 않고, 즉 물이 땅으로 나무로 바람으로 거치지 않고 바로 직행하는 것이 개울의 물인 것인데 그래서 콧물은 직행하는 물이라 몸이 인위적으로 활용도가 낮으니 질병인 것이다.

본래 하늘의 태양에 걸린 구름이 산에 비로 떨어진 것이 9에서 5로 직행하는 것이고 이 직행이 산을 거치지 않고 바다로 바로 직행하면 9에서 1로 행하는 연국(煙局)이 되는 것이고, 중앙인 5의 땅 고원이나 산을 거쳐 내려 오면 이는 9에서 5중앙을 거쳐 1인 바다로 가는 것이니 이를 기문으로는 홍국(洪局)이라고 한다.

바로 직행하는 것이 9가 바로 1로 직행하는 것과 같은 것인데 5가 산인 콧물은 산이 굽으면 물길도 굽을 수 있으나 인중이 곧은 것은 인간이 사는 마을은 정비가 잘 되어 곧으니 인중(人中)은 골이 나 있는 것으로 성실 합을 보는 것이다. 즉 취역 사업이 잘 돌아간다는 뜻이다.

여자는 눈썹 사이가 인당(印堂)이라고 한다. 남자와 반대로 다리라고 한다. 즉 인간이 다리 사이에 난다는 것만으로 인가를 받은 것이 된다. 즉 코가 바르다는 것은 정비가 잘된 문명성의 길이라 봐야 한다. 그리고 중궁 5에서는 바로 10으로 중첩되면 바뀌어 다시 1로 가는 것이든가 6으로 머리가 나오든가 한다. 이는 감궁(坎宮)의 생명체는 정자를 의미하는 것이고, 건궁의 생명체는 거울과 같은 난자를 의미한다. 그러면 난자가 정자를 싸는 것은 거울이 캥거루족처럼 자루에 담을 수 있게 된 것과 같다. 즉 주기율도 한 번으로 된 것으로 난자인 것으로 거울의 반사가 있는 것이면 두 번으로 겹치면 이 난자가 정자와 겹쳐 합한 유전제가 되는 것이고 같다.

이는 곧 코가 현재의 나인 것이니 숨통이 달린 것이고 나를 기준으로 우주 나이의 공간 거리와 우주 시작의 점과의 거리를 양쪽으로 하는 귀와 같다. 양귀는 빅뱅과 현재의 우주 지름의 거리인 것인데, 이는 나의 기준으로 양쪽의 반지름을 갖고 있다.

우주의 지름은 얼마인지 모른다. 양쪽 눈 사이의 거리도 계측 가능한 우주인 것이고, 양 귀 사이이 거리는 그 우주를 넘어선 것으로 양 귀 사이의 속도는 양 눈 사이 빛의 속도를 더 늘려야 닿을 수 있듯이 벌어진다는 것이다. 즉 양쪽이 있는 것은 곧 우주가 팽창으로 늘어나는 지름을 의미하다.

1	2	3	4		5	6	7	8
자음		양자의 호두 껍질 같은 것	전파화 ←		자음과 모음이 붙음	→ 음 향 화	알 속의 단단한 눈		모음

 5족의 영역이 음파인 것으로 손괘(巽卦)로 하면 이 5족 안에 일곱 주기율이 있는 것으로 하는데, 이 일곱 주기율의 하나를 여섯 주기율의 육효로 배열하면 2주기율은 ㄱ, ㄴ, ㄷ~인 것이고, 3주기율은 ㅋ, ㅌ, ㅊ, ㅍ인 것이다. 이는 헬륨과 네온의 자음 ㅇ과 ㅎ을 지난 것을 의미하고 불이 흙으로 도자기를 굽는 것에서 어우러지는 조화로 사(巳)와 오(午)는 토(土)로 한다.
 4주기율은 ㄲ인 것이다. 즉 4주기율은 두 개가 강하게 붙는 것으로 쌍자음이 된다. 본래 이 자리는 자음과 모음이 결합하는 자리, 즉 하나의 씨를 사방의 난자가 품은 상이라는 것이나 자음만으로 8족이 나눠지는 한글의 순서 구조상 맞춰지기도 한다는 것이다.
 전형원소는 ㄱ, ㄴ, ㄷ~순인 것이고 전형원소 안에 위성인 달이 잉태하니 모음이 곧 전이 원소이다. 이는 달이 하늘의 기운을 받는 형상이 모음이 자음을 맞추는 것과 같다. 또 전이 원소 안에 태아가 있으니 이 태아는 지구인 행성이니, 란탄 악티늄족이 태아로서 10배율의 전이 원소를 맞추는 것이다. 즉 6주기율이면 이미 양수의 영양이 되고 7주기율이면 배아가 된다. 그리고 6과 7주기율은 받침이니 ㄺ, ㅀ, 등의 혼합인 것이 되기도 하고 순순한 전형의 ㄱ이나 ㄴ도 묻힐 수 있다.

※ 불로 굽힌 문명으로서의 지능

이 3주기율의 화는 문명이라고 하는데 곧 지혜라고 한다. 즉 2주기율에 광물과 흙덩어리가 도자기를 돌려 말리면 이는 3족인데, 이는 창조물인 것이다.

이 창조물이 굽히기 전에 물레에 도는 우주 이치를 보면 배추를 역 추적해 속과 겉이 겹겹이 선천수 9~4까지의 역순이 된다. 3은 선천수에 속하지 않는 것은 고갱이를 딱 3족으로 잡는 것이고, 이 고갱이를 내미는 자리에 꽃이 머리를 내미니 자연은 영락없이 3족이 곧 이허중의 묘미라는 것이다. 이는 우주 진공의 정체를 여기서부터 살펴야 오행의 공망도 이해가 빠르다.

배추의 겉잎은 늙은 노인이니 마르고 쪼그라드는 것에서 벗겨지는 무감각인 것이다. 또한 단백질을 원심 분리로 돌리면 아미노산이 이렇게 나무가 피어 숲을 이룬 것이 밤하늘의 별들과 같다.

※ 쿼크의 해부도와 팔괘의 수화기제괘라고 하면

악 전 무 음
력 자 지 정
   기 개
   력 색
↓ ↓ ↓ ↓
자 -- 빨 도
술 - 주 시

신 -- 노 솔
      초 파
해 -- 파 미
축 -- 남 레
묘 -- 보 도

상하괘는 쿼크이다. 이 쿼크가 색이 있으니 색은 빛이라 원소로는 3족에 해당된다. 즉 빛은 붉은색이 상징인데 맨 위 상효가 전체의 굴레인 껍질인 것으로 빛의 전체는 붉은색이고, 이허중의 굴레에 속이 빈 것 껍질이 가시광선의 색의, 붉은 껍질에 붙은 것에서 이허중의 속은 빈 것이 된다. 마치 나무를 갈아 원심 분리로 돌리면 가장자리에 모래처럼 입자가 모이면 그 연변에는 무지개 단층의 무늬가 생기는 것과 같다. 그러면 이 무지개 띠 안에는 무색인 공간으로 이를 이허중이라는 것으로 3족인 것이고, 이 무지개색이 되기 전에 상하괘가 되는 것이 2족인 것으로 태상절(兌上絶)이 된다.

3족 색 안에 여섯 개의 색이 있다. 3족인 붉은색의 속내는 푸른색과의 상하로 무지개색이 된다. 이는 본래 둘로 분열된 세포에다 다시 이 두 개가 분열되어 4개가 된 4개의 원 중에 이렇게 육효가 한 바퀴 육신이 되는 것에서 색이 되는 것이고, 이는 안식(眼識)에까지 미치는 빛의 영역인 것이다.

즉 아래에서부터 묘축해신술자를 육신(六神)이라고 하고 거기에 양효(-)이 붙든가 음효(--)가 붙은 것을 효상이라고 한다. 이 여섯 자를 여섯 개의 쿼크라고 하는 것인데 실제 이 여섯 개를 통틀어 쿼크라고 하기도 하다. 그리고 이 세 개와 세 개로 결합한 것을 강력이라고 하는 것인데 이는 떨어지기 어려우니 1/2과 1/2이 서로 결속할 때는 분명 틈이 있는 것이나. 워낙 빠르게 극을 밀었다가 당기니 그 사이를 벌리지 못할 만큼의 강력함을 말한다. 이것이 음계의 파가 반음인 것으로 접착력이 강하니 나무는 접을 붙일 수 있다. 그리고 그 안에 여섯 개의 육효가 있는 것에서 이 여섯 개의 효는 음과 양인 즉 음효(--)와 양효(-)인 것으로 전자기력으로 하는 것이고 육신은 약력에 해당된다. 그러면 가수 분해를 하면 양쪽으로 갈라지는 것인데 어느 효든 음과 양이 있는 것으로 하는 것이다. 다만 사이가 멀어질수록 이온이 생기는데 마치 우주가 빛의 속도보다 빠르게 멀어지면 그 사이에 이온 진공이 생기는 것인데 이는 복사로서 빛의 세계와 결합한 그림이 된다.

즉 전기 분해해서 산소와 수소가 된다면 산소는 암흑물질로서 당기는 이온이 배가 되니 수소는 이 암흑세계의 인력에 끌려 빛의 속도가 가랑이가 찢어지는 것이다. 이는 전자기장에 빛의 속도도 찢어지는 빨라짐이 있다는 장이라는 것이다. 곧 빛의 속도가 1인 것으로 하면 1도 안 되니 입자도 되기 전에 찢어지는 것인데 그러면 거기에도 부스러기라도 찾으라면 암흑물질이라는 것이고, 이 물질이 똬리를 풀면 암흑 에너지가 된다. 그 파장의 바닥에는 중성미자가 모래처럼 있는 것이다.

육신은 수수와 산소 두 개를 나타내는 것이면, 이것을 움직여 육효의 음과 양이 움직이는 것이니 전자기에서 동한 것이다. 그리고 전자기도 또한 음이 양으로 양이 음으로 변하여 마치 양전자가 음전자가 되고 음전자가 양전자가 된다. 즉 우주 소멸과 붕괴도 이러한 회귀성이냐 아니면 없는 무인 것이냐이다.

육신인 약력이 전자기력을 따라가서 움직이는 것이 이온을 따라서 분리가 되는 역량인 것이다. 즉 전자기력은 산과 같고 약력은 집과 같다면 산이 무너지면 곧 산사태에 집도 날아간다는 것인데, 우리는 이런 자연 현상을 보더라도 전자기력의 우주에 의해 별과 행성이 영향을 받는 중이라는 것을 안다. 이러한 것에 주도면밀하다 보면 옛날에는 굳이 시간의 경험으로 일식이나 월식을 알지 않더라도 부지불식간에 한 점만 보더라도 시간을 예측할 수 있다. 즉 우주는 점이다. 다만 3차원을 점에 바람을 넣은 풍선만한 것으로 3족으로 하는 것이고, 이 3족인 표면에서 밖이 4족이다.

※ 점의 안으로서 점의 밖을 보는 것이 점을 치는 것이다

3차원을 벗어나지 못하는 것이 곧 점에 불과한 것이라 내가 서 있는 것이 점인데 점을 우습게 보지마라. 그리고 수화기제(水火旣濟) 괘면 화가 동하면 불이 튀는 현상이고 불화살이 된다.

약력인 내가 생을 받으면 전자기장처럼 번지는 불에서도 구제를 받는 것이고 그렇지 않으면 그 와중에 상해를 당한다. 본래 색으로 보면 화수미제(火水未濟)는 삼원색이다. 이것이 무지개색으로 펼쳐지면 수화기제 괘가 된다.

곧 빛의 반사와 흡수, 즉 삼원색으로 똘똘말이가 반사인 것이고, 배경의 영역인 것이고, 색 사이 양쪽을 흡수하여 챙기는 무지개로 7색이 착 달아 붙어 있는 가죽과 같은 띠는 양쪽의 다 챙기는 것으로 건곤으로 나누는 것의 압착된 가시광선의 띠인 것이다. 같은 색이나 음양이 다른 것으로 짝이 되어 파고는 양이고 파저는 음이 되는 리듬이 띠 속의 겹겹에 파장이 펴질 대로 펴진 것이다.

※ 암흑 에너지의 진공을 임계수(壬癸水) 아래 절로공망(截路空亡)이라

  중력은 우리은하 소천(少千) 하나만으로 중력을 재기 힘 드는 판에 은하단 중천(中千)의 중력은 그 밀도가 더욱 엷어진 것이 아닌가 하는 것이다. 거기다 초은하단은 대천(大千)의 중력은 더욱 미세하다는 것인데, 즉 암흑 양자의 중력 효과라는 것은 초은하단을 나인 것으로 대뇌피질인 것으로 거울의 저장성을 말한다. 그리고 이 신체 밖의 공간은 우주가 되는 것이다.

  즉 대통일 이론은 우리가 육신을 현미경적으로 보아 밖인 대신 경망의 의학 우주와 같은 통일인 것이다. 그러므로 쿼크의 입자들이 온건해 지는 것에서 강한 상호 작용과 약한 상호 작용이 사회적 생명체가 되는 것이고 w1, w2, w3 보손과 b 보손(boson, 스핀이 정수(整數)가 되는 기본 입자나 복합 입자)이 있는 것이다. 그리고 힉스장의 진공 기대 값이 0이라는 것을 전자를 0으로 하는 것과 같은 것이라 하는 것이다. 그러므로 질량이 없다는 상태로 본다. 전기 약 보손은 질량이 없다.

  인간의 평균 온도 36.5도로 우주로는 10에 27에서 10에 22 켈빈으로 냉각과 같은 것이고, 우주 기본수 50으로 하는 것은 본래 우주는 100인 것에서 36.5는 반인 50 안에 있는 것으로서 마치 1/2 스핀에 50인 것과 같다. 입자도 영속적으로 돌리면 과부하가 생긴다. 이는 열이 100까지 오르면 끓는 것이다. 즉 주역 서죽(筮竹)을 50개로 하는 것은 이 1/2 스핀으로 반으로 해서 100으로 끓는 것을 냉각시킨 것이 된다.

우리가 음식을 끓는 점 아래에서 먹어야 하는 것은 100도가 넘어가면 이는 인체 우주의 냉각 평균율에서 벗어난 것이기 때문이다. 즉 기름도 100℃ 이상을 못 넘기게 하는 것은 곧 쿼크의 짝이 100인 것이니 한 쪽의 쿼크는 50인 것으로 이는 물의 경도 기점을 0℃로 하는 것에서 50까지로 인체의 36. 5℃에 있는 것에서 최소한 이 쿼크가 음식이든 조명이든 50을 넘어선 것이 필요한 것도 100을 넘지 않는 것에서 짝을 이루어 활용할 수 있다.

　즉 두 쿼크의 짝은 100인데 이 100을 넘지 못하는 것이고 10에 27에서 10에 22켈빈으로 냉각과 같은 것이 우주의 현 온도라고 보면 현재 내가 살고 있는 내 몸의 현재 36.5도씨와 같은 것이다. 결국 이렇게 우주가 100인 것으로 우주가 끓는 것이고 36.5도는 50 아래 냉각된 것이 된다. 즉 반의 스핀으로 끓어져 그나마 온도를 올리지 않는 것과 같다.

　내 몸이 우주의 냉각 온도인 것이다. 음식이든 기름이든 튀기고 싶어도 100을 넘으면 우주의 체온을 벗어난 지경에 간 것이니 그나마 1/2이 아닌 1인 것으로 돌아오게 먹는 것은 절대 100을 넘어서면 1의 온전한 몸과 환경의 짝을 벗어나는 것이라 몸에 해로운 것이다.

※ 우주와 나의 지금의 평형 상태라면 궁극적으로
　극한의 미래의 열역학으로 보면

　이 경우 입자들과 저 에너지 복사로 구성된 수조(bath)로 구성된 엔프로피 상태에 도달했다. 열역학적 평형 유지는 달성하는지

여부는 알려져 있지 않다. 보편적 열사에 대한 가설은 열과 비가역성의 고전 이론(열역학의 처음 두 법칙 구현됨)을 우주 전체에 외삽한 켈빈 경의 아이디어에서 비롯된다.

우주는 팽창이 계속 됨에 따라 우주가 더 커지고 더 차가워지고 또한 희석되고, 시간이 지나면 모든 구조들은 결국 아원자 입자들과 광자로 분해된다. 광자는 원자보다 양 성장에 가까운 중입자로 한다. 무한히 계속되는 거리의 개량 확장의 경우에 열역학적 평형에 이르러서야 더 이상 어떤 구조도 가능하지 않을 것이다. 그 중 0.1% 미만이 블랙홀로 붕괴되어 호킹 복사를 통해 천천히 증발하는 것에서 이것은 극히 오랜 시간이 지난 후에야 일어날 것이다. 이 시나리오 우주는 별 생성이 중단된 이전에 생명체의 지원은 없을 것이다.

양성자 붕괴는 남아 있는 성간 가스와 별들의 잔해는 남아 있는 것에서 렙톤들과 광자로 남아 있고, 일부 양전자들과 전자들은 광자로 재결합할 것이다.

※ 대뇌피질는 초은하단의 언저리이다

이 대우주의 팽창의 언저리는 6식(識)에 의식(議識)인 대뇌피질인 것이고 블랙홀은 빅뱅의 속껍질과 같다. 즉 초은하단의 속껍질인 것으로 그 뿌리는 광자인 것으로 안식(眼識)의 광자 입자 밭과 같은 지평이다. 보통 물리는 뜨거울수록 커지면서 팽창하는데 우주는 차가워지면서 팽창하니 서로 상대성이다. 이것은 감리(坎離)의 상대적 극한이라고 보는 것이다. 원소는 6족에서 차가워지고 희석이 된다. 이것이 우주 배경으로 거품과 같은 것인데 마치 얼음 거품인 눈과 같다. 이것을 싸고 있는 것, 즉 이 정도의 배경은 거울에 서리가 낀 것이고 서서히 중력으로 작아지면 핵에 양성자 중성자인 것으로 뭉쳐진다. 이렇게 되어야 안식(眼識)과 이식(耳識)울타리 밖의 의식인 건곤에 있는 것이다.

DNA의 팽창은 염색체에 비해 아원자와 같다. 즉 DNA의 원소는 마치 전자장과 힉스 장과 같은 것을 마치 원자를 분자로 확장해 보는 것과 같다. 시간은 끈과 같은 것에서 DNA처럼 붙지 않은 원소는 분자적으로 시간이 아니다. 팽창이 느려진다는 것은 마치 잉부가 출산일이 가까워졌다는 것이다. 잉부는 태아의 출산을 위해 고통이 가속된다. 끝이 곧 시작인 것이다. 생전의 본래 모습은 양수 안이었는데 무언가 생이라는 것이 잘 못된 건가?

우주나 태아나 아직 더 기다려야 할 꿈의 테이프가 덜 감긴 건가? 양자 장들이 육신 오행으로 붕괴되어 만나는 인연이 같은 행태일 수 없다. 즉 한 조상이라고 해서 자손들이 같을 수 없는 것과 같다. 또한 진공 기대 값이 0이 아니기에 힉스 장의 구성 요소화해서 0화 하지 않는 것으로 한다. 힉스 장은 절로공망에 들지 않는 것, 즉 0에서 0.1이라도 0을 채우면 절로공망으로 치지 않을 수 있는 것과 같다. 즉 절로공망은 광자가 생성되지 않는 상태를 말한다. 힉스장이 진공 기대값이 아니기에 페르미온들을 무겁게 만든다. 즉 진공인 절로공망에서의 지지(地支) 오행은 페르미온인 것은 맞으나 절로공망 오행은 진공 기대값이 되는 입자가 된다. 즉 힉스장을 멀리해서 무거워지려는 것이기에 온도가 너무 높으면 쿼크가 강입자에 합해질 수 없으나 쿼크 글루온 프라즈마의 상태로 유지된다.

대형 강입자의 충돌이어야 관측할 수 있는 고 에너지 관측 가능한 시점의 공간이 열리는 광자의 시점으로 보는 것 그리고 그 관측 가능한 지름은 저온으로 재구성되어 달라질 수 있다. 관측 가능한 지름은 공식적으로 나올 수 있다. 상전이 후에 b보손과 w보손의 선형 결합을 만들어 내는 것인데 이는 큰 강입자의 충돌에서 발견할 수 있는 것이 에너지가 된다. 중성미자는 우주 중입자들과 상호 작용을 중단하고 우주 중성미자 배경을 형성한다.

※ 육십갑자 중 절로공망 천간(天干) 임계(壬癸) 5부분

1		2		3		4		5		6
甲子	乙丑	丙寅	丁卯	戊辰	己巳	庚午	辛未	壬申	癸酉	(공망) 戌亥
甲戌	乙亥	丙子	丁丑	戊寅	己卯	庚辰	辛未	壬午	癸未	辛酉
甲申	乙酉	丙戌	丁亥	戊子	己丑	庚寅	辛卯	壬辰	癸巳	午未
甲午	乙未	丙申	丁酉	戊戌	己亥	庚子	辛丑	壬寅	癸卯	辰巳
甲辰	乙巳	丙午	丁未	戊申	己酉	庚戌	辛亥	壬子	癸丑	寅卯
甲寅	乙卯	丙辰	丁巳	戊午	己未	庚申	辛酉	壬戌	癸亥	子丑

도표를 보면 3번 무기(戊己) 부분이 중앙인 것으로 하고 이를 0점인 것으로 하고 좌로 갑을병정과 우로 경신임계가 8족이라는 것이고 또한 팔방이라고 하는 것이다. 그러면 쿼크는 갑자순 2주기율, 갑술순 3주기율, 갑신술 4주기율 이 세 주기율을 상괘로 하는

것이고, 양성자로 하는 것이고, 갑오순 5주기율, 갑진순 6주기율, 갑인순 7주기율인 이 세 주기율은 하괘로 하는 것에서 중성자로 하는 것이다. 이 육십갑자 도표는 쿼크인 것으로 색이 있다. 그런데 쿼크의 색은 좀 다른데 양성자 색은 삼원색이고 중성자 색은 중앙 황색이 가미된 삼원색을 나타낸다. 즉 중앙(3번) 무기에서 좌측이 삼원색인 것이고 우측이 황색을 더한 삼원색이 더한 것이다.

한글 ㅊ, ㅋ, ㅌ, ㅍ은 5~8 사이로 나타나는 것에서 중앙인 토를 가미한 것, 즉 자음 ㅇ이 곧 무기 토인 것이라 ㄱ도 이 ㅇ이 가미된 우측의 자음은 ㅋ인 것이 된다.

그리고 쿼크도 XY선이 있는데 X선은 수평선인 것으로 8족의 배열인 것으로 수소와 헬륨족, 즉 1갑(甲)에서 중간의 무기를 뺀 8족이 계(癸)인 것으로 하는 것이니 갑과 계를 반반으로 건곤으로 하고 이로서 1과 8은 빠지고 남은 을병정이 양성자 쿼크인 2, 3, 4족의 쿼크인 것이고 다시 짝으로 남은 경신임이 중성자 쿼크로 5, 6, 7족이 된다. 이는 주역의 납갑에 갑을과 임계는 납갑이 상하괘 중에 한 쪽에만 반으로 들어간 천간이것으로 이를 X선 상의 쿼크 구성 라인이라는 것이다.

※ 전자를 0으로 했를 때

힉스가 0.1인 것이고 여기서부터 약전자기력이 되는 에너지가 되는 것, 마치 1은 중량이고 도은 숫자와 0에 소수점이면 이를 에어지로 보는 것, 즉 0은 암흑 임자인 것이면 이 0이 되기 전에는 암흑 에너지인 것과 같은 것이다. 1년의 겨울 중량이 입자인 것이고 나머지 세 개의 계절인 에너지인 것이니 3이 곧 4로 하나로 돌아가면 1년이 되는 것이다.

※ 쿼크는 강입자로 묶인 것

양성자의 세 개 쿼크가 하나의 소성괘인 것이면 세 개의 쿼크 사이가 마치 도, 레, 미로 온음인 것으로 강입자로 돌 것인가와 중성자 쿼크와 합한 사이의 반음의 파와의 결합 반음, 즉 세 개의 소성괘와 세 개의 소성괘의 솔, 라, 시 한 묶음으로 과의 사이에 파가 있는 것이 4와 5족 사이의 결합과 같다.

이는 십간으로 보면 중앙에 무기가 토이다. 그러므로 탄수화물은 곧 풀과 같은 접착력이 있어 나무도 접이 잘 붙는 것으로 접이 붙으려면 반은 상처를 내야 하는 것에, 파는 상처난 접착력인 진액과 같다. 이는 솔과의 접착이 아니라 솔라시 안 묶음의 나무를 붙여도 사는 힘인 것이다. 그래서 파의 반음은 솔라시도를 대표하는 곤(坤)인 헬륨족의 자리가 되는 것이다.

이 양 조각의 힘은 브러시가 갈라진 양 조각의 밀고 당기는 정류성이 작은 것과 같으나 온음으로 붙은 양쪽 큰 날개를 돌리는 힘이다. 그러니 음계의 반음 파와 반쪽 시의 양쪽 갈라진 부분은 쿼크의 온음 날개를 정류자 반쪽의 반음을 안고 달려가는 것이 된다. 그러면 음정 파 사이로 파 이전은 가시 우주 지평이고 파를 넘어 솔부터는 암흑 우주 지평, 즉 파를 지나 솔, 라, 시까지는 우주 배경 복사가 일어날 수 있는 미공개 공간인 것이다.

※ 쿼크의 1/2 스핀

정류자의 반쪽 1/2의 두 개는 한 쪽이 다하면 다시 반대급부로 돌아서기 때문에 진짜와 허상이 뚜렷하다. 즉 중입자의 비대칭은 물질과 반물질의 비대칭으로 반중입자를 없애는 것이 된다.

이는 1족이 1이라고 할 때 2족이 1/2이 두 개인 것으로 갈라진 것인데 1은 정류자의 갈라진 피복이 아닌 그 심 하나에 두 개가 박힌 것인데 이를 태상절이라는 것이다. 즉 심에 표피성인 브러시가 갈라진 것이니 두 개는 안 갈라진 양(陽)이고 위의 갈라진 표피를 태상절(兌上絶)이라고 한다.

또한 브러시를 10으로 보는 것이면 양쪽이니 5와 5가 되는 것으로 하는데 이미 반쪽이나 오행이 한 바퀴인 두 개의 원이 들어가는 것이 된다. 즉 음은 음대로 돌아가고 양은 양대로 돌아가면 본래의 원은 반쪽인 것으로 스핀인 것이다. 그리고 서로 넘어가지 못하나 안의 두 개의 원은 돌아가는 것이니 충분히 고정된 1/2이 두 개인 것만으로 양쪽의 자석을 형성하는 것이다.

자연 원 하나의 태상정은 곧 양 쪽의 자석이 바이스처럼 안고 있다. 그 안에 두 개의 원이 돌아가는데 큰 원이 돌아가는 것과 맞물리는 것이다. 하나의 원이 자석 역할의 스핀이 되고, 그 안의 두 개의 원은 그 스핀 안에 또 다시 두 개의 원이 돌아가는 것이다.

이는 쿼크의 1/2 스핀이 어떻게 양성자 쿼크와 중성자 쿼크가 분리되어 두 개의 입자를 이룰 수 있는가를 보는 것이다. 8족의 절차를 보면 2족에 해당 부분인 것이다. 즉 뮤온과 파이온들은 정류자의 양쪽 음양이 극이 바뀌기 전까지는 시작과 끝은 평형상태를 말하는 것이고, 고르게 흘러가 음쪽으로 모이는 형상인 것이다. 이 음인 곳은 곧장 양으로 견인 양으로 바뀌는 곳인데, 즉 음으로가 반환점으로 헬륨족에서 수소족으로 순행하면 돌아오게 한 것이다.

전지와 전자는 서로 역행하는 것에서 양이 음으로 가는 것이 상대성인 것이다. 실제 음과 양은 반환점으로 막히는 것이 아니라 각이 서로 교차되며 흐르는 것이나 음이나 양이나 그 자체로 봐서는 순행하는 평탄인 것이다. 즉 막히는 것까지 가는 것에서 물질과 반물질 형태를 띠어야 쿼크가 나눠진다. 결국 쿼크고 전자와 양전자 두 개가 음과 양의 극을 띠는 것이 물질이라고 하는 쿼크의 시작으로서도 물질과 반물질의 차이를 보인다.

밀물과 썰물이 양극으로 몰리지만 그 스스로는 평탄한 것이고 그 밀물과 썰물이 마주해 파고가 약간 높아지는 것은 웜홀이 생길 수 있는 회오리라는 것이다. 밀물이나 썰물의 충돌이 본질적으로 강한 상호 작용인 것에서 양성자를 중성자로 흡수하는 것에서 중성자는 음압에 의해 질량이 강한 소립자로 향하면서 굉장한 스프링의 압박을 받는 것과 같다. 상호작용이 서로 평형 상태와 같다는 것일 수밖에 없는 것이 내적으로 중성자의 음압성 때문이다.

이는 쿼크 짝이 1이 되기 전의 소수점 되기 전의 중입자 0.1인 것으로 중입자 시작 선상으로 하고 10이 수소인 것에서 십진법으로 하면 훨소 한 직율은 100이 되는 것이니, 실제 생명은 생(生數)이라 50세로 하고 죽음까지는 성수(成數)라 100세로 하는 것이다.

중입자의 성장을 보면 작은 미시성을 단계적 10진으로 본다. 그러면 이 십진의 진행력이 곧 정류자의 반반이 5대 5라는 것으로 보아 이 정류자가 한 치의 발자국을 0에서 떼면 이때부터 0의 진공 0에서 중입자로 한 발 뗀 것이 되는 것이다. 여기서부터 에너지화의 계측이 양자도 여기에 해당이 되니 에너지로 치지 않으나 분명 양극과 음극을 머금은 것이 되어야 중입자로 보는 것이다.

✳ 한 해가 120년인데 세월이 간다고?
문학 감은 되는데…

하루는 두 바퀴의 시계가 있고 한 바퀴의 시계가 있다. 하루를 12등분으로 하면 하나의 원이다. 이를 24시간으로 하면 두 개의 원이 있다. 그렇다고 한 원과 두 원이 따로 계산할 일은 아니다. 즉 한 원 속에 두 개의 원이 톱니처럼 물리면 한 원은 한쪽으로 계속 뻗어간다. 그러나 두 개의 원은 한 원 안에서 계속 돌아간다.

하루 24시간은 절대 시간이 아니고 한 원 안에서 도는 형국의 영원성이다. 즉 한 해는 외로이 가는 곧 신은 남자도 아니고 여자도 아닌 외선으로 이야기될 수 있다. 그러나 한 해는 반으로 나눠 따로 돌게 하여 두 개의 원이 한 원 안에 있게 한 것으로 1년의 똘똘말이가 되게 되어 있다.

아! 그러면 그대의 대운을 알려야겠다. 대운은 1년에 120년이 들어 있는 쳇바퀴 셈법이다. 그대 120년을 산다고 해도 결국 한 해를 벗어나지 못했는데 무심히 세월은 간다. 곧 물리적으로 맞지 않는 것이고 다만 1년이 수억 년이라고 하면 도리어 맞다.

✳ 모든 사람이 부처님이니 다 손바닥의 일이다

또한 이 한 바퀴가 전자가 양성자를 도는 것으로 1로 할 때, 물론 하나의 원이 1족으로 했을 때 소가 1인 것이고 1초라는 것이면 전자와의 눈금은 0.1초에서 시작이 되어 1초가 되는 눈금이다. 이 1족 한 바퀴의 시간이 0.1초에서 1초까지의 눈금이면 이것이 곧 중입자 트랙의 평탄이 된다. 그러면 전자를 1로 했을 때 양성자는 10인 것으로 수소의 중심이 된다. 1족의 수소가 10인 것이면 헬륨은 100인 것으로 10배율이 많은 것과 같다.

즉 태상절의 정류자는 원소 8족 중에 2족의 위치성으로 본 것이다. 이를 좀 더 미시적으로 수소를 헬륨으로 10진법으로 축소하면 중입자도 그렇게 정의할 수 있다. 그러니 10인 수소와 힉스적 0과의 뮤온과 파이온은 중입자의 것이다. 이를 10배율로 보면 8족의 눈금이나 중입자의 눈금이나 같다. 그런데 왜 8족이면 8로 나눠야 하는 진법이 아닌가 하는데 앞에 이야기한 대로 진법은 원주의 진법이다. 즉 원주는 구심으로 돌아오면 10이 되는 것이다.

즉 구심은 돌면 속이 비는 것인데 이 비는 것을 은근히 빈다. 즉 정류자의 갈라진 틈 사이를 열어주는 것이지만 멈추면 속으로 역류하는 것이 있다. 우리가 음식을 먹고 채워야 하는 것은 이 브러시의 육효성 즉 상괘 3과 하괘 3 사이의 흡입력에 근거한 것이다.

✻ 친환경적 자연성이란?

중성자의 흡인력은 위장의 욕구와 같다. 양성자의 흡인력은 뇌의 욕구와 같다. 즉 주기율의 자연 친화 순환은 늪 속에 탄소를 저장하는 기능이 좋다는 것이다.

늪은 땅이다. 땅은 8족이다. 8족에 원소 주기율의 순서대로 침전이 되는 것이 헬륨이 역으로 4족인 탄소에서 재생이 되는 것이다. 즉 4 족에서 분열되어 8족이 되었다가 한글 ㅋ, ㅌ, ㅍ, ㅊ, ㅎ이 되면 이는 땅 속에 있는 금속과 비금속인 것인데 이 흙은 걷어내면 순수 자음인 ㄱ, ㄷ, ㅁ, ㅅ이 되어 돌아온다. 이것이 곧 탄소성이라는 것으로 다이아몬드가 강한 힘을 갖는 것과 같다.

흙은 물과 함께하면 탄소를 중성자의 응집력으로 감추는 것, 즉 원소 2주기율부터는 중성자가 헬륨에서 음압을 했으니 본래 탄소는 지상에 있어 기체화한 것이라야 하는데 2주기율이면 고체화가 되어 음압으로 역행하는 중성자 즉 양성자에 탄소는 기체로 하면 중성자의 탄소는 고체로 더 단단해지는 역행성이 있다.

❋ 이름이 되었을 때의 물질성

우주에서 중입자 시대가 올 때쯤에야 빛이 안정화가 되는 중입자인 것으로 한다. 이는 원자가 양성자가 있어야 안정화가 된다. 전자는 양전자와 전자로 양면성을 띠니 안정적이지 않다. 그런데 양성자화가 되어 쿼크 입자화 되었을 때 이 광자도 야문 채로 남는 것이다. 즉 양전자는 전신이 꽃을 피운 것이라면 광자는 이제서야 속까지 빨간 열매를 보인다. 그래도 광자는 에너지로 보지 않는 것은 확실히 원자라는 것이어야 가시적 에너지로 보기 때문에 아직 에너지 상태가 아니라는 것이다. 즉 열매는 씨앗인데 이 열매가 뿌리가 보이는 꼬리가 보여야 아! 에너지구나 하는 것이다. 본래 뿌리를 보는 것은 원소 4족의 신경망에 걸려야 인식하는지라 뿌리 없는 것, 즉 아지랑이가 없는 동토는 이미 에너지로 보지 않는다.

양성자와 중성자는 쿼크의 강한 밀착력을 가진 것이 되는 것이고, 이는 천지가 열렸다는 것이 전자를 0으로 보아 광자도 에너지로 보지 않은 것이지만 쿼크 상의 아지랑이는 에너지로 보는 것이다.

※ 광자도 물질이 아닌 냉각성의 눈금에 붙은 의식성

  물질은 원자까지의 구성 요소에서 한 주기율을 갖춤으로서 에너지를 보는 것인데 광자가 광자만으로는 빛만 있는 것이고, 전하가 없는 상태와 같은 것이니 쿼크가 안 된 것이라 색도 전하가 없다.
  쿼크는 색전하가 있으나 그것이 되기 전에는 광자가 에너지가 없는 빛이다. 그것을 전하로서 상호작용하기에는 중입자 상태의 메커니즘인 것이다. 다만 한 주기율의 축소판이 수소인 것이면 한 주기율은 보이지 않지만 10배율의 축소로 수로로 할 수 있다. 이로 해서 중입자와 1/10 축소는 단계적 차원의 경입자와 밀도가 충분한 것이 되니 그 활발함은 미시적 거리의 움직이는 것이 된다. 처음에는 1 :1 이었던 비율이 중성자 질량이 늘어남에 따라 양성자 중싱자 비율 차이가 늘게 된다.
  마치 봄 하늘을 울부짖는 노고지리처럼 중입자의 크기가 액체와 같은 것이면 경입자는 기체처럼 에너지의 파장이 꼬리를 보이는 것이 된다. 그리고 양성자와 중성자 비율은 원소 6주기율로 끝으로 하는 것에서 1주기율이 경입자의 상태인 것이라고 하면 6주기율인 중입자의 상태로 본다. 즉 6주기율인 음압의 동결점이 되는 것이고 블랙홀의 극점, 즉 건곤 감리의 상대성에서 3족이 팽창의 범위이고 6

족이 응축의 극이 된다. 결국 응축의 온도 274도가 곧 6주기율에 해당되는 것으로 광자화 되는 시점과 같은 것이니 여섯 주기율의 단계인 6 : 1로 동결되는 것으로 한다.

 광자와 빛의 한계점인 3주기율로 계측 가능한 우주는 당시에 반지름이 10광년이 된다. 렙톤과 반렙톤은 우주 열평형을 유지한다. 우주는 에너지와 입자인 것에서 열은 매우 중요한 것이다. 마치 아지랑이의 길이로 척도를 재는 것과 같다. 물론 환경에 따른 속도성은 다르지만 이렇듯 시간도 공간의 환경에 따라 다르다는 의미이다. 광자들의 에너지는 전자와 양전자 쌍들을 생성할 만큼 충분히 많다.

 이것을 생각해 보라. 공기놀이에서 다섯 개의 공기를 손등에 올렸면 이는 생수로서 다섯인 것이고, 등 뒤 어둠은 밝지 않는 듯 하지만 흡수되어 있다. 그래서 그 앙금으로 모으는 블랙홀은 양자를 남긴다. 마치 물에 젖은 뻘 흙을 말린 것이 광자와 같은 것처럼 그러면 정류자의 극이 바뀌듯이 손등의 다섯 공기를 아귀로 손바닥에 올리면 바닷물에 젖은 모래가 하얗게 보이는 것이다.

 계측 가능한 우주는 계절로 사월(巳月)인 것이고, 사는 금의 장생지인 것으로 하늘이 건조한 건(乾)으로 하는 것은 금은 백색인 것으로서 이는 말린 모래와 같은 것이다. 즉 우리가 보는 가시성 안의 물질계인 것이다.

※ 왜 색이 있는 것인가?

 색은 하루의 반 중에 무채색, 검은색은 푸른색으로 넘어가고 유채색은 흰색으로 넘어가는 것이다. 그보다 어쩌면 간다기보다 그

색으로 맞이한다는 것이 된다.

　색이란 하루의 반쪽에만 있는 것으로 이는 한 원의 반쪽에만 있다는 것이다. 물론 계측 가능한 빛에는 한글 ㄱ, ㄷ, ㅁ, ㅅ, ㅇ에 해당하는 것이고, 또 그중에 우주 복사로서 계측 가능한 자음은 ㅋ, ㅌ, ㅍ, ㅊ, ㅎ인 것으로 이는 우주 굴레의 정류자적 구심과 원심의 반지름적 상대성의 극이 되는 것인데 왜 이중에 양성자 쪽의 빛의 삼원색은 흰색으로 넘어가는 것 즉 삼원색이 합하면 흰색인 것으로 되니 자연 오후는 빛의 장생으로 이내 흰색이 된다. 그리고 검은색은 푸른색이 장작인데 이는 삼원색의 장작을 팬 것인데 쪼개어 7색이 되게 한 것이다. 즉 동방 목은 장작을 팬 것이 된다.

　4족이 핵분열과 같은 것으로 장작을 팬 것인데 남방 화가 삼원으로 함초롬하게 한 것이다. 그러니 이 일곱 무지개 장작의 본래 몸뚱이는 검은색이니 무지개색을 합하면 검은색이 된다. 그러면 색으로 보면 검은색은 물에 젖은 모래이고, 이 북방이 서쪽으로 거꾸로 말리면 마른 모래가 되니 서쪽은 마를 건(乾)이 된다.

※ **한편으로 내가 H_2O인 것에 입자 충돌의 먼지는 나와 먼 것일까?**

　우리가 점이라는 것은 입자 가속기의 점을 캐는 것과 일맥상통한다. 입자 충돌에 의한 무늬를 보는 것과 같은 것인데 점도 점의 무늬를 제대로 보자는 것에서 굳이 입자 가속이 아니더라도 무늬는 나오는 것이다. 그리고 그 입자의 정체를 다 알기에는 나름의 메커니즘과 사회성을 갖추는 것을 보는데 이는 먼지와 같아도 그

출몰은 얼마나 확대될지 모른다.

내가 H_2O라면 입자가속기에서 끼진 입자들이 과연 쿼크에 영향을 주지 않겠는가 하는 것이다. 즉 중입자의 가속으로 일어날 수 있는 현상은 괘상으로 드러날 수는 있다. 물론 말이 씨가 된다는 말이 있듯이, 내가 뱉은 말은 실행되어야 한다는 자발적 의지력이 입자나 괘상의 구조형태로 나타날 것이다.

중입자가 충돌로서 일어나는 것은 괘상은 미래를 보듯이 실행의 그림을 보여주는 것과 같다. 그러면 주역은 만물이 실행하는 한편의 단면을 보이는 X레이라는 말이 있듯이 주역은 쿼크의 구조로 중입자의 메커니즘을 드러낸다고 할 때, 사람 얼굴이 H_2O인 것에서 고작 한 주기율의 단면을 갖고 사는 양자의 존재로서 중입자의 충돌은 마치 내가 레코드판에서 소리 내는데 왠지 긁히는 소리가 나는 것과 같다.

뭐 인공지능도 도사가 나올 판인데 귀신도 설칠 때가 되었는데 극초대칭이 양자가 내 얼굴에 찰색이 된다. 고로 얼굴은 생명인 것에서 존폐를 다루는 것에서 이는 얼굴에도 암흑의 속을 본다고 할 때, 암흑에도 에너지가 살아 있다는 것이다.

전자가 없는 양성자는 열을 죽일 수 없다. 죽음이란 계측 가능한 범위와 계측 불가능한 밖의 상대적으로 있다. 이 상대성이 없어진 것이면 이는 훨씬 공간의 세계인 것이다. 즉 이것은 초우주를 능가하고 빅뱅을 능가하는 공산성으로 있을 수 있는가 하는 것이다.

제4장

차원의 누설과 천기누설

※ 중력막의 세포 70조 개와 쿼크의 일생

중력막은 인체의 은하로는 70조 개, 재수 없게도 세포 하나 수비를 못해 말라리아로 생사의 문이다. 초효는 중력막이니 잘못 닿으면 전염이 되고 2효는 밭에 있는 용이라 오장이 튼튼하면 맡은 일은 잘하는 것이 아닌가.

3효는 머리가 보일 듯이 말듯이 신경이 잠겼다 나타났다는 것이고, 4효는 종일 긴장하고 사는 두뇌인 것이다. 여기서 신경이 틀어지는 거울 뒤에 있는 두뇌의 것이다. 그러니 1/2의 스핀으로 반쪽만의 얼굴로 뒤에 있는 배경 복사가 오히려 후천이 되지 않고 선천의 선천수로 오는 시간을 환산한다. 즉 거울의 배경으로 오는 생의 현시점을 본다. 그래도 영혼은 자유롭고 하늘을 나는 용이니 누가 말리겠는가. 와도 혼자고 가도 혼자인 것을 그래도 너무 지나치면 떨어지는 법 중력은 중력이라 다 뇌피질 안의 일이 아닌가.

중력은 약하나 모기 한 마리에 은하가 떨어진다.

※ 차원의 누설과 천기누설 · 1

원소 한 주기율의 참조는 8차원의 이해에 도움이 된다. 여덟 족 간의 초대칭이라는 것은 먼저 양쪽 끝인 1족과 8족 사이의 대칭이다. 이는 건곤으로 매우 안정적인 것이다. 괘의 상하 건곤은 매우 안정적이기에 쿼크의 작용이 일어날 수 있는 자식들인 것이다. 그리고 양쪽의 사이를 좁히면 2족과 7족, 3족과 6족, 4족과 5족으로 붙은 면이 된다. 이는 중앙의 단추 구멍으로 실을 끼워 당기면 이런 상대성의 단계로 좁혔다 늘렸다 하는 것인데, 10차원의 끝이라는 것이 이 네 개의 끈이 차원으로 늘리는 것에서 다시 중앙으로 몰리고 펼치고 하는 것에서 10차원이 형성이 된다.

좁히면 5차원 늘리면 10차원인 것으로 5에서 겹치는 것이다. 그러니 건곤이 양손이니 가장 안정적이며 바탕이 안정적이지 않으면 시작도 되기 전에 멀미하는 것이고 단추도 인과가 없다. 이는 단추 구멍 실 당겨 돌리기의 기적과 같다. 소꿉놀이 끈 이론으로 보자면 단추의 4개 구멍으로 보면 되는 것이다. 즉 이중슬릿은 두 개의 구멍이니 이는 2족의 형상이고 두 개의 끈이 통과한 것이다. 그리고 이것이 4개의 교차점이 만나는 확장성을 네 개의 단추 구멍으로 통하게 하는 것이면 이는 이중슬릿의 허리가 날씬한 마치 맵시 쿼크에 해당이 되는 것과 같다.

그러면 이 4개의 구멍에 실을 넣어 양쪽으로 당기면 한쪽은 1수소인 것이면 한쪽은 8족이 된다. 왜냐하면 이 고무줄이 당길 때는 4인 중앙에 포개진 것으로 4가 되지만 당기면 8이 되는 것이다.

이 포개지는 중첩의 문제는 그 자리에서의 두께의 문제지 거리의 문제는 아니다. 즉 수소와 헬륨은 수리적으로 1과 8의 대칭성이 안 되지만 양쪽이 같은 것으로 보면 한 쪽은 이미 여덟 개를 한 묶음으로 하다는 것이다. 1이 4로 펼쳤다가 4에서 다시 1로 가니 양쪽의 합해 1주기율이 되는 것이다.

그러면 이 펼치면 8인 것이 다시 안으로 수축하면 4에 몰리는 것인데 꼬여 일어나는 것이 있으니 이것이 곧 5라는 것이 양토인 산(山)인 것이다. 이도 구궁도에도 적용이 되는데 이궁의 9가 팽팽한 끈인데 이것이 줄어들면 중장에 모이는 뭉치가 곧 중궁의 토가 되는 것으로 중앙과 팔방의 어느 궁의 차원이든 중궁인 5차원의 핵과 연결이 된다. 이것의 모형이 요(凹)를 매우는 돌출인지 그대로 철(凸)로 솟은 산인지의 의문은 결국 4는 음(凹)이니 중앙에 넘치는 줄 꼬임은 이 늪을 매우는 것이라 중궁은 평지라고 하는 것이다. 이는 단추구멍 실 당겨 돌리기의 기적과 같다.

※ **팽창과 수축의 힘과 양손 안의 끈**

수소는 1이고 중간의 단추는 5이다. 이를 다시 짝인 두 개의 구멍으로 돌리면 10차원이 되는 것과 같다. 즉 양쪽 대칭의 단추돌리기에서 만일 대칭성인 깨진 것으로 하면 중앙의 5중력으로 전달되면 그 대칭성은 놀라운 균형을 따라간다. 그것은 곧 중력의 회복력이 초대칭성까지 미치고 있다는 의미이니 그 힘의 파워를 보는 것이다. 그리고 작은 것에서의 파워가 큰 무더기로 된 것이니 DNA는 세포에 힘이 있는 것이다.

격리된 대칭은 하나의 궁인 것에서 게이지 보손인 문과 이 문에 가해진 공간의 전반성이 게이지 게이지노의 상황을 알려주는 것으로 이 또한 구궁도에서 팔문 구성의 조합을 한 눈에 보는 것과 같은 것이다. 또한 천반과 지반은 막이 다른 것은 천반과 지반이 표준형으로 같이 보지만 천반과의 합에 의해 무게는 다르고 행위의 향도 다른 것이다.

격리된 대칭은 하나의 궁인 것에서 게이지 보손인 8문은 중궁과 하나인 것으로 양자 엮임의 짝이다. 결국 구궁의 8문은 중앙과의 짝으로 양자 얽힘이 되니 보손에 해당된다. 즉 중앙을 기준으로 변방으로 격리 사이의 대칭은 변방에 게이지가 되는 문이다.

그럼 이 문에 가해진 공간에 천반이 가해지는 영향이 게이지 게이지노의 상황을 알려주는 것이 되는 셈이다. 구궁도에서 팔문(八門) 구성(九星)의 조합을 한 눈에 보는 것과 같은 것이다. 또한 천반과 지반은 막이 다른 것은 천반과 지반이 표준형으로 같아 보이지만 천반과의 합에 의해 무게는 다른 것이고 행위의 향도 다른 것이다.

참조 : 표준 모형의 입자들과 초대칭 짝을 서로 다른 막에 격리시키는 초대칭성 깨짐 모형은 아주 작은 여분 차원에서도 원치 않는 상호작용 없이 작동되는 모형이다.

✽ 전하(電荷)가 배부른 여분 차원의 지문

우리는 고차원의 입자와 미세성으로 보아 8차원으로 한다. 이 8차원의 더 고도화한 입자이면 9차원인 것으로 보는 것이다. 그리고 10차원이면 아마 입자가 먼지처럼 다니지 못 할 것에서 중력에 고착이 된 것으로 보는데 공간도 함께 고착되어 버릴 것 같을 것이다.

삼차원이면 심장에 피가 보이는 만큼의 통로지만 8차원이면 입자가 세포를 침투하는 시세함이라는 것에서 3차원의 시각인 것에서는 시각 상으로도 걸리지 않는 것이 된다.

이도 일종의 중력의 밀착력에 의한 뭉쳐진 입자가 크다는 것이다. 그러니 낮은 차원의 입자들이 구성한 3차원 육안은 8차원의 미세한 입자가 보이겠는가 하는 것이다. 이런 차원의 입자를 발견하는 것은 새로운 발견이 될 것이다.

우리가 후천수로 10을 중성미자로 하는 것은 크게는 중성자인 것의 분진이기 때문이다. 이 10은 기문(奇門)의 홍국(洪局)에서는

10에서 바로 감궁(坎宮)인 1로 가는데 여기서 암흑물질이 되는 것에서 KK인자가 되는 것이다. 이는 충분히 4차원으로 치환할 수 있는 에너지로서 유효한 것이 된다. 암흑물질이라는 것은 감수궁(坎水宮)이 1이라는 것으로 원자로 할 때 이 원자가 분진이 나는 것이 암흑물질이다. 이 암흑물질의 원인이 10이 끝난 파산에서 중성미자가 1감궁에 들어가면 암흑물질이라는 것이 신기한 것이다.

운동량과 질량의 관계로 KK입자의 여분 차원의 거동은 운동량이 질량으로 드러난다. 본래 5차원으로 질량이 되어야 한다. 물론 4차원인 전하인 것이니 모든 차원은 전하로는 동일함을 갖는다. 이는 전하는 같지만 질량은 다른 것은 에너지가 질량이어야 할 것이 전하로 누적이 된 것과 같다.

즉 불이 성냥개비로 누적이 되어 있는 것이 KK입자라는 것이 많아야 하는데 그렇게 배를 채워서인지 몸은 큰데 행동이 둔한 몸집이 된 것이라고 하는데 질량을 좋아하는 수전노라 에너지를 못 쓴다. 곧 전하량이 질량이라는 것이고 전하는 4차원인 것으로 질량으로 계산할 수 있다.

석유는 물이 아니라 나무이다. 그러나 석유는 물과 같은 질량으로 볼 수 있는 것과 같다. 물의 기준은 6족인 것이면 기름의 기준은 4족인 것이니 차원도 4차원인 것이 물 위의 그림인 전자로 본다. 이러 전하의 비대층은 뱃가죽만 출렁이는 것이 된다.

참고 : 고차원 공간의 입자가 우리 세계를 지나간다면 또 다른 입자로 보일 것이다. 이 새로운 입자들을 칼루차-클라인(KK, Kaluza-Klein) 입자라고 한다. 고차원 공간을 이동하는 벌크 입자의 운동은 모두 KK입자의 운동으로 치환해 4차원적으로 유효하게 기술할 수 있다.
특수 상대성 이론의 운동량과 질량 관계 때문에 KK입자의 여분 차원 운동량은 4차원 세계에서는 질량으로 드러난다. 또 전하는 고차원과 4차원에서 동일할 것이다. 따라서

우리가 아는 입자들 각각에 대응해 전하는 같지만 질량이 다른(여분 차원에 따라 결정되는) KK입자들이 많이 있어야 한다. 원형의 여분 차원에서는 원둘레를 따라 정수배로 진동하는 파동만이 생겨날 수 있다.

❉ 차원의 누설과 천기누설 · 2

이는 8족이 여분 차원인 것이고 이 중력이 미미하게 보이는 것은 이 공간의 진공이 맑기 때문에 중력이라는 것도 볼 수 있다. 이 중력이라는 것은 8차원에서 더 선명히 볼 수 있는 것이고, 이 볼 수 있는 몸의 우주로 육안으로 보는 것이면 이는 곧 중력막이 내는 땀이 진땀인 것이다. 중력막은 진땀에서 볼 수 있는 성분과 같다.

에너지가 질량이라는 것은 3족인 에너지는 8족인 질량으로 간다는 것이다. 온도로 보면 절대온도 K를 헬륨이 쥐고 있는 것에서 주기율의 핵을 쥐고 있고 수소는 족의 핵을 쥐고 있다.

그 3족 에너지와 8족 질량 사이에 4족이 운동량인 것이고 이는 3족인 에너지를 운동량으로 계산하는 것이 훨씬 유기적으로 가깝다. 그러면 운동량 4족에서 8족의 질량을 찾아야 하는데 이는 3족보다 관측이 유기적으로 가깝다는 것이다.

우리가 여분 차원의 운동량이 5족과 6족인 것인데 여분 차원의 운동량이 0인 것이 헬륨인 것으로 하면, 헬륨이 고체화된 시점으로 0으로 0이 아닌 입자는 곧 7족인 것이 된다. 즉 유기성이 있다는 것이고 마치 프랑크 표준의 똬리에 꼬리를 푸는 형태가 되는, 꼬리가 풀리면 몸집인 질량은 줄어드는 것과 같다. 확실히 여분 차원은 갈수록 여름이야 하고 열층이어야 한다. 그러니 입자가 풀리는 것만큼 질량이 작아지고 뱀은 연못 바위에서 일광욕을 한다. 그런데 규모가 큰 여분 차원이 존재한다면 그로부터 관측 가능한 결과는 더 수월하게 얻을 수 있다. 문도 크게 열리는 것이고 동공도 열리는 아침과 같기 때문이다.

그리고 8족이 질량이라는 것은 주기율의 핵으로서 질량을 말하는 것이고, 1족이 질량이라는 것은 수소가 양성자의 핵이 있기에 질량으로 보는 것으로 우주론적으로 질량이 작을수록 LHC에서 생성하기가 쉽다. 아직 KK입자를 보지 못했다는 것은 여분 차원이 그리 크지 않음을 의미하며 현재 실험실 제약을 감안한다면 여분 차원은 막이 없는 경우의 가정으로 10^{-37}센티미터보다 클 수 없다는 것이다.

상하괘 쿼크의 강력은 간괘(間卦)에 있는 것이고 매우 강력한 결합이라고 보는데 3효와 4효에 붙은 부분이 간괘의 중심이 되는 것에서 이것이 쿼크를 묶을 수 있는 것에서 커다란 부분이 된다. 즉 대성괘 전체로 막이 있는 것, 양성자, 중성자 쿼크가 하나인 것의 차원이 막을 이룰 수 있다. 이것이 강력이다. 이 쿼크에서 중력의 부분은 초효에 해당하는 것이 센 편에서 상효로 올라갈수록 중력이 약해지는 것이라 상효에는 중력권에서 변화가 많이 생긴다.

대성괘는 소성괘에 비하면 훨씬 더 중력적 유전성의 여분을 남길 수 있는데 이 초효에 가장 많은 기운이 있는 것이다. 이는 쿼크가 여섯인 것에서 경입자가 육신(六神) 12지(支) 것에서 게이지 보손으로서 움직이는 동효가 페르미온의 독자적 홀수로 하는 것에서 변효인 보손으로 짝을 맞춘 것이다. 즉 게이지 보손이 되는 것에서 이는 두 개의 대성괘 육효만으로 입자를 가두어 놓은 것이다.

그리고 두 개의 동효(動爻)가 움직이면 이는 페르미온이 보손이 되는 변화가 아니라 보손이 동하여 보손이 되기도 하는데, 다시 세 개의 효 전체인 한 괘가 동하면 이때는 다시 페르미온인 것이다. 이때 홀수 3은 1의 홀수와 다른 점은 1의 홀수는 1/2일 두 개를 합해 1이지만 3인 홀수는 1/3과 2/3의 관계의 홀수가 발생한다. 이러한 쿼크의 상하괘 결합 대성괘(大成卦)는 그 괘상만으로 전체 공간 차원을 다 경험할 수 있고 추론할 수 있다. 이는 곧 간괘(間卦)의 강력에 양쪽 괘를 잡고 있는 것에서의 쿼크에서이다. 이에 중력은 괘를 만들 때 초효에서 시작이 되는 것인데 ADD 모형에서 초효의 KK짝을 갖는 입자는 동효와 변효와의 짝이 함께 보이는 것으로 생각할 수 있다. 또한 입자에서의 짝은 동효와 변효 합의 갈등이나 응집을 엿볼 수 있다.

　초효를 중력에 가장 가까운 입자로 하기 때문에 우주로 보아 건(乾)괘의 초효인 것이라 할 때, 초효가 자(子)인 것이 암흑물질이면 잠용(潛龍)이다. 그 때문에 몸집은 커서 둔하고 활력이 없다는 암흑물질이다. 프랑크 질량보다는 가벼운 것인지 파장은 있는 암흑 에너지로 한다.

　이 중력이라는 것이 초효라도 건괘의 초효에 두는 것에서 우주론적으로 본다. 중력이라는 것도 커다란 여분의 차원 공간에 분진처럼 흩어져 보이기 때문이다. 반면 전자기력, 강력, 약력은 괘상의 막에 속박되어 있으니 벌크로 퍼져 나가지 않기 때문에 중력처럼 약해지지 않는다. 중력이 상효까지 흩어져 나간다면 효마다 말려 있는 여분 차원의 부피가 클수록 중력의 세기는 약해진다. 즉 초효의 영향력이 나머지 효에 세기는 약해진다.

　하나의 선이 있다면 이는 그 선이 원이어야 인과가 성립된다. 그

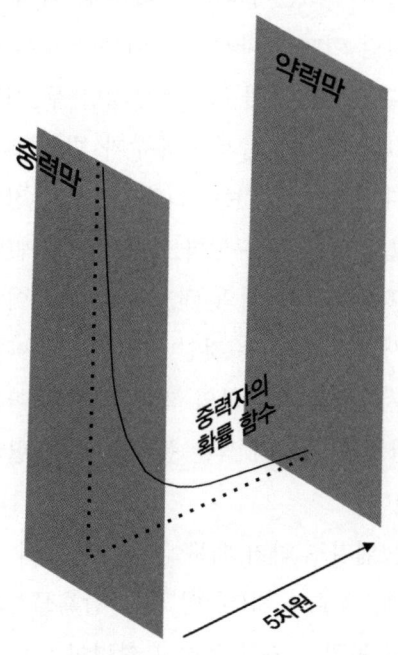

러자 두 개의 선이 병행하는 것이면 인과는 즉시이다. 어쩜 인생은 세포일 때부터 두 개의 선이 병행하는 것을 네 조각으로 하는 것은 그만큼 인과가 발생하는 속도가 빠르다는 것에서 사랑은 눈빛만으로 시간의 차원을 넘는다.

  시간은 시계 방향으로 원인 것에서 영속성을 갖는다. 이는 원주와 관계된 것인데 이를 구심과 끝이 물리는 것이면 곧 복사이다. 이는 배경 복사보다 호킹 복사에 가깝다. 구심에서 배경에 되는 복사여야 원심으로 짝을 이루면 나올 수 있는 것이 구궁도가 되기 때문이다. 자원의 겹겹은 우주 배경 복사에서 10차원이 곧 배추의 겉잎이 말라 떨어지는 것이고 5차원이 고갱이가 나는 것으로 하는 것이다. 즉 고갱이 쪽이 호킹 복사의 배경이 되는 셈이다. 차원의 크기는 차원이 몇 개인가에 따라 달라진다. 이는 곧 배추 잎이 몇 겹인가에 따라 몸통의 크기가 다른 것과 같다. 모든 차원이 동일한 크기라면 고차원 영역은 저차원 영역보다 더 큰 부피를 감싸게 되고 따라서 중력은 그만큼 분산된다. 즉 배추 잎이 너부러져 말라비틀어진다는 것이다.

그럼 고갱이가 나는 값은 잎이 풍성한 차원이 아닌 짧은 거리로 봐야 한다. 그러면 고갱이가 블랙홀을 만들어 오르는 현상과 같다는 것이고, 그 끝에는 광자가 있는 것이 꽃봉오리라는 것과 같다. 그래서 꽃은 일찍 지는 것인가? 다만 블랙홀이 사라지기 전에,

참조 : 여분 차원의 크기보다 짧은 거리에 떨어져 있는 사물들에는 고차원 중력 법칙(역제곱 법칙이 아니라)을 적용해야 한다. ADD 이론이 옳다면 보통의 4차원 중력 이론에서 예측하는 값보다 훨씬 낮은 에너지인 1테라 전자볼트에서 고차원 중력이 강해지게 된다. 이는 1테라 전자볼트에서 블랙홀이 생겨날 수 있음을 의미한다. 이 블랙홀은 작은데다가 수명이 짧아서 실험자는 물론이고 지구에도 전혀 위협적이지 않다. 나는 여분 차원이 있다고 해도 ADD의 제안만큼 크기는(최대 1밀리미터까지) 어렵다고 본다.

❋ 왜 지구를 택해 지구인이 우주의 자유인이 되었는가

우리는 두 장의 막이 경계를 이루는 5차원 공간, 즉 생수막(生數幕)과 성수막(成數幕) 사이를 5차원 5중궁에서 분할된다. 그런데 힉스 입자와 표준 모형 입자들은 모두 막 중에 하나에 속한다.

이 입자는 하루의 어두운 반의 부분에 속박된 별들의 존재와 같다. 즉 스스로 자등면이지 않는 한 아라한의 존재와 같은 것이 오직 이 사이의 함께 관장하는 5차원의 벌크 전체에 존재하는 것인데 오직 중력만이 존재하는 이유는 곧 5중궁이 중력의 자리이기

때문이다. 5중궁 자체가 어느 쪽으로 속박되지 않는 것이니 막 위에서 자유롭다는 것이다. 인간이 땅 위에 있는 면으로 내가 주인이라는 것은 이러한 명백함에 기인한다.

아인슈타인의 일반 상대성 이론의 핵심 요소는 에너지가 중력장을 만든다는 것인데 앞서 중력장은 구궁도의 5중궁에 해당되는 것이고 에너지 파장이 팔방의 여덟 궁까지 미치는 것에서 중력장은 언저리 팔궁에 원심으로 몰린다. 중력은 바다인데 이 파도의 에너지가 중력장인 것으로 언저리에 거품을 남긴다. 중력장에도 거품은 있을 것이란 이야기다. 이 거품을 거두는 것인 지구에 달이 거두는 것인데 어쩌면 난자의 알맹이도 이렇게 쓸모가 있는 우주 거품에서 거둠이 아닌가 하는 것이다.

허나 거품은 거품이고 이 거품을 물고자라는 것이 나무인 것과 같이 인간이 물을 채워야 하는 것이 이 중력의 기운의 주인공으로서 70%를 채우는 것과 같다. 이는 쿼크에도 적용되는 것인데 곧 2/3는 물인 것이고, 1/3은 거품이다. 이 거품을 폐로서 채워야 1/3인 쿼크가 실질적 음양의 기운이 되는 것이니 내 삶의 본질은 나무의 거품과 같은 인간의 물의 비중인 것이다. 물은 곧 중역이라는 것, 그리고 8족에서 6, 7, 8족이 중력권에 있다는 것이다. 즉 막이 에너지를 가지면 휘게 하는 것인데 머리는 뇌막으로 휜 것에서 헬멧 같은 해골을 쓴 것이다. 뇌막의 몸의 중력을 머리로 떼어내 두뇌의 공간을 휘게 하여 충분히 우주를 홀로그림으로 이해하게 할 수 있게 한 것이다.

몸도 회전형의 원통으로 팔다리도 원통형이 되게 되어 있다. 이러한 몸의 구조에 아인슈타인의 중력방정식을 적용하면 머리가 둥글다는 것은 뇌막으로 봐서는 여러 겹의 차원의 막이 중간에 여분 차원의 막이 함께 있는 뇌막이라는 것이 존재하고, 여섯 겹의 막인 육효 쿼크의 막이 될 수 있는 것에서 여분의 차원이 있다. 이는 이승의 차원을 넘어선 차원을 함께 공유하며 갈 수 있는가 하는 것이다.

✵ 어느 시점부터 비틀린 공간인가?

비틀린 공간의 발생은 원동기 정류자에서 정적인 점으로 하는 것에서 양쪽 스핀이 있어 틀어지는 원동기는 틀림 현상으로 돌아가는 구조다. 그런데 5가 심이 축이다. 여기는 중앙이라 돌지는 않는다. 그러면 돌려면 밖의 팔방의 거리에서 프로펠러를 돌려주어야 한다. 그러면 양쪽의 스핀은 함께 중력의 핵심에 틀어지는 것이니 곧 정을 기준으로 동으로 불 수 있는 순간이 곧 5차원에서이다. 이 5는 5차원일 때는 정적으로 보는 것이고, 4차원일 때는 음수(陰數)인 공간으로 이 공간은 빨아들이는 공간이다. 이 빨아들이는 4차원의 입을 막은 것이 5차원이다. 이것이 4차원보다 직접적으로 미치지 않으니 간접적으로 미치는 것이 중력이다.

4차원의 입을 막아도 5차원으로 숨을 쉬는 중력으로 강하다는 것이다. 즉 그 지속성이 영속적이니 중력이 끊임없는 것이 여분의 차원을 다 넘나든다는 것이다. 비틀림의 현상은 아주 작은 몸놀림으로 보인다. 팔방 전체로 보면 아주 작은 부분에 해당되지만 5차원인 중심으로 보면 원동을 일으키는 시점과 같은 중요하고 큰 부분이다.

참조 : 비틀린(warped) 공간은 '반(反)드 지터 공간(anti de Sitter Space)'이라는 시공

간의 일부분이다. 반드 지터 공간은 곡률이 음수인 공간이다. 전문적으로 '비틀려 있다'라는 표현은 각 슬라이스(차원의 단면?)는 평평하지만, 그 슬라이스들이 '비틀림 계수 (warp factor)'를 가지고 결합되어 있는 기하를 가리킨다.

❋ 5차원의 공간에서는

8방으로 조각을 내도 직선으로 단면이 평평하다는 것은 5중궁만이 팔방에 직선적이고 직접적으로 미칠 수 있다. 즉 5차원이 정류자로서 양 날개로 날게 하는 것인데 이 중궁이 날개를 놓지 않는 한 그 자리만 돈다. 그렇다고 쳇바퀴가 아닌 것은 다람쥐는 테두리를 도는 것이지만 원동기의 날개는 구심으로 도니 간 것이 없다. 즉 5차원을 다른 차원을 간 것이 없는 것으로 만드는 것에서 재차 검증이 되어도 10차원이라는 이야기이다. 호칭 복사라는 것도 이 5차원에서의 복사로 해서 팔방의 스크린이 된다. 그러면 팔방의 스크린은 4방의 스크린 사이에 짝으로 올라온 것이고 5가 토인 것이 간방에도 토가 있다.

토가 있는 것은 토는 거울의 바닥면의 반사점이기 때문이다. 이 바닥은 결국 저승에서 반사되어 오는 시점으로 한다. 이 반사가 사방 사이의 짝으로 들어온다. 그러니 나의 모습이 저승에서 짝으로 보낸 것이다. 그러면 이는 곧 전생의 내 모습이 마누라나 남편의 모습이 되어 온 것이다. 그리고 이 중궁에서의 8조각의 8궁은 각각 3차원적 기본형을 가진 것으로 그 위치를 상실할 수 없다. 다만 성격은 다른 것으로 본다.

이는 중력자의 함수가 변하지 않는 것으로 작용할 수 있다는 것이란 많이 닮은 형태의 유전성으로 간주할 수 있다. 그래서 중궁의 중력은 곧 팔방의 중심이 되는 유전적 힘이다. 오방기라는 것도 원래 이런 원리의 오행에서 나온 것이다. 즉 다섯 번째 차원 상의 위치(중궁 5인 위치)에 따라 다른 값을 낼 수 있는 것이 각 궁의 힘이다. 하지만 결국 중궁과 함수의 관계로 결정되는 것으로 본다. 신기한 것은 이것이 현재 진행형으로 과거와 미래를 본다는 것이다. 또한 이승과 저승을 보는 것인데 이 중궁의 갖는 원리의 물리학적 논리의 확정이 된다. 이 중궁의 오방기로 점을 치면 이는 두 위치가 달라도 중궁을 기준으로 하는 차원의 구궁이 되면 점의 확률 함수는 같다. 중력자의 확률 함수는 중력 막이라고 부르는 첫 번째 막에서 출발한다. 괘 전체에서 초효를 중력으로 하는 것에서 상효까지를 중력권으로 한다. 그래서 약력 막이라고 부르는 두 번째 막(효상 개개의 막)에 도착하는 동안 지수 함수적으로 급격하게 감소한다.

이는 괘상의 중력인 초효와 함수를 가지는 것이나 다른 효의 발효에는 중력 함수보다 확률 함수가 멀어진다. 이 때문에 비틀린 시공간에서는 측정된 질량들과 플랑크 질량 사이에 계층성이 실제로 생기게 된다. 효 사이가 멀수록 계층이 있게 되는 것이고, 중력은 괘에 어디에나 있지만 육신(六神)인 약력 막에 있는 입자보다 중력 막에 있는 초효의 입자들과 훨씬 강하게 상호 작용한다. 아는 상효로 갈수록 야해지는 야력 마에서는 중력자가 적어 약력 막의 입자들과 약하게 상호 작용한다. 상괘의 효가 그렇다는 것이다. 두 막이 가까이 있더라도 중력의 세기는 비틀림이 없다고 했을 때 예상한 것보다 10^{15}배나 작아질 수 있다.

비틀린 공간이란 회전을 뜻한다. 이때는 중앙의 머리보다 헤일로가 나는 꼬리 쪽이 에너지와 운동량이 작아진다. 그러면 그 밖의 공간을 길이와 시간은 늘어나며 생산적이어야 한다. 이는 5중궁의 중력에 의하여 팽창이 털갈이를 하는 것과 각질로 떨어지는 것으로 그 몸의 부피를 늘린다고 할 수 없다. 질량과 에너지가 중력자 확률 함수, 즉 몸에 기준인 확률 함수에 비례하는 것이다.

중력의 차원은 5차원을 중심으로 한다. 4차원의 길이와 질량은 기준점이 5차원의 위치에서 반영할 수밖에 없는 것이고, 5차원의 기준으로 상수적 의미도 지닌다. 또한 에너지 규모의 수정은 비틀림의 훌라후프 놀이에서 좀 더 다부지지 못하고 중력의 허리 조임에서 멀어지면 그 운동의 효능 지수는 사라진다.

즉 헤일로(halo, 구름이 태양이나 달의 표면을 가릴 때, 태양이나 달의 둘레에 생기는 불그스름한 빛의 둥근 테)는 중앙의 중력자가 많이 모일수록 함수도 같이 많아진다. 원은 10을 기준으로 한다. 이는 구심을 1이라고 하면 원심은 10이 되는 것이다.

달 공전은 10인 것인데 달은 지구와 같은 자전으로 1인 것으로 1:1로 하는 것으로서 이는 수소와 헬륨 사이가 1과 2의 관계로 핵이 되어 8족이 들어 있으니 10이 되는 것으로 하는데 서로 1:1이 되는 자전력이 있기 때문이다.

약력 막 밖에서의 규모 수정은 10~16배나 되는 것이면 이는 은하를 10으로 했을 때 초은하단이 10-2, 은하단이 10-3, 하나의 은하가 10-4가 되는 것으로 마이너스로 작아진다. 그러면서 숫자는 는다. 이것이 마이너스 16개로 보면 어느 별자리를 지나 태양과 지구로 와서 달까지로 하면 -16이 되고도 남지 않을까 한다.

모든 원은 10인 것이다. 작은 원도 10인 것으로 마이너스 제곱이 된다. 이것이 육신지(六神支)가 약력이라는 것을 감안할 때 일례로 초효 지(支)가 자(子)인 것에서 이 자 안의 규모 수정은 10-16이 되는 것이다. 이는 마치 종자라는 씨가 10-16개로 나눠진 수량이라는 것이다. 그래도 바다의 모든 씨종자보다는 작을 듯하다.

참조 : 약력 막에서의 규모 수정은 10-16배나 되는 엄청난 크기이다. 즉 중력 막에서는 기본 입자들의 질량이 모두 플랑크 질량인 Mn인 반면, 약력 막에서는 10-16배 정도인 1,000GeV가 된다. 같은 논리로 끈을 포함해 약력 막에 새롭게 도입되는 물체들(초대칭짝)은 모두 질량이 1테라 전자볼트 정도여야 한다. 이 아이디어가 맞다면 여분 차원에서 유래한 질량이 작은 입자들은 곧 발견될 것이다. 질량이 작다는 것은 길이가 길다는 것을 의미한다. 즉 약력 막에 있는 끈의 길이는 10-33센티미터가 아니게 된다. 대신 약력 막에 있는 끈들은 길이도 1016 늘어난 10-17센티미터여야 한다.

※ 5중궁의 기력에 의해 팔방을 맞추는 것이면

여분 차원이 크지 않다는 것은 더욱 5인 중력에 가까운 것을 말한다. 이것이 비틀리면 성단의 헤일로와 같은 것이다. 즉 센터가 있는 축에서 트는 것이지 센터가 없는 것에 어찌 틀어짐이 있겠는가. 이 센터가 5중궁 5차원인 것에서 이 5차원 안의 벌크에는 잡것이 들어 있어도 다 소화가 되는 중력이라는 것이다. 소화력이란 곧 5주기율은 음의 흡인력에 올려진 여과의 중력이기 때문이다. 이를 중앙 토(土)는 잡기(雜氣)인 것으로 모든 것을 수용하는 차원인 것에서다.

벌크란 독립적인 행위이다. 이는 5자원인 중궁이 되지만 또한 2가 헬륨인 것이면서 8족에 해당되는 것이라 8차원으로 본다. 또한 10도 중궁인 것이니 10차원이라고 한다. 즉 서로 간에 기궁(寄宮)이라고 한다. 이는 헬륨은 외적으로 크게 영향을 받지 않지만 스스로 9개의 동위원소를 갖고 있기에 충분히 구궁을 분할하여 여덟 족의 자식을 임신할 수 있는 터와 같아서 곧 헬륨이 중궁인 것이다. 그러면 9개의 궁에 동위원소를 배분한 것과 같다. 그러므로 동위원소 태아를 팔방으로 낳았다는 것이 된다. 헬륨은 곤토인 것으로 만일 화생토(火生土)로서 높은 에너지를 가하면 여덟 족의 힘이 뱃속에서 결정난 동족인 것이다. 이는 모든 힘이 벌크에 있고 높은 에너지에서 작용할 수 있다면 당연히 힘을 통일하는 것이 가능한 법칙에 해당된다.

  비틀린 기하 시나리오에서 계층성 문제를 해결하는 데 필요한 것은 약력 막에 힉스 입자가 속박되어 있다는 조건뿐이다. 그만큼 다 큰 자식의 모임이 하나의 자궁에서 태아와 같이 속박당하는 것이다. 즉 힉스를 태아로 하는 것에서 자궁을 막으로 하는 것이면 약력의 자궁인 것으로 한다. 이는 오직 임신의 상태에서는 벽으로 끝일 수 있다. 힉스 태아가 무한 크기를 갖는 여분 차원 한가운데 있는 두 번째 막의 자궁에 속박되어 있는 모형 역시 계층성 문제를 해결할 수 있다. 마치 힉스에서부터 인간 대중의 하나이다가 인당(印堂)으로 선택되어 오른 관상과 같이 여자의 얼굴은 눈썹이 다리이고, 법령이 팔인 것으로 거꾸로 선 모양이다. 그런데 인당이 눈썹 사이로 태어나는 것이니 마치 힉스 태아로 보면 계층성의 문제를 관상처럼 해결할 수도 있는 것이다.

참조 : 여분의 고차원의 입자는 4차원 세계에서는 새로운 입자인 KK입자로 나타날 것이다.
ADD 모형 : 다른 기본 입자들은 막에 속박되어 있고, 중력만 벌크에 있고 공간에 퍼져 있어서 약해진다. 그러나 세기는 공간상에서 동일하다.
RS2 모형(국소화된 중력) : 중력 막에서의 중력장은 벌크 방향으로는 뻗어 나가지 못하므로 약력 막이 없어도 계층성 문제가 발생하게 된다. 이제 여분 차원은 압축되어 있지 않아도 된다.
KR 모형(국소적으로 국소화된 중력) : 중력 막이 음의 에너지를 가져서 막이 휘어지고, 이 때문에 중력 막의 4차원 중력이 벌크의 5차원 중력과 구별된다.

❋ 국소화된 중력이란 것으로

구궁도로 보면 하나의 궁(宮)에 불과하다. 부분적 국소를 여덟 개로 5중궁이 약력을 여덟 방향성의 질서로 묶는다. 이는 5중궁의 중력에 국소화된 8편으로 팽창과 수축의 음양력으로 정해진 것이다. 이미 구중은 천반과 지반으로 귀신의 눈으로 보고 인간의 눈으로 보는 만사가 열렸을 기문둔갑으로 알려진 것이다. 이 서적도 얼마나 지나야 씨나락 까먹는 소리가 안 될까.

이 기문은 어떤 작은 축적으로 이뤄지는 것이 아니다. 즉 중입자가 원소가 된다고 해도 그것을 기다리는 요소는 없다. 이미 요소가 된 것에서 중입자로 풀어지는 것이다. 그러니 여분 차원을 모아 압축한다고 하나의 궁이 될 수 없다. 이는 다른 궁에 흡수되는 것이다. 물리학적으로 RS1 모형인 것을 5차원적 중궁이 되는 것이고, 국소화된 중력 모형인 RS2 모형이라는 것은 8궁의 국(局)이다.

그들이 말하는 이 입장은 이는 중력자 관점에서는 다섯 번째 차원은 무한히 뻗어 있는 것이 아니라 그 크기가 10^{-33}센티미터 정도인 것처럼 보인다고 한다.

5차원 모형은 놀라울 정도로 4차원을 똑같이 재현하기 때문에 둘 사이의 차이를(실험적으로) 구분하는 섯이 굉장히 어려우며 아직 국소화는 우리 세계에 여분 차원이 있는지 없는지를 설명해 주는 새롭고 흥미로운 가능성에 지나지 않는다.

국소적으로 국소화된 중력이 8궁이라는 것으로 보면 이 8궁은 중궁처럼 핵화되지 않은 것이다. 이는 중궁은 대륙이지만 8궁은 섬과 같은 것이다. 4차원은 6차원으로 보면 국소적인 것이고 섬과 같다. 즉 차원만의 중력이 있다. 5중궁에 있어 오든 차원의 중력을 갖고 있지만 불안정한 양자와 같은 것이다. 막은 5중궁인 것이니 5차원의 피부가 매끈하게 되어 있는 것과 같다. 그러나 자궁은 마치 일정한 음수 값은 만들어 비틀린 시공간을 만드는 것인데 이 음수 값이 월경이라는 것과 같다. 그러면 마음이 휜다는 것이리라. 5는 생수의 반사막과 같은 것이고 이 안에 흥분은 팽창한다.

또한 내가 중심인 막 위인 것으로 밖으로 보면 팔방으로 보면 대칭이 되어 각궁의 중력자가 상대적이 있다는 것이다. 즉 양쪽 중력자의 함수는 중앙의 5에 있으니 이 합한 중궁의 5는 주역 상하괘의 간괘에 해당된다. 즉 겹치는 중앙에 가까울수록 중력의 최댓값이 된다. 이는 간괘의 효가 두 개 괘에 주는 영향은 다를 수밖에 없는 괘사가 나오는 것이다. 또한 양 괘의 중력인 효에는 영향을 주지 않는 것에서 움직이는 것이다. 그래서 변효가 멀리 있는 효에 영향을 주지 않는다. 오직 변효와 동효만이 영향을 준다.

그러니 서로의 중력을 통해 작용하는 것은 대성괘일 때 중력이 간괘에 있을 때의 일이다. 이 대성괘는 다른 대성괘와 상호 작용을 않는 보손과 같다. 이미 반반이 합해 1이 되었기 때문이다. 그러나 소성괘의 중력은 서로 상호 작용을 한다. 이는 1/2의 스핀이 있는 것이고 홀수이기 때문이다. 중력자가 질량을 가지지 않는다는 것은 마치 질량의 기점에 있지 않는다는 것, 즉 나무는 물에 가라앉아야만 질량으로 친다는 말과도 같다.

질량의 기준이 에너지와 같다. 질량화되지 않은 상태의 스쿼크 형태와 같다는 것이다. 질량을 가지지 않음으로서 광자와 함께 움직일 수 있다. 이는 나는 광자의 심장을 가진 신이 아니기에 광자가 프라즈마를 띠면 인간은 중력자로서 함께 이동할 수 있는 축지법이 된다는 것이다. 그런데 중력자도 질량을 가지는 사람은 순간

이동이 되는 것이 아니다. 한 쪽만 통한다는 것도 일종의 스핀의 작용에 의에서일 것이다. 이는 중력자가 공이어도 이 공을 머리끄덩이를 잡으면 다시 중력자의 질량이 1순(旬)인 10으로 끌려 나오니, 곧 공이 공이 아닌 것으로 앞뒤가 짝으로 붙어 나올 수 있다. 마치 한 주기율이 짝으로 붙으면 2주기율이 짝이 되는 것이고 그 사이 빈 곳이 있다는 것이다.

이런 중력막, 즉 두 주기율이 짝으로 도는 두 개의 막은 막을 없애더라도 여분 차원이 무한히 있음에도 불구하고 여전히 남아있는 중력 막 위에서 4차원처럼 보인다. 이는 4차원은 두 개의 상대성 사이에서 이뤄지는 소포체이기 때문에 하나씩 포장을 뜯는다고 해서 이미 형성된 구조가 쉽게 풀어지겠는가 하는 것이다.

중력이란 음의 기운이 강한 것이다. 다만 막이 그 기운을 평형화한 것이다. 또한 4차원의 중력막도 5중궁의 중력이다. 4차원의 막이 곧 5중궁의 막이니 이 5가 중이라는 흡입체는 4차원인 것이고, 그 입을 막고 서 있는 자리가 점인 것으로 모든 차원의 중앙이 된다. 그러면 5차원의 중력은 4차원의 막이 손상되지 않도록 스펀지를 낀 흡인력의 중력이 된다.

왜 스핀은 호흡기 폐에 속하게 되는 것이고 이 스펀지는 허파의 꽈리와 같은 것인가. 팔방으로 나눈 것이 국소화이다. 그러면 여분 차원이란 것이 국소화에 들어감으로서 달이 자전으로 공전을 닮아 가는 것으로 거둬 가는 것이다. 그러니 그 사이의 공간이 있다면 그 차원의 중력이 거둬가는 것이고, 가장 큰 공간이 가장 큰 차원에서 발생한다고 해도 그 차원의 중심은 5인 것에서 공간을 흡수하는 것이니 굳이 사이마저 차원이 된다고 보기는 힘들다.

3차원은 심장 판막인 것이고, 6차원의 막은 신장의 여과막인 것이면 8차원의 막은 피부이다. 이는 3차원 문은 시원시원하게 열리고 닫아야 하는 것이고, 모래 속으로 파고든 물이어야 하는 것이고, 8차원의 문은 땀샘처럼 열린 문이다. 심장이 3차원의 문이라고 해도 전신인 8차원에 가죽이 죽을 쓰는 것이고, 사이의 여분 차원이 있다면 아마 싸리가 쌓인 것이 굳은 것이니 이도 차원인 압축화의 전제는 세포 속의 DNA일 것이다. 그리고 국소적 미토콘트리아도 있을 것이다.

참조 : 끈 이론이 맞다면 여분 차원은 존재한다. 그렇다면 여분 차원은 압축화나 국소화 때문에 이 둘의 조합 때문에 보이지 않을 것이다. 압축화를 전제로 한 끈 이론에서 유도된 중력에는 문제가 너무 많기 때문에 나는 새로운 대안으로서 국소화를 제안했다. 중력이 국소화된다면 물리 법칙은 마치 말려 있는 차원을 포함하고 있는 이론처럼 차원들이 그곳에 존재하지 않는 것처럼 작용할 것이다.

참조 : 여분 차원 : 당신은 안에 있는가 밖에 있는가? 중력은 서로 다른 길이 규모에서 다르게 행동할 수 있다. 매우 짧은 거리에서는 끈 이론과 같은 양자화된 중력만이 중력을 기술할 것이다. 더 큰 규모에서는 일반 상대성 이론이 놀랍도록 잘 적용되고 있다. 하지만 최근 엄청나게 큰 규모에서 우주에 대한 관측이 진행됨에 따라 우주 팽창을 가속하는 것은 무엇인가와 같은 우주론적인 난제가 제기되었다. 그리고 더 큰 규모로 가게 되면 우주론적인 지평선에 도달하게 된다. 그 너머에 대해 우리는 아무것도 모른다.

참조 : 지난 10년간 있었던 복잡스러운 발견에서 얻은 가장 중요한 교훈은 시간과 공간은 더욱 근본적인 방법으로 기술해야 한다. 불행하게도 아직까지 아무도 시공간에 대한 더 근본적인 기술이 어떤 성질을 지녀야 하는지 알아내지 못했다. 그러나 여행은 끝나지 않았다. 우리는 아직 물질의 근원을 가장 근본적인 수준에서 이해하지 못하고 있다. 그리고 시공간의 구성 요소들은 모르지만 플랑크 길이보다 큰 길이 규모에서는 이들의 성질을 이해하고 있다. 앞으로 5년 내에 CERN에 있는 대형 강입자 충돌기(LHC)가 가동될 것이며, 이를 통해 이제껏 보지 못했던 물리 영역을 보게 될 것이다.
우리가 이 KK입자를 볼 수 있는지의 여부, 그리고 언제 볼 수 있는지는 순전히 우리가 사는 우주의 크기와 모양에 의존한다. 계층성 문제를 해결하는 모형이라면 반드시 우리가 관측할 수 있는 약력 규모에서(끈 이론이 대상으로 하고 있는 플랑크 규모에서가 아니라) 자신이 옳다는 것을 증명할 수 있는 예측 결과를 내놓아야 한다.

※ 막과 끈

결과적으로 보면 막은 세포막이요 끈은 DNA라는 것이다.

참조 : 조연에서 주연으로 가는 경로-막의 발전
1995년 폴친스키는 막이 끈 이론에 반드시 필요하며 끈 이론의 최종적인 형식화에서 중요한 역할을 수행하는 동역학적인 물체(어떤 장소가 아니라)임을 증명함으로써 끈 이론의 지위에 돌이킬 수 없는 변화를 가져왔다. 막은 일정한 크기의 장력을 가지고 있기에 힘, 전하를 띤 다른 물체처럼 힘에 반응할 수 있으며 움직이거나 일렁일 수 있다.

※ 11차원 안에서의 구궁도

이 11차원은 구궁도에서 9까지로 이궁이 되는 것에서 한 번의 원이 된다. 이렇게 9궁으로 가는 동안 9차원의 궁을 지나온 끈이 있다. 그런데 이 끈은 지반이 천반으로 붙어 끈이 된 것이 DNA이다. 이 DNA 궁이 천반으로 떨어져 나간 부분이 RNA라는 것이다. 그리고 RNA에서 아미노산을 결합하여 DNA로 돌아오면 이는 또한 천반에서 지반으로 돌아오는 것이 된다. 즉 사회적 환경이 곧 몸의 환경과 같은 것이다.

이는 평면적 후천적 끈에 속하는 것이다. 이 9차원의 선천적 우주를 다시 원점인 10을 배꼽의 몸으로 하는 것에서 1족인 머리로 주기율의 머리는 내밀면 11차원이 되는 것으로 한다는 것이다. 초끈 이론이라는 것은 본래 중궁과 팔방이 끈으로 중력화 된 것에서 구궁의 순서대로 변을 균형 잡는 것도 일종의 단을 묶은 테두리로 본다. 마치 시계가 평면으로 도는 것인데 다만 분침과 시침은 중심에서 끈을 놓지 않는 것으로 어차피, 이 끈이 언저리로 꺾어 도는 것으로 하는 것이다. 다만 구궁도는 중궁을 거쳐 나오는 것이니, 중앙의 점에서 9차원까지 끈으로 연결이 되어 있다는 것에서, 중력을 바탕으로 힘의 안배가 된 공간을 말한다.

여러 차원의 그림이 10차원으로 보는 것이면 이 차원을 아래 구궁도로 축약할 수 있다. 그러면 공간이 휘어 하나의 구형으로 보는 원주율이 10인 것에서 10차원으로 하는 것이다. 다시 두 겹이 되는 것의 날이 나오는 것이 11인 것이다. 우리 몸은 11차원의 종합예술과 같은 가장 적절한 모형이다.

4차원 양손 사이의 바람끈 RNA의 우주적 아미노산 섭렵	9차원, 분해, 고도화 재정립, 나머지는 해산 즉 재정립이 된 것은 원형으로 돌아가고 아니면 흙이 됨	2차원 세포막
3차원 입체 DNA	5차원, 하나로 뭉친 중력, 10차원 힉스 입자가 에너지의 출발선으로 돌아옴, 중력	7차원 우주의 치우친 벽의 두께 우주 중심의 함몰
8차원 우주 중심의 돌출성	힉스 입자의 출발점 1차원 은하수 끈, 원통형 끈, 즉 DNA와 같은 나선형을 이룬 묶이 되는 11차원 속의 암흑물질	6차원, 원형

5차원을 넘은 것은 중력의 균형에서 재료가 된 생수(生數)가 6차원부터는 중력의 온전한 함축이 원만한 것으로 음집에 된 것에서, 이 중력이 이적으로 기우는 것에서 비는 것이 7차원인 것으로 한다. 또 이 기움이 바로 잡으려다 보니 반대급부로 돌출성으로 기우는 것에서 균형이 맞춰 가는 것이 8차원인 것이다. 다시 중력의 평균이 재정립이 되는 것이 9차원이다. 그러니 5차원부터는 성수(成數)가 된다. 곧 10차원 안에 11차원이 드러낼 때의 이면을 보이는 것이 직선적으로 보는 것과 휘어서 막에 치우친 것을 보는 것

이 있는 것이다. 과연 우주가 휜 것에서 원형으로 이룬 것이 6차원이 되는 것에서, 곧 6차원은 10에 반인 성수라는 것이고, 구궁도로서 두 겹이 되어 휘는 것이 된다. 그래서 완전한 구체가 된다.

10차원까지의 원형이 되는 것, 즉 하나의 원형 안에 10차원이 차 있다는 것은 차원의 크기가 비교되지 않지만 만일 원소처럼 같이 축약이 되는 것이면, 크기는 같아도 그 맛과 빛깔은 다를 뿐이라는 것이다. 그리고 암흑물질도 에너지라면 팽창 에너지이다. 수축 에너지는 아니라는 것이다. 문제는 8족의 기저에는 다시 수소족이 시작이 되는 바닥이 있는 것인데, 이 바닥이 둥근 것으로 원통형 11차원이면 10차원이 11차원으로 열린다. 그러면 1차원은 빅뱅이 되는 것이다.

1차원은 선으로 가로선이 되면 11차원은 원통형의 선이 되는 것이다. 그러면 그 원통형은 암흑물질이 가득 찬 것이라 본다. 구궁도는 원형인 것인데 그 원형은 9인 것으로 10차원의 중력으로 원형을 이룬다.

※ 오스뮴과 전자 배열

원소 중에 가장 균형적으로 생물학적인 우주의 수축과 팽창을 가장 밀도 있게 표한 것이다. 이 오스뮴 모형과 우주 팽창과 수축의 메카이즘을 유추할 수도 있다. 즉 안으로 주기가 줄어들수록 전자의 수는 늘어난다. 전자가 늘어나는 것만큼 외벽은 수축으로 줄어들면서 중력이 강해지는 것이다.

즉 회전의 에너지를 전자가 수렴하는 것에서 중력과 공간의 밀도를 강하게 하는 것이 된다. 이는 곧 우주가 최고의 배경으로 7주기율로 본다. 이는 1은 핵으로 빼고 나머지 6주기율이 여섯 개의 원인 것과 같은 것에서 7주기율이 안으로 수축된 원인 것이다. 그러면 2주기율은 곧 겉을 둘러싼 원이 된다.

처음에는 핵인 것이었다가 점점 주기율이 늘어날수록 2주기율이 껍질로서 살찌는 것이고 7주기율은 고갱이가 되는 것이다. 즉 언저리 6주기와 핵의 1주기율이 같은 음양 하나의 대칭으로 하는 것은 건곤이 언저리로서 짝을 유지하는 것이고, 잎사귀가 생떼로 붙은 것이고, 고갱이는 건곤의 유전성에 따라 떡잎 사이를 비집고 나온다. 즉 7주기율의 고갱이다 보니 위로 솟는 것이다. 결국 화산이 꽃을 피우는 것과 같다.

이는 수축하면서 배경을 복사하면 안으로 갈수록 전자량이 많은 만큼 축적된다. 그러므로는 팽창하는 것과 리듬을 맞춰 가면 과거의 일이 현재가 되고 현재의 일이 과거가 되는 것에서 반복이 되는 것과 같다.

제5장

주역과 쿼크 이론의 진화

＊ 중천건괘

2주기율	−	하나의 굴렁쇠
3주기율	−	하나의 굴렁쇠
4주기율	−	하나의 굴렁쇠
5주기율	−	하나의 굴렁쇠
6주기율	−	하나의 굴렁쇠
7주기율	−	하나의 굴렁쇠

　모두 크기가 다른 여섯 개의 굴렁쇠, 즉 하나의 굴렁쇠가 따로 굴러가는 것이 쿼크 별이라는 것이다. 그런데 이 굴렁쇠를 한 손으로 쥐면 쿼크가 모였을 때 위 표처럼 쿼크가 한 손아귀에 든 육효가 주역이라는 것이다.
　작은 원이나 큰 원이나 각각 돌아가는 것이 한 점에 모여도 각각 돌아가는 것에 지장이 없다. 그리고 하나의 큰 원을 3족으로 하는 것인데 이는 하나의 원 안에 두 개의 원이 있으니 2족이다.
　하나의 큰 원은 허중이라고 하는 것은 그 공간 안에 2가 있는 것이고 부피의 안에 있게 하는 경계가 3차원인 것이다. 3차원의 굴레에서 안에 두 개의 원이 되는 것이면 안의 2차원은 3차원의 베어링으로 자동 입체화가 된 두 개의 공이 된다.
　시공을 역으로 보게 되면 10차원은 10차원의 공간 형태는 자연 그 공간 안의 차원으로 똑같은 성질과 형태가 이뤄진다. 그러니 2차원은 면이지만 이것이 3차원 안에 있으면 3차원의 하나의 구(球)라고 하면 이 구 안의 2차원적 면은 결국 두 개의 원으로 되면 이 원은 면이 아니라 구가 된다. 그러므로 2차원의 면도 결국 3차원의 구로 변화된다는 것이다. 2차원의 공간에 3차원의 베어링이 되어 함께 구른 것이 된다. 곧 10차원이면 이런 역순으로 3차원에 심어지는 것이면 정신적으로 3차원의 공간이 해골에 2차원적 양두엽에 심어지고, 선천수가 9차원까지로 하는 것에서 이 10차원으로 그대로 3차원 안으로 심어지는 것이다. 이를 양동이, 즉 해골바가지에 물이 고인 것이 두뇌이다. 이것을 밖으로 확 뿌리면 곧 9차원이 3차원에 담겨진 것이 다시 9차원으로 뿌려지는 것이 된다. 이는 마치 물을 땅에 뿌리면 전체 문양과 똑같은 문양이 세포같이 작은 문양과 같다. 그런데 전체 문양이 속도에 의한 배경적 저항은 세포와 같은 균열의 조각에도 그대로의 전체 문양을 띤다. 이는 속도로서의 갑작스레 생긴 저항 장애 무늬가 곧 얼음처럼 급냉각이 되는 것에서 살얼음과 같은 균열성 세포로 본다.

즉 살얼음은 조각칼이 지난 듯하면 땅위의 무늬는 소묘 같이 붙인 것이다. 또한 이 문양은 땅의 흙에 의해서 만들어지는 것이 아니라 물이 만들어 내는 내적 세포성을 말한다. 그나마 땅이 편편한 것이라 쉽게 드러낼 수 있었기 때문이다. 또한 이러한 성명은 2차원적 이해를 위한 것이고 이를 면으로 설명할 것이 아니라 입체적으로 설명이 된다면 이는 곧 우주 전체의 입체성으로 보이는 3차원이다. 그럼 이는 우주 전체가 홀로그램이라는 것이다. 홀로그램이란 2차원의 면을 무늬로 설명이 되듯이 입체적 형상의 3차원이 세포와 같은 것에서 이 세포가 내 몸을 이루는 홀로그램의 차원적 조합이라는 것이다. 3차원의 물을 땅이 아닌 우주로 뿌리면 이 물은 은하수로 뿌려졌다고 할 때 그에 생기는 별들과 행성은 곧 홀로그램화한 세포성과 같은 것인데 이 홀로그램의 입체적 형상은 우주 전체의 문양과 같다는 것이다.
 은하수가 뿌려진 문양은 10차원의 전체 문양이다. 이것이 3차원으로 세포화되어도 전체 문양의 홀로그램이라는 것이니 3차원은 무늬만 같을 뿐만 아니라 내용까지 같다는 것이 된다. 물 자체만으로 만들어 낼 수 있는 세포 문양이면 이 세포의 2차원 이전에 3차원의 내용을 압착한 것, 물오징어가 3차원인 것이 납작하게 그대로 말린 것이 2차원적 문양이라는 것과 같다는 것이다. 이는 투명하게 온갖 변신이 순식간에 홀로그램의 몸이 되었다가 다시 2차원적 문양의 닮은꼴을 만들 수 있다는 것에서 밤이든 낮이든 새가 들고 쥐가 드는 것에서 허공의 바람결처럼 다니는 것이 아닌가.
 9차원의 문양이 속도성의 저항이 생기면 바람으로 접히다가 또 물로 접히다가 다시 산으로 접힌다. 이것이 다시 8족의 평지로 펴는 것으로 보이는 것인데 이 산으로 접히는 것이 7족이 9차원인 것이고, 8족으로 편 것이 10차원이다.
 그러면 이 10차원 안에 사는 3차원은 10차원의 물상이 몸에 세포 정도로 저장이 된 것이 3차원적 입체성 안에 다 들어 있다는 것이 된다. 그리고 두 개의 원이 원 안에 있다. 이것은 하나의 원으로 보면 1/2인 스핀이 있는 것이고, 이 두 개의 스핀이 하나의 큰 원 한 바퀴를 나타낸 스핀은 어떻게 생겼든 원에 있는 것이니 세 개의 원인 쿼크도 각각의 1/2의 스핀을 가진다.

❋ 태극이 하나의 원 둘레로 돌아가려면

 태극 안에 두 개의 원이 있어야 한다. 이 두 개의 원을 벨트의 연결로 이어가려면 푸른색과 붉은색이 물결치듯이 넘어가려면 두 개의 원을 반반씩 이용해 반대편의 반환점을 따라갈 수밖에 없다. 그런데 스핀의 1/2이란 것으로 두 개의 원이 반반씩 이어지는 유동성에는 튼 원을 따라가는 길에는 수문을 열어주는 것과 같다.

이 두 개의 원이 반반 물리는 벨트로 돌면 벨트가 물린 쪽은 생수(生數)이고 물리지 않은 반쪽은 허수(虛數)가 된다. 원도 짝수가 되면 허수가 반으로 있게 된다. 정류자의 반반인 틈의 펌프질이 원 안에 두 개의 원을 돌게 한 것이 된다. 그리고 이 두 개의 짝이 하나의 원으로 가려고 정류자의 금에 머리를 출구가 된 것은 안에서 밀든 밖에서 밀든 힘이 가해지는 것에서 회전이 되는 것이다. 이 회전의 운동은 4족으로 친다. 이 4족의 힘이 모이는 것이 오므린 양손 같은 자석이라는 것이다.

여기서 방전된 것이 5족이고 이 5족이 모인 것이 구름 이론인 것이다. 다만 두 개의 원이 한 바퀴 큰 원의 공간에서 멈춰 있는 것이 3족인 이허중이다. 이는 돌아가면 4족의 유동성을 띤다는 것으로 본다. 광자는 질량이 아니라는 것과 같다. 우리가 전하를 4족인 질량으로 보는 것에서 에너지 유기성을 질량으로 측정되는 것이 전하이기 때문이다.

모든 수치는 4족으로 하는 것에서 3족인 광자 존재는 질량이 아니다. 이는 선천수에서 제외되는 것과 같은 맥락이 되는 것으로 봐야 한다. 마치 모든 행위는 두뇌의 3차원에서 생각해야 일어나는 것이다. 그러면 우리의 생각은 3차원이고 4차원부터가 행위라고 본다. 영혼이나 육신이나 다 같은 행위로 4차원으로 하는 것이다. 3차원이면 물상이고 물상의 유기성은 4차원으로 나눠야 맞다. 업보란 4차원부터인데 행위의 책임인 것이지 생각의 책임은 아니 것은 영혼이나 육신이나 마찬가지해도 육신에 따른 책임인 것이다.

✽ 평행 이론과 다중 분할의 동시성

차원이 한 층 높아지면 입자의 크기가 작아지면서 엷어지는 차이가 영과 육의 차이와 같은 것이라면 우리는 10개의 공간에 내가 있는 것이 된다. 4를 한 묶음으로 한두 개 8이 짝인 것으로 해서 중력 핵 2개를 합한 10인 것이 10차원인 것이고, 2차원에서 대칭적 짝으로 하는 것에서 분할이 시작되는 것이다.

3차원은 그 분할의 중간에 기둥이 나오는 힘의 축이 체를 띠는 것에서부터이다. 그래서 건괘(乾卦)가 둥근 것이라 3차원으로 봐야 한다. 그러나 속이 빈 팽창의 공간으로 본다. 이 3차원이 입자의 최대치가 담긴 것이면 이는 속이 찬 금으로 한다. 또한 액체상으로 보면 6차원인 것으로서 구궁의 수 6은 건궁이 6이고 알찬 것인 동시에 6이 수인 것으로 얼음보다 물이 더 체적이 작아진 것으로 6이 물인 것이다.

이는 원소 6족과 7족이 짝을 이루는 것의 동행이라는 것과 같다. 즉 2차원적 평면 분할이 3차원으로 돌면 4차원부터는 이 구형에 막이 생긴다. 이 막이 3족에서 생기는 것이라 3족 위의 입자는 전이 원소가 같이 두르니 원은 10인 것이니 10개의 단위로 두르는 것이고 이것이 쌍이니 두 개의 쌍이 두르는 것이다.

우리가 물리학적으로 막이라는 것은 이 3차원인 3족에 덧칠하는 막이다. 그래서 4와 5주기율의 전이 원소가 원료가 되는 것으로 변형하고, 막 위에 입자들의 양태를 말한다. 그리고 5주기율은 마치 맥기(도금)를 먹인 것 같은 것이니 5차원을 벗어나지 못하게 하는 것이다. 이 5차원을 반으로 하는 것에서 짝이 10인 것이면 10차원이 된다. 이는 5차원이 중심을 잡아준 것을 말한다.

사방의 분진은 사방의 중앙이 4차원의 입인 것에서 그 입을 막아 평평한 것 그리고 약간 언덕진 것이다. 이것은 더 야물어지는 금속이 되기에 6차원은 금인 동시에 물이다. 이는 곧 물은 표면장력이 있게 된다.

시작은 2차원의 분할에서 브러시(정류자)가 되는 것에서 3차원의 막을 이루면 4차원부터는 10차원까지 짝으로서 병행하는 평형을 이룬다. 결국 3차원도 원주율의 속도로 놓이면 2차원적 평형으로 돌아가는 것이고, 늦추면 공 모양인 터지는 것, 즉 입체형으로 커지면서 부푼다는 것이다.

그럼 이 단면을 생체학적으로 보자면 결국 세포 분열도 수평적 2차 원성으로 보이나 이도 원심 분리로 3차원으로 늘리면 이 2차원도 3차원적 구조가 압착되었다는 의미다. 이는 구궁도의 5와 5의 생수와 성수의 분할이 정류자의 입장에 서서 RNA의 상황으로 본 3차원의 입체라는 것이다. 이것을 막인 언저리로 붙여진 것이 다시 하나의 세포인 DNA로 옮겨지면 곧 막의 병행에 붙여진 4와 5차원에 안착된다. 이는 늬익 마도 이런 계층으로 겹겹을 보았으면 한다. 그러면 DNA의 4차원의 회오리에서 뽑은 것이 되고 이것이 짝을 이루면 8차원인 것이다.

우리 몸으로 보면 4족이 입이고 또한 4족이 항문으로 이를 합해 8족이 곧 항문이 된다. 우주적 차원도 4차원은 중심이 비는 것이다. 이는 나무의 나이테가 씨앗 하나를 움켜쥐고 자라는 것에서 씨앗은 흙에 의존하는 것에서 자라기 때문에 자궁에 태반이 생기는 것이고 양수가 차는 것으로 생명의 나무가 자라는 것이다. 이것이 4차원의 나이테 굴레라는 것에서 5에 뿌리가 잡고 있는 5차원인 것으로 중심인 것으로 빼고 10차원도 짝으로 붙어서 빼고 나머지 8방이 8족으로서 두 개의 끈이 새끼를 꼰 듯이 나오고, 이것이 곧 핵에 2개를 뺀 구멍으로 4와 4가 분할되어 들어가는 것으로 하면 하나의 새끼는 1차원으로 나오는 것이다. 이는 여덟 갈래의 차원이라도 하나의 중력에 다 걸려 있다.

어느 차원, 어느 자아이든 결국 그 깊이를 보면 중력의 자아가 미치지 않음이 없다. 다만 차원이 형성된 고정성은 중력이 미약할 수 있다. 이런 힘은 또 다른 중력이라기보다 강력에 속하는 것이라고 봐야 한다. 쿼크는 두 개의 결합에서 강력한 것이다. 강력에 의지가 되는 것은 중력과는 먼 것이라고 보는 것이나 개개의 입자로 보면 결과적으로는 1차원적 중력에 한 줄로 간다는 것이다. 어느 누가 꿈에 산벼랑 사이에 두 개 줄의 출렁다리를 타고 줄지어 건너가는 것을 보았다고 한다. 아마 끈의 2차원의 줄에서 1차원의 끈으로 들어가는 것은 아닌가 하지만, 그렇지 않은 것인 차원은 3차원 이하는 들어가지 못한다.

왜 선천수가 3까지는 빠진 것인가를 말하는데 5가 중궁인 것으로 5차원까지만 차원을 줄이고 반복한다. 우리가 사는 3차원을 1로 가는 것이 아니라 5로 넓혀 간다. 천상의 세계는 훨씬 넓고 양도 많이 늘어난다. 그러면 역으로 보면 5위의 6성수가 성숙한 삶을 살고 그 아래 생수는 아직 더 생해야 하는 이유에서 우리는 먹고 사는 것이 급선무이다. 그러면 선천수가 훨씬 고차원의 세계라는 것이다. 그리고 주기율이 많을수록 더 고차원적인 곳의 막일 수 있다.

끈은 두 가닥이 하나로 꼬인 것에서 출발한다. 이것을 1주기율로 하는 것에서 두 개의 껍질로 주기율 전체를 양손으로 싼 것과 같다. 이 1주기율이 꼬인 것을 역으로 풀어 주기율적으로 보면 2주기율과 3주기율이 양 갈래로 된다.

이 양 갈래가 다시 양 갈래로 하면 4개의 주기율이 된다. 그러면 4와 5주기율이 합한 하나의 갈래가 되고 6과 7주기율이 합한 하나의 갈래가 되어 두 개가 되어 짝이 된다. 여기에서 1주기율에서 분리되어 2와 3주기율이 되는 것이고, 2주기율에서 분리되어 4와 5주기율이 되는 것이고, 3주기율에서 분리가 되어 6과 7 주기율이 되는 것과 같다.

이는 1주기율의 헬륨에서 중력의 시작으로 보고 일단 수소의 양성자만으로 중력이 되는 것은 제외되는 것으로 한다. 즉 양성자를 음의 입자로 하려면 수소 족의 중입자를 2등분하여 다시 10등분에서 5와 5를 나누어 0인 입자를 10인 원자로 계층을 만들어야 한다. 그러니 중력은 헬륨의 중성자에서 시작이 되어야 하는 것에도 이 중성자를 2주기율의 5족으로 나누면 5족인 5차원에서 기본이 되는 것으로 해서 8족인 것으로 한다. 이는 한글의 모음만으로 중력권이라는 것과 같다.

입자는 4족까지에 5족이 껍질로 평면을 이뤄는 것으로 할 수 있다. 즉 쿼크를 수소와 같은 위상으로 보면 5족 이후는 스쿼크에 해당이 되는 것이라고 본다. 본래 3족의 막에 쿼크가 있는 것이고 이 쿼크는 4족까지는 직결을 보이다가, 5족에서야 유동적이다가 스쿼크의 형태의 입자성을 보인다.

차원마다의 형태를 따라 결합된 것이면 틈이 없는 결합이다. 그 결합은 강력한 것이라고 봐야 한다. 이는 두 개의 같은 차원인 결합력이 강할 수 있는 것은 다음 차원의 진공에 채울 수 있다는 것을 의미한다. 그러면 다음 차원의 진공은 무엇인가 하면 바로 옆어진 중력의 끈 사이가 늪처럼 강하다는 것이다. 중력은 낮은 차원에서 강한 것인데 또한 10차원의 껍질에서 강한 호흡을 나타낸다.

위장과 오장은 5차원이다. 그래서 5차원은 폐로 숨을 쉰다. 중력의 폐활량인 셈이다. 그러나 피부로 숨을 쉰다는 것은 피부가 차원적으로 고차원의 진화인데 이는 중력이 피부의 숨구멍과 같은 것이 10차원이라도 실제 10차원의 숨구멍만으로 차원을 순화할 수 있다. 다만 5차원의 중력권으로 유지하는 폐에는 도달하지 못하는 것이다. 하지만 쿼크처럼 1/3인 것으로 피부로 하고 2/3인 것으로 폐로 할 수 있다면 2/3인 폐활량을 없애고 1/3인 피부만의 것으로 생명체가 돌 수 있다면 이는 어떻게 2/3인 유전성을 없애고 그 성상을 유지할 수 있겠는가 하는 것이다(하나의 가설로 본 것이다).

중력은 그 차원만의 중력이 가장 강하다. 그런데 실제 그 차원만의 중력은 강력으로 치지 중력으로 치지 않는다. 왜냐하면 모든 차원은 하나의 중력 막 안에 있다. 이 안의 힘을 차원으로 근접하는 결합력으로 힘이 가해지는 가변성의 일종이다. 그러니 가까질수록 서로 강해지는 강력에 의해 쿼크도 결합하는 것이다. 그러면 강력의 자아는 중력의 자아를 능가한다.

이런 강력의 파생이 이루는 사물은 각각의 자아일 수밖에 없다. 결국 각각의 자아가 5차원의 막에서 모이는 것이니 인간은 본래 흙이라 흙으로 돌아가는 귀결인 것이다. 그리고 4주기율이 사방의 열린 문도 5주기율인 닫힌 문인 것이니 인간이 4주기율로 빠지면 사방으로 다시 방향이 정해져 해산하니 블랙홀도 여기선 모이고 해산하는 전이된다. 어떻게 보면 3차원까지는 블랙홀이 미치지 못하게 된다는 것인데 우리가 사는 문명이 세계는 블랙홀을 초월한 존재일 수 있다. 즉 블랙홀이 3차원의 구성을 끈으로 압착할 수 없다는 것이다.

❈ 각 차원의 시야

색계는 우리의 시야권에 있는 것으로 하는 것이고 무색계는 자외선이다. 적외선 영역이어도 취급될(火) 3족인 것의 빛의 속도 안을 수렴하는 것을 말하는 것이고 그 밖이 무색계이다. 그러면 밖은 빛이 빨라진다는 것은 빛이 찢어지는 것과 같다. 그 광섬유의 한계가 끊어지는 것이다. 그러면 전파나 음파나 다 찢어져 사라진다. 그래도 이 찢어진 헝겊조각이어도 있는 것이면 이걸 힉스로 볼 것인가 하는 것이다.

겁은 빛의 속도를 넘는 속도성의 거리가 되는 것이면 이 겁의 조각이 헝겊이 하는 것에서 헝겁이라고 할 수 있다. 아이러니한 비유가 되는 것이지만 여기에 중력의 끈이 있다면 이는 빛의 속도를 넘은 것에서 중력은 있다는 것이다. 이것이 원소 주기율의 여덟 족으로 반반으로 나눈 상대성으로 보면 한 쪽의 반은 입이 되고 한 쪽의 반은 항문인 것으로 된다.

그러면 한 줄로 연결이 되어 보이지만 모래시계처럼 양쪽이 열린 형태가 된다. 1과 8의 상대성으로 있는 것은 양쪽 입구가 중력처럼 서로 당기는 것 같아도 허리가 좁게 잘록하니 중력의 중심이 허리 점에서 시작이 되는 것처럼 보일 수 있다. 즉 양쪽이 걸린 힘인 것인데 반쪽에서만 힘이 작용하는 중력은 8족을 다 섭렵하는 것이나 반인 4의 힘은 반물질처럼 잊은 채 반만으로 우리는 물질인 것이다. 이런 공간은 웜홀처럼 짧다. 즉 4와 5의 상대성으로 보기 때문이다. 이는 블랙홀과 화이트홀이 중력성이 맞물린 긴 끈이 될 수 있는 것이다. 그러나 3과 6을 상대성으로 하는 것이 빛의 속도로 미치는 폭인 것이니 1과 8족 간의 지름과 3과 6족 간의 지름은 크기가 차이가 나고 중력의 끈이 길다. 우주로 보면 빅뱅과의 중력의 조각이라도 남은 형겊 같은 겁을 찾아야 할지 모른다.

4족과 5족의 사이로 하는 속도는 음파의 거리가 되는 것으로 하는 것이다. 그리고 2족과 7족의 폭을 거리로 하는 것은 매우 불균형한 것으로 이는 중력에서 기우는 면이 있어 이 기운 끝의 균형을 이루는 힘이라는 것에서 들쑥날쑥한 것으로 마치 정상적인 원이 타원으로 불규칙한 것이다.

그러면 우리는 높은 차원의 11차원에서 보는 세상은 어떤 것일까. 우리가 11차원의 영역의 눈을 가진 것으로 보아 이를 영혼성으로 본다면 우리 차원에서는 귀신은 같은 귀신으로 보이지만, 11차원으로 보면 물귀신, 불귀신, 목귀신이 따로 보인다는 것이다. 주기율의 차원마다 각의 기하학성으로 그렇게 실체의 윤곽으로 잡힌다는 것이다. 차원을 10차원을 접어 5차원인 것으로 하나의 중력막이 된 것으로 하면 물로 10차원이 1차원으로 압축한 것보다 엉성할 수 있다. 하지만 5를 중력의 핵으로 보는 것에서 구궁도 핵이 5중궁에 있는 것으로 하는 점으로 해서 중궁이 호킹 복사와 같은 반사성을 구심에 두는 것에서 원심으로 퍼져 나가는 것이다.

즉 5차원을 막으로 한다. 그러면 이 5차원에서 우주 배경의 벽으로 볼 것인가와 아니면 이 5차원의 쌍이 10차원으로 두 겹을 이루는 것에서 빛의 섬유가 찢어져 빛의 속도성이 다하는 것에서 빛이 가는 속도마저 전성이 있어 늘어날 수 있는 속도성인 것으로 다른 우주가 섭렵이 되는가 하는 것이다. 만일 다른 우주가 이렇게 섭렵하는 것이면 이도 7주기율과 같은 겹겹에 겹마다 속도가 빨라지는 만큼 이전 주기율의 속도는 가랑이가 찢어지는 것이니, 우주가 이렇게 큰 계층이 있는 단층인 것이면 빛의 속도를 표준으로 하는 것도 우리의 우주로는 빛의 속도가 1mm인 것으로 하면 빛의 속도가 찢어지는 우주에는 1Cm에 1mm인 것이 된다.

즉 빛의 속도 길이가 1/10에 불과하다는 것이다. 1주기율이 빛의 속도 권역인 것이 7주기율이면 1주기율은 2인 것에서 6주기율을 싼 것으로 8인 것에 핵인 2인 중력을 더하여 10인 것으로 10배율의 일곱 주기율로 한다.

요약하자면 1주기율이 빛의 속도 안이라면 다음 주기율은 빛의 속도 밖이라고 한다면 이 빛의 속도는 2배율로 번다. 다음으로 주기율이 늘어나면 배율도 늘어나는 것에서 7주기율에서 중력의 2와 1주기율이 쌍인 것으로 하면 10배율이라는 것에서이다. 원소 주기율은 10차원이다. 즉 8족과 2개의 핵을 포함한 10이 10차원이다. 그리고 다시 다음 주기율의 수소족으로 날을 세우면 11차원인데 결국 11차원은 다시 8족으로 상대적으로 대칭성을 가짐으로서 어느 주기율이든 10으로 진법이 나올 수밖에 없는 상수성을 갖고 있다는 것이다.

결합 상수라는 것도 8족을 양분으로 두 개의 결합에서 핵으로 하는 중력 1족으로 하면, 다시 언저리는 중력권이 되는 것에서 막을 이루는 것이 된다. 그러니 끈의 앞머리는 주기율의 진행으로 뒤가 되는 것이고, 8족 자체는 네 가닥이 두 개로 꼬인 것의 주기율적 진행의 새끼줄과 같다. 즉 8족은 막인 동시에 장력의 중력이 있는 것이다. 그리고 우리가 기전이라는 것이 한 주기율의 위치만이 아니라, 다른 주기율과도 상호성을 가지니 이것은 화학적 규칙성으로 물리적일 수 있는 것이다.

차원이라는 것도 화학적 기전으로 성명이 되는 것이고, 화학이 곧 자연인 것에서 자연적으로 차원을 이해할 수가 있는 것이다. 그리고 족의 입자는 주기율의 막을 벗어날 수 없다. 단 구궁도로서 선천수는 10에서 꺾어 역순으로 9의 자리가 11번째가 된다. 그러므로 숫자는 진행할 수 있으나 역순의 반복이 된다.

헬륨은 에너지가 약한 것이니, 여러 족의 대칭적 사이 인력(引力)에 구애받지 않는다. 이는 진공성 때문인지 아니면 중력의 센 끈에 물려 있어 그 바닥을 벗어나지 못하는 다른 전자기력이나 약력이어서인지 마치 전기가 흡수되지 않는 피막과 같은 중력이라는 것이다.

참조 : 1995년 위튼은 낮은 에너지에서는 강한 결합 상수를 가지는 10차원 끈 이론이 11차원의 초중력 이론(중력을 포함하는 11차원 초대칭성 이론)과 완벽히 동등하다는 것을 보여 주었다. 이렇게 두 이론이 겉모습은 다르지만 실질적으로 동일한 이론이라는 상대성을 갖는다고 표현한다. 11차원 초중력 이론에서는 물체들이 약하게 상호 작용하기 때문에 섭동 이론(Perturbation theory)을 제대로 적용할 수 있다. 섭동 이론을 적용하면 상호 작용을 하지 않는 이론에서 출발해 약하게 상호 작용하는 이론의 해답에 접근할 수 있다. 작은 섭동을 주고 결과를 계산하고, 그 결과에 다시 섭동을 주고 결과를 계산하는 것을 차근차근 반복해서 원하는 결과에 도달하는 것이다.
위튼은 11차원 초중력과, 상호 작용을 약하게 하든 그렇지 않든 다르게 표현된 5개의 끈 이론을 모두 포함하는 하나의 이론이 있어야 한다고 결론 내리고 이를 'M 이론'이라고 불렀다. M 이론은 더 체계적으로 통합된 초끈 이론, 즉 끈 이론이 양자 중력 이론으로 거듭날 잠재력을 갖고 있다.
공간 차원의 수는 한 점의 위치를 정하기 위해 필요한 좌표의 수이다. 10차원의 초끈 이론에서는 9개의 공간 차원 운동량과 하나의 전하량이 필요한데, 상대성을 위해서는 11차원 초중력 이론에서 10개의 공간 차원 운동량만으로 특정할 수 있는 새로운 종류의 입자를 도입함으로써 해결할 수 있다. 11차원 이론에서 입자로 존재하는 사물들의 10차원 짝은 막으로 밝혀졌다. 즉 막은 주기율마다의 막이니 그 무게가 다른 것이다.

참조 : 막 위에 갇혀 있는 입자들은 절대 막을 벗어나지 않는다. 입자들은 막이 있어야만 존재하기 때문이다. 막이 많다는 것은 가능성도 많아짐을 뜻한다. 같은 위치의 막 묶음에 있는 입자와 힘은 그와 다른 위치의 막 묶음 위에 있는 입자나 힘과는 전혀 다르다. 동일한 막 위의 입자들 사이에서만 상호 작용이 일어나며, 서로 떨어진 막 위의 입자들은 거리가 멀어서 직접 상호 작용하지 못한다. 하지만 고차원 공간 전체를 일컫는 벌크를 가로질러 자유롭게 움직이는 힘과 입자가 있다면 서로 떨어진 막 위의 입자들도 간접적으로 상호 작용할 수 있다.

중력은 다른 모든 힘과 달리 결코 막에 속박되지 않는다. 막에 사로잡힌 게이지 보손과 페르미온은 열린 끈의 산물이지만 중력을 전달하는 중력자는 닫힌 끈의 진동에서 생겨난다. 끝점이 없는 닫힌 끈은 그 끝이 막에 붙잡히는 일이 없다.

막 세계(Brane World, 세계는 여러 막으로 구성되어 있고 우리는 그 중 하나의 막에 속박되어 살고 있을 뿐이다) 시나리오는 우리가 사는 세계를 설명해 줄 가능성이 충분히 있다. 곧 가속기 실험을 통해 검증받게 될 것이다.

✻ 0과 1의 회전놀이

끈은 그 끝이 막에 붙잡히는 일이 없다. 1은 0과 1을 동일한 것으로 한다. 0과 1사이에는 정류자가 반으로 가로막아 하나라고 유혹하는 바람에 회전에 빠져 회전놀이에 모든 학자들이 놀이 공원을 만들었다. 이 뺑뺑이가 좀 느리면 어떨까 하지만 빨라서 정신이 없는 것인데 그 회전이 문명인지 문명에 전쟁의 날이 있는 것인지 재해의 날이 있는지 뺑뺑 돌아가면 나뒹구는데 역사는 반복된다.

참 도통한 말이구나.

그저 반반으로 물고 늘어지는 것이 보기 싫은 것인지 말은 어지간히 뺑뺑 잘도 돌아 따라간다. 이렇게 사는 것이 체세라고 수천 년을 겪으면서 아직도 속는가 하는 것이다.

참 신통한 말이구나.

10은 1과 0을 동일한 것으로 한다.

100은 1과 0이 두 개인 것으로 동일한 것으로 한다.

1000은 1과 0이 세 개인 것으로 동일한 것으로 한다. 그러면 이 000이 세 개인 것으로 하나로 하면, 곧 점 하나에 세 겹의 굴레가 둥글게 싼 것이 되는 것이다. 뇌의 피질막이 여섯 겹이라면 1에 0이 여섯 개인 셈이다.

　내가 엄지를 세우니 네 개의 손가락이 사방을 옹호한다. 해마가 신경을 날리니 뇌의 피질이 겹겹으로 옹호한다. 십방(十方)을 포개니 5방이요 이 십방을 펴니 엄지는 반반으로 짝으로 떨어지지 않는 중력이라 10방이라 하지 않고 구궁이라고 하는 것이다. 팔방이 중력 같은 부모의 궁전을 받아 팔방도 궁이라고 부여를 받는데 이는 얼굴의 인중이 뭇사람의 영혼에다가 다시 인당으로 올려 태어나는 것과 같다. 즉 1은 곧 구심점이니 0인 굴레는 6겹을 두른 것이 된다.

※ 재결합과 우주 시뮬레이션의 축

　중성미자를 1주기율의 1족의 짝으로 대칭적으로 하는 것이면 이 대칭의 한 쪽인 헬륨에서 중설자의 시작이다. 또한 그 분진이 중성미자인 것으로 하면 이는 왜 중성인가 하는 것이다. 그런데 헬륨은 4개의 원자에서 중앙으로 경합체인 것에서 중앙의 음적 중력에 해당한다. 이는 음적이기 때문에 입자는 양적으로 보기 때문에 4의 음을 메운 수평이 곧 5라는 것으로 어느 쪽도 치우치지 않는 중성의 중력을 띤다고 해서 중성자로 하는 것이다.

　양성자의 소멸이 중성자로 몰리면 사방의 중앙에 핵이 되는 것의 표현이다. 그러면 이를 여덟 족으로 보면 4족과 5사이의 공간을 말한다. 그래서 여기서 천체학적으로 보아 뒤틀림이 발생하는 것이고 정류자의 자리이다. 정류자의 상대성은 서로 밀거나 당겨도 결국 틀어지게 되어 있다. 이는 회전력으로 반반이 하나로 통일한 것이라고 거듭 거듭 묶는 것이다.

이 4와 5족의 기준으로 6족의 거리에서 블랙홀이 일어날 수 있다. 또한 3족의 거리에서 화이트홀의 양상을 보이는 것이고 팽창이 더 우주적을 센 듯이 이는 2족과 7족의 상대성의 기울기에서 더 세게 보일 수 있는 것이나 모든 타원은 그 원을 벗어나지 못하는 것에서 사방이 고르게 돌아가는 것이다. 즉 아원자라는 것이 마치 스쿼크와 같은 불안정한 상태여도 결국 원자라는 것의 제 위치를 벗어나지 않는다는 것이다.

❋ 양성자를 중심으로 전자가 돌 때

이는 전자가 양성자를 형성했을 때의 일이다. 양성자가 미리 생겨 전자를 부여한 것이라고 보지 않는다. 전자를 0으로 하는 것에서 원자를 10으로 하는 것이니 마치 전자가 "내가 꽃이라 불러주어 꽃이 되었다는"는 시구와 같다. 이는 곧 수소가 헬륨 대하는 것도 수소가 헬륨이라 불러주어 헬륨이 되었다는 것과 같다. 양성자는 8족 안에 전자수와 짝으로 늘어나면 족이 되었다.

즉 불러준 것만으로 짝이 되어 가족이 된 것이 자고로 여섯이나 된다는 것이다. 수소와 헬륨인 건곤을 빼고 여섯 족이 곧 여섯 자식의 가족이 되었다는 것이다. 그런데 헬륨이 He+가 되는 것이면 이는 다시 수소족으로 변화하기 위한+인 것이 된다. 이를 헬륨의 수소화를 말하는 것이고 한 주기율의 빈진보를 뜻한다. 헬륨이 다시 수소족이 되는 것으로 수소화율이 되는 것이고 이는 3주기율이면 수소화율이 3 10에 3승이 되는 것이다. 이는 주기율의 진행이 10의 승으로 지기율의 계단을 놓이는 것이다. 또 8족이 중성인 땅으로 하는 것은 곤(坤)괘인 것에서 중성자이다. 이는 4방의 중앙이 5인 것이고 사방은 돌아 중앙으로 돌아오는 것에서 다시 돌아오면 10인 것인데 그러면 중앙의 5와 10은 빼고 8방이 남는 것이 팔괘인 것이다. 그러니 8방 중에 곤토가 있는 2가 8족인 것으로 함께 의지하니 이를 중성 헬륨이라고 한다. 이 헬륨 수소화물이 분자인 것이면 2주기율의 리튬은 분자에 속하는 것이다. 1과 8의 양쪽 가장자리가 가장 빠르게 전달하는 선이니 만일 3족의 빛의 빠르기도 따르지 못 해 가랑이가 찢어진다. 즉 건곤의 섬유성은 가장 질기고 전성이 긴 것이니 빛의 빠르기로는 거리를 채우지 못하고 퍼진다. 빛은 3족인 것이니 이 3의 상대성은 6과의 폭이니 빛이 아무리 빨라도 7족과 8까지 미치지 못한다. 이는 빛은 중력에 영향을 주지 못하기에 빛도 휘는 것이다.

 3족과 6족이 상대성인 것이 광자가 아주 낮은 온도의 상태의 상대성으로 블랙홀에 든 것같이 하면서 감리가 되는 것이다. 이 상대적 끝에 다 달으면 블랙홀의 끝이 광자라면 블랙홀이 끌어들인 것은 상대적 화이트홀의 광자를 역으로 끌어 모은 것과 같다. 그리고 4와 5족의 상대성은 음파의 속도인데 4와 5가 가장 인간의 감수성이기 때문에 우리의 중심인 4와 5주기율의 감수성이 가장 빨라 보이는 감정처리처럼 보이지만 팔괘의 4개 상대성 짝 중에 전도의 속도성이 가장 느리다. 즉 우리의 신경이 8족 간의 전달 입자로 보면 가장 느린 것에 속한다는 것이다.

※ 우리가 눈은 광자 알맹이라고 하면

 이를 가시광선의 영역이라고 하면 그리고 망막 신경은 눈보다 느린 신경 뭉치라고 하면, 마이크로파에 잡히는 광자라는 것이 눈에는 잡히는 것이면 과연 눈은 광자보다 입자 작은 중입자인 것에서 생각할 필요는 있다.
 또한 우리가 감마선이 가시광선 밖에 있는 것이면 이 마이크로파의 선상에서 귀신의 눈이 트일 수 있다면 마이크로파로 내 육신의 신경이 잡히는 것이고 세포가 잡히는 것이다. 그러면 귀신의 갖은 마이크로파는 인간을 볼 수 있다. 하지만 인간은 그 마이크로파를 볼 수 없다?
 그럼 이런 메커니즘을 괘상이 갖고 있는 것에서 눈으로는 볼 수 없으나 효상으로는 볼 수 있는 구조는 무엇일까? 즉 효상은 괘를 양효(─)와 음효(--)로 표시한 것을 말한다. 이 음양을 쿼크에 있어 전자기장으로 감은 것으로 하는데 이 감은 효가 마이크로파로 양력인 12지(支)에 미칠 수 있다. 그러면 12지는 충분히 가시광선을 확보한 상태를 말한다. 이는 효의 음양의 모양이 전자기력에 해당되는 것에서 육신지(六神支)가 붙은 것은 2족만으로 감마선이 되는 것이고, 자외선이 되는 것이고 3족이면 가시광선의 영역이 된다.

제6장

양자장 이론에서의 진짜 진공과 가짜 진공

※ 소성괘(小成卦)는 광자의 세 갈래 양자의 얽힘으로 삼원색의 기본 색전하가 되는 것인가

하나의 원자, 즉 1족으로 간주할 때 2족은 양자 분할의 얽힘이 된다. 그리고 3족은 빛이 세 개로 분할이 되는 것을 말한다. 이는 곧 소성괘도 빛인 광자로 구워낸 영역이다. 그리고 전기인 4족은 사방으로 퍼지는 것이 완전하다는 것이니 방향성이 넓어지면 속도도 첨예성이 약해지는 것이다.

무엇보다 광자에서 세 갈래의 얽힘이 발견됐다는 것은 두 개의 양쪽 얽힘인 2족보다 느린 3족의 광자 얽힘이 되는 것이다. 이는 소성괘의 세 개의 효가 광자에서 시작되는 것인가 하는 것이다. 그리고 3개 중에 음과 양이 하나는 2개가 같고 하나는 다른 것이다. 여기에는 어떤 압축력에 의해서 마치 나무가 해저 1마일을 넘으면 가라앉듯이 부력의 저항이 없는 것처럼 빛도 어느 정도 압력 상태가 되면 서로 붙어버려 압력이 없는 상태의 접근이 된다.

이를 이허중의 상태라는 것의 광자라는 것이 외부적으로 압력이 가해지면 그 공의 저항으로 막히다가 어느 임계치를 넘으면 이 공이 외부적으로 흡수되어 기공인 기마저 없어져 내부적 저항 없이 붙어버린다. 이것이 이허중을 압축하면 외부적으로 몰려 안은 더욱 진공이 되는 것이니 이렇게 붙어버리면 3개의 효 중에 같은 두 개의 효는 붙어버린 것에서 2개의 효는 진공인 것에서 에너지가 되지 못한다. 그러니 2개를 취급하지 않고 하나의 효만 취급한다. 이는 1주기율인 쿼크에 반인 양성자 쿼크, 즉 헬륨에서의 양성자 중성자 결합 사이의 쿼크에 양성자 3개의 효, 중성자 쿼크 3개의 효, 각각의 소성괘에 이런 비중이 있다. 그러면 이는 1주기율이 쿼

크 그림이 2주기율인 것이니 2주기율의 3족에 의해 세 갈래 삼각 모형이 8로 언저리를 이룬다. 이를 수소를 하나의 원으로 하면 이 원 안의 삼각 꼭짓점을 곧 광자의 세 갈래 광자가 입자가 되지 않아도 에너지는 되는 것이다. 그러면 이는 중입자 영역에 속하는 것이 에너지 파장이 똬리를 틀어야 입자인 광자라 정의할 수 있다.

 이 부분부터 우리는 소성괘의 같은 음이나 양은 취급하지 않고 오직 하나의 음이나 양으로 취급하는 에너지의 상황을 설명할 수 있다. 즉 진공으로 압축되는 것은 에너지적 저상이 없어진 상태로 두 개가 결합한 것이니 두 개여도 꺼진 풍선이라 두 겹이 붙은 것과 같다.

 이는 한 원 안에 두 개의 원이 있는 것인데 이 두 개의 원에 벨트로 건너가려면 반의 면만 갖게 된다. 이것은 하나의 원으로 보면 정류자로 틈을 내주어야 하는 것에서 이 찰나가 1족에서 2족에 틈이 나게 되어 있는 것이 태괘(兌卦)인 것이다. 그리고 열이라는 것도 3족은 태양의 프라즈마 안을 뜻하고 족의 차이로 보면 4족은 우주 진공 상태에서 내리 쬐는 볕을 말하는 에너지인 것이고, 5족은 대기권에서의 일어나는 열을 말하는 것이다. 6족은 오존층으로서 수극화(水克火)의 기능으로 자외선 차단에 강력함을 보인다.

※ 양자장 이론에서의 진짜 진공과 가짜 진공

 우리가 원주율로 보면 10진법인 것으로서 10중에 핵인 2개가 진공으로 태풍의 눈 같은 공간이 있다는 것이 된다. 우주가 동적으로 돌면 핵에는 2개의 진공을 채워 합한 8로 10이 된다. 왜냐하면 원심으로 배경의 복사판이 되도록 언저리에 입자가 몰리기 때문이다. 그러나 오행은 정적인 것에서 본다. 그러면 구심의 공한 것은 언저리로 몰리는 것이고, 가장자리로 몰리는 것에서 십간의 끝부분인 임계에 몰리는 것이니 이로 절로공망이라는 것이 임계 암흑 아래 암흑물질로서 지지(地支)가 되는 것이다.

즉 허공이 구심 허공을 만들면 만들수록 언저리 쪽은 넓어지는 원심력에 있는 것인데 핵인 구심의 태풍의 눈이 허공인 것이다. 하지만 그 경계엔 허공을 싼 것이 정류자와 같은 양극성의 면이 있다. 곧 언저리의 공망에는 양쪽의 자석이 피복한 것처럼 싼 것이고 중앙 회전체 심에는 정류자의 양쪽이 갈라진 피복이 있다. 이 또한 공망이라는 것이다. 그러면 어느 쪽이 앨리스링이 발생한 것일까?

절로공망이라는 것이 양쪽에 있다. 핵에는 양성자와 중성자의 합이 되는 것에서 정류자의 짝이 된다. 그 안은 전도성이 빈 것의 심일 뿐이다. 그래서 이 빈 심은 헬륨인 곤이고 또한 건인 것으로 하는 것이다. 그러니 이 심의 공망은 8족의 헬륨이 1수소족으로 다시 재생해 주기율을 한층 높인 것이다.

이것이 태풍의 눈인 절로공망인 것이고, 회전 속도가 늦어지면 허공의 눈도 좁아지고 서서히 볼록해지며 구형이 된다. 이렇게 눈 알이 되어도 눈은 공망인 이허중에서 불거져 나온 것이다. 그러면 허공이었을 때는 망막으로 느끼는 안식(眼識)과 트이면 천리는 보는 것이다. 이 허공이 평평해져 불거져 나올 때는 육안이 되는 것으로 박혀 있는 것이다. 즉 태풍의 눈일 때는 마치 회전의 속도에 따라 반경이 넓어진 안테나와 같으니 자연 멀리 보는 것이고 좁아져 볼록해진 것이면 작은 안테나와 같다.

그러면 눈의 허공으로 채워 불거지는 동안 언저리는 또한 허공이 반대급부로 생긴다. 그러면 언저리가 찢어지는 것이 아닌가 하는 것이다. 언저리가 찢어지는 진공이 아니면 절대로 빛의 속도보다 빠르게 빨려 갈 수 없는 것이다.

우주 팽창에서 구심만 속이 비어 찢어지게 넓어지는 것이 아니라 오히려 구심으로 당겨져 언저리가 찢어지게 공망이 되지 않는가 하는 것이다. 1족이 8족으로 밀어붙일 때는 1족 수소가 태풍의 눈으로 3족까지 찢어지는 진공인 것이다. 이 8족이 다시 1족과 합하여 핵을 이룰 때 8, 7, 6족까지 진공이 되는 것이고 상황에 따라 절로공망이 핵에 붙었다 언저리에 붙었다 하는 것이다. 이는 좀 더 양자로 보는 것이면 이러한 장(場)이라는 공간이 다를 수 없다.

※ 대운에 있어 10이 1로 한 묶음이 되는 이유

공망인 진공이 언저리에 있든 것이 결국 중력의 핵인 구심으로 공망의 진공이 되는 것이다. 또한 우주도 내가 있는 지구를 기준으로 할 때 지구 자전은 10인 것으로 전이 원소 10으로 하는 것이다. 그리고 달이 공전하므로서 12달인 것으로 하면 2가 진공인데 또한 누 개의 신공이 있게 된다.

이는 지구와 달 사이는 두 개의 진공 사이인 공간이라는 것이고 순공(旬空)이라 한다. 지구 자전은 하루인 1일인 것인데 오행 상의 1은 10일 즉 열 바퀴가 되어야 1이 된다. 그래서 열 바퀴의 눈금을 한 묶음으로 해야 10이 자전인 것에 2가 공망인 것으로 12달로서 지구와 달 사이의 아구가 맞다. 이는 대운 환산법에 적용된다.

우주론은 안정적이거나 최소한 준안정적인 우주를 가정하지만, 그 안에 유동성은 양자장 이론에서의 가짜 진공 가능성은 우주 공간의 어느 시점에서 우주가 자발적으로 더욱 저에너지 상태, 거품 핵 상태로 붕괴될 수 있음을 뜻한다.

  이는 언저리 바깥쪽의 진공이 붕괴로 해서 핵의 진공으로 앨리스링이 형성이 될 수 있음을 뜻한다. 참 진공은 이 진공의 상태에서 빛의 속도로 바깥쪽으로 빛의 속도로 확장된다. 즉 언저리 진공이 사라지는 것이니 가짜라는 말도 나오는 것이다.

  그 효과는 모든 힘들, 입자들 및 구조물들을 뒷받침하는 양자장이보다 안전적인 형태로 전화하는 것, 즉 이동하는 것이 된다. 새로운 힘들과 입자들은 우리가 아는 현재의 것을 대체하여 현재의 모든 입자들, 힘들 및 구조물들을 부작용과 더불어 파괴하고 또한 결과적으로 가능하다면 다른 입자들, 힘들, 구조들로 재구성이 될 것이다.

  이것이 엘리스링의 공망과 양극의 회전이 없는 상태의 공망이 있을 수 있다. 이는 마치 초신성인 별이 에너지가 죽음으로서 엘리스링의 진공이 사라지면서 별이 부푸는 것으로 보이는 것이다. 결국 진공과 가짜 공은 쿼크의 상태 중의 일종인 것이다.

  퇴계 이황 선생을 보면(이황 선생의 초상화 참조) 얼굴은 눈, 코, 입으로 양성자 쿼크의 문이 되는 것이고 몸은 상초, 중초, 하초로서 중성자 쿼크가 되는 것이다. 그러다보니 어떻게 중성자가 양성자보다 큰 것이 되는 것인가. 이는 곧 원심으로 팽창한 양성자의 구조와 구심으로 응축한 중성자 구조를 살펴야 한다. 곧 양성자의 울타리를 돌아야 하는 거리가 큰 것인가, 중성자 울타리를 도는 거리가 큰 것인가 하면 분명 양성자 파이가 더 크다. 그럼 머리가 당연히 커야 맞지 않은가. 그러나 인체는 그렇게 붙은 것이 아니다. 양성자도 겹겹의 껍질이 8족으로 있는데 이 울타리 굴렁쇠를 한 손에 잡으면 이 한 손이 큰 것인가 몸이 큰 것인가.

즉 두 손으로 잡았다고 해도 내 머리통 만하게 잡은 것이 아닌가. 울타리 거품을 한 쪽으로 모은 것이 그런 것이다. 눈, 코, 입은 양성자 굴레를 양쪽으로 빨아들여 새끼틀과 같은 것이고 한 손아귀의 양쪽이 되는 것이고 상, 중, 하초는 마냥 아래로 창자 길을 낸 것이다.

오늘 먹은 밥은 중초에 지나는 중인가 하초에 지난 중인가. 딱딱하고 매정한 세상 물리로 보니 중성자가 더 욕심이 많은 탓이다. 속이 메스꺼우니 역류성 식도염인가?

위장이 8족이라 역류해 4족에 닿으니 목이라 기관지를 막을라. 조심해야겠구나. 머리는 거품이라 3족을 넘지 못하니 선천수도 3을 넘지 못하고 4에 걸리니 4에 걸리면 5로 바로 통해야 숨결인 거품족인 것인데 어찌 4족에서 일이 바뀐 식도라 돌아오면 잘린 길이구나. 위에서 역류해도 목을 넘기기 어려운 고개 접는 것에 허파는 연신 거품을 거두어 꽈리를 이룬다.

참조 : 양성자와 중성사는 원자와 헬륨 4로서 결합이 되는데 중수소와 헬륨 3, 리튬 -7도 형성이 된다 한다. 이 시기가 끝날 때 계측 가능한 구체의 당시 반지름의 공간은 300광년이 된다는 것이다. 그리고 중입자의 무게는 m3당 4g이 되는 것이다.
그러나 대부분의 당시 에너지는 전자기 복사 안에 있다. 우주는 핵들, 전자들, 광자들로 구성된 프라즈마로 상태를 말하는 것이다. 온도는 양전자, 전자 다른 큰 입자의 쌍들을 생성하기에는 너무 낮지만 전자들이 핵에 접하기에는 너무 높다. 원자 핵과 전자 사이에는 중성 원자가 생성하는 것이고 광자들은 더 이상 열 평형 관계에 있지 않고 우주는 처음으로 투명해진다.
이는 건금이 옥(玉)을 나타내는 것에서 투명성을 강조함이기 때문에 금은 물질 중 단단함이면서 공간이 단단함으로 밀착하면 사이 공간은 더 투명해지는 것이고 이 공간 생태를 공간을 단단한 입자로 앙금 시킨 것에서 맑은 하늘의 공간이 열렸다는 것. 즉 하늘에 있는 과일이 건금인 것이다. 이것이 떨어져 낙하하면 앙금과 같은 것으로 가을 하늘은 더 맑다는 의미이다.
재결합은 10만 년 동안 계속되며 이 기간 동안 하늘은 광자에 의해 더욱 투명해진다. 우주 마이크로파 배경 복사의 광자는 이 시기에 발생하며 관측 가능한 우주 될 시기에는 그 반경이 4,200만 광년이다. 이 때의 중입자 밀도는 m3당 5억 개의 수소와 헬륨 원자로 현재보다 10억 배 높다. 이것은 10 17이다.

＊ 엘리스 링의 기본 크기는 반이 50이고 반이 50인 도합 100인 문짝이다

우주는 5의 안정감으로 돌아가는 간단한 이치이다. 이는 곧 3개의 원자가 하나가 떨어뜨려 냄으로서 이 오행의 중심이 깨진 것으로 사방 사이에 공간이 생기는 것을 이 공망을 채우기 위해서 융합을 하는 것이다.

이는 우리 눈으로는 천둥 벼락같은 일이지만 하나의 융합로처럼 보면 젊고 깔끔한 품성을 지닌 것이 된다. 또한 오행수리로 보면 양토, 즉 땅에 지진을 일으켜도 끄떡없는 무토(戊土)를 5라고 하는 것인데 아무리 폭탄으로 흙을 뒤엎어도 흙은 흙으로 가라앉는다.

그러면 음토는 10이어야 하는데 100으로 한다는 것은 음토는 수많은 모래알과 같아 100으로 하는 것이다. 또한 수로나 물질으로나 항상성이 있는 것으로 수량이 많아도 기준점을 유지하는 것으로 10이 10을 곱해 100으로 해도 상수의 불변성 안에서 모든 물질은 화석처럼 보존된다. 즉 음토는 곧 내가 서 있는 지구 땅의 나인 것으로 100인데 이를 양성자로 하는 것에서 그 중에 반인 50은 천인 것으로 또한 반이 50이 되는 것으로 땅이 된다. 그래서 100을 천지수로 하는 것에서 50을 지수로 한다.

가시광선에 접근하려면 적외선의 공간인 암흑에 있는 것이면 먼저 붉은 성벽과 마주하니 그 속이 어떻든 붉은 것이라 정의할 수밖에 없다. 그러니 화(火)은 붉은색이고 껍질색이고 도리어 껍질이 질기고 단단하니 대표의 성질이다. 그리고 자외선은 씨가 박힌 자리인 것인데 씨가 팽창해 쭉정이만 남으니 자외선 공간에서 가시광선의 성별은 자색으로 보이는데 만일 뚫으려면 내부 반란이어야 하는 것이다.

무지개 띠로 보면 둥근 띠 안에 자외선이 있으니 내부적 해체가 되는 것이다. 이는 양성자에 의지하게 되면 자연히 전자에도 증기가 발생하여 결국 양성자 1인 것이 전자 뮤온은 10인 것이 되는 공간이 된다. 즉 공전에 의해 전자의 굴레가 더 큰 것을 의미하는 것이다. 그러면 중성자는 전자를 먹는 것이라 수가 중성자가 느는 만큼 전자의 수도 줄어 네 개의 원자가 전자가 2개 줄어 전자가 2개도 중성자도 2개고 양성자도 2개인 것이 되는 것이다.

이 양성자 쿼크와 전자 뮤온이 하나의 수(水)로 수소가 되는 것이면 전파성을 띠는 것이지만 수소 안에서 일어난 것이다. CBM 광자를 빠르게 전자파하면서(300만 년 이내) 적외선으로 변화하면서 우주는 가시광선이 없었다. 즉 이허중의 껍질인 가시광선이 존재하지 않는다. 마지 수소가 되기 진에 수소장은 있었다는 것, 그 장 안에 중입자가 있었다는 것, 즉 빛의 가시적 성장을 보자면 무지개를 보아 자외 영역은 아직 가시광선이 되지 못한다. 그러니 유아와 같은 것이고 자외 홀 밖에 무지개 언저리이니 이때부터 상장한 나이 대에 해당되고 적외선이 되면 암흑으로 늙어가는 것이다. 이는 마치 우리는 죽음을 모르는 것과 같다.

자외 영역은 태어나기 전의 안식인 것이고 적외 영역은 죽은 후의 안식이다. 이것을 통 털어 아뢰야식이 모인 것이 된다. 우리가 세상을 보는 가시 영역인 무지개는 곧 인간이 눈으로 느끼는 행복과 같다.

참조 : 최초의 알려진 은하는 3억8천만 년 전에 존재해 있었고 약 10억 년 전(적색편이 z=6)에 원시 은하단으로 합체가 되고 약 30억 년 전에 (z=2.1)로 은하단으로 합체가 되기 시작하여 약 50억 년 전에 z=1.2)에 초은하단으로 합체가 된다. 망원경으로 관측할 수 있는 가장 멀리 떨어진 천체들은 이 기간으로 거슬러 올라가는데 2020년에 관측된 가장 멀리 떨어진 은하는 GMz11로 적색천이 11.09이다. 가장 초기의 "현대적" 종족 1별들이 이 시기에 형성된다.
현재 관측 가능한 가장 먼 광자들은 CBM 광자들이다. 이들은 반지름이 460광년인 구체로부터 도착한 것이다. 그 안의 구체형 부피는 흔히 관측 가능한 우주라고 불린다. 이 기간 동안 광속으로 또는 그에 가깝게 움직이는 광자 및 중성미자들과 같은 질량이 거의 없거나 또는 질량이 거의 없는 상대론적 구성 요소들의 에너지 밀도와 암흑 에너지를 모두 지배한다. 이 시기 동안 에너지 밀도는 복사 밀도와 암흑 에너지를 모두 지배하므로 공간의 계량(거리 함수) 팽창이 느려진다. 물질 밀도가 암흑 에너지 밀도(진공 에너지) 아래로 떨어지고 팽창이 가속화되기 시작한다.
이 시기는 태양계 생성 시기와 생명 진화 역사와 대략 일치한다. 종족 별들의 첫 번째 형성과 모든 별들이 퇴화한 별들의 형태로 남은 모든 별 형성 중단 사이의 시간으로 마침내 별들은 죽고 별을 대신할 별이 더 적게 태어나면서 우주가 어두워지면서 별의 시대는 끝날 것이다.
다양한 이론이 여러 후쇼 가능성을 제시한다. 양성자 붕괴를 가정하면 물질은 결국 암흑이고 증발할 수 있다. 그럼 내가 예전에 제시한 전자가 벗겨진 양성자만의 우주는 암흑세계에 열린 공간성을 말하는 것인데 이는 별이 있는 우주에도 공존하는 암흑인 우주 복사의 가시성에 있지만 이 암흑의 벽이 없는 것의 공간은 전자는 벗겨진 양성자만의 문으로 볼 수 있는 것은 훨씬 먼 곳을 볼 수 있는가 하는 것이다.

양성자적 방향의 길로 보면 반대로 가는 중성자에 반해 양성자만의 함몰과 같다. 그러면 중성자는 중력이 커진 것으로 반대급부가 되는 체중을 겪다가 폭발하는 것이 아닌 중성자도 같이 작아지는 소멸선의 연장이다. 그러면 그 궁극의 끝은 다시 반전이 되어 양성자 공간에 흩어지는 상대성으로 가는 것이다. 또한 이 소멸이라기보다 폭발이라는 것도 급작스러운 것이나 결과적으로 양성자 공간에 흡수되는 것으로 본다. 이것은 상대적인 논리이고 이를 인체 우주로 보면 몸은 소멸해도 머리 두뇌의 정신에 흩어져 두뇌가 양성자처럼 기억으로 흡수되어 갈 수 있다. 머리는 작으나 양성자로 보는 것은 마치 여섯 겹이 대뇌피질은 우주인 것이 이 여섯 개의 굴렁쇠의 각기 다른 크기를 한 속으로 모은 압축이 머리라는 것이다.

굴렁쇠가 큰 우주의 언저리까지의 여섯 겹을 한 손에 쥐고 있는 것이 해마와 같은 것이라면 이 해마는 양성자의 핵이 된다. 즉 달은 양성자인 것이 달 공전을 지구 자전보다 크다. 그래서 양성자인 것이다. 달은 지구보다 작아도 공전을 한 손에 잡은 것은 달의 자전이기 때문이다. 그러니 지구는 중성자인 것이면 달은 양성자의 기억을 한 손에 담은 것이 된다.

머리는 양성자인 것으로 가정하면 분명 육신은 망해도 두뇌로서 정신을 구성하는 뜻으로 흩어지는 것 같으나 감긴 것은 확실하다. 폭발적이든 소멸하는 것이든 수용하는 상대성이 공간이 있으면 영혼의 세계는 존재한다. 중성자도 소멸하기 전에 터진다고 볼 때가 중성자 배가 터지는 것에서 초신성 폭발인 것에서 이는 쿼크의 한 쪽이 폭발하는 것이다. 그러면 쿼크는 대성괘인데 한 쪽만으로 구성된 것이니 소성괘가 된다. 그래서 이 소성괘의 중성자 쿼크는 초신성이 된다. 그러면 이 소성괘의 변화는 오행학적으로 생기(生氣) 복덕(福德)을 산출할 수 있는 법이라는 것으로 인문학적으로 설명이 될 수 있다.

이렇게 소성괘가 폭발하여 양성자 우주와 재결합하면 다시 쿼크의 짝이 되는 것으로 중성자가 양성자의 집으로 시집가 양가의 교류가 되는 것이 전자장의 혈연 기세가 되는 것이고, 나머지 방계들이 모여 약한 상호성의 사회성을 갖춘다. 즉 재결합하여 다시 양성자 공간을 형성하고 다시 중성자로 쿼크 결합을 만드는 것이면 또 초신성이 되어 폭발하는 것에서 그 잔해는 다른 별들에 흡수된다. 이런 반복의 끝은 무엇인가 하는 것이다. 그 끝에는 우주 팽창도 응축도 없는 상대성조차 없다. 결국 하나의 원 속에 두 개의 원이 사라지는 것이 동시적이다.

양성자 별과 중성자 별은 원소의 구성이 양성자 별은 양성자 구성의 메커니즘 원소가 되어야 하는 것이고, 중성자별은 중성자 원소가 되는 메카니즘에 포함되어야 한다. 즉 피를 보아 혈청처럼 묽게 있을 것은 혈청끼리 따로 몰리는 것이 있이 양성자에 있는 것이고 진한 앙금이 되는 것은 중성자라는 것으로 처음은 함께 흐르는 것 같지만 멈춘 상태이면 두 개는 경중이 다른 것으로 모인다.

이는 단백질 원심 분리도 그렇고 아예 삼단으로 분리가 되는 것처럼 마치 쿼크의 1/3인 논리에 맞춰진 것과도 같다. 이렇게 우주도 각각의 밀도와 농도의 차이로서 양성자 별과 중성자 별인 것에서 쿼크의 짝이 결국 쪼개지면 또한 64괘의 결합체 쿼크가 쪼개져 8개의 소성괘만의 별이 결합된 것이 아니라 각기 업과 다운이 갈라지듯이 소성괘로 남아 이를 음양학으로 보면 생기와 복덕이 되는 것인데 그 쿼크 한 짝의 상태가 현재 어떤 상태의 운세에 와 있는가 알 수 있는 것이다.

※ 과연 생기 복덕 소성괘는 우주 함몰에서 붕괴된 잔해일까

　진공의 파국은 곧 육신 12의 파국과 깊은 관계인 것인데 공망이란 12지에 상대적으로 붙은 것, 즉 수초에 공기방울이 붙은 것과 같은 것인데 우주 함몰로 붕괴될 수 있다는 것이 양전자와 전자 간의 함몰성과 어떻게 대비될 것인가와 같다. 또한 다른 종말에는 가짜 진공 파국 우주의 종말로 가능한 빅 립이 존재한다는 것도 있고 보면 우주 각기 시나리오에는 몇 가지 경쟁적 시나리오들이 있다. 그 중 어느 것이 일어 날 가는 우주 상수, 양성자 붕괴 가능성, 진공 에너지(빈 공간 자체를 의미하는 것) 표준 모형을 넘어선 자연법칙 같은 물리 상수들의 정확한 값에 의존한다. 이 중에 마지막 부분의 자연법칙 같은 물리 상수에도 팔괘를 갖춘 상수의 구조도 정확하기는 점성술과 같은 접근이 있다.

참조 : 우주의 팽창이 계속되고 현재의 형태를 유지한다면, 결국 가장 가까운 것들을 제외한 모든 은하들이 우주의 팽창에 의해 우리의 관측 가능한 우주가 우리 자신의 중력으로 묶인 국부 은하단으로 제한될 정도로 빠른 속도로 우리에게서 멀어지게 될 것이다. 아주 장기적으로(수조 년 후, 우주시) 별이 태어나는 것을 멈추고, 가장 장수한 별들조차도 점차적으로 죽기 때문에 별의 시대가 끝날 것이다. 이 외에도 우주의 모든 물체는 냉각되고(양성자들의 가능한 예외와 더불어) 점진적으로 구성 입자로 다시 분해된 다음, 다양한 과정에 의해서 아원자 입자(원자보다 더 작은 입자) 그리고 매우 낮은 레벨 광자들 및 기타 기본 입자들로 분해된다.

　음압 비율이 −1미만인 우주의 암흑 함량 값에 대해서는 팽창 속도는 제한없이 계속 증가할 것이다. 은하단들, 은하들 그리고 궁극적으로 태양계와 같은 중력으로 묶인 시스템은 붕괴될 것이다. 인간은 심장을 중심으로 보는 것에서 죽으면 멈추다. 그리고 세

포성과 더불어 화학성은 원소의 특성으로 유지한다. 심장도 이식을 받으면 되는 것은 곧 태양의 중력이 사라져도 우주의 미시적 유전성을 다시 본 따 만들 것이기 때문에 우주의 시간으로 보면 개미처럼 부지런한 인생으로 보면 된다. 결국 원자 핵들조차도 쪼개질 것이니 팽창은 원자와 분자를 함께 묶는 전자기력을 두텁게 할 것이다. 그러다 약력은 전자기력마저 분해하고 재조립할 것이다. 이는 마치 중입자조차도 경입자로 늘어나면 결국 경입자도 쪼개진다는 의미와 같다. 이는 마치 세포가 쪼개져도 유전자는 짝으로 유지가 되는 것으로 자식이 자손으로 늘어나며 짝을 이루며 사라진다는 것이다. 즉 홀로 사라지지 않는다는 의미이다.

항성은 원소 여덟 족으로 자주 설명이 되는데 3족에 속한다. 이는 수소가 3차원으로 속이 빈 공간까지 합한 것으로 하는 것인데 아이 몸이 커지듯이 작은 입자의 재결합은 큰 입자를 만드는 것이지만 큰 입자를 작은 입자로도 만든다. 그런데 재결합과 첫 번째 항성의 사이인 것에서 시간과 빅뱅이 수소를 쏟아내는 시간이 얼마나 짧을 것인가를 본다면 곧 항성이 되는 사이의 시간은 전자가 양성자가 되는 시간과 같은 것으로 본다.

이는 그 사이에 중입자와 암흑물질이라는 것도 있어야 하는 결합의 상호성이 되기 때문이다. 즉 그 사이 아원자 쯤의 광자가 수소 입자의 벽에 나가지 못해 에너지로도 원소로도 보지 않는다. 이 시기에 광자의 유일한 원천은 수소물에 젖은 광자가 물을 뜻하는 원소인 수소를 벽을 깨지 못한다. 그러니 물에서는 전파보다 음파가 더 낫듯이 아원자 혹은 중입자에서는 광자보다 수소가 보내는 전자파가 대기 중의 전파보다 잠수함이 신호로 보내는 음파인 소리가 낫다는 것과 같다.

즉 수소만한 크기여야 내적 전자력을 유일하게 전파로 방출한다. 전파도 전자기도 수소 원자 1이 되어서야 전하(電荷)를 띤 색이 된다. 이렇게 쿼크가 된 1주기율의 장이 되어서야 전자기를 띤다. 강력은 전자기로 떨어질 수 없는 것과 같다. 수소가 원자 1인 것이면 헬륨은 원자장이 되는 것으로 양성자와 전자의 관계와 같은 쿼크와 뮤온의 관계와 같다.

※ 내가 우주에 미미한 존재라고 생각하지 말아야 할 이유

이 과제는 팽창하는 일률성은 마치 DNA가 한 쪽으로 가는 이론과 같다. 앞에 얘기한 대로 DNA도 쌍인 것이고 이 쌍의 원천은 한 원 안에 두 개의 원이 톱니처럼 물려 같이 물며 돌면 이는 시간이 가지 않는 짝이 되는 것이다. 즉 한 원이 구르면 세월은 가는 것인데 두 개의 원이 짝을 이루어 돌면 세월은 머문 것이다. 사랑하는 사람을 만나면 영원하길 바라지만 지금 상태가 영원한 것 즉 시간이 없는 상태다. 그렇게 영원히 만족하지 못하니 문제가 아닌가.

DNA상 사이에 네 개의 염기가 마치 서죽(筮竹)을 네 개로 한 묶음으로 하듯이 시간은 이미 내 몸으로 해서 가지 않으니 앉아 과거고 미래고 보는 것이다. 그럼 내가 100조 개의 세포를 갖는 것이면 이것은 가지 않는 시간의 DNA만으로 엮은 과거도 미래도 없는 DNA 유전으로 수백 조 별들이 뜬 것과 같다. 그러면 내가 달 하나의 머리인 것으로 태양인 심장을 바라보는 존재는 인간이 우주를 의식에 의해 알아보듯이 심장인 태양과 머리인 달의 구성인 것만으로 70종 개의 별 우주를 관찰하고 느낌을 받을 수 있다. 마치 세포 하나가 암을 유발하는 것이 수백 억 광년 떨어진 세포성에서 온 것이라 해도 결국 내게 치명적일 것이다. 그래도 세포를 관할하는 것이 태양과 달이다. 이것은 곧 조상과 인류의 업적인 것이니 결코 우주에서 미미한 것이라고 보지 말라.

우주론은 안정적이거나 최소한 준안정적인 우주를 가정하지만 그 안에 유동성은 양자장 이론에서의 가짜 진공가능성은 우주 공간의 어느 시점에서 우주가 자발적으로 더욱 저에너지 상태, 거품 핵 상태로 붕괴될 수 있음을 뜻한다. 즉 언저리 바깥쪽의 진공이 분괴로 해서 핵의 진공으로 엘리스링이 형성이 될 수 있다. 참 진공은 이 진공의 상태에서 빛의 속도로 바깥쪽으로 빛의 속도로 확장된다. 즉 언저리 진공이 사라지는 것이니 가짜라는 말도 나오는 것이다.

그 효과는 모든 힘들, 입자들, 및 구조물들을 뒷받침하는 양자장이 보다 안전적인 형태로 전화하는 것, 즉 이동하는 것이 된다. 새로운 힘들과 입자들은 우리가 아는 현재의 것을 대체하여 현재의 모든 입자들, 힘들 및 구조물들을 부작용과 더불어 파괴하고 또한 결과적으로 가능하다면 다른 입자들, 힘들, 구조들로 재구성이 될 것이다.

이것이 엘리스링의 공망과 양극의 회전이 없는 상태의 공망이 있을 수 있다. 이는 마치 초신성인 별이 에너지가 죽음으로서 앨리스링의 진공이 사라지면서 별이 부푸는 것으로 보이는 것이다.

※ 쿼크가 힉스 입자를 하나 잡으니 힉스 장이 49라

인간이여! 죽으면 힉스 장 0으로 돌아가는 물리 수학이구나. 그대 얼굴이 H_2O인 쿼크 8족, 즉 양 귀를 H_2로 하는 것에서 두 개의 반쪽이 강하게 결합하는 사이, 이 양 귀 지름 사이로 여덟 마디로 나눈 것이 8족이니 얼굴 둘레가 1주기율이 되는 셈이다.

원소 1족 왼쪽 점으로 했을 때 2족과의 지름이 하나의 굴렁쇠가 되는 것, 즉 1족이 최초의 굴렁쇠가 되는 것에서 지름이 2족의 지름으로 굴렁쇠가 되고 또 3의 지름으로 굴렁쇠가 되면 결국 8족이면 여덟 개의 굴렁쇠가 된다. 다만 1족과 8족은 아코디언을 접은 것과 같이 반반이라는 것이다. 그래서 H_2(음으로는 He, 에이치 이)가 되는 것이다.

양 귀는 씨앗이 갈라진 것이라고 하고 이것은 반반으로 두 개다. 그리고 사이에 0인 머리가 굵어져 나온 것인데 여기에 6족이 있는 것이다. 그래서 도합 8족인 것으로 8족은 곧 양쪽의 떡잎을 빼 나머지 6족이 쿼크라는 것이다. 그래서 귀가 떡잎으로 작고 싹은 나무 신경망으로 파라솔처럼 큰 얼굴이 된 것이다. 또 얼굴은 코를 중심으로 양 귀를 반지름으로 보는 경우와 왼쪽 귀를 수소 점으로 하는 것에서 8족의 굴렁쇠가 1족에 다 몰리니 마치 왼쪽 힌 손에 8개의 굴렁쇠를 다 모은 것이 된다. 이는 내가 코의 중심에 왼쪽 귀가 빅뱅 쪽이고 오른쪽 귀가 우주 언저리 배경이 되는 것이다. 그런데 나를 중심으로 보면 양쪽이 H_2로 같다는 것이다. 고로 왜 49제(齊)를 지내야 하는 이해는 힉스 장 안에 49가 있다는 것에서 비롯됨이다.

※ 건곤이 강력하게 쥔 중에 전자기력의 힘이란

　얼굴은 6개의 족을 품고 있으니 8족인 것이고 이는 1주기율의 두 개 족 안에 어느 주기율의 8족도 벗어나지 못함을 뜻한다. 그래서 8족 간의 힘을 모아도 건곤의 강력에는 못 미친다. 물론 이도 건곤의 태중에 있을 때의 일이지만 8족이 각기 자유로울 수 있는 것은 전자기력이라고 봐야 한다.
　건곤 H2는 강력인 것이고 사이 여섯 족은 전자기력에 의해 자식이 되는 것이다. 고로 8족으로 거두고 거두니 7주기율로 처진 얼굴이구나. 쿼크가 양손으로 시초(蓍草) 하나를 세우니 힉스가 아니고 무엇이겠는가.
　입자를 보니 49개의 힉스장에서 나왔다. 삼원색이 합하면 100이라 하나를 떼어 99가 백(白)이라 100에 건금이요 50에 곤토인 것인데 전기 자기 이중성은 힉스장과 윌슨 장으로 48개의 시초를 임의로 둘로 나눈다. 그리고 시초의 산가지들을 갈라 좌로 나눈 것이 힉스이고 우로 나눈 것이 윌슨이다.
　대칭 깨짐의 경우 한 쪽을 셈하는 것이 대칭 깨짐이라고 하고 쿨롱장(Coulomb field)이라고 한다. 그리고 전자기장에는 게이지 대칭성이 있는데 이 게이지 대칭성을 일반적으로 확장하면 이것이 상효와 하효의 대칭성으로 보는 것이다. 여기에 세가 붙는 것은 전자기장을 따라 붙은 것이 되니 나라는 존재의 발현은 전자기장이 생겼을 때의 상대성에 의한 발견이 되게 되어 있는 것이다. 여기는 상대적인 효와 주변의 효 사이와는 배후에 있는 효 등의 다양함이 있다. 이것을 게이지(gauge) 장이라 하고 양-밀스(Yang-Mills) 장이라고 한다.

이 양-밀스 장을 양자화 시키면 또 다른 입자를 얻게 되는데 좌측 4개씩 제하고 남은 수를 홀극(전하를 지닌 소립자에 대응하여 양(陽)이나 음(陰)의 자기를 가진 물질 요소)으로 하고 하나를 가로놓은 막대 위에 놓는다. 이를 자유 전기장이라고 하고 다시 오른쪽을 4로 나눠 남은 수는 자유 자기장으로서 한다.

✻ 태극기를 제대로 이해하는 자가 얼마나 될까

태극기는 쿼크의 상징이다. 즉 건곤을 양손으로 해서 그 사이 6족의 음양을 대표해서 감리가 된다. 감이 3이고 리가 3인 것인데 이것은 쿼크의 양성자 상괘와 중성자 하괘를 뜻한다.

건곤은 하늘과 땅인 것이고, 감리는 바닷물과 태양 불을 뜻한다. 감은 하늘의 응축성 기점으로 블랙홀이 되는 것이다. 곤의 극이면 곤이 도고 곤의 극이면 건이 된다. 쿼크도 각기 극이 되면 상대의 쿼크가 된다. 즉 탑 쿼크가 다라면 바닥 쿼크가 되는 것이니 다른 것으로 차는 것은 아니다. 다른 것이 차는 것은 다 극이 아니었을 때의 일이다. 감은 블랙홀에 기인하는 것이고 보통 일반적 우주에는 웜홀이 있다고 봐야 하는 것이다.

블랙홀의 끝부분은 광자라고 한다. 이 광자의 부분이 호킹 복사라는 것이 된다. 그것은 맞다. 전자가 양전자였다가 전자로 묻히는 것도 일종의 암흑물질이 광자보다 커 광자가 미치는 공간에만 암흑물질이 보일 수 있다.

암흑물질은 광자보다 크기 때문에 수극화가 되고 심해는 검은 것이다. 이는 암흑물질의 겉모습만 보고 판단하는 것이고 속은 아예 볼 수가 없다. 즉 우리가 수소를 볼 때 양성자를 보고 판단하기보다 전자 껍질을 보고 수소라고 하는 것이다. 만일 양성자 먼지인 광자를 보고 이름 지었다면 수소보다 화소가 되었을 것이다. 껍질에 반사되어 오는 전자의 속성이 오히려 물질에 양향력을 보여 비타민도 각양각색이 되는 것이다. 그러나 화소는 양성자의 먼지에 해당되는 것으로 전자보다는 중입자에 가까운 입자일 것이다.

다시 말해서 암흑물질이 블랙홀로 해서 극에 달하면 검은 색이 다시 밝은 색으로 되는데 이것은 바로 암흑 수인 감괘가 이괘인 광자로 변했기 때문에 수의 극은 화인 광자다. 우주로 보면 감리는 암흑물질이 감이고 은하수인 것이면 암흑이 다하는 끝이 블랙홀의 바닥에는 광자가 되어 있는 것이다. 그리고 감괘가 다하면 이괘가 되는 것이 광자인 것이고 지평이 된다.

또한 광자는 문명이라는 뜻이고 또한 굽긴다는 뜻이다. 광자는 전자가 굽긴 것이다. 즉 중성미자에 비해 반도체로 굽긴 것을 말한다. 그래서 중성미자는 모래처럼 늘늘해도 광자처럼 굽겨야 밝은 꼬리를 내미는 것이다. 그래서 빛이 미치는 데까지는 문명인 것이고 나무도 향일성 모든 생물도 향일성이니 이는 광자의 유전성 때문에 일어난다.

참조 : 힉스 장은 힉스 메커니즘을 통해 자발적으로 깨진다. 이는 약한 상호 작용이 보이지 않는다. 윌슨 장은 곧 가둠 상이라고 한다. 대전되지 않는 일정한 표준 모형의 강한 상호 작용을 하고 낮은 에너지에도 관측되는 입자들이다. 전기자기 이중성은 힉스 상과 윌슨 상을 결정짓는다.
쿨롱장, 게이지 군이 아벨 군(abelian group)으로 대칭 깨짐이 될 경우 깨지지 않는 방향은 이러한 장에 있게 된다. 그리고 비아벨 게이지에서는 충분한 수의 페르미온이 있다면 점근 자유성이 사라지고 쿨롱장이 있게 된다.
자유 전기 장, 아벨 게이지 이론에서 무질량 자기 홀극이 있는 경우다. 이 경우 자기 결합 상수가 되는 것으로 이것이 음과 양이 1로서 시작하는 상수가 되는 것인데 실제 여기서부터 1/2의 홀극이 되는 것이다.

자유 자기 장, 이는 아벨 게이지 이론에서 무질량 자기 홀극이 존재하는 경우다. 이 자기 홀극의 쌍생성은 곧 건곤이 1/2과 1/2인 것이 서로 강한 상호 작용으로 사이에 6족을 잉태한 것이 되는 것이다. 이 1/2이 쌍이 갖는 퍼텐셜은 역으로 멀어질수록 강해진다. 결국 1과 8족으로 떨어져 더 강하게 결합한다.

※ 힉스 장의 생성

게이지 장을 양자화시키는 자리로 하는 것에서 입자를 얻는 것 역으로 양자 입자로 해서 게이지 장을 볼 수 있는 것이 매개 입자와 게이지 입자들이다. 이를 육효 효상으로의 기호로 붙인 것이 전자기의 부호와 같은 것으로 육효 간에 매개할 수 있는 능동형은 (—)으로 표시하는 매개 입자인 것이고 (--)으로 표현하면 게이지 입자를 표현하는 것. 즉 수동적 문의 개폐로 본다. 효는 전자기의 음양을 입자의 형태로 보이는 것이다. 능동적으로는 매개 입자인 양성을 나타내고 음으로는 문과 같이 받아들이는 음성을 나타낸다.

여기서 약한 상호 작용을 기술하는 입자들은 0보다 큰 질량인 것. 즉 육효의 육신은 전자기력 효에 붙인 것으로 영향력이 활발해 보이는 것은 전자기력보다 약력이 자유로워 보이고 음과 양의 효상보다 육신(六神)의 오행이 훨씬 전자성에 가깝기 때문이다.

즉 쿼크에 자유로울수록 뮤온에 가까우니 약력에 가깝다. 그래도 0보다는 무거운 것으로 중입자로 하면 양성자와 중성자로 뭉쳐지는 질량이라는 것이다. 이는 게이지 대칭성을 위반하는 것이지만(0에도 대칭성이 있는 것이니 대칭성이 없는 0도 축적은 되어야 하는 것에 유동성이 없고 석고화된 것이 찼으니) 이 게이지로서는 가늠이 어려운 것이나 이미 근래의 학자들은 이들 입자들 중에 전자기 상호 작용과 약한 상호 작용 간의 사이의 매개체와 같이 힉스 메커니즘을 양-밀스 장 이론에 융합시킨 형태로서의 약한 상호 작용을 잘 나타내고 있다. 더구나 이 과정에서 약한 상호 작용과 전자기 상호 작용이 사실은 더 크게 게이지 군으로 기술되는 하나의 게이지 장에서 분화한 것이다. 그 분화는 힉스 메커니즘에 의한 게이지 대칭성이 깨진 결과에 해당된다는 것에서 최초의 통일장 이론이 되는 것이다.

 이 이론은 그 통합된 실체인 전자기 약력 뿐 아니라 모든 약한 상호 작용의 결과를 설명해 준다. 이는 힉스 메커니즘의 공간인 힉스 장의 스칼라 장의 존재가 양자화한 힉스 입자가 발견됨에 따라 표준모형이 확인되었다.

❋ 양자역학과 기문둔갑

 본래 기문둔갑(奇門遁甲)은 3족 이전에 천지가 없는 우주 상태이다. 이는 4족에서 천지가 열리고 8족에서 땅이 열린 것을 말한다. 그래서 4족에서 천이 닫히고 열리는 기점이 된다. 선천수는 9를 시작으로 역순으로 4까지를 말하는 것인데 1~3까지는 없다. 그러면 4는 사방을 여는 4장을 받는 것이다. 그래서 선천수에서 탄소자리와 탄수화물은 중요한 것이다.

 그리고 4는 우주를 연 것이고 8은 땅인 것으로 행성이다. 즉 우주라고 하지 천이라고 하지 않는다는 것이다. 1족으로 수소를 하늘로 하지 않는 것이고 1주기율로는 헬륨인 것이 기준이니 사람의 땅위는 헬륨인 것이다. 이 헬륨의 땅이 있고 헬륨의 기준이어야 내가 우주의 주인인 것으로 다시 하늘이 상대적 점으로 이는 곧 공중의 점으로서 지구와 반지름이 되는 것이다.

　이 반지름의 점으로서 중심이 공중에 생겼을 때 이는 천이라고 하는 것이다. 이러한 구성은 기문(奇門)과 태을(太乙)을 이해하는데 도움이 된다. 하늘은 태을이요, 지리는 기문이라는 것이다. 천자락은 4인 것으로 하늘을 연 것은 4족인 시점으로 4방을 뜻하고 분열과 융합의 점이기 때문이다. 기문은 팔방을 중심 잡는 끈이 있는 것이다. 이것을 구궁(九宮)의 끈이라고 한다. 즉 중앙과 직접적인 견인으로 좁히는 것이 아니라 구궁의 순서대로 줄을 역으면 마치 바지에 고무줄을 당기면 조여지듯이 조여진다는 것이다.

　이 조여지는 중간에 상대적 반대편이 짝으로 만나며 조여지는데 이렇게 짝이 되어 하나가 되면 8개가 4개의 짝이 되어 있다는 것이고 이때부터는 각기 1/2의 스핀이 있다는 것이고, 이는 천문인 네 귀퉁이의 보자기를 깐 곳에 지리인 기문의 구승을 감긴 태을을 편 것이 된다. 기문인 땅이 먼저이고 천문인 하늘의 네 귀퉁이 4방이 감싸는 것으로 천복(天覆)이 된다.

※ **천복지재(天覆地載)는 주기율의 반복으로
　뒤집히는 형상이다**

　머리는 둥근형이다. 그래서 이러한 원형 그대로라면 한쪽 눈이 11시 방향이라면 그 짝은 5시 방향이어야 한다. 한쪽의 턱이 이 6시 방향이라면 이마에도 입이 있어야 한다. 이 입도 한쪽은 6시 방향에 있어야 하는데 12방향에도 있어야 한다. 이러한 여덟 방향의 짝을 네 조각의 파이로 잘라도 손상이 없는 구도가 구중도 파이라는 것으로 자르면 되는 것이다. 구궁도 파이라는 것은 이 상대적 방향을 옆의 짝으로 모이게 해서 다 결혼시키고 남음이 없는 것이니 왜 세상은 짝이 있어야 하는가. 필요불가결을 보이는 것이다.

　후전수의 음양 짝을 맞추는 것인데 본래 하나의 기준으로 중심을 보면 시계처럼 둥글게 짝이 반대편과 두어야 한다. 그런데 구궁도는 짝으로 해서 4개로 줄일 수 있다. 이는 곧 사람으로 치면 출산을 함으로서 허리를 줄이는 것이다. 즉 1과 6의 짝, 2와 7의 짝, 3과 8의 짝, 4와 9의 짝, 5와 10의 짝이 구궁도로 허리춤을 조이면 4개로 허리가 주는 것이다. 이것이 우주가 수축과 팽창을 반복하는 것인데 인간은 출산율을 마음대로 조정한다고 하나 곧 자연적 수명을 연장하리란 보장인 것이다. 우주법칙이 이렇게 하늘로 이불로 하니 네 사람으로 덮고 땅으로 밭을 여니 여덟 명이 나온다.

　1주기율은 1과 2밖에 없으니 사이를 8족으로 늘리면 여섯 족을 채워야 한다. 그러면 이를 2주기율의 8족으로 눈금으로 하면 이 2주기율의 4족 자리의 눈금에 1주기율도 같은 8족의 눈금으로 띠를 같이 할 때 1주기율의 4족은 핵융합의 눈금이라는 것이다. 그러니까 융합 이전에 3족이 빛으로 삼원색이 된다. 4족에서 색이 전하를 띠는 것으로 하면 이 색전하는 8족으로 펼치면 7색의 무지개가 된다. 즉 3족이 자외선인 것으로 둥근 띠의 안쪽이 되는 것이고 이는 이미 3에 삼원색을 가진 것에서 4족부터는 두 색을 합한 중간색이 있는 것이다. 즉 중성자적 색깔을 띠는 것으로 헬륨이 된다.

　색전하는 중성자와 합하면 결국 검은색이 된다. 양성자와 중성자가 열렸을 때는 삼원색과 삼원색 사이의 색이 열린 것인데 이를 외적 음압에 수축이 되면 검은 색을 띠는 것에서 암흑물질이 되는 것이다. 4족이 색전하로 바뀐 것이면 전파도 색을 전할 수 있는 것과 같다. 4족은 전파 탑과 같은 것인데 마치 볍씨가 정전기로 뿌려지는 것 같다. 이는 5족인 바람이 6족인 물을 수증기로 품으며 물의 이온으로 전하인 씨앗을 삼원색 너머의 이온으로 이동하게 하게 하는 무지개다리를 놓게 하는 것과 같다.

이온은 바람을 임신하게 한다. 바람이 수증기를 이온으로 잉태하니 이는 풍신의 종자인데 6족인 이온의 음과 양의 선택이 이미 잉태가 되기 전에 정해진 것으로서 잉태가 되었을 때는 이미 양이 아니면 음의 이온에 있다. 그래서 육효로 남녀를 구분할 때 효로서 볼 수 있는 것이다. 즉 5족인 구름에 올려진 것에 달이 낚시를 하는 것이니 천둥벼락이 눈 뜨니 태양을 본다. 모든 생명체는 빛과 함께 일어나고 빛과 함께 복구한다.

※ 얼굴을 보면 내가 우주라는 물리성이 뚜렷한 이유

턱이 갑자 을축 해중금이다. 그리고 이마 끝이 임술 계해 천하수다. 입이 블랙홀의 꼭짓점이고 이 꼭짓점에 있는 것이 광자가 모인 혀다. 본래 갑자 을축은 해중금이니 입 아래 금을 머금은 것이다. 이것은 턱에 이빨이 붙은 것을 말한다. 혀가 병인 정묘인 오중화가 되는 것이고, 불길이 약하면 여자의 입술처럼 가장자리가 붉게 된다. 그 위는 수염인 것으로 대림목이다. 원숭이만 되어도 입 밖은 털인 것이다. 이것이 전신을 이루는 것이 기본이다. 그 안에 창자가 있는 것이 무진 기사로서 노방토인 것인데 이 소화력으로 해서 모두 세포의 군락을 이루는 것이다. 그리고 이 소장을 둘러싸서 한 바퀴인 것으로 가운데 점 하나의 배꼽이 검봉금이다. 즉 탯줄을 자를 때가 된 태아가 자연적으로 탯줄에 해방이 되는 것이다. 그러면 해중금은 곧 양수 속의 태아를 의미하는데 갑자 순은 곧 태아가 어머니 뱃속에 있을 때의 1순인 것이다. 정자가 1이면 태아는 10으로 갑자 순 한 바퀴가 된다.

육십갑자를 돌면 60년이 되는데 실제 지상의 우주 기본은 60세로서 이는 변함이 없다. 그러니 환갑을 먹을 수 있는 것만으로 인간은 홍복이다. 이름 물리학적 생체인 것이고 갑자 을축이 이빨인 것에서 이 이빨 30개가 란탄 악티늄족인 것으로 해중금이 해중 광물인 셈이다. 달의 바구니에 담는 금이 우주 전체의 금을 담는 것과 같다. 이는 노중화의 항성들이 퍼뜨린 금이 다 녹아 있는 해중금이기 때문이다. 그러니 6과 7주기율의 전체성은 인간의 이빨만으로 우주를 다 삼킨 것이다. 내가 우주라는 것은 이런 물리성의 일체성으로 보는 데서다. 우주도 인간처럼 죽기 때문에 우주와 싸우는 것이다. 지혜와 문명의 우월적 의식이라고 해도 내가 죽으면 우주도 끝인 존재다.

참조 : 힉스 메커니즘, 스칼라 입자와 스핀 0인 입자.

스핀은 반반으로 구성된 두 개의 원이 될 수 있는 것이다. 하지만 스핀이 없다는 것은 전자와 양전자 간의 반반조차 없는 오직 제우스만이 신의 유일신이라는 것이 된다. 그러면 한 바퀴는 곧 0인가 하는 것과 1을 반쪽에 사이에 바람을 넣으면 0인 한 바퀴로 0인 것이면 제우스도 부모가 있어야 하는 것의 유전성에서 둘인 것이 합하면 1이 도리어 0으로 표현되는 것에서 1은 0의 자식이 아니라는 이야기가 된다.

어쨌든 반반인 1/2이 두 개인 것이다. 여기에서 하나의 틈을 보이는 것이 브러시의 양쪽 갈라진 그 틈 안에 두 개의 원에서 벨트를 연결하면 소성괘의 2/3는 반반이 1로 누적된 압력에서 다시 원래의 회전으로 풀어가는 나머지 1/3의 질이 있다. 그러므로 음적 역행의 누적 반반이 합한 1이 다시 순행의 1을 잡아 앞으로 행함에 1.5 즉 1에 1/2이 아직 현재 진형인 것으로 큰 한 바퀴의 순행에 1/3이 올라탄 것으로 하는 것이다.

즉 큰 원 안에 두 개의 원이 두 개의 원이 함께 돌면서 속의 두 원이 반 바퀴씩 두 개가 이어 구르는 것이다. 이를 1로 했을 때 나머지 반이 바퀴에 오르는 것이 큰 원의 에너지 방향이 맞다는 것이다. 이는 곧 1.5와 같은 것인데 그러면 1은 두 개의 같은 쿼크라 2/3인 것이고, 나머지 하나는 큰 원에 올려진 것이라 1/3이 되는 것이다.

✻ 쿼크와 렙톤은

쿼크는 소성괘를 이루면 상하괘를 상대적으로 갖는 기본 입지이다. 렙톤은 육효인 것으로 독립적으로 효만으로 활동할 수 있는데 이는 괘상도 변하기 때문에 쿼크에도 영향이 있다. 그리고 괘에도 중량의 비중이 큰 것을 하괘로 하는 것에서 안정적인 기준은 역시 하괘에 두는 것에서 시작은 하괘 초효에서 일어난다. 중성자 쿼크는 전자기력의 영향은 받지 않는다. 중성자가 무거워지면서 전자기력의 영향과 멀어지는 이유가 아닐까 싶다.

아마 전자기력도 상쾌의 양성자에는 통해도 하괘 중성자에는 약하게 통하지 않나 싶다. 이는 마치 땅 속에 전기가 묻혀 외적으로 영향력이 없는 것을 말한다. 그러니 하괘의 전자기력은 강한 것이어도 땅에 피복이 되어도 전자기력의 영향은 중력의 힘보다 약하지 않나 하는 것이다.

왜 헬륨을 중성자인 땅으로 하는 것이냐는 헬륨은 중성자가 없으면 양성자이다. 중성자는 비전도성이 덮은 막과 같다. 이 땅의 중력을 전자기력이 퍼올 수 없는 것이니 피막인 땅에 막혀 주위만 빙빙 도는 전자기장이라는 것이다.

즉 에너지를 질량화한 무게감의 안정성을 중성자가 갖고 있다는 것이고 양성자가 따로 분리되어 돌아갈 수 있으니 중성자는 독립적으로 존재할 수 있다. 즉 태양은 헬륨 속의 양성자가 중성자로 중심을 잡고 있는 중력으로 지구는 중성자로서 태양권의 중력에 떨어져 별도일 수 있다.

지구 지각이 흙인 것이 중성자의 표피성과 같은 것이고 전자인 껍질보다 더 단단한 태양의 껍질인 것이다. 이것이 껍질을 벗기는 것은 준설과 같다고 하는 것이다. 이는 전선의 피복을 벗기는 것과 같이 흙과 같이 비전도성에 있기 때문이다.

중성자는 이 모래를 걷어 올린 해안의 모래더미인 것이다. 이 흙은 금속의 중성자에서 나온 것이라 이 중성자의 거품성에서 땅과 같은 것이다. 나중에는 양성자의 금속도 땅 밑이 되어 중력으로 남고 피복의 흙으로 뭉쳐진 것이 중성자별이다.

우주의 이론도 양성자적으로 산발하는 것인데 이것이 중성자적 화석과 같이 모인 내면은 우주의 실체를 좀 더 실질적으로 보일 것이 더 많을 수 있다. 광물이 그러한 것이다.

전자와 광자와 같이 있는 레브론 삼리아는 오비탈 껍질인 것이다. 이는 마치 오존 측과 같은 것이면 중성자인 하드론은 땅의 흙 피막을 말하는 것이고 비전도성은 전자기의 영향을 받지 않는 것과 같다.

주역의 표준형 상하괘 대칭성과 괘상의 보존이다. 또한 전하 보존법칙은 전하는 육효를 띠는데 이 육효 중에 하나가 공망되는 입자여도 서 풍괘로 변한 업 쿼크라는 상대성이 있는 것이다. 왜 그런 것인가. 쿼크는 상대성으로 1/3과 2/3가 물려 있기 때문이다.

음양오행은 쿼크로 인해 매우 입자적으로 기본형을 볼 뿐 아니라 그 성격과 행로의 이동 경유는 매우 집단 사회의 기류가 더 물리 수학적으로 걸쳐져 있게 되는 것이다.

쿼크는 한 주기율 상의 모형인 것이다. 이를 10으로 할 때 1인 수소는 한 족 상의 모형인 것이다. 그리고 이 수소도 양성자와 전자와의 관계로 10인 구조가 된다. 그러면 이 10안에서부터 진공으로 하는 것이고, 진공 중에도 0에 가까운 전자이고 보면 0, 1은 힉스 입자인 것인데 과연 힉스 입자는 0인 것으로 전자와 물린 것인가 하는 것이다. 전자가 0인 것에서 양전자와 스핀을 가질 수 있는 것이고 또한 광자를 가질 수 있는 것이니 광자는 질량이 없는 것이다. 질량이 없는 것이면 에너지도 없는 지경인 것이다.

✽ 괘상 전체의 전하량은 변하지 않는다

이런 모형은 특정 입자 효들이 각기 어떤 작용에서 변효와 변괘를 만들 수 있으며 이는 본괘와 변괘의 상호성에 의해 결정되는 것이 아니라 쿼크가 상대하는 쿼크 간의 이유로 해서 변효가 된 쿼크의 성질을 갖는다.

양쪽의 쿼크가 한 쪽은 산이고 한 쪽은 택인 것으로 양성자와 중성자가 맞물린 것과 같다. 그 중에 양성자가 산인 것에서 한 쪽의 쿼크가 움직이면 이는 산이 무너지는 형상이라고 한다.

그러면 산이 무너지는데 업쿼크의 자리인 5효가 동한 것이면 산의 중간 부분이 잘려나간 형상이니 산괘는 변하여 풍괘가 되는 것으로 이미 양성자는 산의 성격을 띤 것이 바람의 성상을 띠는 것의 쿼크가 된다. 즉 우리는 업쿼크가 있다는 강력한 삼원색의 결합을 이야기하며 불변인 듯이 꿋꿋하지만 이미 산에,

참조 : 쿼크는 전하, 색상, 맛이라는 고유한 특성이 있다. 전하는 양성, 음성, 중성이 될 수 있으며 이로 인해 전자기력의 영향을 받는다. 색상은 강력 상호 작용에 중요한 역할을 하며 빨강, 초록, 파랑의 세 종류가 존재한다. 그리고 쿼크는 서로 다른 질량과 스핀을 가지며 각기 다른 상호 작용을 한다. 쿼크는 상하괘의 간괘에 물려 있어서 1/3과 2/3이 서로 걸려 있다.

* 질량은 에너지다

동하는 것은 에너지이고 정한 것은 질량적 상태를 말하는 것이다. 우주 전역에 깔려 있는 장으로 힉스로 하는 것이면 이 장을 통과할 때 저항을 받으며 이는 마치 우주가 비단 폭 위에 있는 것이고 은하수에 부력을 갖고 질량을 논하는 것과 같다.

입자가 1에 저항을 받는 것이 아니라 0에 저항을 받는 것이 된다. 1은 수소다. 0은 전자장이다. 이 장을 통과할 때 저항을 받으니 이것은 반사적 질량을 말하는 것이고, 우주 배경 복사의 질량을

말한다. 이는 물질의 성질에 큰 양향을 준다. 힉스 입자의 표준 모형과 종이에 점 하나 찍으면 질량이 된다.

＊ 이온의 이동 끈은 이온이 한쪽에는 양이고 한 쪽에는 음이면

강한 상효 작용의 전자기력에 속하는 것에서 쿼크 짝의 얽어맨 것이다. 이온의 강도로 보아 그 끝의 견고함을 이해하는 것이다. 초미립자 게이지는 원소 상으로 올려놓은 이온 게이지와도 무관하지 않다.

우리가 이온 게이지 이동하는 것이 과연 원소성 가시선을 넘을 수 있는가는 수소 우주에 올려진 부표와 같아야 주기율의 광장에 놓인 것과 같다. 즉 주기율의 가시선에서 이온은 원자적 자기력을 발휘하니 3족이 광팔이 매점매석이 되는 것이고, 광속의 손아귀로 계산하는 것이다. 그런데 4족인 전기는 3족의 기를 그대로 품은 전하인 것으로 그 전파성이 3족의 속도를 넘지 못하는 것에서 전기이니 자연 전자는 역행으로 주기율을 거꾸로 보는 것에서 4족이 3족을 위해 태우는 것이 된다. 이는 가시선의 우주가 되기 전의 세계와 이 후의 세계도 현재 이런 호환성이라는 것이다. 또한 괘의 효마다 게이지가 있는 것이고 대칭이 있는 것인데 쿼크의 질서 안에서 매우 정연하다.

효의 동효가 난립을 해도 결국 변괘는 쿼크의 질서로서 정연하다. 그리고 글루이노와 글루온의 차이는 마치 양성자와 전자와의 짝과 같은 초입자를 말한다. 그러면 글루온도 쿼크와 같은 8괘를 띠는 무지개색의 양성자와 중성자의 결합과 같은 것의 초미입자의 쿼크라고 보면 된다. 그러므로 색전하를 마땅히 가지는 것에서 마치 중성자를 보는 것이 중성미자에서 보는 것과 같은 초미세성인 것이다.

참조 : 글루이노는 글루온의 초짝입자다. 글루온과 같이, 색에 따라 8종이 있다. 글루이노는 색전하를 가지므로, 강력에 따라 스쿼크와 쿼크로 붕괴한다. 스쿼크는 곧 쿼크와 가장 가벼운 초대칭 입자(LSP)로 붕괴한다.

✽ 스쿼크 초대칭 쿼크

윌슨 고리(Wilson loop)를 질서 변수와 혼돈 변수(disorder parameter)가 있다. 이 이중성에 따라 힉스 상은 윌슨 상으로 자유 전기 상은 자유 자기 상으로 대응된다고 본다. 이는 쿼크가 세 개의 결합체를 질서 변수라고 하고 이것이 양성자 쿼크라고 할 때 중성자와 합한 쿼크는 쿼크와 스쿼크인 것으로 64인 것으로 할 수 있고, 이 64개는 질서 변수라고 하는 범주에 넣을 수 있다. 그리고 쿼크가 질서를 갖춘 양성자와 중성자 짝에서 이 6효의 짝이 효마다 동하면 이는 엇호프트트가 되는 것으로 이 엇호프트는 384개의 엇호프트가 있다는 것으로 함량까지 낼 수 있다. 즉 어긋나서 난재한 것이어도 384효 안에 있다는 것이다.

원래 이론과 이중 이론은 마피 쿼크가 하나인 것이지만 두 개의 짝인 것으로 이중적인 것이다. 쿼크도 상하괘면 쿼크로서는 같지만 비대칭인 것이고 상대적인 스쿼크와 대칭을 이룬다. 이것을 균형 잡아주는 것이 주역의 대성괘로서는 간괘이다. 이는 합성 입자가 간괘인 것으로 이도 자이그레브 이중성에 속하는 것이다.

 양자전기역학으로 보면 전하가 곧 색을 나타내는 것에서 쿼크가 되는데 색은 빛인 것으로 이것이 중입자를 넘어선 수소에서 펼친 8족으로 보면 3족에 속하는 것이고 4족이 전기 역학적으로 보아 전자기장으로 모이는 것이다. 즉 8족의 역행성으로 보아 4족이 전지가 되는 것이다

 참조 : 물리학에서 큰 도전 과제 중에 하나는 중력을 표준 모형에 통합하는 것이다. 여러 이론들이 이를 위해 제안되고 있다. 그 중 고리 양자중력이나 초끈 이론이 주목받고 있다. 이들 이론은 중력을 다른 기본 힘들과 통합하려는 시도로 현재 활발히 연구가 진행 중이다. 암흑물질과 암흑 에너지는 우리의 우주에서 매우 중요한 구성 요소로 표준 모형밖에 존재하는 현상들이다. 이를 이해하기 위해 여러 탐사와 실험이 진행되고 있으며, 새로운 입자나 힘의 존재를 암시할 수 있다. 슈퍼대칭 이론은 암흑물질의 후보를 제공할 수 있는 새로운 입자의 가능성을 제시한다.

✱ 쿼크가 연주하는 음향

 우주는 팽창과 수축을 반복하는 아코디언인 것이다. 음정의 도레미에 파가 한쪽 손이고 솔라시도가 한쪽을 잡으면 도레미는 팽창이 되고 솔라시도는 수축이 되는 것이다. 이는 곧 도레미는 ㄱㄴㅁㅅ에 속하는 것이고 ㅇ에 중심이 비는 흙의 기운인 것이고 비전도성을 띤다. 그리고 ㅇ 다음이 ㅋ이어야 하는데 ㅈ이 먼저 오는데 ㅇ이 토이니 토생금이 되는 것으로서 먼저 ㅈ이 오고 그 다음이 ㅋ이 된다. 즉 ㄱ이 ㅋ이 되는 것은 ㅇ을 지났기 때문이니 지상의 목이 되는 것이다. ㄱ은 천상의 전기인 것이고 ㅋ은 지상의 나무인 것이다.

즉 아코디언의 오른 쪽은 손잡이는 헬륨 쪽 4족인 것으로 이는 한글 주기율표에는 모음으로 하는데 그냥 모음의 구조로만 보면 도레미는 하늘로 편 상태의 공간을 말하는 것이고, 솔라시도는 땅으로 수축한 형태를 말하는 것이고, 서리가 쌓인 땅의 움츠림인 것이니 아코디언의 수축일 때 ㄱ이 ㅋ으로 응축이 되어 짝으로 혼합된 것을 말한다. ㄱ과 ㅇ이 혼합된 ㅋ이라는 것이다.

이것은 부모님의 혼합된 유정성이라는 것이다. 그리고 나와 짝의 혼합은 헬륨 쪽이 모음이 되고 수소 쪽이 자음인 것이 된다. 도레미는 자음이 되고, 솔라시는 모음이 되는 것이고, 파와 도는 반음인 것으로 양쪽 손잡이가 된다.

✤ 파장과 생명력

음향이 곧 물질이 되는 것은 색의 차원이 3족인 것인데 3족은 물질성의 속을 비운 것이라 물질성으로는 배제가 된 것이다. 이를 4족으로 옮겨지면 색이 전하로 바뀌어 전달이 된다. 그리고 이 4족의 전파는 5족인 음향으로 바뀌어 말씀이 된다. 이 음향도 물에 들면 물먹는 듯이 가라앉아 7족에 섬을 이루는 것과 같다. 이는 역으로 천둥이 물을 빨아들이면 꼬리가 살아 생물이 되는 것이다. 그리니 6족인 산소가 생명공학의 기초인 것이다. 이는 곧 얼굴이 H_2O라는 것이 분명히 드러나는 것이다.

인간은 중성자와 같은 지혜를 가진 것이다. 중성자는 질량의 비중이 높아지는 것으로 무게를 잡는다. 그 때문에 전자는 양성자에 쳇바퀴를 도는 것으로 만족하는지 이는 에너지로서는 자의든 타의든 꼬리를 치는 것이다. 그러나 계산은 쳇바퀴 계산인데 중성자처럼 저울만 보는 것인지 질량의 눈금으로 차곡차곡 계산된다.

✻ 우주 붕괴에서 다시 시작이 되면 나부터 시작되는 이유

우주 종말에 붕괴된 남은 소재로 나를 만들 수 있다면 그 작은 수치는 올챙이보다 작아도 지구와 같은 남음이 있다. 그러면 우주 붕괴에 있어 아주 작은 공기 방울과 같은 존재라고 한다면 지구 위에는 올릴 수 있는 것, 인류라는 것이면 달이 인간을 낚아 올려 또 열 달의 우주에 걸어놓으면 아이인 태아는 달의 닻인 것으로 10으로 하는 것이다.

1달의 닻 10은 12달이면 120년을 계산하는 것이다. 이 지구에 달 한 바퀴는 10바퀴라야 태양에 1이라는 것이 부여된 것이고, 이 1이 자전의 얼레로 감으면 10인 것이니 10년을 감아야 태양의 공전 실타래를 한 실패로 감아 내는 것이다. 이것이 소천이 먼저 되고 대천이 나중에 되는 원리이다. 즉 우주가 깨지면 소천부터 일어나는 것이니 내가 사는 지구는 소천 중에도 작은 존재니 내가 일어나는 행성이 있으면 그때부터는 다시 태양이고 우주인 것이다.

달 궤도는 진짜 진공을 싼 것인가 가짜 진공을 싼 것인가. 달이 진공인 것에서 공전의 껍질을 싸는 것에서 지구 안의 내가 그 껍질을 깨기 전에 눈이 나서 잉태가 된 것이다. 즉 지구 잉태의 패턴에 나도 끼어 태어난다고 하면 나는 우주인인 것이다.

※ 쿼크가 되기까지의 산고

쿼크는 색전하로 삼원색에 사이 색 삼색의 결합한 여섯 색의 무지개인데 색 자체가 무지개처럼 공한 것을 묶은 띠인 것이니 공을 묶은 묶음 속의 진공성에 있는 것이라고 보는데 우리는 가시적일 때만으로 공이 없는 실제성의 묶음으로 보는 것이다.
곧 3이 이화(離火)인 것으로 이허중(離虛中)이 분명한 터지지 않은 풍선과 같은 것이고 프라즈마와 같은 것이나 이 공이라며 헬륨이 쌓이는 땅에 우리는 중력으로 실제성의 존재 부여로 산다.

※ 미묘한 생전의 본래 면목

프라즈마란 정자인 전자를 들뜨게 하는 것으로 0을 터는 것, 즉 공도 털어보는 것에서 전자의 싸래기로 본다는 것이니 또 이 싸래기를 10으로 쌓아야 1인 것으로 한 울에 10의 눈금으로 측정하는 운명이라는 계측도 나온다. 여기에서 1인 전자를 자유롭게 들뜨게 하면 전자의 열 조각이 한 묶음이 된 난자를 구성함과도 같다.
정말 전자는 달과 같은 것이기에 달이 난소를 가지는 것을 말하는 것으로 이 난자에는 한 알의 마술인 것인데, 이 난자 안에 여러 개의 알이 있다. 또한 전자가 자유로워진 달의 공전이 된다. 즉 양성자의 열기에 제정신이 나간 것이 된다. 태양가에 프라즈마가 전자의 척력을 없앤 것이다. 그러니 난자인 전자가 정신이 번쩍 들면 4족인 것이고, 좀 시간이 지나 5족에서야 본 정신이 돌아오고 보니 이 무슨 생전의 본래 모습인가 양수에 갇혀 있는 것과 같다.

그래서 선천수 밖 프라즈마의 끈으로만 묶을 수 있는 전자를 자유롭게 잉태하는 것과 같다. 4족에는 탯줄을 잘라야 하는 것은 탄생지가 되는 것이다. 즉 프라즈마 끈으로 묶은 영역만이 공인 것이다. 그 밖의 이 프라즈마 밖으로 나는 싹마다의 사이 공간은 아닌 것으로 보는 것이니 실제 물질의 실한 부분인 수소는 우주 진공이나 가짜 진공이다. 이 진공 속의 전 양성자와 전자 사이의 진공은 진자 진공인 것이 된다. 어느 쪽이든 공(空)은 공인데 착각이 들게 한다. 우주는 그래도 건궁(乾宮)의 육충괘(六衝卦)로 대 은하로 봐야 한다.

보통 괘상으로 우주의 진공을 살필 때는 건괘의 건궁의 육충괘를 살펴보는 것인데 이는 건궁이 육충괘로 하나인 것이다. 그러면 이는 곧 우주가 반으로 갈라지는 순간을 말한다. 육충괘는 빅뱅 이후의 전체 우주를 반경으로 볼 수 있는 것으로 초우주단의 크기로 했을 때를 말한다. 그리고 원소 3족인 이궁(離宮)이 양쪽으로 갈라지면 이는 계측 가능한 우주의 크기로 볼 수 있는 영역이다.

이는 3족에 해당되는 것으로 이 6족의 상대성은 6족인 것으로 이 계측 가능한 궁극의 바닥은 6족의 블랙홀의 바닥과 연결되어 있다. 그러니 계측 가능한 우주 너머의 암흑세계인 6족에 8족까지로 중성미사 테두리까지의 심해와 같다. 그러므로 해으로 헬륨족이 수소족으로 전환되어 오는 것으로 괘상도 건곤이 동하면 저버린 잎사귀의 땅이 다시 배추의 고갱이로 폭풍의 눈을 만들어 나오는 것이 3족이 눈인 것이다. 4와 5족으로 잎새를 펴며 나오다 꽃잎까지로 펴는 것이 역순의 행이 된다.

※ 색과 전하의 미묘함에 기묘 쿼크가 있다?

쿼크로 색을 나타내는 것은 곧 광자가 방출되고 나서의 일이라기보다 쿼크일 때 전하를 색으로 띨 수 있다는 것만으로 쿼크는 파장이 있다. 이는 쿼크일 때 전하는 띠는 것이면 효와 효 사이의 색이 밀접하게 붙어 있는 것에서 색마다의 갈래로 때어서 먹을 수 있다. 이렇게 떼어낸 색이 전자기력으로 가면 빛은 휘는 것이다. 이는 효마다의 갈래로 따로 회전율을 만드는 것이 된다. 그러니 효 사이의 힘은 삼원색이 붙은 것과 7색이 갈래로 붙은 것으로 대성괘가 되고, 소성괘가 되는 것인데 곧 세 갈래는 도레미인 것이고, 또 세 갈래는 솔라시인 것이다. 이는 소성의 결과인 것이지만 이 두 개를 합하면 대성괘인 것으로 이는 빛을 여섯 갈래로 나누면 대성괘인 무지개색인 것이고, 이 무지개색을 합하면 검은색이 된다. 그러나 삼원색만 합하면 흰색이 되는 것인데 이것이 삼원색만으로 합하는 것은 소성괘로 하는 것이고, 흰색을 바탕으로 하는 것에서 흰 건반으로 하는 것이면 검은 색으로 하는 것은 검은 건반으로 하는 것이다. 이는 본래 흰 건반으로 도레미이다가 파이면 반음으로 검은 음반으로 올려야 한다. 그런데 이 파에서부터 솔라시는 검은 음반이 되고 도에서 흰 음반이 오는 것이다. 이는 삼원색은 양으로 하는 것으로 계측 가능한 흰 종이에 글이 되는 것이고, 무지개색은 음인 것으로 검은 종이에 흰 것이 새겨져야 하는 것과 같다.

음악도 8족의 단계가 있는 시공이 진공일 때 있는 것과 결국 공간은 이렇게 상하괘와 여섯 주기율의 반반인 음정인 것으로 쿼크의 공간으로 하는 것에는 전자를 배제한 양성자와 중성자만의 입자성으로 본다. 그러니 효의 음양은 전자기로 보는 것은 효가 붙은 것은 전자기력으로 보는 것이라 봐야 한다. 그러면 효에 육신이 붙은 것은 약력으로 하는 것인가 하는 것이다. 즉 효가 움직이기에 육신이 동행하는가, 육신이 움직이기에 효가 동행하는가를 잘 구분해야 한다.

※ 우주와 주역의 끝 부분

기제(既濟)면 감기 걸릴 것 같고 미제(未濟)면 꼬리가 잠길 것이다. 암흑의 몸이 체온이라고 하니 목 아래만 땀이 난다. 빛이 열을 올려야 하는데 열을 올리기 무섭게 빨아들인다.

암흑은 에너지로서 땀을 흘리지 않은 것인가? 빛이 딸려 가면 저온 현상이 발생하지 않은가. 땀이라면 과히 중성미자인 것인데 중성미자에 걸려 땀을 피부로서 닦게 한다. 그럼 몸의 배경은 세포에서 일어난다. 그러니 세포만으로 화수 미제가 된다.

소과는 삼투압이다. 초음파 분쇄로 길을 튼다. 전자는 양성자와 더불어 땀을 낸다. 전자는 진짜 진공이니 양성자는 진공의 범주를 만든다. 즉 전자 안에서만이 진공인 것이다. 그러니 전자는 땀을 흘려야 하는 것이고 땀구멍도 있어야 하고 그러니 오비탈 껍질에는 땀구멍이 있다.

공이란 빈 것이 아니라 빈 것을 부여한 바구니와 같다. 진공인 몸에서 36.5℃도를 데우면 달 공전이 지구 열층을 데운다. 서로 가짜이기 전에 서로 진짜로서 위안이 되어야 하는 우주로서.

※ 육충괘와 육합괘의 우주

　건궁의 육충괘는 하나의 굴레인 것으로 사방이 육충을 갖는 것이고 이궁의 육충괘 또한 하나의 굴레인 것으로 그 굴레의 사방이 육충을 갖는다. 그리고 감궁인 암흑물질인 계측 가능한 우주를 넘어 이 계측 가능한 에너지를 보충해 주는 것이 아니라 이 에너지 파장을 당겨 찢어버리는 속도의 암흑 에너지는 6족인 것으로 하고 결국 블랙홀이 광자를 모은다. 이 원소 8족인 광자 모래알을 만드는 것이 된다. 그러면 원소 6족은 전자인 것이고, 이 전자도 당겨지지도 찢어지지 않으나 건조해 말라버리면 광자처럼 빛이 사금처럼 난다는 것이다. 수소를 해중금이라고 하는 것이고, 전자는 물인 것이고 양성자는 금인 것이다. 그래서 해중금이다.
　이 측정 불가능한 어둠의 바닥에서 모래를 건져 올리면 사중금이 되는 것이다. 즉 육십갑자에서 계측 가능한 금은 30이고 계측 불가능한 암흑의 바다에는 갑오, 을미가 드러나는 사중금이에서 30이 되는 것에서 60갑자가 되는 것이다.

※ 육효에 있어서의 힉스 시작 부분

　힉스는 육효에 초효에 해당이 되는데 특히 중건천괘와 중곤지괘에서 왜냐하면 괘는 건곤에서부터 시작되는 것이니 주역의 첫머리는 건과 곤의 궁에서 보기 때문에 건곤에 태초성을 찾아보는 것이다. 그렇게 보면 건궁의 초효는 잠긴 용이니 쓰지를 말라고 하는 것이니 갑자 을축이 해중금과 같다는 것이다.

이는 계측 가능한 범주의 우주는 해중금인 것이고 수소면 빛의 거리 안에 있는 것을 말하는 것이다. 그러나 암흑물질에 의해 보지 않는 것은 암흑물질인 모래를 걸러내고 금을 찾아야 하는 것이니 사중금이 되는 것이다. 그러니 전에 먼저 힉스 입자의 정의는 어느 지점으로 위치를 잡을 것인가는 먼저 건궁의 초효와 합이 되는 4효에서 상호성을 보는 것이다. 그런데 땅에 광물이 많다는 것은 크게 형통하다는 것이고, 건의 초효가 힉스적 발상이 되는 것이고, 빅뱅의 위치에 있는 것이면 음효인 곤의 4효는 중성미자인 것으로 우주 배경이 되는 것으로 한다.

중성미자는 거울의 뒷면에 흙을 바른 것이나 물건을 대 놓은 것과 같은 것으로 이는 우주가 이런 형태로 큰 것이라는 것이다. 또한 건궁에 상괘 세 효가 다 동하면 지천태괘가 된다. 이 또한 건의 초효는 전자인 것이고, 상괘가 곤이면 이는 양성자인 것인데 건괘의 초효가 힉스의 전자의 위치가 되고 상대적으로 4효는 양성자로 할 수 있다. 이는 자가 양성자고 축이 중성자로 할 수 있으나 상괘가 양이고 하괘가 중성자인 것을 먼저로 하는 것인데 쿼크의 위치성으로 본 것이다. 즉 양성자에도 축을 올릴 수 있는 것이다.

중천건이나 중지곤은 쿼크가 생기는 시점인 것이고 아직 쿼크로 성숙이 안 된 세포와 같다. 효사로는 불에 삼긴 용인 것이고, 2효는 지평의 위치가 되는 것이고 밭에 있는 용이니 쓸만하다는 것이 된다.

✻ 우주의 끝과 주역의 끝

주역의 끝부분은 뇌산소과라는 것이 있다. 이 소과는 작은 산길을 낸 것을 말하는 것이다. 이는 이 산길을 따라가면 어떤 것을 보게 될 것이라는 예시와 같다.

굴삭기로 산을 뚫으면 산은 산이라 길은 협소한 것이니 소과이다. 이는 우주 입자들 발견 중에 아직도 미래의 오지로 남은 우주 변두리에 있는 중성미자는 산길을 트고 넘은 대평원과 같은 것이 우주 배경과 같다.

중성미자가 물질마다 흡수되어 박혀 있는 것이면 이 또한 물질마다 중성미자가 산으로 막혀 반환점을 야기한다. 이는 하늘로 보면 풍천 소축인 것으로 마치 구름이 송이처럼 낀 것으로 심하면 시야가 트이질 않을 밀운이 되는 것과 같다. 소과는 작은 트임새지만 소축은 약간은 낀다는 것이다.

우리가 우주 배경까지 가는 것이 소과를 넘어 수화기제가 되어도 돌이켜 보면 아직 건너지 못한 지혜 투성이라는 것이고 궁극적으로 다시 인간으로 태어나도 어려운 것이라는 것이다.

❋ 가짜 진공에 진짜 사람이 산다

빅뱅 이후의 초창기는 건곤의 시작으로 본다. 이 건(乾)의 세계는 아직 공간이 생기기 전의 야문 물질인 상태이다. 우리가 공간이 보이기 시작한 것은 광자가 되어 주변을 비출 수 있는 광속이 되어서야 가능한 것이니 여기까지는 수소가 형성되기 이전의 것으로 비추는 양성자 빛이라 봐야 한다.

※ 우주에 있어 나의 상대성

　전자가 양성자를 덮기 전의 양성자만의 밝기로 보는 것의 시점인 것으로 이 밝기는 광자보다도 극미세한 경입자로 보니 광자는 그에 비해 중립자와 같으니 상세성의 차이고 구분할 수 없다. 그러니 3족이 광자라면 2족의 양극 사이의 빛인 것으로 어쩌면 중성미자 앞을 가릴지도 모른다. 이 공간의 빛은 광자로 보는 것과는 다른 것이다. 광자는 전자가 중입자가 되어서 나타나는 양성화의 밝기이다. 이런 양성화의 밝기를 순행으로 하면 응축력은 역행이 된다. 이 응축력이 전자인 것으로 이 미자를 모으면 겨우 양성미자를 만드는 것과 같다.

　암흑과 빛은 이 우주 언저리에서 미제가 되어 양자 쪽으로 전부 복사가 된 것인가 아니면 기제가 되어 암흑물질과 에너지로 응축이 되어 흡수성 화석과 같은 것인가.

　갑자기 어두워지니 창가에 내 얼굴이 비친다. 언제 건너편에 있었지? 저 그림자가 어둠의 배경 레코드에 박힌 채로 나를 태운 차는 열심이 달린다. 그래서 왜 물을 1로 하는 것이냐. 저 어둠이 1인 것이고 내가 있는 나는 5인 것이니 아는 나로서 5인 것의 차로 달리는 것이고 창 너머 어둠은 내가 어디를 가든 1인 기준점은 그대로 있다.

※ 우리가 우주의 진공에 진가를 구별하자면

　공에는 껍질이 있어 속이 빈 존재가 되어야한다. 그러나 이 껍질이 없으면 속도 없다. 이는 무(無)라는 것이지 공이라고 하지 않는다. 그러면 양성자가 있어야 전자 사이, 즉 알맹이와 껍질 사이에 허공이 진공이 된다. 이는 외에서 보면 부피가 커진 것이라 안에서 보면 부피는 그대로 인 듯이 보인다. 그러나 안에서의 측정은 이 안이 팽창한다는 것을 알 수 있으나 어떤 상대성에 있는지는 모른다. 그런데 부피의 크기는 같은데 우주는 팽창한다는 것은 팽창만큼 응축의 힘으로 곡선화로 휘감으므로 해서 그 힘의 성질을 죽이고 있다는 것으로 서로 상쇄한다고 보는 것이다. 그러면 우리는 우주 배경을 음압으로 돌려 감아지는 필름처럼 볼 수 있다.

그러면 공즉시색이요 색즉시공이라는 것은 이 공 안에 있는 것, 즉 레코드판 레일 안에 있다는 것이니 레코드판은 실질인데 공이고, 색인 것이고 레코드판 밖의 공간은 상대적으로 무라는 것이다.

레코드판 속의 소프트웨어와는 무의 관계인 것이고 그 내용과는 다른 시공계니 무유공포 원리전도몽상 구경이 되는 것이다.

✽ 우주 전쟁?

두 개의 깔때기를 붙인 장구형으로 보면 위의 큰 굴레의 입은 대뇌에 속하고 중간쯤 작아진 굴레는 작은골에 해당되고 몸에 붙은 굴레에는 숨공에 해당된다. 이것은 머리인 하늘의 건천으로 보는 것이니 목은 기관지 숨구멍인 붙은 것이고, 이 숨구멍 뒤에는 식도가 있으니 이 식도는 깔때기는 뒤엎은 쪽으로 하여 위장을 윗머리로 하는 것에서 쓸개가 있는 십이지장이 숨골에 해당되고, 소장이 작은골에 해당되고, 대장이 큰 골에 해당된다. 즉 머리에는 우주가 들어 있는 것의 별들이 뇌에 찬찬히 박히는 것이면 복부는 대장균과 세균이 별들 숫자만큼이나 요동하는 것이니, 별들 간의 전쟁이 곧 균들 간의 전쟁이 된다.

장에 따라 정신이 맑고 머리도 밝아지는 것은 곧 균이 별들과 행성이기 때문이다. 곧 땅속의 광물이 분진을 일으키지 말아야 하늘도 맑아지는 것과 같다. 이는 목 구분의 식도와 기관지가 있는 것에 숨골과 숨골이 목 가까이 있는 것이 맵시 쿼크와 기묘 쿼크가 짝을 이루는 상이다.

이는 숨과 음식이 목으로 넘어가는 것이라 진뇌(震雷)와 손풍(巽風)의 자리라 8족의 반반인 4방과 4방이 붙은 자리라 목이 가는 것이다. 머리 작은골과 복부 소장 작은골의 쿼크는 태양과 바닷물과 같은 업 쿼크와 다운 쿼크의 짝이 된다. 온도를 기초로 하는 물질 생성에 눈이 신장의 호르몬 자극은 상대성이 있는 것이다. 그리고 머리 큰골 건금(乾金)에 복부 대장 큰골은 건금(乾金)이 땅에 묻힌 광물이라 꼭대기 쿼크와 바닥 쿼크의 짝으로 보는 것이다. 즉 허리 부분이 맵시와 기묘한 것에서 아래위로 8등신이 되는 것이다.

✲ 은하수와 함께 넘어가는 목구멍의 블랙홀

모래시계 목 부분이 사람의 목 부분과 같다면 코는 이 목 부분으로 센터를 잡아준다. 그만큼 목구멍의 강력함을 말하는 것이고, 다른 것은 다 말려들어가도 코는 산으로 쌓여 섬처럼 되어 있는 것이고, 계족으로 빠져도 본래의 평원을 고원으로 그대로 남아 있는 것과 같다.

2족과 7족도 상대적 대칭인 것인데 본래 둥근 평원일 때는 대칭이 없는 0인 점에 있는 것인데, 계곡이 생기는 만큼 남은 고원은 산이 된다. 그 산은 상대적인 것이고 그렇게 산이 되면 상대적 이온의 힘이 생기는 것이다. 그러면 흙보다 물이 이온의 농도가 세니 6족이 이온이 강하게 작용한다. 곧 코는 중력에 의해 커지는 것이면 턱은 중력에 반하는 역동성으로 마치 산을 깎아 물에 매몰시키는 것으로 훨씬 힘이 질퍽한 끈기로 강력하게 하는 것과 같다.

모래시계의 중앙이 가늘어지는 것을 보면 마치 목을 넘어가는 것과 같은 것인데 목의 갑상선 부위와 같은 것으로 상하를 한 몸으로 조절이 가능한 것으로 볼 수 있다. 즉 기능 항진증이면 블랙홀의 끝에서 광자가 다시 우주로 발산되어 목을 넘어가지 않는 것으로 본다. 이 이론도 스스로를 주체하지 못해 폭발하는 이론이고 또한 기능저하면 목을 넘어가 쳐지는 것이니 우주가 쪼그라들듯이 우울증에 빠지는 것이 된다. 마치 에너지가 파장으로 춤을 추어야 하는 것에 너무 중량으로 무게를 두어 자루에 담아 엉덩이가 무거워지는 것이다. 이도 허리를 반의 기준으로 양쪽을 보아야 하는 것인지, 배설을 넘어 보아야 하는 것으로 다만 인간은 허리를 반으로 해야 균형의 존재가 되는 것으로 연명된다. 만일 배설을 넘어 상대적으로 가는 것이면 이는 이승의 저울만으로 건강을 채우지 않아도 저승의 선택에 의해 균형을 맞춘다는 것이 된다.

위로 넓어지면 에너지 파장으로 가는 것이고 좁아지면 입자성으로 뱀이 똬리를 튼 것이 된다. 뱀도 낮이면 파장형으로 보이는 것이고 밤이면 입자형의 똬리도 되는 것이다. 에너지로 넓어지는 형상과 같은 것이고, 이는 마치 양성자가 에너지가 줄고 중량이 커지

는 것에서 중성자가 그로 소멸되는 것이 아니라, 중성자로 남은 것
또한 열정을 토하는 것이 중성자별의 막대형이 된다. 이는 아마 모
래시계의 형태가 양성자의 공간에서 좁아지는 것이면 중성자 별은
이미 좁아진 것에 더 좁아지는 것으로 깔때기 형이 아니라 막대기
형이 되어간다는 것이다.

중성자도 일종의 여과지와 같은 것이고 마치 납의 산소배출과
같은 것이기도 하다. 목구멍에 기관지가 통하는 것과 같은 것이 좀
긴 편이라 어쩜 모가지가 길어 슬픈 짐승일지 도른다.

※ 중성자와 중성미자

중성자와 중성미자는 어떤 닮은 것이 있나. 즉 원소 주기율로 보
면 4와 5족은 전하를 띠지 않은 상태로 본다. 이는 전하가 없어서
가 아니라 전하가 중립을 지키기 때문에 +나 −를 띠지 않는 것에
서이다. 즉 원소 2족이나 6족은 이온이 전하를 가진 것이니 전하
가 있어 보이는 것이고 실제로는 전하 3, 4, 5족이 전하가 없는 것
은 아니다.

3족은 너무 뜨거우니 전하가 힘이 풀린 것이고 4와 5족은 전하
가 단단하다. 이것을 전하가 있어도 중간자적 입자일 뿐이라는 것
이다. 주기율은 달라도 족은 같은 성질을 띠는 것은 곧 전하의 양
은 달라도 같은 성질을 띄울 수 있는 것이라는 것이다.

그러나 0주기율인 경우 이는 발생의 원천에 붙어 일어나야 하는
것이다. 이를 나라는 것의 자의식이 힉스 입자적 입지에서 물질적
상수를 띠려면 곧 0인 전자의 공간에서 1인 전자기로 하는 것이면

1은 아직 양성자가 되기 전을 말한다. 전자보다는 분명 에너지적 파장이 있는 것에서 그 꼬리가 10개로 물리면, 하나의 양성자가 된다. 이 양성자를 1로 하는 것에서 전자 1이라는 것의 배분이 들어가는 공간이 힉스적 공간이라고 한다. 곧 전자가 0인 것에서 양성자의 1/10인 전자기가 달처럼 초승달이 보름달이 되는 것으로, 그나마 10에 반인 5로 찬 것으로 할 수 있다. 그러면 반은 차고 반은 차지 않았다는 것인데 이것이 음과 양의 시초가 된다.

전자의 빈 것에 반과 빈 것을 채운 반이 양인 것으로 남성적인 기운이 강한 것, 반쪽의 양성자가 전자의 빈 반쪽으로 채우는 것의 에너지로 양이 에너지를 발해서 음을 채우는 것이 아니라 본래 0과 0의 결합이 같은 붙은 양자가 떨어져도 붙어가는 속도성에 있다. 이 속도성에 에너지가 부여되니 마치 핼리 혜성이 자신의 에너지가 아니어도 태양과 붙었다 떨어지는 것이니, 상대적으로 태양도 자신의 에너지도 소멸하는 듯이 보인다는 것이다. 그런데 어느 쪽도 기울지 않는 에너지화의 형상일 뿐이라는 것이고, 이는 힉스 입자가 핼리 혜성처럼 에너지의 소멸과 같은 것으로 에너지의 시작점으로 보여도 이 에너지는 순간 이동과 같은 에너지의 파장일 뿐이다.

이는 원소가 주기율의 공간을 함축해 물질을 이루기 전, 원자 1이 되기 전의 속도성인 것이다. 이는 우리가 전하를 주기율적으로 선이 굵은 것으로 봐도 왠지 이 전의 입자는 전하의 량으로만 따질 수 없다. 물질은 양성자에 전자가 감싼 오비탈로 하는 것인데, 힉스는 오비탈이 양성자가 없으니 껍질이 오히려 쌓이질 못하는 전자인 것이니, 오비탈의 먼지까지 에너지로 보면 마치 땅 속에 금을 찾는 에너지가 되는 것이다. 그럼 내가 힉스입자의 공간이라고 하면 오비탈의 에리어를 돌고 돌아 마치 지상의 비행기를 타고 진화하고서야 로켓을 타고 이 오비탈의 벽을 넘어서는 것과 같은 것이 된다.

우리가 대우주를 보는 것만큼 소우주도 이 자아를 깨닫지 않으면 생물학적 진화는 의미가 없다. 미시성에서 인간의 세포도 영혼을 가지는 것에서 세포만으로 복사가 되는 것이면 영혼도 복사가 되는 것이 같이 따른다. 0에서 소수점이 붙은 것이 힉스입자이다.

이는 전하가 생기기 전의 전하가 어떻게 만들어지느냐가 곧 내 생각이 어떠냐에 따라 개연성이 있다는 것이다. 즉 원소 주기율로 보면 숫자를 붙인 5주기율이면 5의 전하에 소수점의 힉스적 에너지가 붙은 분류가 되는 것이고, 내가 힉스적 나라면 나는 1주기율의 1도 못 붙이는 0인 것이다. 이는 1족도 못되는 양성자도 못 된다는 것인데, 양성자보다는 작은 입자의 0의 소수점이 된다. 이것이 곧, 0의 공간이 수용하는 숫자 1인 것으로 힉스입자가 된다.

내가 힉스입자의 공간이라면 난 우주의 하나의 전자 0인 것에서 우주의 기운을 빨아들이는 것에서 그 최초의 에너지가 잡히는 것이 전자기 중의 하나를 빨아들이는 게이지에서 출발하는 것이다. 이 게이지가 힉스라 명하는 것이다. 즉 이 힉스면 나는 양성자를 구축하는 출발점의 전자 라인의 스타트가 되는 것이나.

제7장

전자는 양성자에 종이와 같은가 볼펜과 같은가

※ 3족은 광자 시작 연대기

우리은하 중심에서 태양 간의 반경이 1억5천이라면 은하단, 초은하단으로 규모 확장이 3단의 상태인 것으로 하면 초은하단 규모에서 태양은 원자에 있어 광자 수준에 불과하다. 즉 태양에 있어 지구는 중입자 수준이 되는 것이다.

양성자를 태양으로 간주할 때 전자를 지구로 설정하는 경우와 은하단의 반경에 태양의 연대를 볼 수 있는 팔괘의 모형은 있을 수 있다. 그러면 초은하단의 반경에 모형으로 공식이 나올 수도 있다. 이는 곧 태양이 심장으로 여겨지는 중에 지구 마그마 부분이 혀와 같은 것이고 태양의 전자기장은 지구를 전자기로 감아 있게 하는 것이다.

※ 무안계 내지 무의식계

무무명(무명이 없는) 역 무무명진(무명이 다함이 없는 끝이 없는)이라면, 그럼 가시 우주란 눈으로 응축된 구슬 같은 눈알로 보는 시야성인 것이면, 눈꺼풀은 암흑물질이 중성미자로 눈곱이 끼는 곳이라면 우주의 어둠은 인간이 눈을 감아 잠자는 것과 같다. 그런데 인간은 꿈을 꾼다. 즉 우주가 의식과 무의식이 있다면 어둠의 깊이는 무의식적 꿈으로 눈알을 굴린다. 이것이 가시 우주의 응결로 야무진 눈으로 굴릴 수 있는 것인데 이는 얼굴에 눈이 있는 부분이 된다.

즉 무명의 끝이 없는 것은 나는 눈이 없어도 암흑을 볼 수 있는 것을 의미할 수 있다. 늙고 죽음이 없다는 것은 곧 밤과 낮은 노사(老死)가 없다. 세포는 죽어도 생겨나는 것이니 인간의 수명으로 봐서는 노사가 없다. 그러나 가시 우주와 암흑의 존폐는 세포의 수명과는 다른 것이다.

가시 우주는 안식(眼識)에 의한 것인데 의식의 우주는 이 암흑 우주의 생체적 현실을 봐야 한다. 즉 우리가 보는 것 이상으로 뜻이 있는 것으로 우주를 넓힌다면 이는 의식의 범주에 있다. 이는 내가 잠을 자다가 꿈을 꾸더라도 의식할 수 있는 것이 있고 무의식에 있을 수 있다. 이것으로 암흑 우주인 것이다.

그 암흑물질과 에너지는 육식 중에 신식(身識)보다 더 큰 의식에 있다는 것인데, 그러면 신식이란 내가 있는 이 지구를 기준으로 측정이 되는 감각을 말하는 것이고, 의식은 내가 우리가 추정하는 모든 범위의 합리성의 규합으로 이뤄진 것이 된다.

나는 지구의 신식에 있는 것이면 의식은 우주 전체의 합리성에 있다. 우주 자체가 의식이라면 우주 종말과 의식의 끝은 같은 것인가. 우리의 의식은 종말을 모르는 말라식(識)에 있다. 그러면 종말 후에도 우주가 있다는 것이다. 이는 우주도 부분적이어서 그런 것인가. 우주 천체의 종말에도 그렇게 적용이 될 것인가. 우리가 아는 의식의 우주 밖이 존재는 말라식이다. 이는 8식 중에 무안계면 의식계도 의식은 있다. 그런데 우리는 이 상피성에서부터 벽이다.

우리는 눈으로 보는 거리보다 더 깊게 알지 못하고 퇴행하는 것이다. 그런데 이런 것에 무안계란 암흑 배경에 있는 공간이다. 즉 안계가 아니어도 배경적 시야를 꿈처럼 꿀 수 있다. 그리고 이 허공 또한 양성가 입은 전가를 벗어야 아뢰야식이 있다는 것의 법을 의식할 수 있다. 이것이 곧 진공이냐 가공이냐가 되는 것이고, 전

자적 풍선은 진공인 것이고, 전자를 벗은 공간은 공이 아니라 무
(無)여야 맞다. 우주 종말에도 남은 입자가 전자라면 진공에 있는
것인가 하는 것이다.

※ 전자는 양성자에 종이와 같은가 볼펜과 같은가

  우리는 종이 안에 글을 쓴다고 한다. 그러나 영어로는 볼펜 안에
글이 있다고 한다. 우리는 볼펜으로 글을 쓰는 것은 영어로는 볼펜
안에 글을 쓴 것이다.
  이는 양성자와 전자를 이해하는 것에서 전자가 잉크인 볼펜으로
하는 것에서 양성자의 내용을 전자 굴레 안에 다 채워도 같은 뜻이
된다는 것이다. 볼펜과 종이는 같은 공간성을 가진 수소라는 것에
중입자라는 사회성과 배경이 다 들어 있다는 것이다. 즉 우리가 원
자 하나를 1로 할 때의 볼펜과 전자 굴레의 종이는 이미 소수점의
숫자가 엄청 많은 내력을 갖고 있다는 서술성이 되는 것이다.
  은하수 수소는 양수이고 우주에서 H_2O인 물이 쏟아졌다면 하늘
의 6건궁 수(水)이다. 그런데 이 작은 우주나 큰 우주나 기본형은
수소만으로 전자가 물이고 양성자의 가루가 전자 속에 눈이 되어
꼬리를 치는 것으로 하나의 유기체적 시회를 이룬 것으로 본다는
것이다. 즉 전자는 바다와 같다고 하면 이 바다에 생물이 사는 것
은 빛을 보아야 하는 것이다. 빛은 양성자로서 광자가 꼬리치면 눈
부터 나는 것과 같다. 양성자에 전자가 굽히면 빛을 따라 생명이
광합성 하는 것이 이미 수소 안에 전자의 알 껍질 안에 양성자의
눈이 자라게 하는 것이다.

원자로서의 알이 감수궁을 1로 하는 것에서 이 감수궁이 곧 수소 1과 같은 것이고 6은 후천수로 음수인데 이 음수는 건궁을 뜻하는 것이니 하늘에 물이 떨어진 것이다. 은하수인 수소가 아니라 우주에서 물이 있었다는 것의 6음수가 되는 것이다.

❋ 양성자가 전자에 그림을 그릴 수 있는가?

그것은 어려울 것이다. 전자가 양성자에 잉크가 되어야 할 것이기 때문이다. 수소만으로 기초적 우주 복사 모델이다. 전자가 도는 것은 레코드 트랙이 도는 것과 같다. 우주의 종말은 이 전자 껍질이 사라지는 것부터인가, 양성자가 소멸하는 것부터인가, 작은 필드를 도는 트랙에서 원자가 전파를 보내면 과연 원자끼리의 분자 결함에 정보의 매질이 얼마나 좋을까.

오비탈의 껍질 벗김은 광속으로 벗겨지지 않지만 광속보다 빠른 이탈은 오비탈을 벗길 수 있는 것인가. 아니면 오비탈을 움츠리게 해 암흑의 응력을 높이는 것인가. 과연 빛의 속도보다 빠르다면 스치는 마찰력은 빛이 나냐 하는 것인가. 움츠려드는 것에 그래도 휘말려 빛의 본성을 상실할 수 있는 것인가.

족의 역행으로 빛의 속도를 보면 네온 8족에서 역으로 해서 3족인 것에 다다르면 광속으로 하는 것이고, 이 광속은 중력의 팽창성으로 하면 빛의 속도를 넘지 못하지만 2족과 1족에 미치는 이는 우주 복사 즉 스크린의 크기는 변하지 않아도 그 안의 공간은 늘어나는 것이다. 그러면 빛이 속도를 확대하면 자연 원자도 양성자 알맹이만 남고 전자는 떨어져 나갈 수 있는 것인가 하는 것이다.

오비탈 껍질은 벗겨질 수 있는 것, 빛의 속도에서는 오비탈의 껍질이 건재하지만 빛의 속도를 넘으면 오비탈도 벗겨질 수 있는 것이 아닌가 하는 의문이다. 우주 배경 복사라는 것이 빛이 포화상태가 되면 중력을 벗어날 수 있는 자유의 입자인 것에서 이것도 일종의 프라즈마와 같은 전자가 태양의 중력을 벗어나듯이 우주의 중력에서 벗어난 빛의 속도가 되는 것이다.

프라즈마가 빛의 속도가 전자에 붙들려 있는 것과 같은 것에서 전자가 양성자의 힘을 벗어나듯이 빛의 속도는 3족인 것에서 2족과 2족인 것으로 빛의 속도를 능가는 속도로 오피탈의 껍질이 벗겨져 있는 공간일 수 있다. 그러면 이 우주 안에 양성자만의 공간이 있는 것으로 전자에 가려지지 않고 성냥도 켜지 않고 빛이 저절로 나는 것이 된다.

이는 3족의 국소적 팽창의 하나로 해서 누적이 되면 2족 안의 3족인 것으로 이 3은 결국 2족으로 후퇴하는 것과 같은데 이 후퇴가 빛의 속도를 능가한다는 것이다. 즉 4족인 것도 역순으로 2족에 복사가 되는 것이고 이는 곧 복사가 반사적인 것으로 꺾으면 다시 순행의 순서가 된다는 것이다.

※ 중력의 견인 효과와 반대의 문제

앞에서 설명한대로 중력은 1효에 있는 것이고 2효와 3효 안이 빛의 속도 안이 된다. 이를 중성자적 우주라고 하면 육효 전체는 전자기력의 결합인 것이고 우주 복사는 6효인 상효에 해당된다. 즉 육효 안에 전자기가 (--)이거나 (-) 모양이 있으니 쿼크 전체의 짝이 전자기력의 경합에서 우주 복사를 상효 6에서 하는 것이면 이는 초효의 중력과 같이 연결된 우주이다. 그러나 3효까지는 물에 잠긴 광자인 새가 되는 것이고 4효인 것이면 광속을 머문 우주 배경에 빨려드는 것이다. 이렇게 되려면 오비탈인 물을 옷을 벗어야 하는 것이다.

※ 진공 에너지와 암흑 에너지

응축력으로 따리 튼 입자형의 질량에는 암흑에너지가 밀도를 높임으로서 중입자가 된다. 그리고 우주는 중력 렌즈에 있는 것과 우리 몸의 물이 70%인 것이 암흑물질이 70% 가깝다는 것으로 내 몸의 우주를 다룸에 있어 암흑적 과제가 많은 것이다.

중입자가 아닌 전자. 그러면 양성자는 1이면 중입자는 1이 안 된 것으로 전자를 0으로 할 경우 0에 소수점의 숫자가 된다. 즉 전자를 0으로 할 경우 그 0의 소수점은 힉스적 입자도 안 된 것으로 보면 에너지가 아닌 물질인 것으로 차갑다는 것이 된다. 중입자는 물질이 될 수 없다. 최소한 원자를 구성하는 양성자에 정자가 싸야 물질이다. 전자가 없는 양성자가 있다면 이 또한 물질이 아니고 양성자가 없는 전자라는 것도 물질은 아닌데 입자로서도 0으로 하는 것이다. 그리고 전자가 벗겨진 양성자가 있다면 이는 빛의 속도를 넘은 날카로움으로 오비탈을 벗긴 공간의 양성자라는 것이다. 이 빛이 속도가 3족인 것이면 2족과 1족의 영지는 마치 아무리 밝은 빛이어도 2족에 비하면 전자가 수증기처럼 가린 안개 벽으로 해서 물질로 보이는 것이니 빛의 차원보다 훨씬 공간이 밝고 맑다.

즉 내가 3족의 공간인 이승에서의 사물을 보는 것보다 2족의 공간인 영혼만의 공간에 밝기가 훨씬 밝다는 것이다. 전자가 남포처럼 가리지 않는 것이니 더 멀고 밝다는 것이 된다. 이는 중입자가 양성자를 가리는 것의 굵기가 아니라 중입자보다 더 가벼운 상태의 전자도 암흑물질로서 0에 둘 수 있는 것이고, 이 압력도 양성자를 전자의 껍질을 붙게 하는 것이다.

전자를 0으로 하는 것에는 절대온도 K를 0으로 하는 것과 같으니 양성자가 없는 전자는 매우 차가울 수밖에 없다. 상괘와 하괘가 서로 상대적 복사가 있는 것에서 상하괘는 같은 속도성의 이괘인 것이니 광속을 내는 크기보다 매우 작았다는 것이다. 즉 광속에 에너지가 미흡한 것이 된다. 그러므로 중입자가 아니면서 차갑지 않는 중성미자는 암흑물질이 안 된다.

※ 육효는 하괘에서 냉각성이어야 중성자가 아닌가?

그런데 초효 1을 중성미자인 땅의 흙으로 하는 것이면 이 중성미자는 땅의 분화, 즉 해저 화산을 뿜어내는 광자라는 것이 냉각을 띠면 중성자가 되는 것과 같다.

구(球)는 광자를 배출하는 고리가 있는 것이고, 원자인 것이고, 도넛은 중성미자를 배출하는 헬륨인 것이 된다. 상괘에도 간괘가 붙어 있는 고리가 있고 하괘에도 간괘가 붙어 있는 고리가 있다. 그러니 상괘의 고리는 광자를 방출하니 하괘의 중성자는 흙의 분진과 같은 것으로 중성미자가 초효가 된다.

중성자도 다 식은 것이 아니라 숯과 같은 상태이니 쿼크란 숯에 불이 붙은 껍질의 이허중이 되는 것이다. 중성자가 허중 속에 있는 것이다. 광자는 전자에 비해 양의 기운이 강하다. 또한 광자의 양에 따라 양성자의 양으로 보면 전자의 냉각성의 껍질은 주변에서 감싸는 링으로 중입자성을 띠는 것이다. 결국 양성자가 중성자를 안고 냉각성으로 작아지다가 상대적으로는 그대로인데 작아지는 것으로 보일 수 있고 중성미자를 띨 수 있다.

  암흑물질은 중성미자보다 숯가루가 되지 못한다. 숯을 우려내고 알맹이가 나올 때는 이미 중성미자인 것이다. 그런데 중성미자가 나오기 전에 검은색이 가려나간다면 이것이 암흑물질인 것으로 곧 중성미자로 에너지 량의 덩어리가 되기 전에 우려 나오는 검은색은 암흑물질이다. 이 색만으로 에너지를 갖고 있는 것이냐 하는 것이다. 즉 중성미자 알맹이가 검은 물감보다 더 크다는 것이니 중성미자에 흡수되지 않은 에너지를 말한다. 에너지의 입자나 파장이 중성미자보다 작다면 이는 에너지라고 정의할 수 없다. 그러니 우려지는 암흑물질을 암흑 에너지라고 할 수는 없다.

  또한 우려지는 색만으로 전하를 갖고 있는 것인가 하는 것이다. 전하에 따라 색깔도 3원으로 나눠지는 것이다. 이 검은색을 무지개색으로 원심분리하여 검은색이 다시 가시광선으로 복원이 되면 이는 마치 무지개가 워심 분리기 같은 것이다. 이것이 삼원으로 뭉쳐지면 흰색이 되는 것으로 검은색이 분리된 무지개, 즉 3과 3 사이에 공간을 더해 7인 것이 공간이 없어지고, 이 3으로 짝을 이뤘으니 이를 세 개의 쿼크 짝이 되는 것이다.

  삼원이란 검은 색과 흰색이 하루의 반인 것에 나머지 반이 동남쪽의 낮이 색으로 비쳐지는 것이다. 이는 가시광선도 적외선 안에 있는 자외선 안을 둘러싼 것으로 일종의 자외선은 안을 껍질처럼,

무지개처럼 가로막고 있다는 것이 된다. 가시광선도 일종의 전자와 같은 것이다. 이것은 도넛 모양이라고 해야 한다. 그리고 자외선 공간이 둥근 테두리 안에 있으니 공 모양의 하나인 것이고, 가시광선의 무지개는 도넛 모양인 것이고, 적외선은 무한 공간이 된다. 여기에 암흑물질이 있다는 것이다.

※ 사계절 인생과 물리학적 중요성

　물리 화학으로는 핵융합의 원자 4개를 사계절처럼 본다. 이는 음양오행이 물리적이지만 이것의 파생은 주역을 인문학적 계절성으로 보게 하는 수학적 방식과 같은 것이기 때문이다.
　주역은 이미 핵융합을 사계절 성으로 보고 대서사시를 쓴 것이다. 이 사계절의 융합이 있어야 쿼크가 생기는 것에서 나의 일생 한 주기율이 된다. 그러면 일생이 담긴 몸으로 보자면 이 8자의 우주 기본 모형이 내 몸의 내장과 외장인 얼굴을 드러낸 것이니 몸의 부속이 여덟 개인 것으로 팔괘의 구성을 이뤄진 것이다. 즉 몸이 물이 70%인 중에 또 이중에 암흑물질이 30%라는 것이다. 이는 마치 피는 붉은 적색 가시광선의 겉 테두리 무지개지만 피가 새면 검은색으로 변하니 적외선은 암흑물질화 하여 검어지고 가시성도 풀려버려 어둠에 잠기는 것이다
　암흑물질은 쿼크 안에 있으니 초효의 중력에 6효처럼 멀어도 서로 상호 작용을 하는 동시에 1효에 침전이 되어 중력화를 높인다. 마치 혈청과 같다. 즉 6상효가 우주 배경인 것이면 하괘 3개의 효는 중력권이니 빛의 속도 안에 있다.

그러나 6효의 배경 복사면 상괘 세 개의 안에서 빛의 속도를 증가 시키는 흡인력이 1효와 양극화하는 것이다. 그러므로 빛의 속도 길이를 전성이 높은 긴 것으로 하니 양쪽을 하나의 시선으로 본다. 그러면 상괘 복사가 빨아들이는 진공성은 빛의 속도를 초월한 견인력이 되는 것이다. 그리고 하괘와 상괘의 견인력의 차이는 10배율인 것이 된다. 상괘 양성자 쪽의 견인력은 하괘 중성자의 견인력보다 10배나 강하다는 것이다.

에너지 복사가 36.5라고 할 때 내 몸 하나의 1이 기준으로 하는 것이면 이를 100%로 하는 것으로 1이 된다. 그러면 이 숯의 검정물은 100%가 1인 우주 배경에 복사가 되는 물질이다. 이 검정물이 빠진 중성미자라는 것은 쿼크의 기본도가 만들어지는 것이다. 암흑물질의 입자가 50개가 모여야 하나는 기준으로 1을 빼고 49개의 숫자로 설시하는 것과 같다. 우리가 주역을 설시할 때의 기본 양을 여기서부터 묶음이 될 수 있다.

쿼크가 물질을 압도하는 거성을 가진 것이 이제는 손에 노는 그림처럼 전반하장의 우주 진화로 보면 괘가 거인처럼 보이는 것이니 거인은 인문학적으로 괘사와 효사를 주인공으로 보일 수 있는 것이다.

참조 : 복사 온도는 우주배경복사를 나타내며 $2.725 K \cdot (1 + z)$로 표시되고 여기서 z는 적색 편이이다.

※ 암흑시대와 우주 구조의 출현

소천 대천 다 말아먹은 자 누구인가 과학자들인가?
우주가 커지다 보니 은하, 은하단, 초은하단으로 삼천이 되는구나. 그러면 지구를 삼천으로 나눠 보면 우리은하는 지구, 태양계, 국부 선간 구름, 국부 거품, 굴드대, 오리온자리 팔, 우리은하까지로 하는 것이 소천인 것이고, 우리은하군, 국부 쉬트까지가 중천인 것이고 처녀자리 초은하단, 라니아케이 초은하단, KBC 보이드, 관측 가능한 우주, 우주가 대천인 셈이다. 여기서 소천의 중력과 대천의 중력은 다른 것인데 문제는 가까운 중력을 잰다는 것도 어려운데 대천과 소천의 중력 차이는 더 크게 미세성을 드러내는 차이이기 때문에 갈수록 양자 역학의 본질 지평이 넓다.
빅뱅에서 소천(小千)의 규모들이 되었을 때, 우리은하의 태양계(年限) 이것이 팽창해 중천(中千)의 은하단의 규모가 되었을 때의 태양계 연한(年限). 그리고 중천이 팽창해 초은하단의 규모가 되었을 때의 대천(大千) 연한(年限)이 천(千)이란 시방(十方)을 체크한 문양이 십(十)에 삐침자 천(千)인 것이다. 즉 초은하단까지 말아 돌리는 것이 누구의 입에 드는 것이더란 말인가.

※ 우리는 점을 믿든 안 믿든 양자역학은 점이다

이는 사막에 떨어진 불시착처럼 시작하는 것이다. 관측 가능한 우주 광속이 미치는 영역 속의 입자 지평선 울타리가 사막인 것이다. 여기서 양성자 우주의 눈과 광전자의 시야성 거리의 연결, 가시광선의 영역 우주 마이크로 배경복사 이전일수록 붉은색의 무지개 껍질이 닿는 적외선이 차가운 쪽으로 얼어붙는 분기점으로 한다. 그러면 팽창은 이 언저리를 경계 응결성으로 살얼음이 되어가는 시점인 적외선이 되는 것이다. 결국 빛은 반자로 빛의 속도를 공고히 하든가, 아니면 흡수로 빛의 속도를 능가하는 것에서 속도의 끝이 찢어져 암흑으로 들어가는 형태가 된다. 암흑의 흡수는 빛을 찢어 먹는 형상이다.

❋ 점의 분할로서 점을 본다는 것

이도 관측가능한 분기점까지는 생수(生數)이기 때문에 맑으니 하늘이 맑은 것이나 6~10까지는 성수(成數)이기 때문에 입자가 눈발처럼 흐려지니 흡수된다. 이런 상대성은 결국 8족 안의 일이니 쿼크 짝 안의 일이다. 그래서 이 쿼크 한 주기율로 하나의 점으로 하면 천하 우주가 다 든 것이 된다. 결국 점에서 시작해도 점으로 끝나는 것이고, 우주로 시작해도 우주로 끝나는 것이다.

먼지가 겹치는 배경복사인 눈밭이 같은 것이라 흐리고 어두우면 이도 한 하늘에 있는 깃으로 성수에 해당이 되는 것이고 쿼크의 반쪽과 같다. 이는 초은하단을 넘어 우주 전체로 봐 생수와 성수인 것이기도 하니 언저리 성수가 배경 쪽 복사라는 것이다. 그런데 생수에서 이미 빅뱅의 팽창이 끝나고 성수의 배경 복사가 합해 후천(後天)이 되는 것인데, 이는 우리 우주의 적색 언저리의 빈 눈의 투명도로는 약 50억 년 이상은 관측이 불가능한 렌즈와 같이 생수의 영역이다.

* 블랙홀의 점 씨앗 속의 눈과 나무의 꽃으로서 시야를 튼 웜홀

우리의 시야는 낙엽불이 장작보다 크다는 것으로 트이는 것과 같다. 곧 계측 가능한 시야 밖은 어둠에 장작도 있을 수 있고, 더 클 수 있는 공간이 있고, 지름이 늘어나도 수명이 늘어나는 타래일 수 있다.

우리가 블랙홀의 주변성으로 불을 피운다는 것은 곧 싱싱한 풀의 대궁을 태우는 것과 같다. 여기에 웜홀3)이 있다면 마른 풀의 대궁과 같다. 이는 나무가 꽃으로 태우는 속도와 같은데 오래 탈 것 같지 않은 것은 블랙홀은 전자를 광자로 피워야 그나마 블랙홀의 대궁이 원점에서 꽃이 된 광자와 같으니 말이다.

또한 우리은하가 도는 크기의 렌즈라고 할 때 빛의 속도 계측으로 보는 렌즈이기 때문에 그보다 큰 렌즈로 빛의 속도를 초과한 렌즈의 정밀도를 갖고 있지는 않다는 것이다. 우주 팽창 속도는 암흑에너지에 의해 더 빨리 팽창하고 있다. 즉 장작불이 낙엽불보다 화력이 더 작아 보이는 것이다. 마치 장작이 화력이 더 크다는 뜻이다. 그러니 큰 만큼 우주는 팽창이 빠르다는 것이다. 결국 빛의 속도가 못 미치는 것이니 빛의 배경복사의 벽을 넘어버리면 빛의 배경은 볼 수 없는 것이 된다.

---

3) 웜홀(wormhole)은 우주 공간에서 블랙홀(black hole)과 화이트홀(white hole)을 연결하는 통로를 의미하는 가상의 개념이다.

※ 수(數)가 항상성이 있어야 기초적인 것

우주 상수의 불변성으로 인한 우주 팽창의 속도 측정의 균일로 해서 지구에 도달하지 못하는 암흑에너지의 공간에서 광자인 3족 보다 속도를 낼 수 있는 것이 원소 2족인 것으로, 이 태상절(兌上絶)이 갈라지는 사이의 인력은 팽창의 속도는 3족인 빛의 속도보다 빠른 것으로 한다. 그런데 3족이 1인 것으로 도달하면 2족은 1의 반인 1/2로 도달하는 속도인 것이니, 거리는 그만큼 반이면 1을 응축한 거리가 된다.

이 반은 반을 접어 포갠 반의 거리로 1의 거리로 잡기 때문에 음정의 반음인 파는 반음이지만 포갠 1이기 때문에 마치 가파른 언덕과 같다. 그러니 솔라시도는 반음 높은 고원이 되는 것이다.

빛의 속도가 못 미치는 것은 공간의 틈 골바람에 평원을 바람보다 따른 것과 같다. 우주 배경에서 빛의 속도를 능가하게 하는 힘이 있다는 것은 마치 2족의 태상절의 틈이 일방 접착력의 배이므로 배로 강하게 붙는, 즉 반만의 공간으로 강하게 붙은 것이 되어 빛의 속도로 붙은 힘보다 배로 가깝게 반음의 거리고 높이라는 것이다. 그리고 솔라시도는 산이 평원이 된 것으로 1인 것, 즉 1은 평평히게 편 것이고 1/2 두 개인 싵은 파와 시만이 집히는 것에 있다는 것이다. 곧 빛의 속도를 능가하는 우주배경은 파가 시의 벽에 비친 배경인 것이고, 솔라시는 배경과 함께 반음이 섞이는 것이니 우주는 홀로그램일 수 있는 것이다.

❋ 웜홀의 법칙과 호킹 복사

이는 원심력에 의한 우주 언저리 배경과는 별도로 구심에 의한 호킹 복사는 꼭짓점과 같은 것이다. 이는 빅뱅의 구심과는 다른 것으로 빅뱅은 점을 펴는 것을 건으로 하고 이를 안고 배경을 만드는 것이 곤이다. 이 건곤의 사이에서 이런 짝이 자식 대에서 발생하면 이는 감리라는 것으로 상대적인 것이다. 이것이 팽창 우주와 블랙홀이 감내는 영역의 중심으로 한다. 이로 비추어 건곤 안에 감리의 폭으로 우주 은하수가 회오리가 되어 블랙홀이 되었을 때 뿔이 나는 꼭짓점이 호킹 복사이다.

이를 자연 현상에서 보면 나무는 일직선으로 나이테처럼 돌아 큰다. 그런데 이런 꼭짓점이 불쑥 나타나는 블랙홀이면 결국 순(筍)이 나야 하는 것인데, 여기에 광자가 있다는 것은 곧 꼭짓점에서 순이 나면 꽃을 피우는데 그것이 광자 꽃가루라고 하는 것이다. 이것의 블랙홀 끝을 비유한 것이고 호킹 복사는 바로 꽃가루 유전성 복사라는 것과 같다. 이것은 블랙홀이 아니라 실제 웜홀의 법칙이라는 것이다.

웜홀은 블랙홀보다 깊지 않다. 즉 블랙홀은 8족의 쿼크 상대성 중에 3족과 6족의 상대성을 보이는데 웜홀은 4족과 5족이 상대성인 것, 즉 8족을 반으로 접으면 4와 5가 접히는 부분에 붙어 있다. 그래서 나무는 접이 잘 붙게 되어 있다.

블랙홀은 우주에 해저류와 같으면 웜홀은 나무에 자기가 나는 것이니 우주로 봐서 나무 한 줄기를 보는 것이 해저류의 바다 눈으로 봐도 아주 작은 것이다.

웜홀을 찾으려면 나무에서 재가 되는 이치를 찾아야 하는 것이고 블랙홀은 수소에서 양성자를 찾는 것으로 봐야 한다. 광자는 양성 미자와 같은 것이니 블랙홀이 전자인 것에 전자가 다 풀리질 않고 광자로 남는 것은 양성자 미자와 같은 것이다.

✻ 산(算)가지와 쿼크의 사계절

사계절은 우주에도 있어야 하니, 웜홀도 있어야 이치에 맞다. 사계절은 계절마다 세 개의 달이 있다. 이는 쿼크의 여섯 개 달인 본괘와 또한 여섯 개 달인 변괘를 합해 12달이다. 그 중에 스핀 반인 6개월에 양쪽 건곤을 빼면 4가 나오고 변괘도 스핀 반으로 6개월에 양쪽 건곤을 빼면 4가 남는 것이다. 그러므로 8괘가 되는 것이고 8족이 되는 것이다.

이 8족을 합해 양쪽의 건곤을 빼면 6이 남는데 이것이 쿼크 6개인 것이다. 그러면 산가지를 계산할 때 이 서죽을 4로 나누는 것은 곧 사계절의 원리를 하나로서 한 해를 뜻하는 것으로 나눈다. 즉 해란 계측 가능한 시야성을 광속권을 말하는 것이다. 이는 모든 유동성과 공간은 3족에서 관시하는 4족의 영역인 것으로 선천수의 시작이 되는 것으로 실제 4차원의 영역이 된다. 이깃이 여섯 개의 쿼크로 사대적으로 합하니 6을 더하면 9가 되는 것으로 이 9는 은하 전체인 것이고, 4는 이 전체에 4차원까지는 실제 계측 가능한 영역은 아니라고 본다. 그래서 3까지는 선천수가 아니고 가시권의 세상이라는 것으로 색으로는 삼원을 띤다.

※ 구궁도를 청동 거울이라고 하는데

　청동 거울과 같은 단면은 과연 생수 한 바퀴와 성수 한 바퀴를 나타낸다. 거꾸로 원의 테두리를 구심으로 하고 있는 원의 중심을 언저리로 한다. 실제로 안과 밖이면 끝으로는 뾰쪽한 것이면 우리는 공간으로 넓어져 간다고 보고 팽창한다고 보나 결과적으로 평형이 구형이 되는 것으로 보면 남북극으로 뾰쪽하다는 것이다. 이 뾰쪽한 것으로 보면 배경도 구심으로 감겨 가는 것이고 빅뱅도 원심으로 감겨 가는 것이다. 그러면 우주는 배경복사와 폭발적 시야성을 얽힌다.

　즉 파도가 세도 썰물에 배가 불러지는 것으로 살이 찌는데 나는 살이 쪘지만 인간의 몸 기본형을 갖고 있는 것처럼 살이 찐 몸과 같은 우주인인 것이다. 이는 우주 배경의 머리와 자연 빅뱅인 배꼽의 결합은 머리의 기억과 이목구비의 배경복사의 기억은 배꼽의 빅뱅이 오장육부의 우주를 품고 있는 것과 기억과 형신의 중복형이 되는 것이다.

※ 거울상으로서 구궁도를 동일시해서 본다면

　이 우주에는 음과 양이 함께 있는 것이 배경복사와 빅뱅의 사물이다. 이는 구궁의 짝을 이루는 것으로 멀면서 가까운 것이다. 멀리 보면 우주 복사에서 온 짝과 함께하는 부부라는 것이 되고 이 정도면 내가 복사되어 온 나인 것이 되는 것이 다음 도표와 같다.

4금 음생수	9금 양성수	2화 음생수
3목 양생수	5	7화 양성수
8목 음성수	1수 양생수	6수 음성수

※ 적색편이에 속할 수밖에 없는 이유에서

우리는 무지개의 적색 편으로 넓어진 것에 있는 걸 테두리인 것으로 빅뱅 언저리 끝에 적색으로 경계를 두고 암흑물질에 있다. 그러면 적외선은 가시광선의 띠 중에 적색 파장이 가장 긴 쪽으로 늘어진 파장이라는 것인데, 우리가 별의 광도가 낮을수록 붉은색을 띠고 광도가 높은 별은 푸른색을 띠는 별이 1등성인 것처럼 우리의 별은 적색 은하에 있는 것으로서 우주 팽창의 질이 좀 더 빨라진다.

이는 붉음의 의미가 활활 타오르는 의미보다 어두운 편으로 빨리 흡수되는 것이 타오르는 것보다 빠른 견인력이 되는 것과 같다. 결국 적색 편은 초신성과 같은 것이다. 그러다 폭발하면 암흑으로 사라지니 별들은 차츰 수가 줄어들 것이다. 즉 보이지 않게 되는 공간에 잠길 수 있다는 것이다. 다만 우리가 볼 수 있는 공변의 거리에는 어떤 신호든 알 수 있다는 것이다. 그것이 5억 년이다. 사건의 지평은 곧 무대가 될 것인가 무대 밖이 될 것인가가 되는 것이다. 이는 곧 막 안과 막 밖으로 따로 노는 하드웨어와 소프트웨어의 차이만큼 있을 것이다.

즉 빛의 속도로 보이는 가시선보다 팽창 속도가 공변의 거리밖에 있으면 그 거리는 멀어지니 빛의 가시권에서는 벗어난다. 여기까지가 안식이 속하는 것이다. 그러면 이식은 이 빛의 속도 밖을 의미하는 것인가?

과거와 현재 공유 무대는 어떻게 포개져 하드가 되고 소프트가 되어 하나가 될 수 있을까. 미래의 가시권과 현재의 가시권이 160억의 가시권을 늘려주는 것으로 우리는 별들을 더 많이 볼 수 있는 것이고, 과거와 미래가 두뇌의 우주에 기억 망으로 있는 것이다. 그러면 160억 광년의 편재된 두뇌의 기억성은 안 신경이 모인 뇌에 속하는 것으로 안식으로 할 수 있다.

우리는 관측 가능한 만큼의 우주가 우주라고 하는 것으로 눈으로 보는 한도의 관찰은 안 통한다. 눈을 감아도 소리를 들을 수 있으면 이통(耳通)이 되는 것이고, 신통(身通)으로 감지되는 것이면 마이크로파이다. 5족이 전자파이고 6족이 원자파인 것으로 이통이 되는 것으로 물속에서 더 잘 통한다.

물속에서 고래가 전자파를 더 잘 감지할 수 있는 것이 이통이 되는 것이다. 즉 은하수 물인 수소가 열린 전자파의 귀가 쫑긋해도 전 우주의 수소가 귀를 쫑긋한 것일 수 있는 것에서 이통이 된다. 우주 전체의 전신이 전율하는 것이면 신통인 것이고 숙명통은 우주 전체를 통하고 있지 않나 하는 것이다. 의가 통하는 의통은 더 나아가 마이크로파는 색의 변화에 의한 우주 관측은 안통의 기능화로 볼 수 있다. 또한 우주가 관측 가능한 우주보다 작을 수 있다. 즉 어떤 경계가 없으면 도리어 허한 중에 있는 것이니 우주라는 것의 언저리가 생기면 매우 작아졌을 때이다.

우주가 결과적으로 작을 수도 있다는 것이다. 어떤 큰 상태에서 상대적으로 시간상의 위치라고 볼 수 있다. 내 자유로운 한 점이 초은하단보다 크다는 것이다. 수소 한 알이 원소 일곱 주기율에 다 봉합할 수 있으며, 은하가 경계가 없다면 우주가 관측 가능한 우주보다 작을 수 있다. 그런데 수소 한 알은 우주를 대표하는 군중인 것이니, 헬륨이 별들이라고 해도 수소 안의 가족이니 8족이 아닌 7족만 되어도 하늘 아래 뫼와 같다.

이는 어미가 한 주기율만 잉태한 것에도 세포의 핵에는 두 개의 눈이 있는 복제를 의미하기도 한다. 결과적으로 한 배에 8족을 담을 수 있는 것이니, 각 족마다 다른 자식이 태어난 것과 같은 별들의 서사를 갖는 우주라는 것이다. 별은 핵융합의 모태성을 가졌기 때문이다.

참조 : 빌레비츠(Bielewicz) 등은 마지막 산란 표면의 직경에 27.9기가파섹(910억 광년, 8.8×1026m)의 한 아래 경계(low bound)를 설정한다고 주장한다. 이 값은 WMAP 7년차 데이터의 매칭-원(matching-circle) 분석을 기반으로 한다. 이 접근법은 논쟁을 초래하였다.

✽ 쿼크도 공변이 있는 것인가

쿼크도 공변에서 시작되는 것이니 점에서 시작이 되는 것이다. 우리가 점이라는 점으로 들어가면 여기서부터 공변의 거리로 쿼크의 양쪽을 지름으로 하는 것이고, 쿼크 안의 가시성으로 괘사(卦辭)를 이루 수 있다. 내가 중심인 것에서 쿼크적 사방이 나오고 또 한 재결합의 반복이 되는 것에서 생사가 1인 것에 사방이 반으로 생수의 지평이 된다. 이 사방의 재 번복에는 중복이 되는 것이 아니라 사방의 사이에 짝으로 있으면서 중복성이 나중에 짝으로 우주 배경복사와 만나는 것과 같다. 공간이 평평한 지평과 같은 것에서 하나의 원에 있는 영역은 팔방으로 8족을 나누면 재결합성에서 원소가 족으로 같은 것이 가미되듯이 한다.

우리의 감각적 분별성이 8로 중복성일 때 뇌가 기억과 현실의 차이를 맞으로 선명하게 한다는 것이다. 더 많은 숫자면 분별력의 혼미로 탁해지는 것이 된다. 마치 방향성의 눈금이 많은 분별은 색으로 치면 어두워진다. 그래도 삼원색으로 치면 가시광선에 있는 우주가 된다는 것에서 색이 밝은 것만큼 우주는 맑아지고 투명해진다.

❋ 괘에 나의 자리 세(世)와 우주의 나

현재의 우주 마이크로파 배경 복사 빅뱅이 현재의 시간으로 140억 광년, 그 빅뱅 후에 38만 년 지점에 광자가 분열을 일으켜 배경복사가 된다. 그러니 우리가 뿌리가 없는 것처럼 점을 친다는 것은 현재의 시점으로 하는 공변 거리를 말한다. 이것은 괘상에 세(世)가 붙은 시점을 말한다. 그래서 랜덤이어야 하는 것이다. 그런데 충분히 우주와 나의 상호관계는 괘사나 괘상으로 충분히 나타낼 수 있다는 것이다.

그러면 괘중에 효의 상호관계는 양자 얽힘과 같은 것에서 몇 백억 광년의 거리에 양자 얽힘으로 빛의 속도보다 빠르게 교신이 되는 것에서 내가 생각이나 행동을 할 수 있다. 이는 우주배경을 넘을 수 있는 것이기도 하는 빛의 가시권을 넘은 것이기 때문이다.
 내가 점을 쳐 세(世)를 얻으면 이는 우주 중에 나의 한 점을 두고 나 중심이 되는 것은 랜덤이라는 것이고, 이 기준으로 괘상이 되면 그 상의 효가 얽히는 양자성은 우주의 배경을 넘어선 신호가 되는 얽힘이다. 이것을 이통(耳通)의 영역이라고 하는 것이다. 즉 이 지구에 앉아 있는 점만으로 뇌의 뇌파는 우주의 암흑을 넘어선 메아리를 듣는 것과 같은 것이다.

❊ 몸보다 더 작은 세포성으로 볼 때

 우리가 세포 분열을 쿼크의 분열로 볼 수 있는 것인데 그 기초적인 것은 광자 디커플링의 시간과 같다. 광자는 빛의 빠르기로 복사면을 비추기 때문이다.
 우주 배경 복사라는 것은 마치 양력과 같은 것이 발생하는 것과 같다. 거리와 빛의 속도를 곱한 값으로 우주 적색 편이를 빛을 본 시점의 나와 대상 간의 거리는 광년의 속도 거리를 공유하는 것에서 비롯된다.
 광자 디커플링의 적도 인자발생 시전과 우주 대폭발 이후 광자가 생겨난 시점이 수소 이전의 중입자로 여덟 단계에 3족의 위치이다. 즉 수소 우주가 되었을 때는 원소 3족의 위치가 빛의 위치가 된다. 그것이 3족의 범위는 4,200만 년 거리가 나온다.
 4천200년 만에 1, 2, 3족의 다 든 것이 되고 우리가 3족이 3족을 보지 못하는 것은 같은 열차가 달리는 것은 움직여지는 것 같지 않기 때문이다. 그러나 조금 느려진 4족의 충격점, 우리가 공변의 시점이 발생하는 것은 마치 정전지가 생겨 그 위치를 아는 것과 같은 것이 된다.

4족부터 신경이라고 하는 것이고 전기라고 한다. 우리의 신경에 자극이 되는 것은 3족이 4족보다 빠른 자극성 때문에 일어나는 것과 같다. 그리고 3족까지는 팽창이지만 4족부터는 휘어진다. 5족이면 마치 전파의 여파로 엄청 휘어지는 물질이 되는 것이다.

즉 곡선율은 8족의 반인 4족을 넘은 5족에서 파장으로 필 수 있다. 5족의 파장인 시발점인 다양한 대역의 전자기 복사는 원소 4족의 대역이 되는데 가장 신경의 분류가 많은 플랫폼이다. 이러한 무늬는 인간의 신경에 가장 각인이 강한 플랫폼이 되는 지도인 것이다.

※ 이중 슬릿에 있어 광자가 슬릿을 통과했을 때

이미 이 빛이 스크린에 도달하기 전에 도달한 것이 있다면 이 스크린에는 알알이 세포처럼 박힐 수 있는가 하는 것이다. 모래는 구르기만 해도 그림의 무늬 일부로서 같이 있었다는 것이다. 그래서 그 세포 상의 분담은 같은 유전성을 띠는 것과 같다. 우려한 논변인 것 같지만 이중 슬릿은 원소 2족인 베릴륨족으로 분류한다. 이 2족이 이중 슬릿인 것이면 8족인 스크린에 닿으면 이 8족의 화면은 1족의 필름이 돌아가는 것에서 왔다고 본다. 주기율의 반족성을 보면 분명하지 않은가. 주기율마다의 공간은 수소족에서 출발하는 이중 슬릿 베릴족도 함께 있다는 것이다. 그러니 8족의 배경 복사는 분명 1족에 2족의 이중 슬릿에서 온 것이라는 것이다.

우주 배경복사라는 것도 스크린 자체가 배경이 되는 것이니, 그 화상조차 배경을 일으킨다는 것도 없고, 또한 메아리가 있듯이 있을 수 있으나 그것도 고요할 때의 일과 같은 것이다.

과제는 배경 복사가 배경 흡수로 인해 전면적 상이 아니라 알알이 뭉쳐 소묘처럼 일어나게 할 수 있을까. 이는 물이 사람처럼 형상을 이루며 일어날 수 있는가 하는 것이다. 물이 표면의 장력을 이용해서 외형을 다듬을 수 있다면 흙이 물을 이용해서 빚을 수 있는 것은 6족과 7족의 관계이다. 여기에 들어가는 재료가 란탄족과 악티늄족의 혼합으로 8족의 인체를 구성하면 된다.

인간은 이러한 원칙대로의 우주성으로 태어난다. 하지만 인간이 이 법칙을 안다고 해도 만들지는 못할 것이다. 이렇듯 전자기의 무늬를 색으로만 정밀하게 볼 것이 아니라 스크린에 닿아 흡수되면 알맹이 모래마다 입체성 세포가 된다.

이 알맹이 세포가 우주 회전체가 되면 태풍의 눈처럼 세포의 눈이 있는 것이다. 이렇듯 이 세포의 우주 메커니즘의 역사 레코드의 평면이 다시 구형(球型)으로 되면 이는 곧 다시 모래알이 되는 것이고 이 모래알은 곧 헬륨이다. 이 헬륨은 곧 우주 배경인 것이고 이는 1주기율적 배경이라고 하는 것에서 이 한 주기율에 세포는 수소가 바다라면 그 바다에 모래인 중성미자에 속한다고 봐야 한다. 결과적으로 우리의 행위가 오행의 물질에서 나온 물리성으로 본다면 전자기의 무늬는 색이나 파장을 보기 전에 멈춘 벽의 스크린에서 나온 물질성이 둔감한 성질인 것으로 보아 반사의 전환 지점으로 본다. 여기서 주사선의 색으로 보기 전에 이 스크린 입자성의 물질에서 방향성을 읽으면 색이 드러나도 배경적 예측이 가능하고 세포와 몸의 행위를 추측할 수 있다.

과학성이라는 것이 꼭 전자와 대역과 광자 색의 영역으로 보아 그 임상성을 높여 활용도를 선도적 것으로 볼 수 있으나 실제 색이 되기 전과 전자기가 되기 전에 헬륨 정도의 입자형 물질은 무색에 비해 둔한 몸체를 갖는 속성으로만 볼 수 있다.
　피부는 본래 무색으로 보아 카멜레온의 색은 민감하게 피부를 덮을 줄 안다. 이는 내적 전자의 반도체보다 외적 광자의 반도체 역할을 보다 빠른 것으로 한다. 전자가 반도체의 통로에 빠른 전환이 광자가 반도체로서 피부의 통로를 이용하는 것은 그래도 전자에 비해 광자가 입자로서 중입자로 하니 느린 정도일 뿐이다.
　1주기율로서의 정중동은 8족 원소인 것이고 1족으로서의 정중동은 중입자이다. 이로서 2주기율부터 동이 되는 것이고 1족을 떠나 8족으로 한 스텝을 뗄 때 동이 되는 것이다.

　광자의 파장이나 색의 파장으로 정밀해지면 이미 피동적 행위의 시점이 된다. 물질의 기초에서 이미 정해야 할 것이 색이 나타나고 파장이 나타나고 해야 정밀성이라는 과학은 후작위적 행위가 된다. 즉 인간의 신경이 4족인 것이므로 이를 주기율로 4주기율로 하면 3주기율의 주사선이 1족에서 8족인 스크린으로 비추면 3주기율의 8족인 아르곤은 빛의 파장이 똬리를 튼 상태이다. 그러면 4족에 똬리는 펴면 크고 굵어진 신경선으로 퍼진다. 이 신경선이 다시 똬리를 헬륨족의 4주기율에서 틀면 이는 곧 뇌가 된다는 것이다.

✽ 우주 거품과 뇌와는 어떤 상관인가

　머리의 양성자 쿼크에 전자기장이 뇌에 속하는 것인가. 거시 동공이라는 것이 머리가 빈 것이니 거대한 공간이 비었다는 것이다. 눈이 골속을 보니 공간이 빈 것인데 그 이목구비 중에 하나로 골이 빈 채, 즉 달 공전은 비었으나 달은 알찬 것으로 눈알이 된 것을 말한다. 엄밀히 말하자면 태양 공전이 동공인 것인데 태양이 이 거품을 솜사탕 말듯이 말아 눈이 된 것이 이허중이다. 이목구비 중에 거품인 언저리를 돌아 거둔 것이 눈이 되고 귀는 이 거품 밖 암흑물질을 거둬들이는 것이니 더 넓은 것에서 머리는 이를 다 갖춘 우주가 된다. 즉 3족은 안식에 속하는 범위인 것이다. 이식은 6족에 속하는 범위인 것이니 6족과 3족 사이에는 4와 5족인 전파와 음파가 있는 것에서 귀는 소리를 수용한다. 그리고 3족은 4족보다 빨라 지나치는 것이니 눈으로 소리를 듣지는 못한다.
　귀는 6사이의 음향은 빨아들이니 나선형으로 빨려 하는 것이다. 그리고 3족의 언저리가 적색인 것이고 4족의 사이에 풀리는 것이 적색편에 있는 것이다. 그래서 4족인 신경의 시선으로 보면 적색이 빛의 외경이 된다. 이는 적외선 쪽이 밖인 것에서 4족인 것으로 암흑인 6족에서도 4족인 적외선 부표는 보이게 되어 있다. 석외선은 물에 떠 오른 나무의 꽃 색깔처럼 비쳐진 것이다. 그리고 수소가스의 시트들이 거품이라면 필라멘트로 붕괴되면 마치 광자가 전자의 먹이가 되어 양전자를 배불리는 것과 같을 수 있다.

참조 : 거시 동공, 우주 거품, 우주 웹, 감마선, 폭발의 지도화, 의사 무작위 프랙탈성, 적색편이 탐사, 전천 등 또 다른 거대 구조로는 은하와 거대한 기체 거품으로 이루어진 폭 2억 광년의 SSA22 프로티클 러스터가 있다.

라이먼- 알파 숲
퀘이사의 스펙트럼에는 셀 수 없이 많은 라이먼 흡수선이 형성되어 있는데, 전체적인 스펙트럼의 형태가 숲 속에 수많은 나무가 서 있는 모습과 비슷하기 때문에 라이먼 알파 숲이라고 부른다.

양쪽 사이 즉 양쪽의 핵의 구속된 물질을 균형으로 중심을 잡으면 결국 그 사이의 중심으로 한 층 한 층 중력이 쌓여 결국 양쪽의 중력에 이상이 생기기 마련이다. 이는 초은하단에도 이런 중력 변화를 겪는다. 이 모든 삼천대천을 쥔 은하여도 결국 보이는 것은 빛의 영역인 것인데, 빛은 통틀어 적색의 띠게 되어 있는 반면 변화도 없다.

참조 : 양쪽의 초은하단의 중심에 있는 거대 인력체라는 중력 이상 현상 수억 광년에 걸친 지역에서 은하들의 움직임에 영향을 준다. 이것이 은하들은 허블 르메트르 법칙에 따라 모두가 적색편이가 된다. 그것들이 우리와 서로에게서 멀어지면서 적색편이 변화는 수만 개의 은하들에 해당하는 질량의, 한 집중의 존재를 밝히기에 충분하다는 것이다. 이 거대 인력체는 바다뱀자리와 센타우루스자리 방향으로 2억5천만 광년 사이의 거리에 위치한다. 그 부근에는 이웃들과 충돌하거나 또는 많은 양의 전파를 방출하는 오래된 거대한 은하들의 수적 우세함이 있다. 또한 물고기자리, 고래자리 복합 초은하단의 발견은 그 구조가 길이 10억 광년 폭이 1억5천 광년인 것으로 이 곳이 국부 초은하단이 내재하고 있다고 주장한다.

※ 대성괘 간괘(間卦) 역할과 괘의 우주성

성간 매질과 은하간 매질을 포함하는 중첩성 질량은 일반 매질인 성간 매질과 은하간 매질이 포함하는 것이나 암흑물질과 암흑에너지는 재외된 것이다. 일반 물질의 질량에 대한 이 인용 값은 임계 밀도를 기반으로 조절할 수 있다.
이 계산은 우주 전체의 부피를 알 수 없고 무한할 수 있기 때문에 관측 가능한 우주를 위한 것이다. 따라서 임계 밀도는 우주가 평평한 경우를 위한 에너지 밀도를 나타낸다. 만일 암흑 에너지가 없다면 그것은 우주 팽창이 계속되는 팽창과 붕괴 사이에 놓여 있을 경우를 위한 밀도이기도 하다.

프리드만 방정식에서의 값에서 임계밀도는,

참조 : 중력 상수와 허블 상수 임계밀도, 입방미터 당 5개의 수소로 하는 것이 4와 5사이에 원자가 빠지고 융합하는 것이 원소 8족의 반반이 4와 4인 것에서 5족의 중심을 잡아주는 것으로 5로 한다는 적합성이 밀도에서의 4가지 유형의 에너지 질량 일반물질(4.3%), 중서미자들(0.1%) 차가운 암흑물질(26.8) 암흑 에너지(68.3%) 중성미자의 초상대론적이니 물질보다는 복사처럼 거동하는 것, 일반 에너지 밀도를 4, 8로 하는 것을 질량으로 변환하려면 관측 가능한 우주의 반경 즉 광년의 길이를 곱한 부피 그러면 140년의 빅뱅 시작점에서 길이로 공변거리(반지름)은 466광년이 된다. 일반물질의 질량(πr^3)는 $3.58 \times 1080 m3$이고 또한 일반 물질의 질량은 밀도($4.08 \times 10-28 kg/m^3$) 곱하기 부피 ($3.58 \times 1080/m3$) 또는 $1.46 \times 1053 kg$과 같다고 한다.

우주가 수소 70% 가량으로 보면 헬륨을 합하면 원소 1주기율의 공간을 거의 채운 것이 된다. 그래야 쿼크의 우주가 배가 가득한 것으로 임신을 하여 주기율마다의 새끼 세대를 이어가게 하는 것이다.

우주 수소물질은 10에 80승이라고 하는데 팔괘는 가장 기본적인 사건의 지평을 매우 감수 있게 받아들일 수 있는 것이다. 쿼크도 일종의 제한적 규격이지만 이는 효마다의 영역이 주어진 내용은 입자 하나의 권역인 것으로 해서 나의 시야성으로 보아 광학 지평으로 여기는 것 또한 시신경이 4족인 것이다. 그러므로 4족의 정전기로서 나의 존재가 돌발성은 가진 태생의 존재로 보는, 곧 내가 우주라는 것은 4족인 돌발적 탄생의 시점으로 볼 수 있는 것이다. 이는 봉변의 거리로서 보는 것의 사회로서 빅뱅의 조물주를 이어

보는 것이다.

광학이란 마치 구슬을 굴리는 눈과 같은 것이다. 즉 현재의 시야성보다 미래에 시야성이 더 확보될 수 있다는 것으로 볼 수 있다. 하지만 이 3족의 눈에서 1족과 2족의 구슬을 굴리고 있다. 이것에서 전신의 신경이 뇌에서 발동하게 함으로서 이 우주가 최소한 내가 땅을 밝고 있으며 전하의 팔다리로 4족의 에너지를 느끼는 것이다. 3족은 공간을 넓히는 것이지만 이 공간에 나를 느끼는 것은 정전기서 일어난 존재감인 것이다.

여기다 공기까지 시원함을 느끼면 5족인 공간이 된다. 즉 광행거리로 움직이면 내 몸은 불살라지고 사라져야 하는 보폭의 우주체의 3족이다. 하지만 4족은 구름 속 이온의 존재로 길을 묻듯 노크하며 위력을 발하는 생명체가 된다.

※ 흥미로운 가설

요즘에는 세대 차이를 넘으니 외계인 같다든가 다시 뱃속에 넣고 싶다는 말까지 나온다. 우리가 우주를 모래시계 모형으로 보면 곧 하괘 중성자가 헬륨인 것으로 헤라의 자궁이 중성자라는 것인데 자궁은 곧 배와 위장을 말한다.

이를 잘 보자면 자식이 배꼽에 모여 탯줄은 타고 자궁에 붙은 것으로 역행하는 것이면, 이는 모래시계 하단 부위가 배인 것에서 배꼽의 부위를 찾아야 한다. 중성자에 이러한 출구가 있는가 하는 것이다. 이는 중성자로 층이 다른 밀도를 가지는 것에서 주기율의 층만큼 무게의 비중이 다른 막의 껍질 층과 같다.

특히 4와 5주기율의 막의 층에는 전이 원소가 있는 탯줄이 있는 것이고 6과 7주기율의 밀도에는 란탄, 악티늄의 탯줄이 있다. 그리고 주기율이 많을수록 중성자의 수는 많아지니 자식을 많이 낳을 수 있고, 중성자 땅을 말하는 것이니 땅에 탯줄은 박으면 어마어마한 양의 번식인 것이다. 그러나 우주는 질서 있게 움직이니 사람은 하나만 나아도 되는 틀에서 태어나는 것이다.

✲ 은하수는 수소와 헬륨이 산다.
바다는 물고기 알과 고래 새끼가 산다

이것이 1족에 올려놓은 것과 1주기율에 올려놓은 것과 같다. 즉 1족은 물고기 알의 은하수가 잉태한 것이다. 8족은 잉태한 10족이 10개월로 태어난 포유류이다. 즉 어류의 알은 수소 이전의 입자인 것이다. 포유류는 수소 이후 원소 1주기율이 되기 전의 일인데 이것이 2주기율에 태어나면 100배율로 100세를 산다는 것이다.

✲ 우주 재결합과 주기율의 반복

원소 2족의 반복성과 전기의 브러시 양분화의 시점에서의 주기율적 차이로 우주 암흑시대와 황색의 적색화는 적외선을 넘으면 가시권을 벗어난 것이 된다. 그런데 초기의 가시광선은 적색에 해당이 되면 암흑이며 적외선으로 풀리는 경향이 있다. 수축성보다 팽창성이 더 강하니 꽃도 피는 것이고, 만일 꽃이 져도 풀은 자라는 여름인 것은 지구의 여름은 아직도 꽃의 팽창에 물러지는 것이다. 언젠가 코끼리 다리 더듬는 상태가 올 것이다.

※ 음양이 8에서 나뉘면 뇌가 반음의 역할을 하는 것과 같다

파의 반음 자리가 좌뇌인 것이고 시의 반음은 우뇌인 것이다. 좌우 뇌는 2태상절의 모형인 것인데, 이 맨 위 상효는 짝으로서 하나의 효사를 가진 것이다. 이를 좀 더 두 개로 분명하게 갈라치는 것이 음정의 표현이다.

파와 시는 반음씩 갈라치기인데 그 갈라 친 것의 효사는 두 개를 포함하는 문구이다. 그러나 좀 더 물리적으로 보면 고래처럼 좌뇌가 잠들면 우뇌가 깨어있고 우뇌가 잠들면 좌뇌가 깨어 있다. 파는 깨어 있는 것이고 시는 쉬는 것이다.

원소 2족이 뇌가 갈라진 것인데 이 갈라진 것이 나중에 8족이 갈라져 4족이 두 개인 것으로 갈라진 형태와 같다. 즉 그 메커니즘이 확대된 것으로 보는 것이다. 양이 음으로 갈라진 단순한 것이 4와 4가 양과 음으로 갈라진 메커니즘이 된다. 그리고 양(−)은 입을 닫은 형태, 음(--)은 입을 연 형태로 그 중에 혀가 나오면 이는 벌어진 두 개 사이에 하나가 나온 것이다. 이것이 세 개의 효가 되는 것으로 소성괘가 괘가 된다. 이것이 곧 말하는 상이니 효사(爻辭)가 된다. 또한 대성괘로 말하는 상이면 괘사(卦辭)가 되는 것이다. 이 효사가 되면 전자기력이 되는 중입자로 보는 것이고 물질화의 말씀이 되는 기초 단계를 말한다.

※ 중입자가 3과 4효인 목에 걸려 중력화하는 턱에
  걸러져 아랫배 1효에 쌓여 중력화하는 것

   3과 4효에 상괘와 하괘가 분리된 것이면 중력이 3과 4효의 사이에 몰린 것이 되어 나중에 갈라져도 3과 4효 사이에 밀도가 모인 것에서 하괘는 3족에 밀도가 모인 것으로 중력이 된다. 상괘는 4효에 밀도가 모인 위 그림처럼 밀도가 뾰쪽해진다. 즉 이것은 곧 양성자 쿼크와 중성자 쿼크별이 각기 따로 독립된 별이 되는 모형과 같다.
   3효의 기묘 쿼크와 4효의 맵시 쿼크가 분리되어 두 개의 별이 되는 것과 같다. 그리고 5효와 2효는 3과 4인 핵을 둘러싼 모형을 말한다. 다만 이 핵을 밀도로서 압박을 하기 힘드니 군단의 병들을 중성자로 응축하지 못하여 양끝의 막대를 내뿜지 못하는 것이다. 그러면 두 개의 별이 쿼크의 별로 떨어지는 것이면 양성자, 중성자의 관계는 떠난 것이고, 쿼크의 관계도 아닌 것이다. 결국 4족에 있는 소성괘의 아래 효 1효와 같은 것이다. 3효에 중력이 몰려 있던 것도 독립적으로 하면 위에 있는 중력을 아래인 1효로 봐야 하는 것이니 3에서 거꾸로 1로 봐야 한다. 그래서 결국 독립적인 쿼크의 별도 우주 바닥이라는 그릇에 담긴 것이면 상하괘가 다 1효인 바닥에 모이는 밀도를 갖게 된다. 여기에다 강제가 아닌 자연적 침전에 의해 중력의 방향이 달라진다.
   결국 3과 4족에 몰린 중력의 목구멍이 한쪽에서 보면 몰린 쪽으로 뾰쪽해지면서 깔때기가 되는 것에서 분열이 되어 2개의 쿼크가 되는 것이다. 하지만 4족인 목구멍인 깔때기 끝에 모인 것이 3족으로 모인 하괘 목구멍인 역행성과 마주한 것이니 이 상하 장구형

깔때기의 가는 목이 중력의 중심이 된다.
 이 중심이 소멸됨과 동시에 쿼크의 짝이 떨어지는 것이니 각기 양성자인 입과 중성자인 목을 달고 떨어지니 양성자, 중성자가 하나의 꽃잎과 꽃받침인 것이 두 개인 것으로 떨어진다.

※ 우주의 8자가 생긴 모형과 구궁도

4, 4는 생수(生數) 음금(陰金)으로서 0이 하나이고	9는 성수(成數) 양금(陽金)으로서 4와 짝이 되어 0이 두 개 8이 되는 모형이다	2, 2는 생수 토로서 0이 하나이고
3, 3은 생수 목으로서 0이 하나인 것이고	5, 10, 다만 중앙 5는 0이 겹치는 것이니 두 개로 치지 않는다	7, 7은 성수 토로서 2와 짝이 되니 0이 두 개 붙은 8이 되는 것이다
8, 8은 성수 목으로 3과 짝이 되니 0이 두 개인 8이 되는 모형이다	1, 1은 생수 수인 것이니 0이 하나인 것이고	6, 6은 성수 수인 것이니 1과 짝이 되니 0이 두 개 붙은 8이 되는 것이다

 구궁도 순서로서 생수(生數)와 성수(成數)를 가르는 법으로 어떻게 곁의 짝이 되는가를 유념해 우주 기본 형성을 보라.
 구궁도에서 1~5까지가 생수(生數)인 것이고 6~10까지가 성수(成數)이다. 모양이 여덟 개 있는데 공 모양과 도넛 모양이 2개인 것과 이 공 모양에 고리가 하나 달린 것이다. 그리고 도넛 모양에 고리가 두 개 달린 것으로 하는데 이 공 모양을 건으로 하는 것이고 1족으로 하는 것이다. 앞의 구궁도를 참고로 보라.

※ 왜 3효와 4효가 기묘한 쿼크와
   맵시인 쿼크의 허리로 날씬한 것인가

 은하에 막대가 생기는 것이면 곧 '나는 나라는 것'이 된다. 암흑물질이 은하를 가두어 짜내는 막대는 중성자성을 띠는 별이 되는 것과 같다. 중성자란 양성자의 소멸력이 이런 모형이라는 것이다. 그러면 과연 이 막대는 어떻게 쿼크로서 일어나는 것인가. 그것은 양성자 중성자 중에 중성자별의 위치가 하괘의 초효에 몰린 뾰쪽한 형태를 띠는 것에서 초효가 곧 뾰쪽한 형태가 되는가 하는 것이다. 그리고 이 깔때기 모형이 거꾸로 맞물리면 장구가 마주한 것과 같은 모래시계 형이 된다. 이는 상하괘 전체, 즉 양성자의 아래가 중성자인 것에서 그 중성자 중에도 아래가 있는 것으로 중력이 되면 이 중력은 양성자와 중성자가 함께 중력점에 맞물리는 것이 되는가 하는 것이다. 또한 구심이 없는 크기가 다른 굴렁쇠를 한 손에 쥔 점이 곧 굴렁쇠의 원심을 한 점으로 쥘 수 있는 것과 같은 것으로 중력이 모일 수 있는 것인가 하는 것이다.
 초효에 육효인 굴렁쇠를 초효에 중력을 상괘와 하괘를 차례로 초효에서 다 쥘 수 있는 중력인가이다. 그러면 1효인 바닥 쿼크에 다 모을 수 있는 것인가 하는 것이다. 이를 쿼크로 보아 1효에 다 물리는 점으로 하는 중력으로 할 때 이는 양성자 링과 중성자 링이 하나이다. 그 중에 중성자 링도 원심의 점으로 1효에 함께 물리는 것으로 한다. 이에 비해 양성자 상괘와 중성자 하괘가 맞물리는 것, 즉 3효와 4효 사이의 밀착력을 중력으로 하는 것이면 이는 모형이 상하 모래시계의 형태가 된다. 곧 중간이 가는 허리가 되고, 쿼크의 3효가 기묘가 되고, 4효가 맵시가 되니 날씬한 것이다.

※ 원소 1족과 2족의 중입자 문제

왜소은하(작은 은하계)와 위성 은하 행성 같은 은하에 위성 같은 은하라는 것이 있다. 마치 지구 같은 은하에 달 같은 은하이다. 즉 크나 작으나 원칙적이라는 것이다. 그러니 육효 중에 1효를 중력의 핵에 가까운 땅바닥이라는 것으로 쿼크의 바닥이라는 것이다. 곧 6효에서 1효로 중력이 한 줄로 이어져 민첩해 지는 것과 같은 것이다. 이는 중입자의 핵을 1효로 하는 것에서 그 가장자리 언저리 6효에서 수직 낙하하는 것과 같다는 것에서, 하괘면 중입자로 이는 암흑물질로 밀도가 강한 곳에 해당된다.

상괘는 밀도가 가벼운 것이 해당되는 괘면 결국 초효를 중력으로 하는 것은 중입자의 밀도와 같은 것으로 하괘인 것이다. 마치 상괘는 대기인 것이니 대기 상의 바람의 회오리로 따로 도는 것이고, 하괘인 땅은 물이 회오리를 만들어 각각 따로 도는 두 개의 원으로 독립적으로 할 수 있다. 하괘의 4족 5, 6, 7, 8족은 지구대기권 안의 회오리인 것이고, 상괘 1, 2, 3, 4족은 우주 별의 헤일로와 같은 것이다. 이 하괘 4개 중에 5족인 것은 대기권인 것에서 한 족 망이라고 차이가 나면 바람의 회오리가 5족인 것이고, 물의 회오리가 6족인 것의 차이를 갖는다.

은하수는 암흑물질로서 차가운 것인데 이는 상괘에 속하는 것으로 어둠이다. 그런데 하괘의 실제 물인 H_2O인 것으로 물이 숯불을 차갑게 하는 직접성의 간접적 우주 표현이 암흑물질이다.

※ 중입자와 오비탈

중입자는 전자와 양성자 사이에 있어 어느 정도의 크기로 봐야 한다. 왜냐하면 전자를 0으로 했을 때 이 0에서부터 힉스의 출발점으로 하는 것, 만일 전자를 0으로 하지 않으면 전자보다 작은 입자를 볼 수 있다면 이는 전자가 양성자에 의해 비춰지는 것이 아니기 때문에 마치 불이 없는 남포등과 같다. 양성자가 전자를 끌어 비춰진 영역 안에서 밝혀진 물질인 것이니 이는 물질이 내적으로 밝은 것이기에 밖이 밝으면 빛같이 밝아지는 것이 물질의 특성이라고 본다.

양성자가 없는 것은 물질이 될 수 없는 것과 같이 양성자가 전자 껍질에 남포등과 같지 않으면 물질은 될 수 없다는 것이다. 물질은 불빛이 비친 영역 만큼이다. 그러면 물질은 스스로 밝은 원자인 것인데 문제는 암흑물질이 이 전자를 가리는 것까지 하니 마치 이 남포등에 먹칠을 칠한 것과 같으니 어둡다. 만일 이 먹이 전자의 오비탈보다 작고 가볍다면 투과하여 밝을 것이기 때문에 암흑물질이라고 할 수는 없다. 물질은 빛만 비추면 보이는 메아리와 같은 것의 인지를 도울 뿐이다. 그러면 어두우면 이는 메아리가 더욱 두껍입진 적막의 소리가 된다. 이는 오비탈의 메아리 피장이 디 강하게 막히는 것으로 하는데 우리가 전자의 벽이 없는 껍질을 깬 공간에 산다면 아라한이라고 하는 본질이 된다. 즉 양성자만 있으면 아무리 어두운 암흑물질로 막아도 전자의 오비탈이 없는 벽이면 양성자는 저승의 암흑에도 밝다.

아라한이라는 것은 우리는 잡을 수 없지만 그것은 전자를 끼고 봐야하기 때문인데 아라한은 전자의 벽을 깬 공간으로 놀기 때문에 양성자의 빛으로 그대로 보는 것이다. 인간의 눈도 물질인 다음에야 아무리 양성자 빛이 밝다고 해도 전자 껍질에 의해 보이질 않는다. 우리가 미시 입자를 본다고 해도 영혼적 입장으로 볼 필요도 있는 패러다임은 중요한 것이다.

원자는 양성자에 의해 나타나는 불과 같은데 전자가 껍데기일 이유가 없는 것이다. 그것을 입자로 하기에는 알맹이가 죽처럼 퍼져 버린 것이니 그 퍼진 물을 1인 전자로 뭉쳐야 입자 하나인 것으로 하는 것이다. 그러면 힉스는 퍼진 물에서 달여야 하고 고아야 하는 물의 양에서 측량이 가능하다. 즉 암흑물질이 힉스 이전인 것인가와 힉스는 전자 이전의 알맹이가 아니라 물인 것인가로 하는 것이다.

※ 이론상으로는 가능한 전자 오비탈 벗기기

전자 오비탈은 불에 바싹 말린 벼 껍질과 같은 것인데 이 껍질을 정미할 기계를 만들면 될 것이다. 우리가 전자를 5족으로 하는 것이고 이 전자가 양성자에 바싹 붙은 중입자가 4족인 것으로 하는 것으로 이 오비탈을 5족으로 하는 것에서 전자링으로 보면 8족이 되면 전자 링이 굳어져 8족의 흙가루처럼 진이 없는 것이다.

그러나 이런 자연성보다 속성으로 오비탈을 태양처럼 말리면 전자가 진이 빠져 가로같이 링을 만드는 것이면 곧 태양이 프라즈마(Plasma, 제4의 물질 상태라고 알려진 물질의 형태)를 벗듯 양성자가 전자를 벗는다. 이는 암흑물질이 전자에 부딪혀 물질이라는 장애물이 생기는 것이 아니라 암흑물질이 양성자에 오비탈의 벽이 없이 붙는 것이다. 그러면 물질이 보이는 오비탈 껍질의 형상이 보이지 않고 벽이 없는 빈 공간 사이로 우주 공간이 있다는 것이면 무대가 안팎이 격리가 있고, 이는 무대 안팎을 넘나들 수 있다는 것이다. 우리는 마치 화면 밖에서 오비탈의 물질로 움직이는 것으로 볼 수 있다.

그런데 이는 실제 화면 안과 밖이 아니라 그 경계가 없는 것으로 공존하는 것이고 병행하는 것이다. 전자 물질인 인간과 전자 물질이 없는 신과의 공존이 되는데 전자가 있는 원자 물질의 인간은 보지 못해도 양성자만의 눈으로 보는 것은 인간을 볼 수 있으면서 공존이 되는 것이다. 이는 암흑물질이 6족인 것의 회전 헤일로의 밀도의 집중력이 4와 5족 사이에서 밀도를 높인 것으로 막대로 하는 것이냐 아니면 초효만으로 헤일로가 뾰쪽해지는 것인가이다.

무색계의 최상층에는 세상을 볼 수 있는데 이는 안팎이 벽이 있는 상태가 아니라 이러한 오비탈의 껍질만 벗겨져도 공간이 열린 것이면 내 몸은 하드웨어인데 소프트웨어에 들어 마치 벽이 없으므로 윤회도 있을 수 없는 것과 같다.

안식의 문제와 원소 3족 안의 원소 4족이 신경인데 3족의 안식은 신경을 능가하는 것이다. 안식을 넘어야 이식(耳識)이 되는데 이식은 원소 2족이 가까운 것이다. 우주 먼지가 태양이 된다면 이는 양성자도 우주의 맑은 수정체가 아니라는 것이다. 즉 양성자는 원자를 거느린다. 그나마 혹성에 인류에 속하는 것이다. 인간은 빛의 속도를 못 벗어나니 원소 3족을 못 벗어나고 전이원소와 악티늄족 원소가 쌓인다.

제8장

원소 주기율의 역행

※ 지구 종말 환산법과 달 종말 환산법

지구는 태양을 365일을 돈다. 그리고 이 지구를 12등분 중에 하나인 것으로 하면 만일 지구인 일진이 육충괘인 것에 있는 것이고, 파를 당한다면 이는 6개월 내의 일이 된다. 개월 후면 나의 위치는 반대 위치에서 충(衝)이 되기 때문에 만일 육충괘(六衝卦)면 이 반을 넘을 수 없는 것과 같다. 또한 태양이 은하의 중심을 도는 것이 2억5천만 년이라고 해도 육충괘에 임(臨)하면 반인 1억2천5백년을 넘지 못하고, 12등분으로 하면 2천만 년마다 한 눈금이 되는 것이다. 그리고 1년에 육합괘면 반은 넘어 1년보다 훨씬 길게 이어질 수 있는 것이다. 그러면 지구가 일진인 것이면서 육충괘인 것이면서 태세(太歲)가 괘이면서 파(破)하면 태양으로 인한 피해를 입든가 다른 항성의 피해를 입는다.

달은 지구를 12달로 돈다. 12달이 한 입으로 음식을 먹으려면 30개의 자전이 동시적으로 먹어야 하니 달은 잇몸이 건강해야 한다. 그러니 월건의 이빨 란탄, 악티늄족이 붙은 것이다. 그리고 태세와 합하는 일진의 괘에서 이 합하는 태세가 파하는 것이면 태양권에서의 파괴로 해서 지구가 미아가 될 수 있다. 특히 세(世)가 일진인 경우 그 곁에서 파가 되는 것이면 주변 행성이 그러하다.

※ 쿼크는 왜 3을 기준으로 분할이 되는 것인가

쿼크는 기본이 양성자 3과 중성자 3의 상대성을 의미한다. 이는

1과 2주기율을 합한 10을 기준으로 10진법이 나온 것과 같다. 즉 원소는 8족을 의미한다. 거기에 두 개의 족인 1주기율이 심으로 들어가 심은 건곤이 반반인 것으로 하는 것에서 실제 9이다. 마치 원동기의 브러시는 반반인 것만으로 원이 주기율로 반복형의 시간을 나타내는 것이라 이는 9에 반반인 것으로 갈라지는 성세포의 기본형이라는 것이다. 그러면 멈추면 9인 것이니 영원히 금의 상태의 심이 되는 것이다. 원심으로 한 바퀴가 되면 8족으로서 언저리에 거품이 일어나니 그 오비탈성이 7과 8족인 것은 1과 2의 심지가 원신 분리하면 나중에 9가 7족이 되는 것이고, 8족이 10이 되는 것으로 2주기율은 거품이 되는 것이 땅인 것이다. 그 사이 중력이 생기는 것이니 땅은 물에 가라앉는 것이다. 즉 6족인 물에 7과 8족은 가라앉아 쌓인 섬과 산인 것이고 대지이다.

10안에 중력이 관할하는 것에 상하괘가 형성이 되는 것인데 이 상하괘가 곧 10이다. 즉 상괘 3개의 효와 하괘 3개의 효가 곧 쿼크의 기본형이다. 그 괘상의 형태를 진괘(震卦)로 보면

내가 세(世)에 있는 것으로 보면

6 -- (1/3), 세(世) 6효에 있으면 업 쿼크
5 -- (2/3), 세(世) 5효에 있으면 맵시 쿼크
4 - (2/3), 세(世) 4효에 있으면 꼭대기 쿼크
3 -- (2/3), 세(世)가 3 효에 있으면 중성자, 다운 쿼크
2 -- (2/3), 세(世)가 2효에 있으면 중성자, 기묘 쿼크
1 - (1/3), 세(世)가 1효에 있으면 중성자, 바닥 쿼크

내가 응(應)에 있는 것으로 보면

6 -- (1/3), 응(應)이 6효에 있으면, 양성자, 업 쿼크
5 -- (2/3), 응(應)이 5효에 있으면, 양성자, 맵시 쿼크
4 - (2/3), 응(應)이 4효에 있으면, 양성자, 꼭대기 쿼크

3 -- (2/3), 응(應)이 3 효에 있으면 중성자, 다운 쿼크
2 -- (2/3), 응(應)이 2효에 있으면 중성자, 기묘 쿼크
1 - (1/3), 응(應)이 1효에 있으면 중성자, 바닥 쿼크

이 상하괘가 간괘(間卦)로서 물리지 않으면 쿼크가 형성이 되는 것이 아니다(간괘 : 2, 3, 4와 3, 4, 5가 상하 간에 중첩으로 물린 것). 즉 양성자와 중성자가 물리기 때문에 쿼크가 형성이 되는 것이다. 그러면 이 쿼크는 서로가 세 개의 효 중에 간괘가 2개씩 물리는 것이니 2, 3, 4, 5효는 중복적으로 겹치는 간괘라고 하는 것이다. 즉 두 개의 괘가 아니면 간괘가 발생하지 않으니 쿼크가 되지 않는다. 상하괘 양성자와 중성자가 물리기 때문에 쿼크가 자연 세 개의 괘상 중에 두 개가 양쪽에 물리는 것이다. 물리는 4와 5 2개인 상괘 양성자와 물리는 2와 3 2개인 하괘 중성자로 하면 물리는 양성자 중성자에는 물리는 쪽 2/3인 4와 5효가 되는 것이고, 안 물리는 6효 언저리는 1/3이 되는 것이 양성자이다. 상대적으로 하괘로 물리는 2/3인 4와 3효가 되는 것이고 안 물리는 1효가 1/3이 된다.

※ 왜 쿼크는 1/3 비율과 2/3이 비율로 발생한 것인가?
  그 원류를 찾아서

천지는 천지비괘이다. 즉 천은 상괘인 것으로 지는 하괘인 것으로 하면 천과 지는 1/2과 1/2로 하는 반쪽을 합해 1이 되는 것으로 나머지 괘는 1과 1의 합으로 한다. 마치 세포가 반으로 쪼개질 때의 1/2 상태가 부모인 건곤이 되는 것이다. 나머지 괘는 자식이 되는 것으로 부모가 합한 1이 되는 것에서 천지비괘를 쿼크 시작의 기본이 된다.

※ 천지비괘 육효

6 —
5 —
4 —
3 --
2 --
1 --

위 육효를 보면 1효와 6효를 빼고 중간에 4개의 효를 간괘라고 하는데 이 간괘의 중첩을 펴면 풍산점괘가 된다. 그러면 1효와 6효를 뺀 간괘는 상하괘가 중첩이 되어 있다. 즉 풍과 산의 중첩에는 상괘4와 5는 양이 두 개 중첩이 되고 하괘 2와 3은 음이 중첩이 되어 있다.

이 두 개는 괘상으로는 상하 중첩이 되는 것이니 이를 2로 하는 것이다. 상괘 3개 중에 2개가 중첩이 되는 것이니 이를 2/3인 쿼크로 하는 것이다. 그리고 중복되지 않은 6은 1/3인 쿼크인 것으로 상괘는 양성자 쿼크로 한다. 그리고 하괘 또한 3효와 4효는 겹치는 것이니 하괘는 중성자 쿼크인 것으로 상괘와 상대적으로 중성자로 한다. 그러면 이는 중성자 쿼크의 2/3가 되는 것이고 나머지 가장자리인 1효는 1/3인 쿼크인 것이다.

상하괘가 떨어지지 않는 힘은 강력에 해당되고 간괘에 해당이 된다. 그러나 6효에서 1효로 떨어지는 것은 중력에 의해서다. 그리고 효마다 붙어 있으나 떨어질 수 있는 것이 전자기력이다. 이 음과 양의 전자기력에 붙은 육신이 약력에 해당된다고 봐야 한다.

대성괘는 음과 양이 섞여 있는 것으로 붙어 있으나 아무리 섞여 있어 곤괘가 다 상괘에 있어도 이는 오래 가지 못하고 건괘로 변한다. 이것이 우주 중력에 의한 것이다. 즉 상괘의 곤괘는 하괘로 전환되어야 하는 것인데 건괘와 전환이 되는 것이 속결이다. 아무리 하괘에 양이 많고 상괘에 음이 많다고 해도 음과 양의 효는 전자기인 것이니 힘의 한계가 있는 것이고, 강력이 기본인 간괘만의 위치로 전자기의 음양 비율과는 비교가 되지 않는다. 쿼크의 1/3과 2/3인 비율과 음양이 같은 효의 만남이 2/3인 비율과는 다르다는 것이다. 즉 이 음(--)과 양(-)의 표식은 전자기력의 표식이니 경력의 표식은 오직 상하괘 만의 간괘 2개와 언저리 1개의 비율로 정해진 것이니 전자기는 이 강력에 부차적인 것이다.

우리가 자식의 남녀를 구분할 때 이 전자기의 음양으로 구분한다. 이것이 모호한 것이 쿼크의 강력과는 상관이 없다. 하지만 쿼크는 간괘를 강력하게 보지만 일반 괘 3개의 효로 보면 뮤온인 것이 된다. 소성괘는 뮤온은 되는 것이다. 독자적이면서 결합이 되는 것에 있다.

상하괘에서의 전자기력보다 상괘나 하괘에 독립적인 소성괘의 격리는 전자기력보다는 쿼크에 가까운 힘이라고 봐야 한다. 즉 괘에 동효가 발생했을 때 효에 괘가 묻어가는 것은 그만큼 뮤온의 접착력이 강한데서 일어나는 것이다. 그러니 뮤온의 변화에 따라 괘상이 변하는 것이고, 괘상이 변해도 상하괘의 구조를 벗어나지 않는 변화이다. 이 변함없는 쿼크의 구조 변화는 64개의 사회성을 가진다.

※ 쿼크와 다른 전자기력의 파장

중천건괘면

6 - 꼭대기 쿼크
5 - 업 쿼크
4 - 맵시 쿼크

3 - 기묘 쿼크
2 - 다운 쿼크
1 - 바닥 쿼크

1과 6이 언저리 파장인 전자기장인 것으로 탑과 바닥을 의미하고, 2와 5가 중앙의 파장인 전자기장인 것으로 업과 다운의 파장을 의미하고, 3과 4가 심지인 전자기장은 맵시와 기묘의 업과 다운의 파장이 되는 것이다. 쿼크는 상하로 강력한 힘이지만 전자기는 중력의 힘이 3과 4의 결합에 강하니 이 심으로 해서 원형으로 퍼져나가는 것이다.

※ 괘상과 얼굴

4) 양 눈은 음인 효로 모양이 음(--)인 것이고, 양 귀 또한 구멍인 것으로 음인 것으로 모양이 음(--)인 것이고, 맨 아래 턱이 양(-)인 양효이다. 이 세 개의 효를 하나의 괘로 모으면

-- 양 눈
-- 양 귀
- 턱

진뇌괘(震雷卦)의 상형(象形)이 되는 것이다. 즉 턱이 아래 양효고, 눈이 중간 음효고, 귀가 위의 음효인 것으로 한다. 눈이 양쪽으로 구멍인 것이 음(--)인 것이고, 귀도 마찬가지이고, 턱은 양인 것이니 양(-)이 되는 것이다.

5) 산근이 양이고, 콧등이 양이고, 콧구멍이 음인 것으로 하면

- 산근
- 콧등
-- 콧구멍 2개

손풍괘(巽風卦)의 상형이 된다.

7) 이마가 양이고, 귀가 음이고, 눈이 음인 것이면

- 이마
-- 양 눈
-- 양 귀

간산괘(艮山卦)의 상형이 되는 것이다.

2) 눈이 상효인 것으로 구멍인 음효인 것이면 광대뼈가 양효인 것으로 양효가 되고, 입을 다문 턱인 양효인 것에서

-- 양 눈
- 광대뼈
- 턱

3) 이마는 양이고, 눈은 양쪽으로 음인 것이고, 광대뼈가 양인 것이니

- 이마
-- 양 눈
- 광대뼈

이화괘(離火卦)의 싱헝이 됨.

6) 눈이 음이고, 광대뼈가 양이고 입이 음인 것으로

-- 양 눈
- 광대뼈
-- 입(식도와 기관지)

감수괘(坎水卦)의 상형이 됨.

1) 이마, 광대뼈 턱이 전부 양인 것

— 이마
— 광대뼈
— 턱

건천괘(乾天卦)의 상형이 됨.

8) 양 눈과 양 귀와 입의 식도와 기관지

-- 양 귀
-- 눈
-- 입 속의 양쪽 문

이를 곤지괘(坤地卦)의 상형으로   .

※ 음정 파의 턱이 붙은 위치와 턱이 머리에 붙어 상하를 가르게 한 이치

음정의 파가 턱인 것에서 반음이 되는 것이다. 이는 파가 목이 아니라 목 위에 머리에 붙어 입술까지로 해서 이 입술에서 갈라진 것으로 파가 된다. 즉 머리는 윗니에서라는 것의 솔의 위치라는 것이고, 아랫니의 턱은 끼워 붙인 것으로 반음이 갈라진 입술과 같은 것이라는 것이다. 8족 중에 4족은 머리의 아래 부분에 붙은 것이고, 목 아래로 보자면 5족인 것으로 가슴에 바람이 이는 폐가 되는 것이다.

8도

7시

6라

5솔 -- 턱 위, 머리(솔, 라, 시, 도 한 묶음). 상괘

4파 -- 턱(턱인 아래 입술은 머리가 아닌 하괘 몸으로 침, 즉 입술을 경계선으로 상하로 함.

3미

2레

1도 -- (도, 레, 미 한 묶음), 하괘, 목에서 접힌 반이 아니라 턱의 입술 선으로 갈라진 아래 몸.

이 턱이 붙었다 떨어졌다 하는 것은 반음의 강한 접착을 나타내는 것이고, 또한 이 접착력은 머리와 몸의 건곤은 반반인 1/2인 스핀으로 짝을 이루는 브러시와 같은 당김이니 주기율 전체를 끌어당기는 힘이니 반음이라는 것으로 강력에 속하는 것이다.

이 반음을 뺀 음정의 온음은 육효의 효가 상대적으로 당기는 힘이다. 이는 효가 괘상에 독자적으로 움직일 수 있다는 것이니 전자기력에 해당이 된다고 본다. 괘상은 대우주가 소우주화한 것과 미시화한 것으로 세포의 유전성과 같은 것이다. 이 괘에 일진이나 월건이나 태세는 대우주가 이 세포성에 얼마나 스며들어 공조한 환경이냐와 이를 내 몸으로 체감하는 것이 괘상의 체감과 같은 것으로 거시와 미시를 넘나든다는 것이다. 이 양쪽으로 갈라진 브러시의 사이가 파인 것으로 전류가 강하게 부딪히는 것이다.

※ 오해의 소지가 있는 그림

앞의 책 〈AI에 천기가 누설된다〉에 눈과 귀와 코의 쌍을 2개라고 2라고 그림을 넣었는데 무언가 아쉬워서 좀 더 세심하자면, 이목구비 양쪽 두 개 쌍이 된다고 이목구비마다 2라고 적어 넣었는데 자칫 한 쪽 눈이 2이면 양쪽 4로 오인할 수 있다는 것이다.

이는 내가 실수한 것이다. 즉 2는 괘상으로 태괘인 태상절인 것으로 태상절은 위가 갈라진 것으로서 쌍이라는 것이다. 이는 태괘기 때문에 두 쪽 쌍 다 해당이 된다고 봐 2라고 태괘의 상수를 넣은 것인데 눈이 양 갈래니 2인 것이고, 귀도 양 갈래니 2인 것이고, 코도 양 갈래니 2인 것으로 그냥 2태괘인 얼굴이라 쌍이니 2를 쌍으로 넣었다. 이는 잘못 이해하면 2+2면 4인 짝으로 보면 안 되는 것이고, 어느 짝이든 두 갈래로 나온 것이라 짝을 2라고 양쪽에 붙인 것이다.

※ 과연 저승은 빛을 비추는 것일까?
빛이 비추는 것처럼 보이는 것일까?

빛이 가루처럼 보이는 정도라면 이 가루가 흩날리는 것이 아니라 그 자리에 가만히 쌓여있을 뿐이라면, 다만 이 가루가 빛으로는 걸리지 않는 투명한 것이면 이 공간은 공허한 것으로 보일 수밖에 없다. 마치 전자가 오비탈 껍질로 있다고 해도 그 껍질이 이 공간을 가로막지 못하니 투명해 보일 수밖에 없다. 그런데 실에 전자가 파장이라서 알맹이가 보이지 않는 것이면 이 또한 빛의 가루로 파장인 것으로 광자와 같다. 그러면 광자는 질량 또한 제로 상태를 말하는 것이다. 에너지가 없으니, 빛이 3족인 것이면 2족은 질량 상태의 입자는 아니다. 이미 3족에서 질량의 분기점이 되는 것이기 때문이다. 그러나 4족이 이 오비탈의 껍질을 깬 파상이 되는 것이니 여기서부터 그 파상의 모양을 나무가 자라는 것과 같은 모형으로 제시가 되고, 이 자라는 균형의 공식은 매우 수학적 질서의 단계를 발견할 수 있다.

  씨앗은 건곤감리에서 이(離)인 것으로 겉이 딴딴한 것이다. 이 겉은 깨고 있어난 것이 4족이다. 이 껍질은 8족을 나타낸 것에서 목극토가 되는 것으로 머리를 내민 것이 된다. 즉 4족의 머리를 내민 것이지 1족인 머리가 아닌 것이다. 그래서 4족은 신경 뭉치인 것으로 두뇌 덩어리로 하는 것이라도 곧 턱인 4족이 두뇌를 크게 한 것으로서 1족이 제우스의 머리라고 하면 이는 곧 4족이 관절의 운동이 되는 것이다. 그러니 이 관절 사이에서 아테네가 생겨났다는 것이다.

  두뇌가 4족인 것에서 머리로 자식을 낳는다는 것은 관절로 자식을 낳은 것과 같은 것이다. 그리고 바탕이 흰 종이인 것이 1족인 것이면 거기에 검게 칠한 것이 6족이다. ㄱ 그림을 긁어내면 그 말 차로 해서 붉은색을 띠는데 3족이 되는 것이고, 이 3을 더 긁어내면 2족이 된다. 그러면 거의 바닥의 흰 종이에 다다른 것이니 만일 태양이 흰색으로 드러내면 이는 2족까지 긁어낸 것이 된다.

  내가 꿈을 꾸는데 태양이 붉은색으로 보이면 이는 내가 3족인 시공까지 긁어 낸 곳에 있는 것이다. 만일 태양이 하얗도록 환한 것이면 나는 2족인 시공간에 긁어낸 시공간에 와 있는 것과 같다.

※ 3족은 양성자가 있는 전자인가?
   양성자를 벗긴 전자인가?

  일반적으로 전자는 양성자 1을 끼 덮은 포장으로 거의 전자의 활성화, 즉 표지 이름값으로 움직인다. 그러면 양성자를 벗어난 전자를 3족으로 하는 것에서 양성자를 중성자로 소모해 전자 또한 진이 빠진 경우면 이는 곧 파장의 길이는 줄고 똬리로 움츠려 드는 것이니 전자는 똬리가 더욱 움츠르드는 오비탈이 된다.
  4족의 마찰로 인해 빛이 나오는 소모는 더욱 오비탈을 겨울로 만드는 것이다. 3족은 빛으로 끈이 느슨해지면서 팽창하는 대신 2족은 음과 양이 생긴 얼레로 오비탈을 수축시키는 것으로 중성자가 되는 것이니 결국 1족은 1주기율을 빼고 중성자인 것이다.

※ 또한 우주여행을 한다고 볼 때

  손풍괘(巽風卦)가 파극이(破剋) 되든가, 공망으로 빠지면 대기 중에 진공에 빠져 비행기가 갑자기 떨어지는 것이 된다. 그리고 손괘가 진괘(震卦)로 변하면 그 행성은 공기가 없다. 엄밀히 보자면 우주풍은 지구 바람에 비해 바람이 아닌 상대성으로 보아 손괘가 파극이 되면 공기가 없어진다. 우주의 진공으로 진괘로 전기만 남을 것으로 본다. 변화(變化)한 괘가 손괘로 변하면 공기를 만들 수 있는 기지를 조성할 수 있다. 아무리 좋은 땅이라도 효가 극 되면 그 중에 돌발 사태가 발생한다. 화생토이면 행성이 황무지나 용암이 있어도 땅에 숨을 수 있다.

※ 인식하지 못하는 가설성

　원소 3족에서 2족에 기운 것은 자외선이다. 이는 가시광선으로 보이는 것보다 더 투명해 결국 시야 밖의 밝음이라는 것이다. 결국 가시광선 밖의 시선이 가능하면 볼 수 있어도 가시광선 안의 우리 눈으로는 볼 수 없을 투명성이 된다. 그러나 3족에서 주기율의 순서대로 우주 진공의 공간 정도면 적외선의 미치는 공간인 것이니 6족으로 암흑이 되어도 물에 비쳐지는 형상은 있는 것이다.

※ 파장의 속도성과 길이

　음이 대기에 부딪히는 것이 음파는 5족, 전자가 우주에서 부딪히는 것이 전파는 4족, 빛이 우주에 부딪히는 것이 광파인 것으로 색을 말하는 3족, 이것은 눈으로 확인이 된다. 그리고 직감이라는 것으로 몸에 전율이 오는 파상은 양자 레이더와 같으니 2족이다. 즉 신식(身識)이 가장 무딘 것 같지만 약 70조 개의 세포 안테나가 있다는 것이다. 육효도 나름의 식(識)이 있는 것이지만 몸 전체를 관할하는 것이 우주의 네 개의 힘 중에 강력에 속하는 쿼크가 밀접한 것은 세포라는 것이다.
　안식이니 이식이니 해도 이는 서로 간에 중력은 돼도 전신의 강력은 아니고 오장 또한 전신의 세포 전자가 머리로 모인, 즉 전신의 전자가 온 몸인 것이다. 이것이 세포의 강력한 복사로 몸을 만들어 내는 것이 쿼크라는 것으로 상하가 되는 것이다. 그러면 인간은 왜 전신이 반으로 꺾은 모양인 것인가? 만일 양쪽 엉덩이가 머리와 꼬리 부분인 것이면 인간의 머리로 앞으로 하는 것이면 상대적으로 뒤로 가는 형상이다. 그러면 인간은 반으로 접은 사다리로 움직이는 것이 된다.

신경이 경추에 모인 것은 곧 사다리가 꺾인 것이다. 그 꺾인 사이의 접이가 턱인 것으로 하니 하나의 머리가 진화한 것으로 하는 것인데, 이런 진화는 자연성을 띄어야 하는 것에서 우리에게는 매우 부자연스러운 것인데, 어떻게 보아야 자연적으로 된 것으로 볼 수 있는가 하는 것이다.

전자가 0인 것이면 이 전자가 하나의 힉스 입자가 모여 전자기력을 갖추는 것이다. 그러면 이 0의 상태와 힉스적 공간성의 자연성으로 보아 전자기력을 머리로 할 때, 이는 수소 안의 전자 한 바퀴의 양성자가 머리가 된다고 해도 이는 강력의 붙임이고, 머리와 몸의 구조는 8족의 구조가 맞다. 그런데 신경은 전자기력이 머리로 하는 것에서 이 전자기력은 몸까지 차는 것으로 턱과 입을 만들어 신경이 집중하는 것으로 하고, 두뇌로 생각하는 신경망으로 한다. 그러면 머리는 중성자고 몸은 양성자인 것이면, 중성자 머리는 저장성이 강하고 씨앗과 같으니 자연히 이 씨앗의 껍질인 3족에 4족의 발을 뻗으니 뿌리가 나오는 것이다. 결국 발 뿌리 안에 알을 품는 풍택중부의 새끼를 품으니 행위보다 인간은 말로서 천하를 키운다.

말은 표현력의 진화력인 것에서 두뇌의 신경으로 뇌에 정밀하게 저장한다. 뇌의 신경망은 많이 얽혀 있고, 진화는 표현의 진화력인 것이다. 짐승이나 사람이나 머리로서 인지하는 성장은 같다.

쿼크로서의 진화력은 같은 강력에 속하는 것이다. 그러나 전자기력이 곧 접힌 사다리와 같은 것에서 표현력과 기억력이 턱에서 머리로 저장성이 좋으니 마치 중간의 인프라를 잘 구축되었다는 것이다. 그러면 도레미가 몸인 것이고, 파가 반음인 것으로 목인 것인데 이 반음이 온음보다 질기다. 그리고 이 파가 파쇄하는 것이 곧 턱인 것으로 4족에 해당한다.

또한 이 반음의 몸을 지나 솔라시이면 곧 머리인 것으로 하는 것이고, 다시 도가 반음인 것이니 도는 곧 도가 되는 반음인 것이다. 이 반음이 전류자가 갈라지는 것이나 이 반음으로 갈라진 정류자의 사이가 곧 한 옥타브를 당겨 주는 강력에 속하는 반음이니 다른 음정은 온음이어도 반음의 강력한 밀착력에는 못 미치는 것과 같다. 즉 머리와 몸의 사이에 있는 반음과 반음의 밀착력은 이미 머리와 몸의 전신이 묶어둔 강력한 것이니 목의 전자기력은 머리의 이목구비를 당기고 몸의 오장육부를 당기는 강력에 속하는 것이면서, 또한 8족이 반으로 접인 쌍이 아니라 그대로 1족과 8족으로 편 상태에 상하로 본다.

※ 음정 파의 파괴적 속성 원소 4의 위치성

음정 파의 위치는 원소 4족의 워치이다. 이 원소 4족은 괘상인 4의 진괘인 것으로 진은 곧 파(破)인 것에서 흩어지는 파장이 파(波)이다. 진괘는 전기가 발생하는 것을 말한다. 전자가 막혀 파장이 이는 것이 전기인 것이다. 전자가 파장을 일으키는 메아리와 같은 것이 전기와 저항에 자기장이 넓어지는 것이 전자기장과 같다.

온음 도레미가 반의 끈으로 묶으면 마찰열이 자동으로 일어나는 것이니 전자기로 묶어지면 자기장으로 묶은 굴레가 자기장으로 퍼지는 것이다. 즉 도레미를 파인 반음으로 옥죄면 전자기장이 일어나는 것이 된다. 그리고 또한 시와 도 사이가 반음으로 이 또한 솔라시의 온음은 도인 반음의 끈으로 묶으니 마치 브러시의 골이 패인 것이 끈이 묶어 패인 것과 같다. 즉 양쪽을 막대로 가로 지른 것은 강력한 것으로 중심축으로 하면 이것이 양 날개로 달인 것 또한 강력과 같은 뮤온인 것이다. 이 막대 한 쪽 끝에 브러시가 갈라져 붙은 것이 전자기력이다. 결국 이 갈라진 정류자의 사이가 음정으로 파에 해당하는 것으로 전류가 제일 먼저 부딪히니 파(破)로 깨지는 것이고 파(波)로 파장이 일어나는 곳이다.

쿼크 세 개의 효가 소성괘가 되는 중성자의 것인 것의 하괘가 된다. 그리고 5족이 소리의 파장이니 음파를 나타내고 초당 360km인 파장의 길이인 것이고, 원소 4족은 행성의 대기가 울리지 않은 진공에서도 전파가 된다. 그 속도성이 초당 장파와 단파의 km인 파장의 차이를 나타내고 원소 3족은 초당 30만km인 파장이 되는 것이고, 2족은 초당 양자 얽힌 속도가 된다.

※ **중력의 잣대로 지구를 보자면**

주기율의 중심은 헬륨으로 할 수 있는 것이다. 헬륨을 구심점으로 해서 원소 8족으로 역행으로 행하면 4족이 우주 진공인 것이고, 5족에 들어서야 지구로 지구의 중력으로 떨어질수록 8족으로 행하는 것이 된다. 이는 우주 밖의 진공으로 행하는 것은 3족의 공간이라고 보는 것이다. 보통 기준은 지구를 떠난 진공의 상태로 하면 4족의 선상으로 본다. 지구 밖에서 나타나는 물질, 즉 행성이나 위성이 아니고 공간적 상태일 때는 5족이 사라지는 것으로 대기권에서는 사라진 입자들이 발견된다. 이 4족의 진공이 3족인 것으로 뭉쳐지면 별들의 프라즈마에서나 발견되는 물질이 된다.

　이 프라즈마 상태에서 지구의 자전력과 대기권으로 해서 8족인 땅까지 중력으로 뭉쳐지는 것으로 한다. 모든 행성은 대기가 있다는 것에서 5족 안에 있다는 반증이 되는 것에서 3족과의 거리가 태양과 지구 간의 거리감이 있다. 다만 달처럼 대기가 없는 것이면 5족이 없는 것이 된다. 4족인 지구 중력과 자기력에 있다. 원소 주기율적 표현으로 선후를 보자면 그렇다는 것이다.

　우리가 대기권 밖에서 연구한다고 하면 이는 4족에 속하는 것이다. 진공의 상태에서 전자의 우주 은하를 말한다. 이것이 4족인 것에서 이 전자가 중성자에 휘말리는 것이 3족이라는 것에서부터 이 태양의 코로나가 3족인 것이고, 헬륨은 이미 8족이 된 상태를 말하는 지름길을 약도와 같다. 즉 1~4족인 반은 우주 진공 상태를 말하는 것이고 5~8족은 행성의 대기권을 말한다.

※ 과일은 떨어져도 나무보다 오래 산다

　건(乾)은 금이라 가을을 영상케 하는 것이지만 금도 여름에 캐고 잉걸불인 것이다. 건괘는 사월에 왕성한 것은 나무가 금을 얻기 위하여 불로 접착제를 녹이는 형상이다. 이는 나무는 금을 녹이지 못해도 꽃의 분화로 금을 녹인다. 가을 서리는 곧 그 금을 굳게 하는 것으로 싸늘한 것이다. 얼마나 싸늘한 것인가? 겨울에 얼음이 얼 정도로 냉정한 것이다. 그것은 나무는 떨어지는 과일을 하나라도 간수하려고 진시황 같은 천하도 그 과일을 접붙일 수 없다. 즉 과일은 하늘의 금으로 보면 영생을 말한다. 나무는 그 영생의 도를 깨달은 것이다.

　과일에 씨앗을 넣으면 과일이 서리처럼 털려도 살을 다 먹어치워도 건천이 한 번 싸면 살이 없어도 씨앗만으로 살 수 있다. 살은 지표가 있는 행성을 말한다. 그런데 이 행성이 없는 중의 행성이 온통 얼음이라고 해도 남고, 펄펄 끓는 용광로라고 해도 프라즈마로 풀려 거대한 꽃을 피우는 것과 같다. 그 프라즈마가 내는 가루는 나무나 정전기 하나만이라도 떡잎이 자라 꽃으로 피운다. 우주 순환의 생명력은 이렇게 불멸하는 것이다. 간단하다. 죽으나 사나 나는 나인 것이다.

　과일은 과연 나무가 열게 한 것인가. 아니면 하늘이 저절로 열리게 한 것인가. 진실로 보면 과일은 하늘이 열리게 하는 것이고 따먹게 하는 것이니 내가 따먹는다고 내 마음의 것은 아니다. 내가 과일을 하나 따먹는 나의 자유로운 능력보다 모든 과일이 한꺼번에 열리게 하는 능력보다는 자유로운 영혼이 아니라는 것이다.

제9장

힉스 입자도
이목구비가 있는 것인가?

※ 힉스 입자도 이목구비가 있는 것인가?

머리는 0이고 몸은 1이다. 몸은 3(三)까지 세운 1로 3개 세운 것으로 한다. 그리고 머리는 4인 것으로 사각인데 사각은 곧 원을 뜻한다. 원은 0인 것이니 머리가 곧 0이다. 그러면 1이 되기 전에 원시 10인 것이니, 실제 0은 5와 5가 있는 것이다. 10안에 5와 5가 있는 것이 아니라 1안에 0.5와 0.5가 있는 것이다.

수소는 1이고 1이 되기 전의 0.5와 0.5인 것이고, 1주기율인 헬륨이 10인 것이니 5와 5가 반반이 되는 것이다. 사방의 4에 중상의 점을 5로 하는 것에서 음양의 짝으로 마저 돌아와야 하는 것이니 5를 더해 10인 것이다. 곧 처음의 사방을 보는 것을 생수라고 하고, 나중에 다시 도는 것을 성수 궤도라고 한다. 이를 기반으로 얼굴을 H_2O로 한 주기율을 말하는 것으로, 8방 안에 두 개의 콧구멍을 축으로 10이 된다. 이것은 한 주기율의 모형이 되는 것이고, 한 족인 수소가 모형이 되는 것에서 1이라고 할 때 0이 힉스입자인 것이고, 0, 1이 양성자의 태동이 되는 것이고, 이것도 10개가 모여야 원자 하나가 된다. 그러니까 이 1이라는 것이 역동성을 갖추려면 최소한 0.5는 차야 다시 0.5로 기우는 것으로 전자기가 생하는 것이다. 즉 이 1이 반반인 브러시 상태가 될 때 전자기의 시작이라 할 수 있다.

그러면 0인 머리가 힉스 공간의 에너지가 입자의 1단위가 될 때 전자 상태의 0이라고 하는 것에서 이 0은 양성자의 에너지를 10이 차는 자루에 담아야 한다. 그러면 머리가 0인 것에서 양성자 심장 에너지가 있는 몸의 에너지를 목으로 끌어 올려야 한다. 이 에너지를 끌어 올려 이목구비로 붙여 놓은 것을 말한다.

1안의 10 에너지 중에 0.5로 채운 것이 경추를 중심으로 이목구비, 즉 전자의 얼굴인 0에 구멍을 뚫어 통하게 한 것이다. 이것을 원소 주기율의 얼굴로 확대한 것이면 3족이 프라즈마인 상태로서 전자의 벽을 녹여서 거푸집을 만든 것이 8족인 헬륨이 된다. 이 에너지를 바탕으로 4족을 양극화(陽極化)한 것이다.
  주기율의 반복성은 헬륨이 음극화한 것에서 바다에 쌓은 것이니 1족으로 다시 출산이 된다. 그러니 양극성으로 보면 1과 8족이 아니라 4와 8족이 양극성으로 4족이 양극이고 헬륨이 음극이 된 것이다. 그리고 나무가 접이 잘 붙는 것은 4족과 5족이 가장 가까우니 중력은 가까울수록 접착력이 강한 것과 상통한다. 그러면 수소 이전으로 돌아가서 0.5와 0.5가 힉스 공간으로 보자면 에너지가 5까지는 차야 양극이 차는 것에서 힉스 입자 0.1이 5개 차야 전자기의 이 양극이 찬다. 이 양극만으로 사방으로 도니 음극으로는 역행으로 도는 것이 된다. 즉 양극이 도니 전자는 가만히 있어도 역으로 도는 것처럼 보인다.

※ 힉스 공간이 이목구비를 갖는 구조

　　四　　-- 힉스 입자, 두뇌, 0(四와 0은 같음).
　｜｜｜　-- 원자 1이 셋.
　｜｜｜　-- 원자 1이 셋.
　　｜｜　-- 원자 1이 둘.
　　｜｜　-- 원자 1이 둘.
　　一　　-- 땅과 나는 하나 1.

힉스 두뇌는 몸인 원자의 에너지를 힉스 단위로 정신화와 영혼화하는 것과 같다. 힉스를 H_2O로 하는 것, 힉스를 한 주기율의 8족으로 했을 때 이 원소 1주기율이 100인 것이고, 수소 1족이 10인 것에서, 힉스는 1인 것 그리고 전자를 0으로 비단결로 하고 우주의 바다로 할 때 이 가로세로 교차점에서 쓸리는 마찰에서 이가 쓿는 것이다. 그러면 이는 전자 0과 이가 1인 것이 합해 0.1이 된다. 그럼 실제 힉스는 이 지점부터이니 0.1이 힉스인 셈이다. 앞에 설명한 1을 0.1로 바꿔야 하는 것이다.

얼굴을 전자 하나인 둥근 0으로 할 때, 이 0안에 1은 곧 얼굴 속에 코가 1이다. 원안에 하나의 점인 것이 곧 1이다. 이는 0.1인 것으로 하는 것, 즉 원 안에 1이 있는 것이 힉스 입자인 것이 코가 되는 것으로 한다는 것이다. 또한 수소 1족이 되기 전에 있는 기본 구성이라면 주기율을 0으로 하는 얼굴이면 한 주기율이 8족이다. 이는 산소가 6방체인 것의 원인 것으로 하고 핵인 코인 것으로 2를 합해 8인 것으로 한다. 이 8에 다시 7과 8족이 합하면 10인 것이 된다. 그러면 8방체가 코를 합해 10방체로 하는 것과 같다. 그래서 한 주기율이 H_2O인 얼굴인 것이다. 이것이 한 주기율에 있는 중성자는 수소 한 족에도 중성미자도 있다는 것과 같다. 즉 중성미자는 원자보다 미세하게 다뤄야 한다는 것이다.

10배율로 줄이면 중성자 없는 양성자인 것이고, 이 수소를 다시 10배율로 줄이면 전자 0에 헬륨은 100배율이 되는 것이다. 그러면 전자 0에 1이 붙으면 힉스 입자라는 것인데, 이 1은 1주기율이 1족이든 1힉스이든 같은 H_2O이다. H_2O는 양 귀가 원의 한 쪽이 1/2인 것이고 한 쪽이 1/2인 것에서 반반이 합한 두 개가 H2가 맞는 것이고 둥근 얼굴이 O인 것이다.

※ 수소는 유정란이고 전자는 무정란인 것이다

0인 전자인 것에서 난은 난인데 무정란과 같은 것이고 여기에 중앙 점 하나는 유정한 것이니 이를 유정란이라고 하는 것이다.

※ DNA와 오행

DNA는 열 마디가 한 바퀴이다. 즉 한 바퀴 링을 스프링으로 당겨 나선으로 만든 것과 같다. DNA는 수소를 중앙으로 양쪽으로 하는데, 여기서부터 삼합이 적용된다. 한쪽 라인은 인신사해(寅申巳亥)인 맹신인(孟神) 것이고, 한쪽 라인은 진술축미(辰戌丑未)로 계신(季神)이다. 중앙인 수소 라인은 자오묘유(子午卯酉)인 것으로 중신(仲神)인 삼합(三合)의 중앙으로 핵의 라인으로 하는 것이다. 중앙은 심줄인 것으로 모인 것이고, 이는 양쪽 오탄당을 수소로 이어나간 것을 말한다. 또한 맹신과 계신은 양쪽의 라인이니 DNA가 RNA로 떨어져 나갈 염기를 갖고 있다. 그리고 자오묘유는 전자성인 것이고 파장성의 끈을 갖고 있는 것이다.

※ 왜 두 개의 다리를 꺾어 관절의 힘으로
　 네 개의 핵융합이 성행위인가?

우리가 쿼크에서 색을 띠는 것인데 곧 쿼크가 물질인 전하를 띠면 색도 전자를 띤다. 그러면 색은 낮을 나타내는 것이고, 3족 이

후라야 드러나는 것이 된다. 쿼크는 3족 이전의 색을 나타내는 것이고, 그 색이 파장인 것으로 정오가 가장 긴 파장으로 나풀거리는 것이고 가장 긴 뱀이 되는 것인데 뱀은 꼬리가 있는 것이 이는 곧 바람은 꼬리가 있는 것과 같은 바람의 열기와 함께 머리와 꼬리가 있는 손풍(巽風)이 되는 것이다.

그러나 9이화(離火)는 허중인 것으로 곧 배꼽이 떨어진 상태, 즉 풍선이 끈이 떨어진 상태로 공중에 있는 상태를 말한다. 이것이 추진력을 가진 것을 천마(天馬)라고 하는 것, 곧 로켓은 천마를 뜻한다. 지구를 보는 비행기는 말과 같은 것이고, 지구 대기권에 붙은 자궁을 벗어난 배꼽이 로켓인 것이다.

이것은 색이 우주에 난무하는 자유를 말하는 것으로 이는 곧 자궁을 떠난 우주의 쿼크라는 것에서 색은 빛에서 나오니 3족이 쿼크이다. 그러므로 1족이 배안의 잉태에 있는 머리인 것이고, 2족이 틈을 열어주어야 하는 것이니, 이는 곧 양팔 사이, 양 다리 사이를 말하는 것이고 이를 2족으로 하는 것이다.

성행위는 2와 2가 만나는 것으로 다리는 두 개인 것 그리고 팔도 2개인 것인데, 이것이 역동성을 가지고 융합을 하는 것이 4인 것이니 4족이 곧 융합이다. 이는 곧 좌우의 다리에 2에 관절이 꺾이며 4가 되는 것으로 융합을 하는 것이다. 이것이 관절을 애용해야 4개의 융합이 모여 역동성이 되는 것이다.

색이란 빛이 드러나는 것을 말한다. 이 빛이란 것이 자외선 적외선을 함께 치면 실제 오전의 양귀(陽貴)가 곧 쿼크가 된다. 즉 하루 12시간으로 치는 것이 아니라 24시간으로 치면 12시간인 오전은 양귀인 것이고 오후 12시간이 음귀가 된다.

음과 양귀는 반쪽이 모인 브러시와 같은 것이지만, 24시간으로 보면 하루 2바퀴가 짝이 된다. 이는 곧 좌우의 짝이 아니라 앞뒤가 겹치는 짝이 되는 것이고, 한 원안에 두 개의 원이 있는 것이 된다.

※ 쿼크가 색이라면 이는 접는 부채를 펴는 것과 같다

원소 2족이 접은 부채를 뜻하는 것이라 중앙에 갈라진 틈이 있는 것인데, 이것이 팔방을 접은 부채를 뜻하는 것에서 한 바퀴를 펴면 이 한 바퀴는 양만으로 한 바퀴이기도 하다. 그러면 앞뒷면으로 양과 음의 두 바퀴가 되는 것이다. 반만 펴는 것으로 하면 좌우만으로 한 바퀴가 되는 것이 된다.

그러면 여기서 양만으로 쿼크가 되어야 색전하가 되는 것이고, 음은 어두우니 색이 될 수 없다. 그러면 이는 쿼크로 볼 수 있는 것인가 하는 것이다. 다만 자외선과 적외선을 다 포함하는 낮과 밤인 것이면 이는 쿼크라고 할 수 있다. 마치 자외선과 적외선은 한 옥타브 낮거나 높거나 해도 음정은 구별이 되는 것처럼 색도 구별되는 것으로 하면 쿼크도 밤과 낮 상관없이 색을 발하는 것이 된다. 즉 서양력은 양귀와 음귀의 시작점으로 오전과 오후를 나누어 2개의 시작점으로 하는 시계 면인 것이면 가시광선의 양귀만 부양하는 것이 쿼크인 것으로 양귀만의 쿼크가 되는 것이고, 음귀는 무채색인 것이니 이는 쿼크로 취급하지 않는다.

그럼 과연 양귀만으로 쿼크가 되는 것인가? 아니다. 양귀가 양성자 한 바퀴로 하는 것이면 그 뒤에 있는 한 바퀴는 중성자의 한 바퀴가 되는 것이다. 앞의 에너지에 숯이 남은 것이 중성자인 것이고, 이것은 숫의 어원이 숯인 것으로 중성자의 자식인 것이다.

인간은 어머니 배 속에서 태어난다. 헬륨은 양성자와 중성자가 있는 것이니 남자와 여자가 공유하는 1주기율의 울타리에 자식을 펴보는 것이 8족이다. 결국 이 1주기율 안에 남자와 여자가 합해 있고, 이것이 양성자 쪽으로 나오는 것이 1족인 것으로 하는 것이다. 그래서 1족은 하늘이고 8족은 땅이며 땅은 음과 양이 함께 있는 울타리로 가족이 되는 것이니 8족의 자식을 낳는 것이다.

※ 삼원색이 양귀(陽貴)인 것으로 하는 것

색이란 삼원색이면 이는 동방의 청색과 남방의 적색과 중앙의 황색이 결합하는 하루의 반을 말한다. 쿼크는 양성자를 오전으로 하는 범위에서 한 바퀴 시계와 같은 것이 된다. 즉 오후는 신(申)시부터 백색이 되니 무채색으로 된다. 무채색이 곧 중성자를 뜻하는 양성자에서가 활발한 중에 신시(申時)면 신자형(申字形)인 알맹이로의 입자화로 시작된다. 이는 빛이 세면 푸른빛을 띠다가 서서히 붉은 빛이 되는 것은 빛은 남방의 불인 것으로 붉은데 빛이 세면 푸른 풀까지 태워 푸르게 바닥을 보인다.

남방이 붉은 것이 동방의 푸른 먹이를 삼키니 결국 서방의 흰빛이 녹아 희게 보이는 것이 종합된 것이나 빛은 셀수록 푸르고 흰 것이 된다. 그 세기가 약해지면 남방은 좌우에 치우치지 않고 붉은색의 정자세로 소멸하는 것이다.

이렇게 빛으로 나타나는 범주가 곧 쿼크라면 이는 곧 모든 에너지는 원이기 때문에 그 안의 순환에 의한 양쪽 밸런스의 쿼크인 것이다. 결국 한쪽인 1/2인 스핀에 반복인 것이니 한 바퀴도 안 되는 시간이다.

시간이 가지 않게 무채색은 종이 바닥인 오후를 깔고, 그 위에 오전인 양성자의 색칠이 붙어 그려지니 이는 그려진 그림이 쿼크라는 것이고, 종이에 그려진 그림이 아니면 이는 쿼크가 아니다. 종이 1/2 스핀과 그림 1/2 스핀이 만나야 쿼크의 풍속화가 된다.

1/2인 스핀이 붓인 것으로 1/2인 종이 위에 그리는 그림인 것이면 삼원색 중에 청색을 나타낸다. 인신사해는 입자성인 것이고 흰색을 나타내며 또한 붉은색을 띤다.

진술축미는 잡색이 되는 것이고 노란색이 된다. 색은 색전하를 말하는 것이고, 색이 곧 물질이라는 것이 쿼크에서 보는 것이다. 그리고 색이 음극으로 빠지면 8족으로 몰리는 것인데, 중성자의 삼원색으로 바뀐다고 봐야 한다.

인신사해인 라인은 떨어지는 선이고, 진술축미 라인도 떨어지는 선이면 이것은 RNA인 것이다. 그러나 한쪽이 붙은 라인은 인신사해로서 유전성을 그대로 보관하는 것이고, 진술축미 라인은 떨어지는 RNA인 것이니 인체의 여러 잡기인 아미노산을 해서 중앙인 수소로 중성자화한 것으로 유전성과 융합한 것이 된다.

※ DNA와 RNA

티아민은 DNA로서 인신사해(寅申巳亥) 맹신(孟神)으로 하는 것의 한 라인인 것이면 이는 DNA 중앙 라인의 수소를 잡은 것이다. 주기율로 보면 1족이 이어진 라인을 잡은 것으로 하는 것이고, 8족이 4방의 사방을 두 바퀴로 하는 쌍으로 이 8족의 쌍은 6족 산소에 1주기율의 두 개 원소를 핵으로 한 것에 그 핵 2를 더한 8족이 된다. 여기에 다시 거품이 7과 8족을 채우니 도합 10인 것에서 이를 반반으로 오탄당의 쌍이 되는 것이다.

이 중에 4개의 염기가 균형이 잡힌 것인데 네 개의 염기는 안전할 것 같으나, 우라실 쪽이 업어지니 마치 네 개의 접착제 중에 한 쪽이 약하니 균형의 고정이 불안하다. 말이 네 다리로 달리는 한, 발은 떼야 하니 불안한 것과 같으니 균형을 잡아가는 것과 같다. 즉 수소는 1족인 것이고 산소는 1주기율인 것인데 주기율 상으로 균형이 잡힌 HO인 것이다. 그러나 우라실의 몸집이 들리고 오직 티아닌의 수소만이 균형을 잡고 물구나무를 선다면 한 발이 찍힌 자국이 중요한 것이니 세 개의 염기 다리는 중요하지 않다.

즉 산소 O가 없어진 것으로 RNA의 상태는 사라진 것이니 몸의 RNA이 조합이 DNA로 주입되면 생의 부피는 의미가 없어질 수 있다. 그러나 이 티아민의 기억은 우라실의 기억을 갖고 있으니 어쩌면 이는 아뢰야식이 된 것인지 모른다. 우라실은 한 주기율의 6족인 산소가 있는 것이니, 결국 원소 1족인 수소에서 2족인 것으로 벌어지면 이 벌어진 것만으로 8족이 되는 것이니 우라실의 RNA가 된다. 이는 진출축미 라인이 떨어져 나갔다 붙어 온 것이다. 1족의 수소 티아민이 산소와 합해 OH가 됨으로서 1족이 1주기율인 것으로 수소와 헬륨의 쌍이듯 DNA 쌍이 되는 것이다.

공기놀이 중 다섯 개의 공기를 들어 올렸다가 다시 손아귀에 쥐는 것이 핵융합 중에 1/2의 스핀을 갖는 것으로 실제 뒤집어진 것에 얹힌 것이다. 이것은 인간의 두뇌가 힉스인 것에서 양성자를 뜯어 힉스 입자를 만들 때 이 힉스 입자가 원자로 1/2이 찾을 때 스핀이 일어나는 점에서부터 전자기가 되는 것이다.

※ 태아와 앨리스 링

원소 4족 진뢰(震雷)가 이온의 시작점으로 보는 것에서 8족의 중간이 시점으로 볼 수 있다. 이는 3족까지는 중력권에 있는 것에서 모든 힘은 프라즈마 형태로 링을 만들어버리니 결국 이온이 없는 중성미자와 같은 것이다.

이를 3족으로 하고 프라즈마로 했을 때, 여기까지는 방향성이 없는 핵으로 하고 4족부터 방향성의 시작인 것으로 이온이 나온 것, 즉 나무가 기둥일 때는 나이테처럼 0인 것으로 하고, 이 0이 기둥인 것이 곧 4족인 것으로 하면 5족은 나뭇가지로 한다. 여기서부터 1인 방향성이 되는 것이다. 또한 상대성인 이온이 함께 4족인 나이테 0의 굴레에서 사방으로 나뭇가지처럼 갖추어 뻗은 힘이 사방성으로 균형을 이루는 이온이 된다.

즉 이온은 사방성으로 기우는 힘의 균형에 있는 것이지 핵의 힘에 있는 것이면 가지가 없는 것이다. 그러면 시작점의 기둥은 4족인 나무인 것이고 이 0인 나이테의 기둥에서 나뭇가지는 1인 것이 된다. 이 자리가 곧 8족 중에 반이 꺾이는 자리가 5족인 것으로 이는 나머지 네 개의 족 중에 5족이 시작점 1인 것이 접붙인 것이다.

4족까지는 나무기둥의 나이테이고 이온의 시작으로 보는 것이니, 곧 이온의 힘은 4족인 기둥을 점으로 하는 것에서 5족이 사방의 균형을 잡는 것이다. 그래서 0에 1이 나온 가지가 이온의 시작점이 되는 것이다. 이는 중성미자와 같은 것이고, 앨리스 링과 같은 것이고, 0이 미입자가 이온에 치우치지 않으니 중성자라는 의미와 같다.

※ 앨리스 링은 4와 5족의 사이에 있는 틈새인가?
   아니면 2족이 벌어진 사이의 공간이 링으로 싸여진 것인가?

　4족부터 5족까지는 이온이 붙은 것으로 이는 이온이 없어도 전기와 전자 자체기 때문에 +와 -에 휩쓸리지 않는 이온 자체이다. 족 사이의 결합 에너지가 문을 연 것이 앨리스 링이라는 것이다. 이는 어너 시공의 천상계는 자식을 관절 사이로 낳는다는 것에 부합한다. 플라즈마 이전의 핵력과 다시 중력적 결합이 되는 것이다.

　그런데 이 앨리스 링이라는 것이 4와 5족 사이를 말하는 것이 아니라 이미 2족이 태상절인 태괘인 것으로 양극성을 띤 것으로 갈라진 틈이 커져 그 2족의 벌어진 공간이 둥글게 즉 프라즈마 상태로 오므라든 문 또한 앨리스 링인 것으로 한다. 이는 곧 원소 3족이 앨리스 링이 되는 것인데, 4족과 6사이의 앨리스 링은 이온과 이온 사이의 공간을 낼 수 있는 것으로 하는 것이다.

　하지만 2족만으로 3족의 링을 만드는 것은 훨씬 원초적이고 범우주적일 수 있다. 즉 앨리스 링이 위치하는 것과 원소 3족이 중력인 것이고 이 중력은 사방의 어느 곳에도 치우치지 않는 것이니, 이온이 없다. 즉 이온은 치우침이 있는 것이고, 치우침이 있으면 기우러짐이 있는 것이다. 기울어짐이 있으면, 균형을 잡는 끈이 이온의 힘인 것인데, 중력은 치우침이 없으니 중력에는 이온이 없다. 중력은 변에 미치지만 핵력인 것이다. 중성미자는 원소 3족에 해당이 되는데, 이는 곧 중성미자는 극을 띠지 않으니 이온을 띠지 않은 것과 같다. 또한 원소 2족이 양극인 것인데 양극은 균형이 있으니 이온이 아니다.

마치 앨리스 링과 같은 것이다. 결국 이 링이 2족의 사이가 링이 생기니 이것이 3족인 이허중인 것이다. 즉 2족의 사이가 허공인 것이나 링이라고 하는 것은 어느 쪽도 치우치지 않는 중간의 구멍만 커진 것이다. 이는 중력이 치우치지 않는 상태에서 구멍이 나는 것이니 결국 앨리스 링의 중력의 홀이 되는 셈이다. 즉 원소 3족까지는 프라즈마 형태를 띠는 것, 양성자와 전자가 자유로워지는 것이다.

이온도 자유로워지는 것에서 정전기와 같은 것인데 이 정전기가 어느 방향을 띠고 다시 힘을 싣는 것으로 굳으면 이것이 이온이 된다. 그러면 이온은 상대적 끈을 갖는다. 그리고 원소 3족에 전이원소와 란탄 악티늄족이 몰려 있는 것은 마치 중력홀이 확장된 공간에 땅이 생겨 새로운 터전이 행긴 것인데, 마치 우주의 항성 언저리에 행성과 위성들이 모인 것이 아닌가 하는 것이다. 마치 전이원소가 행성이라면 란탄, 악티늄족이 위성이라는 섯을 말한다.

이것이 곧 미시적으로 보면 앨리스 링인 태양의 주변에 전이 원소가 저 은하 중심의 정보를 태양권인 앨리스 링을 열어 행성들이 전이 원소인 중개탑이 되는 것이다.

※ 7음계와 원소 7주기율

원소 7주기율의 7음계 배속을 하자면, 원소 1주기율은 1주기율이 한 몸인 것에서 2주기율에서야 족마다 온음이 된다. 그러면 음계는 2주기율의 8족으로 한다. 즉 족의 음계로 보면 그렇다. 그러나 주기율의 음계로 보면 7 주기율인 것이 된다. 즉 1주기율은 족이나 주기율이나 1인 것의 반반인 것으로 하는 것에서 나머지 주기율이 6인 것이다. 온음이 6개인 것, 도, 레, 미가 온음 세 개인 것이고 파가 반음이다. 이는 1주기율의 반음에 붙은 것이 파의 반음이라는 것이다. 그러니 도레미는 소프트웨어인 것이면 파는 하드웨어인 것으로 붙은 것이 된다.

마치 원동기의 양극이 붙은 브러시가 도레미인 것으로 반쪽인 것이면, 그 구리로 만든 전도체의 갈라진 심 사이의 부도체는 파인 것이다. 그러므로 이 파는 2주기율의 원심 표피가 아니라 주기율의 브러시가 심에 붙은 것과 같이 각기 다른 역방향의 위치에 있는 것으로 그 차이가 소프트웨어와 하드웨어의 차이와 같다는 것이다. 즉 파를 지난 솔, 라, 시도 2주기율부터의 족은 온음인 것과 같다. 이는 도, 레, 미 온음을 반쪽으로 하는 것에 상대적 솔, 라, 시도는 온음이 세 개인 것으로 브러시의 양극극으로 마주한 것이 된다. 여기서 수소와 헬륨은 반반인 셈이나 족으로 보면 구심과 원심과의 관계로 반지름에 해당된다. 본래 수소와 헬륨은 상대적인 것이 아닌 평형으로 보는 것이니, 2주기율에서야 상대적으로 양쪽의 상대성인 브러시가 생겨 8방 8족의 완성도를 갖는 것이다. 1주기율은 브러시의 양극이 없는 것에서 비전도체인 심만 있는 것이니 2주기율처럼 브러시가 내는 팔방성의 족을 나타낼 수 없다. 팔방이나 8족은 1주기율의 반지름이 두 개인 것으로 2주기율로 지름이 되었을 때 8족이 구비된 1인 것이다.

이는 쿼크의 1/2과는 어떤 연관성이 있는지도 눈여겨 볼 일이다. 그리고 음계를 8족이 아닌 일곱 주기율로 보는 것이면 주역의 육효로 보는 시야를 확보하는 것인데, 이 여섯 주기율이 반반으로 2, 3, 4주기율이 도, 레, 미가 된다. 정류자의 반이 갈라진 면인 것으로 파가 되는 것인데 이 브러시에 구리를 덧씌우기 전에는 하나의 심지인 것이니 족 한 바퀴 한 주기율로 온음이다. 이 1주기율의 온음은 여덟 주기율을 하나로 묶을 수 있는 것으로 곧 정유자의 양극 구리 여섯 개가 그 사이에 있는 심지에 붙어있는 것으로 강력에 해당되는 것이다.

원소는 7음계가 일곱 주기율인 것인데 도레미에 반음과 솔라시에 반음이 곧 도와 도가 한 바퀴로 하는 브러시의 심에 해당된다. 본래 파와 도가 수소족과 헬륨족인 것으로 한 옥타브를 쥐고 있는 힘이다. 이것이 서로 간에 반반이다. 이를 반음으로 하는 것에서 강력에 해당되고, 이것이 서로 떨어져 족의 임자에만 가까워도 중력을 나타낸다. 이 반반에 하나로 묶어 두는 힘이 전자기력인 것인데, 족이 위성도 되는 힘이니 약력이 되는 것이다.

즉 파와 도는 1주기율의 반반인 것으로 브러시가 갈라진 것을 말하는 것이고, 아직 전기가 통하는 구리가 피복이 되지 않는 민둥이 되는 것과 같다. 이는 1주기율로서 구심과 원심으로 반지름의 관계와 같은 것인데, 곧 반인 반지름의 양극성과 같다. 이것이 다시 반으로 하는 것이면 지름이 된다. 그러므로 2주기율은 이때부터 한 바퀴를 의미하는 것으로 8족마다 1로 치는 것으로 한 바퀴마다 1로 치는 것이 된다.

원소는 1주기율의 반은 보이지 않는 8족의 1주기율인 것인데, 오직 수소와 헬륨으로 보자면 1주기율에도 8족의 흔적이나 그림자가 있는 것이면 바로 1주기율의 4족이 있다는 가상으로 이는 직선적 시소의 대칭이 아니고, 4족의 사방으로 한 바퀴와 5족에서 8족까지의 한 바퀴가 두 개인 것으로 반반으로 하는 것이다.

1주기율은 반지름의 한 바퀴를 나타내며 두 바퀴여야 한 바퀴가 되는 것이다. 한 바퀴 안에 두 개의 원이 들어가야 1주기율의 헬륨족이 되는 것인데 이는 중성자 2개와 양성자 2개인 것으로 강력한 중력을 형성하는 것이 된다. 이것이 음정이 파가 반음임에도 한 주기율의 힘이 있는 것이고, 높은음 도도 한 주기율을 강하게 결합한 힘이니 주기율의 절차로 무게를 나뉘는 것이다. 그러면 2, 3, 4주기율이 도레미인 것이고 5, 6, 7주기율이 솔라시인 것이다. 그로서 왜 도레미가 5, 6, 7주기율이 아닌가는 5, 6, 7주기율은 배 속의 아랫배 힘을 주어야 하는 것에서 블랙홀을 쥐어짜는 것과 같고, 2, 3, 4주기율은 가슴에서 목에 힘을 주어도 가늘고 길게 나올 수 있는 것이다.

예) 택산함괘(澤山咸卦)의 음정의 위치

택괘 세 개의 효가 상괘 반쪽,

산괘 세 개의 하괘가 반쪽,

상하 두 개의 괘가 택산함인 것으로 한 주기율의 한 옥타브 중에 파와 시가 브러시처럼 갈라진 것으로, 반음이 두 개인 것으로, 이 파와 시의 반쪽이 합한 한 주기율이 전체 음정의 온음 여섯 개를 두 손으로 모은 강력인 것이다. 그러니 두 개의 반음이 모든 음정을 묶은 힘이 있다는 것이다. 파와 시로서 한 묶음 안에 한 옥타브가 묶여 있다는 것이다.

도(반음)

시 --

라 -

솔 -

파(반음)

미 -

레 --

도 --

(도, 레, 미)= 1/2(반음),

(솔, 라, 시)= 1/2(반음),

1/2+1/2= 1 쿼크,

낮은음 도와 시가 합하여 바닥 쿼크와 꼭대기 쿼크로 한다. 그리고 반반의 관계니 1/2이 두 개인 것으로 하는 것, 레와 라가 합하여 업 쿼크와 다운 쿼크로 하는 것이 반반인 것의 1/2로 하는 것, 미와 솔이 합하여 기묘 쿼크와 맵시 쿼크가 되면 반반인 1/2로 하는 것.

※ 당사주는 어떤 물리적 구심점의 기준이 있는 것인가?

당사주는 일 년의 구심 굴레의 궤도로 달이나 날이나 시간, 태양을 구심으로 기준을 삼아 보는 것이다. 이는 원주는 평행에서 만나지 못하는 것이다. 곧 기문에도 시가 기문이나 일가 기문이나 월가 기문, 년가 기문이 따로 원주율의 구궁도로 만드니 공간 차이의 개념인 것인데 다만 당사주는 다르다. 당사주는 년의 자리에 중심이 되면 년이 끝나는 것에서 월이 물려서 일어나는 것이고, 일은 월에 물려서 일어나는 것이고, 시는 일에 물려서 일어나는 것인데, 이는 물리고 물리고 해서 영속적으로 이어지니 마치 시간과 같은 것은 것이다.

시간은 한 공간에 있는 것인데 그 영속적 번복성에 의해 시간은 코일처럼 보인다. 당사주는 4개의 차이 나는 굴렁쇠를 한 손으로 잡을 수 있는 것에서 크기가 다른 굴렁쇠의 눈금에 따라 연월일시를 한 손아귀에 맞춘 점에 모이게 한 것이다. 이 굴렁쇠의 한 손아귀 점에 사주가 모인 것을 말한다. 그러면 원심으로 하나의 점이 모일 수 있는 것에서 영속적 반복성이면, 이것이 초끈 이론에 의한 여러 갈래의 끈이 되는 것이다. 굴렁쇠가 각기 다른 크기로 공전하는 것이면 그 크기가 다른 굴렁쇠의 끈은 다른 것이다. 즉 4개의 끈이 각기 다른 굴렁쇠로 돌고 있는 훌라후프와 같다면 결국 끈은 맞지만 하나의 끈이 아니라 4개의 끈이 동시에 있다는 것이 된다.

우주를 네 개의 끈인 당사주의 기준으로 이해해야 태양과 달과 날과 시간까지를 8족의 절차대로 보자면 본래 2주기율부터 4족까지는 사주가 되는 것이고, 하나의 사방성의 한 바퀴로 하는 것인데 그러면 5족부터 8족까지는 두 바퀴의 것이 되어 8족의 한 바퀴가 된다. 그러므로 이 2주기율을 1주기율의 2족 안에 둔다면 1안에 1/2이 두 개인 것으로 하는 것이다.

즉 1주기율의 반이 2주기율에서는 뫼비우스의 띠의 중간으로 보면 한 개의 원은 두 개의 원이 되는 것으로 나눠 8자형의 벨트가 되는 것과 같다. 마치 뫼비우스 띠가 8자로 꼬여서 두 개의 0이 있는 것과 같다.

※ 공기(空機)놀이는 우주인의 소꿉놀이

우주는 공하다. 그래서 공기(空機)를 보자면 우리는 공기로 소꿉놀이를 시작으로 커 가는 것이다. 공기는 다섯 개로 원소 5족을 만드는 것인데 공기를 한꺼번에 5족을 쥐면 단면의 한쪽인 5를 쥐는 것으로 본래 4족이 융합의 네 개 원자인 것도 이것을 삼중수소가 떨어지는 순간 이중수소가 합에 융합이 되는 것으로 알카리성 4개의 결합이 되는 것이다.

곧 후천수의 앞머리 5까지는 생수라고 하는 것이고, 뒷부분은 성수라고 하는 것인데 앞머리는 하나씩 둘씩 한꺼번에 잡아가면 세 개를 잡을 때는 삼중수소가 되는 것이고, 네 개를 하나로 할 때는 공기 하나의 중성자를 떨어지게 해야 하는 것이다.

이렇게 다시 합한 것은 양이 음이 된 것으로 출력구가 흡입구가 되는 것에서 5가 되는 것이다. 그러면 이 5는 떨어져 나간 5가 5족인 것으로, 곧 족에서 3족까지는 하나씩 늘어나는 것이다. 하지만 5족이 되면 이 5족은 한꺼번에 모인 것이니 5는 곧 5~8족까지인 것이고 이를 산성인 반으로 한다. 즉 생수인 1~4까지는 낱알로 1/2로 하는 것이고 앞면으로 하는 것이면, 성수인 5~8까지는 한꺼번에 1/2인 것으로 반으로 하는 것에서 뒷면으로 히는 것이다. 8족은 곧 한 주기율의 굴레인 동시에 1/2이 두 개를 합한 1이 되는 것이다. 원소 4족에서 다섯 공기를 잡아 손등으로 얹으면 이것이 1/2의 바닥이다. 이렇게 손등에 올려진 상태가 5인 것으로 중심이 되며 등이 된다. 이것을 다시 뒤집을 때는 이 5족에서 다시 8족까지를 한꺼번에 모아서 한 움큼이 되게 해야 한다. 또한 반에서 반의 등에서 다시 반의 바닥으로 잡아야 10이 되고, 양쪽이 8인 것에서 중앙을 뒤집으니 2가 더한 10이라는 것이다.

우주는 모래시계와 같이 입의 물리는 것처럼 1/2의 두 개가 뒤집어 지듯이 음양이 바뀌는 것이다. 이 두 공간을 오가는 문이 마치 앨리스 링과 같이 열리는 것이다. 이것이 열리면 이 열리는 사이의 공간이 6족으로 쏠리면 산성 쪽으로 이온의 열리는 흡인력이 되는 것이고, 알카리인 3족으로 벌어지면 2족인 것의 이온이 열리는 것이다.

즉 앨리스 링이 이 사이의 직선으로 열려 가로질러 가는 것 같지만 실제는 이 앨리스 링은 왼쪽으로 입술이 열리는 것으로 기울고 휘는 것이고, 우측으로 기울어 휘는 것이라고 봐야 한다. 그러나 처음에는 직선적으로 중성자 별 막대처럼 나갈 수 있다는 것이다. 중성자 막대는 막대한 중력의 힘이 있으니 마치 블랙홀도 막대처럼 직선으로 빠지는 것이 된다.

우주는 양성자 공간인 것인데 중성자로 빠지면 막대 모양인 것이니 블랙홀보다 강력할 수 있다. 블랙홀이 중성자 별보다 크다고 해서 암흑물질이 모이지 않는 것은 아니다. 암흑물질이 8족인 것은 중성자의 무게를 갖고 있는 것인데, 우주의 은하수에는 이 암흑물질이 무게를 더하니 침전된 물리라는 것으로 보면 우주 행성이 침전된 암흑물질이 모였을 것이라는 것이다.

※ 암흑 산소와 6족 중감수의 암흑성

원소 6족은 산소족인데 왜 감수(坎水)인 물로 하는 것인가? 그리고 왜 6족은 암흑인 동시에 입자성으로 암흑으로 볼 수 있는 것인가? 이는 원소 6족인 산소는 입자인 것이고, 암흑을 띠는 것인데 이는 5족 이후는 암흑으로 보기 때문이다.

우리가 산소를 산(酸)이라고 할 때 이는 4족이나 5족인 것으로 오행상 식물을 산(酸)이라고 하는 것이다. 식물은 오래 두면 산패하는 것인데 그것은 기본적으로 산하기 때문이다. 그런데 왜 4와 5족이 아닌 6족을 산소로 하는 것에서 물이라고 하는 것인가?

본래 산소란 6족인 물을 의미하는데 왜 산성의 최고 보고로 하는 것인가? 물은 짠맛으로 하는 것인데 이 짠맛은 염소를 말하는 것으로 염소는 곧 이온을 말하는 것이다. 이온이 4와 5족의 본질인데 이 4와 5족이 스스로 삭으면 신맛을 내는 것이다. 이는 곧 나무는 스스로 빛과 물을 교차시켜 과일의 맛을 시게 한다. 이것이 일종의 이온의 맛이라고 하는 것인데, 파인애플의 강하게 신 것은 그 섬유성이 이온의 섬유성이기 때문이다. 이온이 보이지 않는 것이라고 할 것이 아니라 신맛의 섬유성이 곧 이온의 자연적 실체이다.

이온이 유령이라면 그 영혼의 몸은 파인애플과 같다는 것이고 기문으로는 상문에 해당이 몸인 것이다. 그러니까 상문은 벌레를 뜻하는 것이다. 그리고 4와 5족이 이온의 실체인 것이고, 이온의 몸인 것으로 행동하는 모든 유기성을 말한다. 그런데 원소 6족의 이온이 산성의 활력을 갖는 것은 이온이 활력을 갖는 것이 아니라, 이온이 산성인 것인데 6족에서 이온으로 보존하려는 역심이었기 때문에 그 내포는 산성인 것이다.

즉 나무 자체나 열매 자체는 문제가 되질 않아도 이 산한 것이 물로 나오면 식초가 된다. 이것이 약알칼리성이 산성으로 전환이 되면 두 개의 이온으로 강해지는 것이다. 알칼리는 자음인 것으로 밥을 의미하는 것이면 산성은 담는 그릇으로 6족은 그릇에 이온이 담겨져 있는 상태라는 것이다. 즉 담겨야 하나의 단어가 되는 것인데 그릇이 깨졌다면 모음이 훼손된 것이고 밥이 엎어졌다면 자음이 훼손된 것을 보는 것과 같다.

미네랄은 금속성이고 알칼리성이기 때문에 성질이 불과 같으면서 갈퀴와 같다. 대패가 모음이라면 대팻밥은 자음인 것이다. 즉 ㄱ인 자음은 민민한 벽을 긁어 나온 성상인 것이고, 대패는 곧장 나아가는 바람과 같으니 모음 ㅏ와 같이 곧장 나아가는 형상이 ㅏ가 되는 것이다. 그런데 산성 6족 자음에 이온 2개를 가지고 있다는 것은 곧 밥그릇은 두 개의 용량으로 커진 이온인 것이면, ㅏ가 ㅑ가 되는 것이고 ㅗ가 ㅛ로 된 것을 말하는 것이다.

그리고 7족인 산성은 이온이 하나인 것이니 ㅏ나, ㅗ가 되는 것이다. 그리고 자음인 알칼리 미네랄 쪽은 2족이 ㄲ이 되는 것이고 1족이 ㄱ이 되는 이온이 된다. 즉 산성 쪽은 양이온으로 하는 것이면 그것은 산성은 음이기 때문에 양이 담겨 있는 형상인 것이고, 알칼리족은 음이온으로 하는 것은 알카리는 양이기 때문에 음으로 수용하는 이온이 되는 것이다.

이러한 원리를 적용해서 암흑 산소라는 성질을 규명하자면, 이 양쪽의 알칼리와 산성의 중간에서 실제 양족 사이의 원충지가 허공성을 낳는 것이면 이 허공은 이온이 강하게 기울어진 쪽으로 6으로 기울고, 또한 상대적으로 2족으로 돌아오는 것으로 반복이 되는 것이다. 이는 4와 5족 사이에 앨리스 링이 열린다고 해도 링은 마치 무덤에 시체가 옮겨가 있듯 6족에서 문이 열리는 것이고, 이는 2족으로 통하는 상대성이 있는 것이다. 그러므로 원소성으로만 봐도 4와 5족이 이온의 몸체인 시체인 것인데 우주의 변화는 이미 6족인 것에 있다는 것으로 저승의 문이 있다는 것과 같다. 4

와 5족이 인체로 보면 가장 안정적인 이온의 흐름인 비타민의 기전이 활발하다. 이 기울기에 의해가 비타민의 기전이 6족인 것과 이온이 변화되면서 묻히게 되어 있다. 설령 내가 시신이 아닌 산몸이라고 해도 6주기율이면 내 시신인 이온의 자리가 되는 것이다. 귀신도 수살귀가 무섭다고 했다. 이 6족인 물이 이온 두 개의 문을 갖고 있고, 수맥이라는 것도 이 이온의 문을 갖고 있기 때문이다.

 그럼 이 물이라는 것과 짠맛의 동질성을 분류해 보자면, 짠맛인 6족은 이런 공간성을 줄이는 것으로 마치 숨죽이는 것과 같은 것이다. 즉 암흑 산소도 이러한 숨죽임에 해저에 갇혀 있는 것이다. 이온의 나무처럼 활개를 치지 못하기 때문이다. 그런데 이 암흑에 묻힌 이온의 화석화를 다시 태울 수 있는 이온이 되면 이것이 암흑 산소가 된다. 고로 우리는 이런 이치를 보아 건곤 감리 중에 감리의 상호성을 잘 인지해야 하는 것이고, 또한 2족인 태와 7족인 간의 상호성이 이온 하나씩인 것으로 바닷속 금속과 같은 7족 또한 암흑물질과 같은 성질을 지닐 수 있다. 6족은 산소지만 또한 6은 감수괘이기 때문에 산소로 하는 것이 물이 된다.

 올해 암흑 산소라는 것의 발견으로 경이적이라고 하는 것인데, 이미 나는 6수괘가 6산소족이라는 것으로 괘와 족의 동일성을 늘 상용하는 것인데 암흑 산수라는 것의 기능을 곧 물은 그 자체가 산소를 의미하는 것으로 이는 이온의 저장성을 띠는 것은 당연한 것이고 염의 이온성도 있다.

 우리가 암흑물질이라는 것을 수소에서 찾을 때 암흑 산소라는 것은 6족에서 찾는데 본래 원소 주기율의 배치로는 6족에 6주기율이 암흑 산소가 되는 것이다. 즉 물은 두 개의 이온이 보존된 것이나, 나무와 풀은 그 자체가 이온의 뿌리인 몸인 것이나 그 자라는 것만으로 이온의 전신이 다하는 것이고, 원소 6족은 이온이 보존이 되는 것인데 그래서 이온이 두 개를 보존한다.

그 보존성이 산소인 것이고 산소가 암흑화되어 밀착력이 가해지면 암흑 산소가 되어 보존하는 것이다. 이 이온은 이러한 보전성에 외부가 트이면 이온의 발생이 있어난다. 지상의 석탄과 같은 것이 망간 괘에서 뿐만 아니라 물에서 이온의 화석화를 보는 것이다. 반드시 화석화가 아닌 액체의 화석화가 되는 것이다. 마치 들기름 위에 참기름을 부어 화석화를 시키는 것과 같다.

이괘(離卦)의 극이 감괘인 것으로 감리의 하호 극은 3족과 8족 사이에 있는 것이고, 물 위에 햇빛과 같은 것이다. 극 사이 나무가 자라는 것은 물에 산소가 아지랑이처럼 나무가 자라기 때문이다. 나무가 감리 사이를 연락하는 아지랑이인 것으로 이온을 뜻하는 것에서 여기서는 양이온을 뜻한다. 마치 망간과 암흑 산소를 뜻하는데 해저 땅을 6족과 7족으로 하는 것에서 이온의 보존이 가장 화석적으로 보존이 되는 것이 암흑 산소와 광성 산소이다.

※ 우연과 과학

원소 5족이 손풍(巽風)인데 이 손풍은 구름을 얹어 푼다. 손풍은 이 풍(風) 자에 벌레 충자가 들어간 듯이 부드러운 5족으로 하는 것이다. 그러면 4족인 진뇌(震雷)는 곧 음양 결합의 행위를 말한다. 그리고 서캐인 이 벌레는 왜 이(this)와 같은 뜻이라고 했을까? 이는 곧 주어의 자아를 말하는 것이다. 이 이 자가 생겨나는 것, 즉 이가 탄생하는 자리가 4족인 성행위를 말하는데 특히 4족의 성행위는 격정적이다. 그리고 물고기는 알을 낳는데 이는 물 자체의 흐름만으로 알의 교감이 이라는 것이다. 즉 물의 성행위는 물결이 이는 것이면 알을 서로 만나 결합을 하는 것으로 이는 인간은 나무와 바람의 교감의 교감처럼 성행위를 하는 것이다. 또한 물고기는 물의 흐름, 즉 물에서의 수정만으로 거리가 멀어도 교감력을 가지고 있다고 봐야한다.

여기에 비해 새와 같은 알은 껍질이 두꺼운 것인데, 이는 곧 우주 공간이 빛이 넘치는 것이 감각이 상처를 많이 받는다. 물고기 성감처럼 예민하면 벽을 낀 껍질이어야 하는 보존이 되는 것이다. 그러니 알 하나라도 알뜰히 챙겨야 하는 것이다. 즉 무정란과 유정란이 따로 있는 마치 상상 임신도 보존되어야 하는 것과 같다.

마치 양자 겹침이나 양자 얽힘과 같은 것이 존재는 하는데 다만 거리 사이의 교감이 수정이 있어야 한다. 4와 5족은 전자와 전기의 실체이다. 이 실체가 자궁이 되는 것이 6족인 이온으로 품는 것이다. 즉 이온으로 품는 물은 신경이 잘 퍼지고 민감한 성감대인 것이니 물에서 수정이 되어도 교감하는 희열을 느낀다. 그에 비해 천둥과 번개는 매우 과감한 성행위를 한다. 그래서 4족인 천둥번개로서 바람이고 구름임을 5족으로 하는 것이다. 원소 5족은 천둥뿐만 아니라 지진 또한 전자파를 일으켜 결국 바람에 미쳐 이온직의 유동성을 만드는 것에서 하늘을 보면 지하의 징조를 나타내는 것이고, 바람에 이온이 알알이 뭉쳐지니 비구름이 일어난다. 곧 6족인 물의 수증기가 5족인 바람에 얹혀 바람이 구름으로 무거워지는 것이다.

우연도 불현듯이 아니라 유연하게 연결된 자연성에서 나타난 것이다. 다만 현시적으로 과학적 고리가 부족하고 편파라기 때문에 부정적일 수 있는 것이다.

※ 빅뱅과 수학

선천수 9는 하늘,
8은 천둥 우주풍,
7은 태양 별,
6은 빛의 입자가 식은 암흑물질,
5는 땅,
4는 지하 광물,
빅뱅은 숫자가 1인가 10인가?
1이면 수소고 8이면 헬륨이다. 즉 10 안에 8이 있다는 것은 땅속에 광물이 있다는 것인데, 빅뱅은 10까지인데 그 중에 빅뱅점이 2인 것으로 하면 2를 뺀 8이 되는 것으로 선천괘가 된다. 선천수 9에서 역순으로 하는 것은 우주의 입자가 1인 빅뱅에서 생기는 것이 아니라 우주가 폭발하고 10이 된 팽창에서 입자가 은하수에 매몰되는 것이 역순이다. 빅뱅의 역순으로 입자가 형성이 되는 것이 되는 것이다.

빅뱅이 1이냐 10이냐는 1에 의해 10이 1의 중력권이 되는 것이지만 허공이다. 그리고 서서히 1로 역행하는 것에서 입자가 되는 것이고 먼저 알칼리성으로 굉장히 예리하고 민감한 것이 먼저 언저리에 가 있고, 서서히 식으면서 산성으로 간다. 곧 우리가 3족인 빛의 손도 안에 있으니, 밖의 속도성을 못 느끼는 것이지만 1족과 2족은 입자가 머물기 어려운 상태의 미립자인 것이고, 우리 눈으로 볼 수 있는 것은 3족에서부터이다.

하늘이 열려 빛으로 한 것은 3족에서의 입자인 전이 원소와 란탄 악티늄족인 것이다. 보이지 않는 입자가 빛의 입자만큼 큰 것일 때 서서히 전하의 바다인 것으로 9에서 8이 된다. 마치 신경망인 것으로 목은 8인 후천수인 것이다. 결국 이 8의 전하가 천둥과 번개를 만드니 이것이 7인 숫자인 후천수 화가 된다.

이는 최대한의 렌즈의 실속인 것, 렌즈는 빛을 수용하는 최대의 범위를 말하는 것으로 이 빛은 우주 공간이 금인 것을 녹인다. 우리 눈에는 보이지 않지만 먼지같이 우주에 흡수되어 버리는 입자이듯, 우주의 용광로에 녹아 서서히 그 속도성이 줄어 마치 묵처럼 고아진 것이 물이라는 것이 된다.

산소는 산성의 가장 큰 이온적 인력을 가지는 것이니 결국 7의 화가 극이 되면 물이 되는 것으로 6이라는 것이다. 그리고 이 화의 용광로에 거품이 생기면 이 거품은 물에도 뜬다. 그렇게 되어 물에 가라앉으면 이렇게 고아진 입자는 자연이 입자성이 분명한 땅이 되는 것으로 5가 되고, 다시 이것이 땅이 된다. 그래서 땅은 전도성이 없는 것에서 금을 보존하는 것으로서 광물인 4가 된다.

선천수의 수리 역순은 곧 하늘과 땅의 연결 순서이다. 그리고 그 단계별 중심이 되어 자전적 팔방이 후천수인 깃이다. 그러니 빅뱅도 빅뱅 이전에 종이가 깔린 바닥인가 하는 것이다.

※ 빅뱅과 손 없는 날

빅뱅이 10이라는 것은 빅뱅 이전에 10이 있었다는 가정 하에 보는 것이다. 만일 빅뱅 이전에 10인 것이면 빅뱅이 트이는 순간 2를 뺀 8방이 8족인 것이다. 그러면 중성자는 주기율마다 2씩 늘어난다. 이는 곧 중성의 무게와 양성자 8족의 무게는 부피가 엄청난 차이를 보인다.

원소 8족은 양성자의 머리로 하는 것이고 중성자는 속으로 품는 2인 것이다. 우리의 일상은 팔방을 도는 눈금의 양성자인 것이니 이에 영향을 받는다. 그러나 중성자는 음운이 되는 과정의 중력이니 마치 우리가 달을 밟고 사는 것은 당연하다. 그로 인한 인과를 보지 않으니 이것이 곧 8을 넘은 두 개의 족은 없는 것으로 10진법의 구심력을 제외하니 이것이 손 없는 기운을 말한다.

우주가 생겼다는 빅뱅의 순간은 1과 2인 것인데, 만일 생기고 나면 빅뱅은 사라지니 10에 2를 뺀 8방의 굴레로 선천수라고 하는 것이다. 즉 구심이란 몸인 것인데 구심이 없다는 것은 팔과 손이 없으니 손이 없다는 것이다. 팔을 움직이는 주체에서 벗어난 것을 말하는 것인데, 마치 배추의 고갱이와 같은 허공을 말하는 것이다. 그러니 아무리 잎을 뜯어가도 뜯어가지 말라고 손을 쓰는 것이 아니라는 것이다. 즉 원소 1주기율의 수소와 헬륨은 2주기율의 8족에서는 고갱이에 해당이 되는 0인 것이다. 어쩌면 식물은 앨리스 링을 통해 고갱이로 나오는 시공인지 모른다. 원소 2주기율은 8족인 것은 변함이 없으나 고갱이, 즉 이전 주기율의 8족을 다시 합해 두 개의 고갱이 짝을 프라즈마처럼 모이게 해 다시 앨리스 링의 저 너머에 고개를 내민 것이 아닌가 하는 것이다.

고갱이는 씨앗의 문에 붙어 있는 것이다. 이 씨앗은 땅에 묻는 것인데 땅에 묻힌 씨앗은 광물과 같은 금인 것이고 1족인 것인데, 마치 씨앗은 작으나 미네랄의 역할과 같은 것이다. 이는 뿌리에서 자양이 잘 되어야 하는 것이다.

중력의 두께라는 것을 벗어나지 못해도 이 고갱이의 출구를 잘 보면 중력의 벽을 타고 나올 수 있는 것을 보는 것이다. 마치 기존의 이온과 양극성에 의지해서 프라즈마와 같은 어느 힘에도 기울지 않는 상태로 정적이다가 빠져 나오는 지혜가 깃들어 있다.

※ 빅뱅을 2차원적으로 설명하면

마치 도화지 위에 점 하나를 그린 것이 된다. 이를 3차원으로 그림을 그리면 정 육방체 안에 중앙점이 빅뱅이 된다. 그러면 우리가 기문을 지리라고 하는 것에서 이 지리는 2차원적 면인 언저리 두께, 마치 짐승 가죽을 펼쳐 놓은 가죽을 땅이라는 것이다. 대방 즉 팔방이 있는 것이 아니라, 중앙의 몸에 붙어 있는 가죽이 공과 같이 입체성을 띠는 것으로 구궁도의 기문둔갑이 된다. 기문의 행로는 10인 것인데 그 중앙인 중앙을 걸고 넘어가야 되는 형상이다. 이는 2차원적 그림이 구궁도인 것이나 실제 지구의처럼 활용이 되어야 하는 구궁도가 되는 것이다.

이 3차원을 2차원적으로 그림을 그린 것이 구궁도이다. 2차원적으로 보면 마치 도화지 위에 점 하나가 빅뱅으로 설명된다. 그러면 빅뱅 이전에 공간이 있었다는 것이니 그 공간이 도화지가 되는 것이다. 곧 빅뱅 이전에 공간이 있는 다중 빅뱅의 우주라는 것이 되는 것인데, 이는 2차원적으로도 여러 가지 구궁도의 종류가 있듯이 3차원으로도 여러 개의 구궁도를 넣어 큐브처럼 넣을 수 있다.

4차원이 개구리알의 포망이라면 그 알마다의 눈이 곧 3차원의 눈이다. 3차원의 중앙이 눈인 것에서 알이 하나라는 것이면 이것이 틈 없이 붙어 전체를 이룬 한 덩어리의 4차원이 된다. 그러면 3차원은 눈이 알알이 있는 4차원의 망에 갇힌 알들의 눈이다. 이는 우주적 속도성으로 보면 그림을 그리는 것이 아니라 맨땅에 양동이 물을 확 뿌리면 물은 땅의 입자를 끌며 입자를 굵게 만든다. 이는 양동이를 뿌리기 전에는 먼지도 아닌 것이 뿌리가 입자 각 큰 알맹이로 구르다 머문 것이다. 만약 그 문양을 본다 해도 영원한 그 문양은 아니라는 것이다. 그 문양은 우연적인 것이라고 봐야 하는 것이고, 그 문양의 종자도 아닌 것이다. 즉 빅뱅이 도화지에 입자화로 일어난 것은 현 시각에 드러난 입자인 것이고, 물을 따라 흡수된 입자는 입자가 아니다. 다만 없는 입자가 아니라 시간의 섬유성이 그 입자의 실을 당기지 못한데서 비롯된다.

우리는 볼펜이 도화지를 지나야 그림의 문양을 안다. 하지만 빅뱅은 물 한 번 뿌리고 도화지에서 볼이 일어나 펜의 어둠을 그리며 간다는 것으로 곧 그림은 어둠으로 간 것이나 입자는 빛의 속도와 크기 이상으로 큰 것이다. 그러면 3족인 빛보다 크니 입자로 보이는 것이고, 파장이 보이는 것이고 마찰이 보이는 것이다. 이는 3족에서 보아 4족이 크니 보인다는 것이고, 만일 1족과 2족의 입자성은 빛의 크기보다 작으니 빛이 보이기 전에 빅뱅의 순간에서 사라진다.

원소 8족은 견인력의 폭이다. 헬륨족이 가장 폭이 길면서 중력이 약하게 미치는 것이고, 이 위에 2주기율로 보면 수소족 리튬에서 2족인 베릴륨족의 사이가 중력이 가장 세니 베릴륨족은 나타나자마자 금방 사라지는 것이다. 즉 2족은 양극으로 떨어지기 바쁘게 1족으로 흡인되어 버린다. 그리고 3족은 1족에 급속히 빨려가는 형상으로 폭발적인 힘이 나아가는 중이니 나아가되 뿔이 나는 것이다. 그래서 불은 모양이 뾰쪽한 것이고 다만 금속류와 다른 것은 속이 비었다는 것이다. 그러니 우주에 바늘처럼 날카롭게 언저리에 미친 것이 팽창의 끝이 둘러친 것으로 하니, 빛의 속도성이 그렇게 보이는 것이고, 차원을 높을수록 차원의 전모가 밤송이가 더 날카롭게 보이는 것이다. 결국 우주 팽창의 속도가 빅뱅의 에너지로 뻗은 것이면 그런 모형으로 보이며 하나의 빅뱅이 밤송이와 같이 보일 수 있다는 것이다.

다중 우주를 싸고 있는 천성으로 보면 빅뱅도 밤송이와 같은 것으로 모든 별들의 빛도 밤송이처럼 보이게 되어 있다. 즉 별도 태양처럼 피는 것은 꽃이 가지마다 잔잔하게 피는 것이고, 별이 궤이샤처럼 피는 것은 넝쿨에 호박꽃이 피는 것과 같은 것이다.

선천수처럼 수리의 역행으로 보면 4족인 융합점이 벌과 꽃가루 원자를 모으는 만큼 그 폭발력은 호박꽃처럼 빨아들여 궤이샤처럼 클 수도 있고 태양처럼 복사 꽃잎일 수 있는 것이다.

※ 속도와 무게가 비례하는 것이면

곧 태초 우주의 입자 무게는 모든 별들의 무게보다 무겁다. 우주 무게보다 무거운 것이 우주 무게 밖의 무게라는 것이다. 속도만큼 무게가 늘어나는 것이면 속도만큼 입자가 작아지는 것이니 그 농축이 중성자의 무게와 같아진다. 또한 중성자의 무게보다 더 무거운 입자의 압력이 우주에 있는 것이 중성자마저 부력으로 떠 있게 하는 것인가 하는 것이다. 양성자가 불과 같으면 중성자는 나무와 같은 것이고, 이 중성자를 우주에 더 있게 하려면 블랙홀의 입자가 물과 같아야 한다.

과연 그림자를 거두면 광자는 자등명이 되는 것인가. 즉 빛이 있는 것에 그림자가 있는 것이니 광자가 없으면 암흑물질이 없어지는 것이다. 그러면 그 배면에는 1족과 8족이 남아 건곤이 있게 된다. 이것은 입자가 없다. 즉 건곤은 입자가 나눠지지 않는다.

건곤의 인력이 입자의 인력보다 1/2인 것으로 밀착시키니 입자가 떨어지질 않으니 개별적 입자를 내놓을 수 없다. 즉 구슬 하나가 가르려고 송곳을 찌르면 구슬을 돌아버리지 갈라지지 않는다. 입자의 궁극은 건곤인 것인데 건곤이 되면 갈라지지 않는 것이고, 제 스스로 돌아가 음과 양으로 하는 것이니 곧 음과 양은 걸라지지 않는 것인데 앞뒤로 돌기는 한다.

구슬을 돌리면 2족까지는 홈이 패이니 송곳을 틈으로 치는 옆으로 밀린다. 이를 양극성으로 보는 것이고, 3족이면 완전히 그 속을 드러내 놓고 양이 된다. 이 양인 빛은 이허중인 것으로 음이 된다. 즉 건이 곧 곤으로 극적으로 바뀌듯이 6족인 어둠도 속이 알찬 것으로 암흑물질이 되니 양이 되는 것이다. 다만 건곤은 1/2이 두 개인 것으로 붙는 순간이 8족의 시간과 거리를 뒤집는 것이니 3과 6족의 극적 뒤집힘은 시공적으로 눈 깜박할 사이로 아직도 한 우주권을 다 돌지 못한 상태의 차이이다. 3족의 팽창에 다시 6족으로 아물리면 음이 되는 것으로 6족이 되는 사이가 그렇다는 것이다. 그 사이에 우리기 보이고 느끼고 하는 신경의 동조가 4와 5족이 시간의 끈이 되어 음과 양이 바뀌는 전기의 상황 같은 센스에 든다. 세포도 음과 양의 전극에 의해 생명력이 되는 것처럼 이 4와 5족의 붙고 떨어짐이 반복되는 것에서 최소한 8족의 양분인 1/2이 두 개의 4족 이전의 반과 5족이 이후의 반으로 세포도 분류가 되는 전체성인 것이다.

　나무에 붙었다 떨어졌다는 접 붙는 부위가 되는 것에서 전기의 자석과 같은 힘의 전달로서 일어난 근육성이 나무와 같은 것으로서 동질화된 자연감으로 6족으로 벌어져도 이온이 두 개가 살아있는 한 접목이 가능한 접붙이 꽂이가 된다. 그리고 더 이상은 떨어져 있으면 양극성으로 벌려놓게 되어 마치 4와 5족 간에는 생접의 관계이니 접은 붙은 것이다. 그런데 만일 3족과 6족의 관계는 이미 떨어진 것이니 붙지 않는 것이다.

　하지만 양극성으로서의 태초적 흔적을 갖는 것인데 만일 6족의 이온이 3족과 이온 결합은 되지 않으니 2족과의 결합은 되는 것이니 이를 오행학으로 원진이 우회 합이라고 한다. 여기서 서로 비위 상하는 일이 많다. 2족은 3족의 불에 용광로와 같으니 3족의 이온으로 물을 뿌리면 차원이 다른 그릇이 되는 것이다. 단 이 2족의 우회성에 상하는 원진이라는 것도 팔자의 일부인 것으로 작용하는 것이고 그것이 보였다고 탓할 이유가 없는 것이 그릇은 다 고생에서 되는 것이다. 인생은 곡절이 있어야 3과 6의 충돌을 이어주며 서로를 알아갈 수 있게 한다. 이를 3이라는 숫자가 상대적으로 좋은 것은 아니지만 나쁜 것을 우회시켜 곁에 있는 친구와 같을 수 있다. 즉 블랙홀과 화이트홀의 성대성이 거품처럼 일어나고 싱크홀처럼 일어나는 것이다.

※ 천체 물리와 근친의 문제

　원소 8족 간의 결집을 보면 1족과 8족의 거리는 가장 멀어도 상호 간의 견인력은 1족과 8족 간의 견인력이 가장 강하고 1족과 2족의 사이의 자석이 가장 약하다. 그리고 1족과 3족의 사이면 빈 공간과 같은 사이가 있는 것으로 진공성을 말한다. 그러나 실제 우주의 1과 8족의 중력 안에 있는 것이니, 공은 공이되 중력에 있는 공이니 마치 공기 방울과 같은 것이다.

1과 8족 사이가 1/2인 것으로 가장 강력한 밀접성인 것에서 붙은 것이면 그 사이 원소 4와 5족의 상대성이 이를 갈라치기 하는 것에서 폭발성을 나타낸 것에서 완충적 0이 된다. 즉 양쪽을 끌어당기는 중력이 1과 8족이라면 그 사이를 갈라치기 하는 부분인 3차원적으로 보면 4와 5족이 벌어지는 것이다. 곧 이 4와 5족이 한 부분이 공이 생기면 거기에 다시 실한 것으로 채우는 것이 공이 생기면 채워야 하는 것에서 생수가 되고, 채우면 다시 허공을 메우니 성수가 된다.

우리가 이 부분에서 근친이라는 문제에 봉착하게 된다. 1과 2족은 가깝다는 것이지 가장 약한 자석에 속하는 것으로 1과 2족의 사이의 힘으로는 1과 8족의 힘을 끌어들이지 못한다. 그 사이 양자얽힘이나 중첩으로 보면 8족의 사회성에 도태되어 유전적으로 열성에 속하게 되는 것이다.

우리가 분열하고 융합하는 것은 4와 5족의 자리이다. 이 유전성이 8족에 골고루 미치려면 1과 8족 간의 견인력이 강해야 한다. 만일 근친으로 되는 것이면 자연의 1~8족 간의 상대적 견인력에 1과 2족 간의 미약한 자석력으로 8족의 중력을 싸지 못하고 도태되는 것과 같다.

※ 시공은 팽창하는 것인가?

　백지에 먹을 뿌리면 팽창한다. 그것은 먹의 관점에서다. 종이의 관점은 그 자리의 문제인 것으로 시간은 가지 않는 것이다. 즉 이 종이가 0이라면 소수점은 0의 먹인 것이다. 그러면 백지가 검은 먹으로 덮이면 이는 암흑물질이 덮인 것이다. 그러면 암흑물질이 걷히면 백색의 종이가 남는 것인가 하는 것이다. 솔직히 오행의 상대성으로 보면 흑과 백은 마치 종이가 흑과 백이 바뀌는 것으로 바닥이다. 바닥이 바뀌는 것은 곧 블랙홀의 점에서 앞면과 뒷면이 뒤집어지는 것과 같다. 이것이 만일 모래시계의 양면성으로 입맞춤이 직선적인 것이냐 아니면 양극성으로 휘는 것으로 마리 성단의 나선처럼 휘는 것이냐로 볼 수 있다.
　만일 양극성이 입을 맞춘 부분이 블랙홀의 극이라면 이는 구궁도에 있어서는 금수궁의 흑점이 1인 것으로 양쪽에 1이 되는 곳이 된다. 본래 1/2이 양쪽인 것에 모래시계로 분할이 되면 양쪽이 2가 된다. 이것이 2족인 것으로 할 수 있다. 결국 2족에서부터의 양쪽은 8족까지 상대적 양분으로 균형을 가지는 것이다. 여기서 원소 한 주기율의 한 바퀴가 되어야 입자도 완전한 입자인 것으로 1로 할 수 있다. 이를 주기율로 돌면 나선의 이어지는 회전마다 하나의 굴레로 떨어져 나올 수 있는 것이면 이는 파장이 이어지는 것과 같다.
　즉 한 주기율을 입자로 보아도 여러 주기율이면 이는 입자가 나선형으로 이어진 것이니 파장으로 보이는 것이다. 그리고 1족인 수소로서 전자 한 바퀴인 것, 전자가 양성자를 도는 한 바퀴가 곧 전자 자전의 한 바퀴로 이는 곧 달의 공전 한 바퀴가 달의 자전 한 바퀴와 같은 수학적 동질이 되는 것으로 본다. 그러면 달의 공전이 입자인 것이면 이는 곧 달은 수학적으로 자전으로 기록된 것으로 횟수가 나오는 것은 파장이다. 즉 회전량만큼 충전된 파장의 코일을 축적수를 말하는 것으로 파장이 되는 것이다.

공교로운 것이든 작위적인 것이든 우리는 전자의 자신으로 자아화한 기능이 된 것이다. 1족의 수고가 가지는 것은 입자이다. 이 입자는 전자가 하나인 것의 집자인 것이라도 이를 한 바퀴의 완전성의 균형에 있으면 미립자인 것이다. 그러면 원소 2족이면 양쪽의 균형이 되는 것이고, 족인 것이면 4족의 4방보다 균형이 무너지는 것, 즉 사방은 4개의 삼각형이 나오는 분할인 것에서 한 분할의 조각이 빠진 것이 된다. 한쪽 반향이 균형의 틈에 들지 못하니 이 틈으로 허공이 부푸는 것으로 하는 것이다.

이것을 팽창이라고 하는 것인데 이것은 허상이다. 즉 팽창은 4가 되어 사방의 균형을 이루면 이 허공성의 공간 사이를 마찰하며 붙는 융합이 일어난다. 그래서 4는 균형을 찾는 폭발과 균형을 말한다. 여기에는 바람과 물이 응고되어 가는 것이다. 그러면 흑과 백이 6족과 2족이 이온으로 붙는 것으로 뒤집을 수 있는 완충지인데, 본래 6족의 검은 색은 3족인 것과 상대성인 것이다. 그러니 백색은 붉은색에 용해되어 장생지가 되면 붉은색인 3족이 2족의 백색을 녹여 가시광선으로 이뤄지는 것이 된다.

우리가 빛과 암흑이라는 양극성은 3족과 6족의 양극성인 것이고 이 양극성은 균형이 기우니 2족인 이온을 끌어 백색으로 하는 공건이 되는 것이니 하늘은 백색 도화지와 같은 것이 된다. 그러면 우주가 팽창하는 범위는 3족과 6족 안에 있다. 그러니 이 양극성, 즉 감리가 소멸되는 것이면 우주 한 주기율의 균형이 8인 것에 중간에 3, 4, 5, 6이 빠진 것으로 소멸이 된다. 그러면 나머지 상대성인 1, 2, 7, 8은 남아있는 것이다.

이는 우주의 태초에 일어나는 불균형의 소용돌이에 들어가는 것이고 결국 8의 1로의 결합된다. 이게 과연 양성자의 공간성 팽창의 거푸집이 중성자 밀도의 공간으로 농축이 된 것으로 간다면 이 양성자가 우주의 복사가 기록될 것인가 하는 것이다. 그래서 이렇게 우주를 1족으로 구겨 넣은 것이면 다시 입자는 먹이고 파장은 종이의 섬유질인 것으로 원소 주기율을 보이는 것이면 인간의 영혼은 어느 정도의 밀도까지 들어갈 수 있는 것인가 하는 것이다. 즉 인간은 블랙홀에 들어가면 소멸이지만 영혼은 광자에까지 가서 나올 수 있는가 하는 것이다.

3족은 1족에서 3족까지의 자등명인 것이다. 그러나 우리의 몸은 4주기율로 기능화해야 심장을 피울 수 있는 것이다. 즉 4족에서 3족으로 역순으로 피워야 하는 것이니 자등명이 아니라는 것이 된다. 이는 섭리보다 깨달음의 문제에서 바뀔 수 있는 지혜가 아닌가 하는 것이다. 인간은 화두를 놓치지 않고 끝없는 도전을 해야 한다.

※ 마음의 양자 중첩과 물질의 양자 얽힘

보통 예언자 예지는 양자 중첩으로 일어난다면 그 얽힘에는 상당한 거리가 있는 것이다. 또한 거리가 있음은 시차도 있다. 예언의 정도면 이 시차가 없는 듯이 동시적으로 본다든가 인지하는 것, 즉 지구에서 달을 예언하듯이 내가 달에 가 있는 듯이 할 수 있다. 다만 양자 중첩이 되어 양쪽이 갈라진 것에서는 공유가 즉시적으로 일어난다. 물리적 시차성은 있는 것이지만 워낙 빠른 것이다. 이 빠르기가 빛의 속도 안에 있으면 3족 안에 있다. 이 3족의 물질계 사회성은 전이 원소의 사회인 것으로 란탄 악티늄족의 사회인 것이다.

우리는 이미 정신적으로 예언이라는 것이 가능한 것은 정신적으로 양자 중첩과 얽힘에 바탕을 둔 것이다. 이미 정신의 영역은 약자 얽힘의 관계로 예시될 수 있었다는 것이고 불분명한 사실이 아닌 개인차의 경험은 한다는 것이다. 다만 물질의 양자 얽힘은 유체이탈이나 순간 이동 등이 되어야 하는 것에서 아마 순간이동도 가능한 축지법도 이해가 될 수 있을 것이다. 이미 정신적으로는 약자 얽힘처럼 정보를 먼 거리에서도 가까이 보듯이 볼 수 있다는 것은 얽힘이 반과 반인 것의 결합에 의해서이기 때문이다.

※ 건곤은 양자 얽힘이다

건곤은 1/2이 두 개인 것으로 결합한 것으로 원소 1주기율 상태가 양자 중첩이 된다. 그리고 원소 2주기율부터 족마다 1이 되는 것으로 더해지는 것이고 8족이 8이라고 할 때 이 여덟 개의 8족이 1/2의 두 개의 사이에 있는 것이니 곧 1/2인 양손이 결합하는 순간이면 이미 8족을 하나로 하는 순간 중첩된다. 이것이 다시 8족으로 떨어져도 정보는 같이 교환한다는 것으로 같이 행위를 하는 것이 된다. 이것이 거울 현상이라는 것으로 곧 수소가 나이면 헬륨은 거울의 바닥이 되어 반사되어 나타나는 현상이다.

이것이 곧 6족이 저승의 통로요 3족이 이승의 통로로 연결이 되는 것이다. 그러면 우리가 천상 세계를 돌아보는 시간이 아주 긴 시간이어도 1족이 8족 간의 순간 이동의 시간 안에 있다. 그러니 건곤의 약자 중첩의 순간 이동은 1족인 내가 8족인 거울에 내 모습을 보는 순간 이미 양쪽을 갔다 온 것, 즉 저승보다 더 먼 곳을 순간 이동하고 돌아보는 것과 같다.

※ 정이십면체와 육십갑자 단위의 함수

함수로 보자면 한 주기율이 10인 것으로 족마다 같은 규격이다. 그러면 주기율이 쌍이면 20인 것, 즉 원소는 8족인 것이나 구형(球形)은 중앙을 점으로 하거나, 공(空)으로 하거나 음양이 있는 2를 더하여 10인 것으로 한다. 이 10면이 하나의 전형

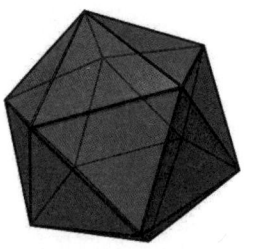

[그림 1] 정이십면체

이 되는 것으로 정이십면체로 하자면 그 내부적 속살, 즉 전이 원소가 있는 4주기율부터는 내적인 것이다. 그리고 한 주기율이라도 성격 차이를 족의 차이로 같다고 할 수 있다. 만일 족이 변하더라도 하나의 규격이 아닌 부피의 차이로 족의 차이로 한다면 이는 같은 성질에 희석성의 차이일 것이다. 즉 20면이 같은 것에 전형을 두는 것으로 [그림 1]에 해당되는 것이면 [그림 2]는 그 전형 안에 내부적으로 60까지 자란다는 것이다. 또한 60을 차면서 부화한다는 것이고 뼈가 나무와 같은 골조라면 60이 차는 뼈대가 형성이 되는 것과 깨어 나오는 것이 20면체의 깨어 나오는 것이다. 이는 60갑자의 완성도로서 태어난 것이 된다.

※ 정이십면체와 육십갑자 단위의 성장

[그림 2]를 보면 나무는 꽤 절도가 있어 보인다. 즉 10달이 두 개인 것이 20면체인 것이니 1년 12달에 2달을 뺀 10으로 1년으로 하는 것에서 공망 두 개의 공간, 즉 지구와 달 사이의 공전 공간이 2가 되는 것을 말한다. 그런데 지구 자전을 구경을 10을 10으로 보

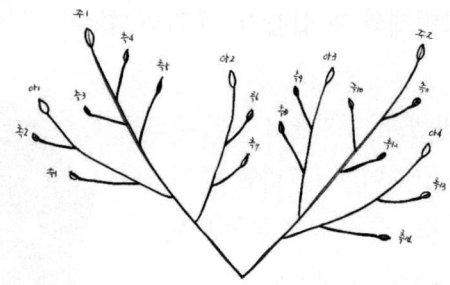

[그림 2]
나무는 과연 육십갑자의 균형을 이루며 자라는 것일까?

면 나머지 달과의 2달은 10보다 커도 그 내용 량은 12에 2에 속하는 것이다.

두 달이 육십갑자인 것이면 2년이면 육십갑자이다. 공전율이 그렇다는 것이다. 즉 이는 원소주기율에 있어 3년이 3족인 것인데, 이 3족 안에 10개의 전이 원소 하나는 한 달을 의미하고, 이 한 달 안에 란탄 악티늄족이 있는 것으로 6과 7주기율로 하는 쌍이 되는 것이다. 그러면 전이 원소가 10인 것의 쌍이 20인 것이면, 전이 원소에서부터 이십면이 되는 것으로 볼 수 있다. 이는 곧 전형원소 두 개가 8과 8이 아니라 10과 10인 것에서 이것이 전형원소 속의 전이 원소로 하면 마치 4차원 속에 3차원이고 4차원이 전형원소인

것이면 3차원은 전이 원소 10개와 같다.

　태양의 굴레가 4차원인 것이면 지구의 굴레가 3차원으로 들어가는 것에서, 두 개의 굴렁쇠가 하나의 손에 쥐어진 것이 되는 것이다. [그림 2]는 한 갈래가 두 갈래가 될 때 이때 차원이 늘어난다. 즉 두 개의 3차원이 갈라지는 것에서 4차원의 공간을 열어가는 것이 나무가 가지를 뻗는 것인데, 이렇게 다 차서 숲을 이룬다고 했을 때 4차원이 다 찬 것이 되는 것이다. 즉 차원으로의 분열이 처음에는 양분으로서 차원의 공간을 열어가는 것이 나무의 성장과 같은 것이 된다.

※ 원소주기율의 역행

　나무를 자라게 하는 것, 만일 인간을 창조하는 것이면 결국 자연의 재료를 사용한 것이니 자연은 다 법칙이 있어서 움직인다. 보이지 않는 우상보다는 법칙과 원칙의 공식으로 설명이 가능해야 한다. 그러니 먼저 원자를 씨앗으로 보는 것이면, 창조는 원소 1주기율의 수소를 1로 하는 것에서 중성자가 없는 것이니 굳이 이브를 만들 필요성은 없었을 것이다.

　그런데 하나가 외롭기로는 신도 마찬가지이다. 결국 헤라를 두는 것처럼, 신도 그대로 닮은 인간인 것이니 이브도 최소한 신처럼 자유로워야 하는 것이 아닌가? 그러니 제우스만이면 머리로 자식까지 낳을 수 있는데, 그것은 외로워 헤라까지 쌍을 이뤄 한 굴레를 만드니 일종의 이 자리가 내 자리라는 오줌을 누는 것이 되는 것이다. 이 오줌의 자리에 한 번씩 내 물감을 뿌리니 이것이 자궁인 것인데 이 자궁이 곧 제우스의 영역이라고 헤라로서 표시한 마누라라는 것이다. 이 마눌(마늘)이 육 쪽인 것이 최고니 2에 6쪽을 더해 쪽이 되는 것이 8족인 것이다. 그러므로 헤라는 헬륨인 것이니 헬륨에 자궁의 씨앗이 있는 것이 중성자인 것이다. 즉 수소나 헬륨이나 양성자로서 남녀 별다를 바 없는 것이나 헬륨이 중성자가 생김으로서 씨앗이 심겨진 것이다. 양성자는 과살과 같은 것인데 그 속의 씨는 중성자처럼 야물면서 싸여 있다는 것이다.

이것이 원소 주기율의 3족 안에 갇혀 있는 것이 되고, 그 씨껍질 속에 두 개의 눈이 붙어 하나인 것이 2족과 1족인 것이다. 그러니 이 중성자가 심어지면 이는 마치 중성자별이 상하로 긴 막대로 뻗듯이 나무도 뿌리와 기둥으로 뻗는 것인데 뿌리는 산만하게 내리는 것이고 기둥은 곧게 뻗는 것이 중성자별인 것이다.

※ 정이십면체

나무는 과연 육십갑자의 균형을 이루며 자라는 것일까?

20개의 봉오리가 꽃봉오리라면 20개의 분화구와 같은 것이다. 이것이 12면체로서 12지의 육십갑자와 같은 것의 원소 주기율 내의 분화구도 원소 8족이 주기율 쌍마다 2족씩 늘어나는 데서 12족이 되는 것이다.

4주기율과 5주기율에서 12면인 12족이 되는 것으로 일어나는 것이면 여기에 전이 원소가 10개씩 쌍으로 가지게 되는 것도 10개의 쌍으로 20개의 꽃봉오리로 갖춘다. 그러면 마치 4와 5주기율의 전이 원소가 나뭇가지로 20개로 피어났다는 것이다. 한 주기율의 울안에 이 십이면체의 구성으로 자란다는 공식과 같은 것이다.

그런데 씨앗은 우주 공간이 아니니 땅으로 뻗은 것은 물이 있는 것이나 뿌리가 산만하고, 위로는 하늘의 건조함이라 하나의 기둥으로 뻗는다. 그러면 이 씨앗의 힘이란 어느 정도인가? 이는 핵폭발의 힘과 같다. 그러니 이를 급히 물에 담가 식혀야 하는 것이니, 곧 핵융합로에 경수와 중수로 막아야 하는 것과 같다. 그런데 나무가 훨씬 과학적인 것은 나무는 뿌리로 물에 푹 담가 나무가 감당하는 양만큼만 에너지를 사용한다. 그 사용량은 나이테로 폐기하여 격리한 것과 같은 것이다. 그리고 그 폐기된 속도 활용을 잘한다는 것이다. 즉 나무는 에너지가 가하면 꽃으로 분화구가 되는 것이다. 이 분화의 잎이 중구난방이라 열리는 족족 하늘의 이슬이 맺힌다. 이는 서리와 같이 쉽게 굳는 것이 빠르다.

그러니 잎마다 이슬이 구슬처럼 되니 열매가 되는 것인데, 이는 곧 하늘의 은하수가 금인 것에서 지상의 꽃은 약간의 풀과 같은 접착제 역할만으로 붙어 큰다는 것이다. 이 조화가 균형을 잃으면 감은 감이 좋아 꽃이 봄날을 못 견뎌 떨어지는 것이고, 석류는 속이 터질 정도니 제 풀에 꺾여 떨어지는 것이다.

즉 나무가 자라는 경수로의 물을 많이 먹어야 하는 것인데, 이는 곧 뿌리로 먹는 것은 1주기율의 물을 먹는 것이고, 열매로 먹는 은하수 물은 수소의 물을 먹는 것이 된다. 열매는 은하수 물을 먹는 것이고 뿌리는 지구상의 물을 먹는 것이다.

하늘인 금건으로 먹는 열매는 수소인 은하수 물을 빨아들이는 것이고 중력 밖의 입자를 빨아들이는 입이다. 뿌리는 지구 중력 안 입자인 물을 빨아들임으로서 무기질이나 여러 화합물을 빨아들인다. 그러니 열매와 같은 머리의 둥근 머리는 곧 초자연적 입자의 맛을 갖고 있다는 것이 된다.

  신축성이 나무와 풀인 것인데, 씨앗의 폭발력 확산이 반대로 융합력을 동시에 낳아 중력을 만드는 것과 같다. 그러니 결국 나무가 키를 키우고 몸집을 늘려 물을 다량으로 채우는 것은 대지의 가뭄을 해소하기보다 원초적으로 자신의 폭발적 에너지를 식히는 것이 급선무이기 때문이다. 그렇게 식혀야 자신에 맞게 꽃으로 분화구를 만들 수 있는 것이다. 너무 급하면 열매도 맺기 전에 꽃가루가 말라버리는 것이니, 열매를 착상하지 못하는 것이고, 헬륨 8족의 자궁에 착상이 되지 못하는 것과 같다.

  원소 3족이 꽃인 것인데 2족이 된 것은 착상이 되는 것이고, 그렇게 착상이 된 것은 꽃이 떨어져도 2족은 멀쩡히 자신의 유전자를 다한다. 이렇게 떨어지면 헬륨족으로 돌아가는 것이다.

※ 원소 3족은 프라즈마 상태를 말하는 것이고

  주변의 전자가 0인 상태에 갇히게 하는 것이 된다. 여기서 3족인 상태의 허중의 0을 말한다. 0이라도 마찰이 있다면 이는 이때부터 이가 쏳는 것으로 하는데, 이 부분이 몸과 머리가 합하는 목이다. 이 목은 나무는 꼬챙이를 꽂으면 머리와 뿌리가 동시에 나는 것으로 뿌리는 사람처럼 팔과 다리인 것이고 우듬지는 머리이다. 즉 굳이 반대가 된다고 할 수 없다. 그리고 원소 4족인 목 부위가 전자기력의 시발점이 되는 것이고, 원소 3족이 남쪽의 생이라면 이는 머리가 남쪽에 근거를 둔 것의 관할이 된다. 그리고 4족인 신경망이 암흑에까지 뿌리를 내린 것이 된다.

원소 3족은 자체적 공간이기 때문에 신경과 소프트웨어적 관계가 아니라 하드웨어적 관계에 있는 것이다. 배우와 관객의 사이처럼 서로에 영향을 미치는 것은 아니다. 그래서 역으로 몸을 3차원으로 하고 머리를 4차원으로 하는 것이 맞느냐 하는 것이다.

즉 4차원 이상을 선천수를 도합에 1로 하는 것이고, 1~3까지는 0으로 하는 것을 말한다. 그러면 거꾸로 보면 1~3까지는 4차원인 것이고 나머지는 3차원인 선천수가 된다. 이는 목을 중심으로 4:4인 것이면, 또한 어느 한쪽을 머리라 할 수 없는 것이면 4차원이 3차원의 몸 위에 있을 수 있다. 이는 3차원의 8족이나 4차원의 8족이나 크기는 달라도 그 성격은 같기 때문이다.

※ 3차원과 4차원의 생사 관계

어쩌면 인간도 주검을 한 차원의 변화에 의한 것이라고 받아들이면 훨씬 원소 주기율도 순리에 맞는 면이 있다. 즉 인간의 몸이 땅으로 돌아갔는데 오직 씨앗 하나 남은 것이 싹이 난 것이면, 이 씨앗에 나무가 나를 품고 있다면, 즉 오직 떡잎만으로 품고 꽃처럼 사라지는 것이면 그래도 이 씨앗은 이미 자신을 品는 뿌리는 기우는 것에서 알과 같은 것이다.

※ 풍택중부(風澤中孚)괘와 씨앗의 날개

발가락은 날카로워도 둥지에는 거친 나뭇가지가 기둥 역할을 하는 것과 같다. 그러니 새가 알을 다리로 품어도 부드럽게 쌀 수 있는 것이 전자기장인 것이 풍택중부라는 것이고 알이 예쁘면 천둥번개도 숨을 죽이는 것처럼 발로 품게 되는 것이다.

품은 알이 3차원인 것이면 이 3차원이 두 개의 짝으로 앨리스 링을 열면 4차원의 전자기장을 열 수 있는 것인데, 이 문을 통과할 때는 풍택중부처럼 4차원이 3차원을 알을 품듯이 앨리스 링의 문을 열어주는 것과 같다. 그 4차원은 매우 돌발적인 인연들의 결합에 섞이게 되는 것이다. 그 와중이 거친 나뭇가지가 부대끼는 것 같으나 새집은 상하지 않는다. 곧 선천수가 4~9까지가 태풍을 일으켜도 결코 1~3족까지의 둥지 알은 떨어뜨리지 못한다는 것이다.

풍택중부라는 것, 즉 괘상으로 풍택중부괘라고라는 것은 원동기의 브러시의 양극성이 갈라진 사이로 빨아들이는 정기의 앨리스 링으로서의 배아(胚兒)와 이 배아가 다시 떡잎으로의 분산으로 자라는 모형의 것을 보아 이십 면체의 나무 모형과 같은 것이다. 이 이치를 잘 보면 원소 1족에서 3족까지는 이런 알을 품은 형상인 것으로 3족과 같다. 즉 3족의 껍질로 싼 것이 아니더라고 이미 씨앗은 껍질뿐이어도 그 쭉정이를 감싼 뿌리가 곧 발부리에 보호받는 4족의 발부리에 싸인 것을 풍택중부라고 하는 것을 새가 바닥으로도 그렇게 미쁠 수가 없다는 것이다.

뿌리가 씨앗을 어미 새가 알을 상하지 않게 서 있는 상태로 품는 것으로 발가락 속이 손바닥처럼 의지가 된다는 것인데 이 또한 이 허중이 프라즈마 상태를 만드는 것과 같다. 떡잎은 씨앗으로 나지만 곧 씨앗은 3족인 것인데, 4족은 떡잎인 것이고 팔과 날개이다. 이 또한 다리도 4족인 것으로서 알을 품는 것이 곧 4족의 앨리스 링에 공간이 열린 것과 같다는 것이다.

닭이 날개를 포기하고 발부리인 뿌리가 스스로 씨앗을 보호하고 자란다는 것으로, 떡잎은 이카로스의 날개와 같은 슬픔을 안고 살아가는 것이 인간보다 더 바위가 된 전설처럼 보인다. 즉 떡잎의 날개가 타고 나면 새는 발부리로 알을 감싸게 되어 있다. 이는 씨앗인 새끼가 어미를 호출하여 뿌리를 내리게 하는 유전형인 메커니즘인 것이다. 즉 다이달로스(Daedalos, 그리스 신화에 나오는 명장(名匠))의 슬픔을 안은 채 날지 못하는 닭으로 키우는 것이다. 그러니 인간은 씨앗인 머리가 거꾸로 자라는 것처럼 보이나 실제 씨앗이 어미를 호출하여 발부리를 보호하게 하니 씨앗이 머리처럼 보이게 하는 것이다.

※ 차원의 이동은 앨리스 링의 문을 통과해야 하는 것이다

4족과 4족 사이를 앨리스 링으로 하는 것, 3족이 프라즈마인 것으로 어느 쪽도 치우치지 않는 무기력의 상태를 말한다. 이것이 네 개로서 8의 반으로 한쪽의 극이 되는 것이면 이 4에서 8과의 사이로 반반이 되는 것에서 앨리스 문이 된다.

이 4는 어느 쪽도 치우치지 않는 하나이 극이 된다. 이는 곧 2와 2의 사이에는 양분성에 의해 치우치지 않는 것이다. 즉 2는 한쪽의 극을 갖고 있는 양쪽의 극으로 1:1은 양극을 가지는 것의 2인 것이나, 2:2이면 4인 것이다. 또한 양극을 가지는 것이 되는 것이고, 2와 2사이는 0인 것의 앨리스 링이 된다. 그리고 8:8은 16인 것이면 수소와 헬륨 사이에 주기율 쌍의 사이가 앨리스 링이 되는 것이고, 4:4인 경우는 8이 되는 것의 반으로 그 사이가 앨리스 링이 된다. 이렇게 1대 1의 관계로 차원의 모서리를 연결하면 이는 곧 차원이 늘어나는 것이다.

앨리스 문이 열리는 것이 1대 1의 관계에서 공간을 만들어 내는 차원인 것이면 차원마다 늘어나는 공간으로 이동이 될 때는 앨리스 링을 거쳐야 두 차원의 모래시계 구멍으로 이동되는 것과 같은 것이다. 이는 마치 식물은 8족을 역으로 4족까지로 자란 것으로 하는 것이다. 인간이나 동물은 순리로 수소인 머리에서 팔과 다리 4족으로 뻗은 것이 서로 만나는 것에서, 서로의 모자라는 반을 만나서 채우면서 생명이 되는 것과 같다. 그래서 식물은 탄소 4족을 산소를 뿜어내면 당겨야 알칼리성을 부지하는 것이고, 동물은 산소인 6족을 끌어 들이지 않으면 3족인 풍성으로 허중이 되는 것이다. 또한 중간적 4족의 무게감인 탄수화물이 산소를 순환시키지 못하는 것이 된다. 이는 머리통은 씨앗보다 크기가 곧 이허중의 비중이기 때문인데, 머리통이나 씨앗은 중성자를 띤 것이기 때문에 곧 8족에서 수소족이 머리인 여느 족에 비해 작다.

즉 하나의 수소족과 같고 DNA로 보면 오탄당이 땅인 것에서 수소 점을 중앙으로 오탄당이 있는 것으로 보면 마치 DNA도 수소를 중앙으로 평행이 되는 것과 같다. 그리고 선천수 3까지는 없으니 씨앗인 것이고 나머지 수는 나무인 것으로 한다. 8족을 너머 9라는 숫자는 8을 뺀 1이 되는 것으로 과살이 8인 것에 씨앗이 들어 있는 9가 되는 것이다. 그리고 3까지의 숫자가 없다는 것은 중력 안을 볼 수 없는 껍질인 것이고, 이 껍질 중력 밖에는 과살이 붙은 것과 같은 것이다. 그러니 우주의 변이 중력이라면 이는 그 밖에 중력살이 얼마나 두터운가도 의심된다.

융합도 이 벽 위에서 2차적 융합이 이뤄지듯이 결국 중력 안이 원소 3족인 것이고 1과 족이 씨앗과 떡잎까지로 보는 것이고, 다시 뿌리의 버팀목이 새의 발바닥과 같이 옹호하니 여기가 곧 융합과 분열을 분기점이 되는 것으로 중력과 같다.

이 중력 밖은 섬유성이 굳은 것이고 섬유성이 유연해지는 것이다. 마치 3족 안은 빈 해골이 아니라 조개껍질 속에 주꾸미가 사는 것이 이목구비라는 것이고, 이 중성자적 구멍 입구에 사는 이목구비의 역할은 마치 블랙홀이 여의주를 머금은 것과 같다.

※ 머리와 몸의 짝으로 자음과 구궁도와 좌우를 짝으로 하는 음양의 자음

간방괘(間方卦)는 몸의 오장인 것이고, 정방괘(正方卦)는 이목구비를 뜻하는 것인데, 후천수의 쌍으로 거울에 반사된 것(1과 6의 짝, 2와 7의 짝, 3과 8의 짝, 4와 9의 짝, 5와 10의 짝, 구궁도를 보면 이 수가 짝을 이뤄가면서 시계 방향으로 돌고 있음), 즉 5중궁을 넘어 꺾여서 짝이 된 것은 곧 족 얼굴의 구궁도로 1감수라고 하든가, 6건천이라고 하면 1인 귀의 경락은 복부의 거울에 반사되면 신장으로 잠겨 있다. 결국 1과 6은 짝으로서 반사성이 귀와 신장의 거리감과 같다는 것이다. 그리고 다른 장기도 마찬가지로 거울상의 짝이라는 것이다.

ㄱ은 간장인 것의 3목인데 이것이 5중궁을 지나 반사의 바탕으로, ㅋ인 8로 음목이 된다. 이 ㄱ과 ㅋ은 3과 8의 후천수 짝으로 ㄱ은 턱인 것이고, ㅋ은 간장을 뜻하는 즉 ㄱ에 ㅇ에 묻힌 것이니 ㅋ이라는 것이다. 즉 ㅇ은 작대기 하나를 덮은 것과 같은 뜻이다.

ㅈ 폐 우 두엽	ㅅ 이마 좌 두엽	ㄴ, ㄷ, ㄹ 눈, 오른쪽 눈
ㄱ 턱 좌 턱	ㅇ, ㅎ 코	ㅌ 심장 왼쪽 눈
ㅋ 간장 우 턱	ㅁ, ㅂ 왼쪽 귀	ㅍ 신장 어른 쪽 귀

※ 머리를 뺀 복부만의 모음 구궁도를 보면

ㅏ는 정방이고 ㅑ는 ㅣ에 ㅏ가 겹발음이 되면 ㅑ인 것이다. 즉 영문으로는 y인 이에 a인 ㅏ를 더해 ya인 겹음이 된다. 결국 y라는 ㅣ는 거울의 바닥인 흙토의 모음 ㅣ에 해당한다. 이는 모음 ㅡ가 거울로서 나와 =인 되는 것이니 결국 ㅑ가, 거울의 반사라는 것에서 본래 거울의 바닥은 흙토 5를 뜻한다.

간방괘는 계신(季神)이 있는 진술축미인 것이니 ㅏ가 반사되어 ㅑ가 되는 것으로 흙속에 묻힌 겹음의 혼합성을 말하는 것으로 이는 토에서 나온 것이 된다. 즉 본래의 음이 아니라 녹음되었다가 다시 나온 것에서 너무 오래된 것이면 소리가 탁한 것을 말한다.

ㅑ	ㅗ 위 심장 피를 품음	ㅛ
ㅏ 좌측	ㅡ, ㅣ 배꼽	ㅓ 우측
ㅠ	ㅜ 아래 신장 피를 걸러 아래로 배출함	ㅕ

힘이 강한 것보다 꽤 절도가 있는 편이다.
헬륨의 유전자는 결국 헬륨으로 돌아오게 하는 것으로 열매가

되기 때문이다. 이는 땅의 비중에 씨앗의 비중인 헬륨의 에너지 비중과 같은 것이다. 그 중에 하나가 세포인 것으로 그 세포가 머리를 내밀면 수소족인 것으로 한다. 즉 나무는 머리가 뿌리에 있는 것에서 씨앗으로 하는 것인데, 곧 헬륨인 땅에 씨앗이 뿌려진 것, 즉 헬륨은 과살이 뭉개진 거름이다. 마치 동불의 변에 씨앗이 있는 것과 같다. 그러니 뿌리에 머리가 있는 것이 1족인 나무가 되는 과정이 1~4족인 것이고, 이는 5~8까지의 진행인 것이 나무에서 꽃이 피어 3족인 것이고, 그 꽃에 암수가 있어 2족인 것이고, 그것이 하나가 되어 1족이 되는 것에서 씨앗이 다시 8족인 헬륨인 것으로 역행을 하는 것이 된다.

즉 3족인 볕이 있으면 6족인 물을 빨아들이는 것이고, 만일 볕이 없으면 물을 빨아들이지 못하니 기둥을 세우지 못해 녹아내는 것이 4족의 거울인 균형인 것이다.

나무가 머리를 뿌리인 땅에 두는 것은 헬륨족이 끝에 있는 것에서 족의 역행으로 자란다. 실제 사람의 머리가 오히려 하늘에 달린 수소족인 것이니, 그렇게 다를 수밖에 없는 것이다. 나무가 산소를 뱉는 것도 나무 머리가 헬륨족에 가까우니, 6족인 산소가 4족인 탄소를 뱉을 수밖에 없다. 탄소는 수소족에 머리를 둔 것이니 4족인 탄소가 6족 산소 쪽으로 뱉을 수밖에 없는 것이다.

5중궁의 기문(奇門)에서 연국(煙局)은 중궁에서 건궁으로 빠지는 것이고, 홍국(洪局)은 중궁에서 감궁(坎宮)으로 빠지는 것인데, 인간이나 들짐승이나 머리가 크게 나온다. 이는 중궁에서 건궁으로 나오는 것은 머리를 크게 해서 나오는 것이기 때문이다. 그러나 감궁으로 나오는 것은 어류와 같은 것으로 머리가 작은 것으로 태어난다. 이는 중궁이 토인 것인데 이 토가 자궁과 같은 것이면 머리가 큰 것으로 건궁으로 빠진다. 또한 4손궁에서 중궁으로 들어가니 손은 바람인 것이고, 풍수를 말하는 것이니 풍수를 잘 타서 태어날 수 있다. 그러나 흥국의 중궁은 이궁(離宮)에서 중궁으로 들어가는 것인데, 이궁은 화장을 말하는 것으로 화장을 하여 흙으로 돌아가는 것이니 매우 미생물적이다. 그리고 손궁에서 흙으로 돌아가면 이는 사라지는 것과 같다.

손궁은 귀(鬼)라고 한다. 귀는 바람처럼 있다가 다시 사람으로 태어나는 것이고, 이궁은 훨씬 이승과는 먼 시공성을 가진 것이 되는 것으로 범우주적인 면이 있다. 우주적으로 북망산으로 천도가 되었다가 우주를 돌다가 오는 것인데, 1감수는 은하수를 건너오는 것과 같다. 즉 선택의 공간이 넓으면서 입자성이 작은 것에서 온 것이다.

5중궁이 여자이면 1감수는 남자로 정자를 뜻한다. 정자 때부터 선택적으로 자궁에 드는 것이 된다. 5중궁이 용이 되는 것인데 용은 태아를 의미한다. 5중궁인 자궁에 1감궁의 정자가 다섯 과정을 거치면 중궁 난자에 도달한다. 그 난자에 도달하는 것이 육합이 되는 것으로 화하는 것, 즉 금이면 백용이고, 화면 적용이고, 푸르면 청룡이 되는 것으로 잉태하는 것이다.

그런데 중궁은 백호살이 나오는 자리이다. 그도 그럴 것이 정자는 자궁에서 전쟁터가 되는 것이니, 수소는 머리통이다. 이 머리통에는 세 개의 골로서 삼중 수소로 할 수 있다. 즉 숨골은 붉은색이고 작은골은 푸른색이고, 큰골은 노란색으로 삼원적 삼중 수소라고 한다. 이것이 머리에 턱을 붙임으로서 4족이 되는 것이고 핵 융합의 시점인 것이다.

그리고 이목구비가 중성자적 자아를 갖는 것이 있는 것인데, 목 아래는 중성자로 본다. 곧 창자는 중성자로 화하는 길이라는 것이고, 목이 블랙홀이라면 혀는 광자만이 남은 것에서 다시 심장의 펌프질이 우주를 펼치는 것과 같은 것으로 양성자와 중성자가 공유하는 우주가 되는 것이다.

헬륨은 가슴과 복부로 하는 중성자인 것인데 이 중성자는 몸도 되지 못하는 폐기물은 똥으로 나오는 것이다. 그리고 태양이나 별은 우주적으로 보면 목 아래 몸의 내장기관과 같은 것이고, 목 아래가 헬륨족인 것이니 가슴이 2인 양성자로 하고, 배는 중성자인 2개로 하는 것에서 머리를 포함하지 않는 것으로 한다. 그리고 턱과 기관지, 목의 위는 양성자로서 세 개의 쿼크 중에 반을 차지하는 것이고, 핵융합 이전의 삼중 수소가 되는 것이다.

그러니까 중성자적 태양이 심장인 것이고, 블랙홀도 중성자적 목인 것에서 광자가 혀와 같은 것이니, 몸은 중성자적 자아인 것이고 팔다리는 양성자 공간에 허우적대는 것이다. 그리고 머리는 양성자만인 것에 삼중 수소의 중성자가 빠진 삼두 정치와 같은 뇌의 역할이 된다는 것이다.

머리는 수소 한 알의 것으로 하지만 세 개의 골이 하나로 하는 것에서 수소가 하나인 것과 같다. 즉 세 개의 막을 하나로 하는 것에서 하나를 더해 4개가 되면 분할된다. 그런데 중성자와 음과 양으로 분할성이 있다는 것이다. 1대 1의 분할이 아니라는 것이다.

또한 이목구비의 신경이 경추에서 출발하는 것을 보면 중성자적인 것과 양성자적인 것의 사이에 있는 것이 아닌가 하는 것이다. 이는 4개의 힘 중에 전자기력의 미치는 역할과 같은 것이다.

오탄당은 5각에서 오라는 것보다 결과적으로 오각이라는 것이다. 하지만 본래 1는 DNA의 중앙 수소가 씨앗인 것이 1인 것이고, 두 라인을 쌍으로 잡았다는 것이다. 여기서 2가 되는 것이고, 이 세 라인에 붙는 지퍼 고리가 네 개다. 이것이 5탄당이 되니 5가 되는 다섯 절차상의 5라는 것이다. 그리고 쌍이니 5는 10인 것으로 하고, 이 10은 4개의 염기가 본질인 것이고, 이 사방의 고리가 4인 것이고 쌍이니 8인 것으로 8족으로 한다. 나머지 2를 더해 10으로 하는 것은 당이 되려면 8에서 10에 들어야 하는 당이 중심이 되는 것이다.

처음에는 DNA 수소의 변두리였다가 오탕당으로 중심이 되는 것, 즉 처음에는 감수궁의 변방이었다가 나중에는 5중궁으로 중심으로 되는 것이다. 결국 오탄당 언저리인 것이나 DNA의 중심이 되는 것에서, DNA를 다루는 것이 마치 우주 논리의 광범위한 것을 끈 이론으로 RNA적 서술로 엮어가는 것과 같은 것이다.

※ 이중 슬릿과 DNA

이중 슬릿에 있어 마지막 여덟 폭의 스크린이 나오는 병풍과 같다. 즉 스크린의 띠가 파장이 겹치는 부분이 여덟 개가 나오는 것으로 끝으로 할 때이다. 그러면 중간에 4개의 겹치는 부분과 또 그 앞에 두 개, 세 개로 겹치는 부분과 이중 슬릿의 구멍으로 하는 것이면, 곧 DNA 5탄당이 10이 된다. 이것은 이중 슬릿에서 8개의 스크린과 두 개의 구멍이 합한 것으로 구심점이 되어 10이 되는 것과 같다. 보통 오행학에서도 10에 2는 절로공망이라고 한다.

실제 8개의 스크린은 실상으로 하는 것이고 두 개의 구멍은 공망으로 한다. 이중 슬릿의 두개의 구멍은 절로공망이라는 것이다. 절로공망은 천간 임계 수가 되는 것을 말한다. 이는 우주에 있어 빈 공간은 공간이 아니라 은하수 수소가 찬 것이니, 천간에 은하수가 찬 것은 시각 상으로 허공인 것이다.

제10장

기문둔갑의 해(解)

※ 기문둔갑의 해(解)

원소 1주기율의 삼기(三奇)와 2~7주기율까지의 육의(六儀)

1주기율	1, 수소, 갑(甲)	3(丙)~4정(丁) 핵융합과 분열로 火가 됨, 족 없음. 4족이 융합, 5족이 분열, 6족은 응축액(족이 없는 상태)	2, 헬륨, 을(乙) 또한 8족
2주기율(무)	갑자순 갑자~	족 있음	~계유
3주기율(기)	갑술순 갑술~	족 있음	~계미
4주기율(경)	갑신 순	//	~계사
5주기율(신)	갑오 순	//	계묘
6주기율(임)	갑진 순	//	계축
7주기율(계)	갑인 순	//	계해

※ 쿼크의 임신과 달거리

1달의 양성자 쿼크 30일

1순(10일, 상순)	탑 쿼크	난자
1순(10일, 중순)	업 쿼크	난자
1순(10일, 하순)	맵시 쿼크	난자

1달의 중성자 쿼크 30일

1순(10일, 상순)	기묘 쿼크	난자
1순(10일, 중순)	다운 쿼크	난자
1순(10일, 하순)	바닥 쿼크	난자

본래 쿼크는 10일이 아니라 5일로 되어서 보름인 15일로 상괘가 되고 나머지 보름이 하괘가 되어 한 달이 된다. 이것을 체세포 분열이라고 한다. 그러나 성세포는 두 번 분열하는 것에서 조화가 되는 것이니 곧 10에서 분열한다.

즉 한 달은 체세포인 것이고 두 달은 성세포인 것이다. 그리고 이 세포가 1년의 어미에서 낳는 것이니 1년은 10개월로 채우는 것이고 나머지 두 달은 비우는 것이다. 10은 10으로 채워야 하는 것이 가장 적당하다. 그리고 원소 3족이 쿼크인 것에서 3족에 전이 원소가 10개인 것이 10달이 되는 셈이다.

도표에서 무(戊)에 흙이 생기고부터 자리인 기문이 시작이 되는 것이고, 주기율적 물질의 한 점이 시작된다. 또한 동짓날 팥죽에 새알이 들어 있는 것이 무(戊)인 것인데, 동지는 감수(坎水)인 것이고, 하루의 자정인 것인데 양(陽)이 하나 일어나는 시점이라고 팥 한 알을 의미한다.

이 팥이 오로라처럼 펴지는 것이 죽인 것이고, 이것이 태양인 것이면 헬륨의 덩어리가 커지는 것이 팥죽 속 새알인 것이다. 그리고 십간(十干) 중에 무와 기는 중앙에 있다. 이는 곧 1주기율의 중앙이 핵융합점인 것에서 이 핵융합 짐은 1주기율 안에서 이뤄지는 것이니 을병정(乙丙丁)은 1주기율에 있다. 다만 갑목(甲木)은 타는 것이니 재가 된다. 이 재가 곧 팥죽의 새알처럼 뭉쳐지는 것으로서 2주기율의 무토(戊土)가 되는 것이다. 그리고 이 2주기율부터 7주기율까지 십간이 차례로 배분된다.

도표로 보면 색이 없는 쿼크인 것이다. 즉 갑을병정이 없는 것이니 이를 색이라고 할 수 없는 무색이다. 색도 잠을 자야 유지를 하는 것이 무색인 것이다. 즉 색계도 잠을 자야 하는 것은 무색계의 체질이기 때문이다. 그런데 욕계인 인간으로서야 잠을 자 포맷을 하지 않으면 마치 검은 종이에 먹칠을 하는 것과 같으니 존재와 기억이 장마에 벼가 녹듯이 사라지는 것이다.

그리고 갑자 순중(旬中)에는 천간과 지지가 색이 있으니 쿼크도 색이 있다. 이 십간의 지가 한 순중에 묶여 무토인 것이면 이는 곧 색이 바라 누레진 것이다. 즉 결국 무채색에 가까운 흙에 묻힌 색인 것이다. 그래서 나뭇잎이 화석처럼 묻히듯 사람도 기억이 바래지듯이 포렌식이 있어야 눈알이 빨리 구르는 것이다.

공즉시색이고 색즉시공이 아니면 굳이 인간은 잠잘 필요가 없다. 그런데 인간은 무색계에서 온 체질이라 색이 묻은 것을 털어야 하는 것이다. 인간의 욕심이란 자신의 눈마저 흐리게 하는 것이다. 그리고 눈이 먹물인 것은 감궁을 1로 하는 것에서 한 점의 주인공으로 하는 것에서 2차적인 나의 위치가 5중궁인 것으로 할 수 있는 것이고, 그러면 5중궁의 현생으로 과거 생을 배포할 수 있다.

그리고 9이궁을 끝으로 하는 것은 9가 이궁인 것으로 적색편이에서 파장이 가장 긴 것으로 하는데 그보다 짧은 파장은 청색편이인 것으로 파장이 짧다. 그것은 감궁인 1인 나에서 볼 때 가까운 동쪽이 파장이 짧게 보이는 것이고 먼 이궁은 파장이 긴 것으로 멀어 보이는 것이다.

파장이 있는 듯 없는 듯 암흑물질이 곧 눈의 먹물인 것이고, 이것이 북쪽에 있는 것으로 그냥 은하수의 수소인 것이고 지구의 H_2O인 것이다. 이 한 알의 확대성인 눈으로 볼 때 나무의 키와 같은 청색편에다 태양을 바라보니 적색편이와 같은 먼 것이 된다는 것이다.

※ 주기율표는 이온의 변화가 중요하다

이는 몸의 호르몬 변화가 이온의 변화와 결부되어 있고, 생물의 음양이 색전하에서 호르몬의 변화와 같이 한다는 것에서 원초적이라는 것이다. 즉 황색은 위장과 비장의 호르몬과 밀접하고 푸른색은 간의 호르몬이나 성분에 맞춰져 것이고, 검은 것은 신장의 호르몬 요소가 결부되어 있는 것이다. 즉 췌장의 인슐린은 세포와 밀접한 동질화인 것이고, 이는 8족의 영역인 것으로 한글 모음의 ㅡ와 ㅣ에 해당이 되는 것이다.

그러면 이 헬륨이 곤토인 곤괘인 것이면 이는 곧 비위가 다니면 세포의 위치를 나타낸다. 여기에 효의 육신에 따라 자음이 형성이 되는 것이면 만일 오행이 목이라면 ㄱ이나 ㅋ인 것이다. 결국 〈기, 그〉이든가 〈키, 크〉자다. 즉 ㄱ, ㅋ인 목이 ㅣ인 흙에 든 것으로 〈키〉자가 된 이것이 글자의 요소를 정확히 짚고 접근하는 것이고 최소한 유기성의 동질성을 본질적으로 접근한 것이다.

※ 남섬부주(南贍部洲)는 주기율표의 3족에 해당된다

이는 인간이 구워졌다는 의미가 화학적으로 증명하는 것과 같다. 그럼 만일 구운 것이라면 도자기처럼 물레에 돌려야 균형이 있는 대칭이 있는 것이다. 이것이 먼저 달 공전이 전이 원소로서 3족에 있으면서 이허중으로 이는 자궁의 속이 빈 것과 같다. 그러므로 모음에 해당하는 10이다. 그래서 물레를 돌릴 때 그 공간이 10인 것으로 속이 빈 것이다.

그 공간에 지구자전이 3족에 알차야 한다. 이것이 30일 것으로 속을 세심하게 채워야 하는 것이 란탄, 악티늄이 되는 것이다. 그러나 전이 원소도 자음에 속하면 ㄱ, ㄴ, ㄷ, ㄹ, ㅁ, ㅂ, ㅅ, ㅇ인 것에서 ㅈ와 ㅊ을 더하여 10인 것으로 하고 다시 ㅋ이 11인 것으로 반복성을 나타내면 산성 쪽은 모음으로 활용이 되는 것이 된다.

이는 곧 자음 8까지가 자궁에 착상되는 것인데 그러면 2는 절로 공망이라는 것이다. 즉 임계가 차야 10이 되는 것이다. 그것은 곧 양수가 차야 10이 된다. 그러니 본래 자음 ㅇ다음에 ㅋ이어야 8로서 반복이 되는데 ㅋ은 ㅈ과 10이 차야 ㅋ이 된다. 그러면 전이 원소도 자음으로 할 수 있다.

한글 헬륨이 모음 점(.)만이라면 예전에 없어진 점의 〈아〉라는 발음인데 본래 수소는 자음이기도 하고 모음이기도 한 점에 있는 상태를 말한다. 이는 모음 작대기가 (ㅣ)가 생기기 전에 수소 점에서 자음과 모음이 한꺼번에 나온 것에서 점은 수소인 것으로 자음인 이빨에 약간을 스쳐도 소리가 나는 (ㅅ)으로 하는 것으로 수소로 한다. 여기에 입을 한 점은 우주의 한 점으로 소리가 나는 것이다. 이 점은 수소가 자음과 함께 모음으로 점(.)만으로 (ㅏ)가 되는 것이다. 그러면 산성 쪽만으로 모음으로 할 수 있다.

이는 마치 자음은 힉스이고 모음은 힉스장이 되는 것이다. 즉 4족까지는 이 자음의 빠르기가 빛의 속도와 전파의 빠르기를 따라 잡을 수 없는 것에서 그나마 5족에서 전파를 잡아 전파장을 만들

수 있는 것이 모음으로 할 수 있다.

　마치 한천묵과 같은 것인데 한천을 맹물에 끓이면 보이질 않는다. 그런데 끓여 놓고 보면 묵이 되어 있다. 이 묵이라는 것이 자음에 속하는 것인가 모음에 속하는 것인가. 어찌되었든 모음에 잡힌 것이다. 모음이 없으면 농후해 지지 못했을 것이라는 것이다.

　우주에 티끌같이 있던 정자가 달의 원심분리에 잡혀 선택이 되니 RNA가 아미노산을 선택하는 것은 훨씬 쉬운 것이 아니겠는가.

　한글 주기율표로는 자음에 해당하는 입자인 것으로 보는 것이고, 4족까지로 하는 것인데 원소 5족부터 8족까지는 모음인 헬륨족으로 붙은 것으로 파장의 울타리로 본다. 이렇게 보면 자음 7주기율까지는 자음으로 모을 수 있고, 모음 7주기율까지는 모음만으로 모인 것으로 하면 ㄱ은 4주기율에서 찾아지고 ㄴ, ㄷ, ㄹ, ㅌ은 3주기율에서 찾아야 하는 것이고, 6주기율에서 ㅁ, ㅂ, ㅍ을 찾아야 하는 주기율과 족의 겸용이 된다.

※ 한글과 천지인

　천문(天文)은 태을(太乙)에 통하는 깃으로 한글 사음(子音)으로 하는 것이고, 지리(地理)는 기문(奇門)에 통하는 것으로 문마다 지지(地支) 지장간이 있듯이 기의(奇儀)가 스민 지반궁(地盤宮)에 있는 것이다. 이를 받침 자 자음(子音)으로 한다. 그리고 인간은 육임(六壬)의 월장가시(月將加時)라는 것으로 달의 피아노선이 내려진 것에 묶여 몸이 가벼워진 것의 인문(人門)이라는 것이다. 이 세 가지를 삼식(三式)이라고 하는데, 바닷물의 천근같은 무거운 몸도

홈런을 칠 줄 안다.

운명이란 달의 피아노선이 없으면 인간은 일어서지도 못하는 인형인 몸으로 육임의 그 가벼움으로 인해 가라앉는 몸이 세 배나 가벼워진다. 즉 시간의 무게를 월장의 신령함으로 우리가 살아가는 행위는 일상적으로 신과 함께 평행하는 축지법과 같은 몸인 것이다. 본래 운명은 달 궤도선으로 돌고 있었던 것, 이제야 화성에 간다고 하니 화성은 얼마나 지구인을 가볍게 한 것이며, 목성 또한 얼마나 지구를 가볍게 하여 저 토성 너머의 덩어리들은 잘 조율하고 있는 것일까?

즉 달이 지구의 인간을 활발하게 끌어가면서 소행성의 길을 잘 피할 수 있게 하듯이, 인간은 그만큼 가볍게 문명화를 밝게 하듯이, 목성이 지구에 피아노선으로 지구인을 가볍게 할 때, 그 가벼운 만큼 더욱 문명화되어 태양계의 언저리로 진화할 수 있는 것인가 하는 것이다.

우주의 침전성이 이렇듯 달이 지구 생물의 침전성을 가볍게 하여 더욱 객관화한다. 곧 존재의 가벼움에 대한 진정한 문명의 가치를 보아야 지리의 지장간(支藏干)을 달 공전으로 피아노선이 되어 인간을 일으켜 세우는 인형극과 같다. 인간은 무엇보다 직립으로 가벼운 법을 달의 선을 타고 움직이는 무대인 것이다.

※ 이름이 한 자인 경우와 여러 자인 경우의 우주성

예로서 누운 작대기(一)가 하나면 1인 자음 ㄴ인 것이고, 작대기(一)를 거기에 더하면 ㄷ이 되고, 또 그 작대기(一)를 더하면 ㅌ이 된다. 이것이 성과 이름이 석 자가 되어야 하는 미시적 시작인 셈이다.

성명이 두 자인 경우는 마치 괘의 세 효 중에 하나의 효가 공망을 맞은 것으로 두 개만을 취용한다. 또한 충파가 되어 취용하지 않으면 이름을 외자로 한다. 그렇게 되면 공이거나 충파되는 지지(地支)를 빼든가 아예 한 자를 빼든가 하는 요구 성인 것이다. 즉 ㅌ에 한 막대기 취용을 빼면 ㄷ이고 ㄷ에 한 막대기 취용을 빼면 ㄴ인 것으로 취용할 수 있다.

괘상의 파극으로 보면 낱말 한 자를 빼버려야 하는 지시인 것이다. 좀 더 우주성으로 보자면 곧 태양이 있는 천문과 달이 있는 인문과 지구의 자아가 있는 중력으로 천지인이라고 한다. 거기에서 한글의 낱말 하나가 족 하나인 것이고, 두 개가 족 2개인 것으로 하는 것으로 하는 것이고, 또한 8족 중 알칼리 4개의 족이 이름 한 자인 것이고 산성족 4개를 더해 이름 2개가 된다.

그런데 이 두 개를 합하여 하나의 주기율 오행이 되면 곧 성인 것으로 합하여 석 자가 된다. 즉 2주기율이면 2태택인 상음(商音)에 속하는 성씨(姓氏)가 되고, 3주기율이면 치음(致音)에 속하는 것으로 화성(火聲)에 속하는 성(姓)이다. 그러면 성명이 석 자인 것이면 성은 3주기율인 화성 중에 정(鄭)이 되는 것이고 이 3주기율 중에 4족까지의 족이면 이름이 된다. 5족 이후가 두 번째 이름이 된다. 이는 하나의 주기율로 괘상으로 분해한 것이다.

※ 한글 낱말 하나로서의 이름 석 자를 분해하자면

작대기 하나를 굽혀도 하나인 것이 ㄱ인 것이고 ㄴ인 것인데 이것을 효 하나라고 한다. 이 ㄴ에 작대기 하나를 더해 ㄷ이 되면 2가 되니 두 개의 효가 된다. 여기에 작대기 하나를 더하면 3이 되어 ㅌ이 된다. 이를 3이 되는 3개의 효라는 것으로 하나의 괘에 해당되는 것을 말한다. 다만 치음(致音)이 ㄴ, ㄷ, ㄹ, ㅌ으로 네 개도 있는 것이 이름도 네 개나 다섯 개의 이름이 있는 것과 같다. 그리고 우음(羽音) ㅁ, ㅂ, ㅍ은 네 개의 작대기로 가두는 형상인 것으로 수축성이고 응축성을 나타낸다.

즉 각음인 ㄱ이 4족인 것으로 ㄱ이 가장 압력이 센 융합점인 것으로 굵어 나오는 것이니, ㄱ은 일획성으로 1로 친다. 이 4와 5족 각음(角音)을 사이로 3과 6족이 벌어진 것에서 3족이 치음인 ㄴ, ㄷ, ㄹ, ㅌ은 장작을 감싸며 오르는 불꽃인 혀와 같다. 즉 트임이 자유로운 말하는 무용을 말하는 것이다.

6족이 우음인 ㅁ, ㅂ, ㅍ인 것으로 완전히 봉하면서 바람을 빼며 농축하는 것이니, 블랙홀과 같은 것이다. 즉 4족이 우연의 홀이 발생하는 기점이 된다. 이는 우주에 어느 곳이든 발생할 수 있는 정전기와 같다. 이를 기점으로 행성이 생긴 것을 기준으로 수소 쪽으로는 빅뱅이 열리는 공간을 말하는 것이고, 4족과 5족 사이의 홀에서 점이 쌓인 땅 위에서 헬륨족으로는 마치 빅뱅 이전으로 응축이 되어 가는 것과 같은 것이다.

이는 곧 각음인 나무가 바다의 수압에 수축되어 쇠처럼 가라앉는 임계점과 같은 것을 말하는 것이다. 다만 몇 개든 세 개의 효로 함축이 되는 것이고 하나의 소성괘로 묶을 수 있다. 그리고 화(化)

한 효가 받침 자가 되는 것이고, 결국 낱말 하나가 움직이는 것은 동효이다. 나의 시초(蓍草)에는 세 번을 나눠야 하는 일이 곧 세 개의 효가 되어 작은 세 개의 효가 큰 세 개의 효가 된 것이 소성괘라는 것이다.

이는 곧 소성괘 세 개의 효 중에 하나 속에 세 개의 효가 있는 것이니, 효에는 자음과 모음, 그리고 받침 자 자음이 합해 하나의 낱말이 되는 것의 소성괘라고 한다. 여기에서 곧 〈말〉이라고 가정할 때, ㅁ 자음은 효가 되고, ㅏ 모음도 효가 되고, ㄹ 자음은 받침 자로서 변화된 효가 된다. 즉 〈마〉이면 자음인 ㅁ은 효가 되고, 모음인 ㅏ는 괘가 된다. ㄹ인 받침은 변효(變爻)가 되는 것이고, 또한 변괘(變卦)가 되어 있다는 것이다.

※ **역발상(逆發想) 기개세(氣蓋世)**

원소 6주기율과 7주기율은 기문에 통하고, 지구 자전의 시간을 뜻한다. 기문은 땅의 기운에 천간이 있는 것을 말하는 것이니 무거운 지구 땅을 의미한다. 원소 4주기율과 5주기율은 인문에 통하고 월장가시하면, 곧 땅인 시간이 자전을 달 공전이 원심 분리로 놀리면 이 땅에 있는 천간의 입자가 흩날려 월장 사이에 혼재한다. 그러므로 육임의 일간이 달 사이의 대기에 떠 있는 것으로서 곧 인간이 폐를 갖고 나라는 중심을 잡아간 머리인 것이 되는 것이다.

원소 2주기율과 3주기율은 태을에 통하는 것이다. 이는 원심 분리 밖의 아미노산, 즉 삼단으로 분류된 RNA는 DNA로 환원이 되는 것이다. 다만 그 외의 전체적 인체의 구조는 나라를 유지되는 것이니, 이것이 곧 태을이 되는 우주성을 말한다. 태을은 12지에서 사방의 모퉁이를 더한 16으로 원소 주기율의 사방 끝을 쥔 것을 말한다.

※ 우주적 진화론

원소 6족은 바닷물의 산소에서 진화하여 육지로 나온 것으로 하는 것인데, 엄밀히 말하자면 심해도 땅이 있는 것이니 육지 땅과 같다. 다만 대기로 나온 것이 5족인 것이고, 바람 같은 풍류의 새가 된다. 그리고 다리가 있어 발딱거리는 것이 4족인 것이니 4족이 훨씬 양기가 세다.

문명이 알을 낳는 것이 우주 정류장인 것이고, 닭이란 우주 정류장인 것인데, 본래 나는 것이나 퇴화하여 주저앉은 것이다. 원소 3족이 알인 것인데 이 알에 장생하는 닭이니 유(酉)는 사에 장생지로서 알이 된다. 그러면 태양이 알인 것인데 알에서 빛이 되어 나는 날개가 내려앉은 것이 닭인 우주선이 되는 것이다. 즉 우주 방사선이 광합성으로 날개를 퍼덕이는 것이 나무이다. 그래서 진목과 손목은 납갑이 경금과 신금인 것이다.

나무를 보면 날개가 있는 것이다. 나무가 알을 낳으면 복령이다. 즉 복령은 지구에 달이 공전하는 원심 분리와 같은 나이테에 양성자가 잘리고 중성자가 무게에 쏠리는 것과 같다. 그러니 알을 복령으로 낳은 것이다. 이 복령이 이타로스의 꿈을 꾸니 닭이 홰를 치는데 급하면 지붕까지 올라간다.

 1족은 구슬, 이 우주, 내 몸 하나의 우주
 2족은 깨진 구슬

3족은 갈라진 틈새에 알이 배는 것
4족은 다리가 나는 것
5족은 팔이 나는 것
6족은 물이 차는 것
7족은 물을 가르는 것은 땅
8족은 한 알의 모래알로 우주를 보다, 세포 하나에 내 몸 하나를 본다.

※ 새들의 진화와 신경론(神經論)

사람이나 금수나 과연 신경은 얼마나 신과 밀접한 것일까?
　새들의 천지창조는 둥지 알에서 시작한다. 새들의 인문학적 대화는 우리들의 시작인 알은 우리 같은 새나 인간이나 침묵에서부터이다. 그리고 알에서 깨어나 짹짹거릴 때, 우리는 인문학이나 자연학이나 같은 형제들 사이의 경쟁에서 시작이 되는 것이다.
　형제 끼리 잡아먹는 것에서부터 시작되는 것은 자연학이나 생물학이나 인문학이나 다 같다. 즉 천지창조에서 인문학의 시작이나 생물학의 시작이나 형제를 잡아먹는 깃에서부터 시삭이 된다. 부모의 사랑을 받으려고 아귀다툼부터 배운다. 인류나 자연이나 그냥 자연이다. 신이 아니다. 인간을 흙으로 구웠다는 것은 곧 헬륨족이 자궁인 것인데 헬륨은 곤토인 것으로 흙을 말한다. 자궁은 자동화된 흙으로 흙을 굽는 형상화인 것이다.
　새의 알 속은 살짝 굽긴 껍질 정도면 충분히 물을 품고 부화를 할 수 있는 것이 환경으로 좀 더 자유로울 수 있다. 하늘까지 떨어져 날아올라도 볕에 마르지 않는 알을 낳아 두어도 안심이 되는 것이고, 최소한 나무의 광합성으로 팔다리를 내미는 중에 부화하는 것과 같다. 즉 나무의 꿈이 자라는 유전성엔 새가 비상한 나무의 둥지에서 발현된 것이다. 이것이 하늘의 틈인 2족으로 비상하는 것이다.

※ 한글 모음은 수학적으로 가로 수평을 x선으로 하고 세로 세운 선으로 y로 하는 것에서

먼저 한글은 헬륨 8족을 주기율의 모태로 한다. 이 모태는 기본형이 ㅡ와 ㅣ인 것이다. 그러니 알파벳 순서로 보면 x인 ㅡ로 시작으로 하고 y인 ㅣ로 다음으로 본다. 그럼 이를 바탕으로 모음의 8족적 기운을 보자면 먼저 요즘 자판에 막대 ㅣ와 ㅡ에 점 하나를 붙여 ㅏ나 ㅓ가 된다.
　이는 ㅣ와 ㅡ는 1차원으로 보면 점(.)은 0차원이다. 즉 차원도 없는 것에서 눈이 난 점이 되는 것이다. 그러면 ㅡ와 ㅣ가 1차원인 것에서 눈이 나면 ㅣ인 1 차원에 눈이 난 ㅏ가 1차원적 받아 일어난 눈이다. 점(.)은 모음 아로 발음이 되는데 이는 차원이 없는 것에서 나온 아인 발음권인 것이고 ㅏ는 1차원인 것에서 눈이 난 아가 된 것이다.

※ 이온과 모음의 형태

주기율과 족	1	2	3	4	5	6	7	8
1	훈민정음의 모음 점 하나(.)							모음 ㅡ 와 ㅣ
2	ㅣ에 이온이 하나 붙으니 ㅓ인 것이다	ㅣ에 점 두 개 붙은 음이 온인 것으로 ㅕ				양이온 두 개니 ㅣ에 점 두 개 ㅑ	양이온 하나니 ㅣ에 점 하나가 ㅏ	

※ 2주기율의 8족 납갑 배치도와 자음과 모음

주기율과 족	1족	2족	3족	4족	5족	6족	7족	8족
2주기율의 모음 배치도	ㅏ 우주 물방울 수소	한 별의 위치에서 봐서 아주 깊은 우주	ㅗ 별들 빛이 심지가 있어 무너지지 않은 상수	ㅜ 전파가 심지여야 측도가 상수를 띠는 것	ㅑ 행성의 구름 음파가 심지가 있으면 무너지지 않는 공간	ㅕ 가시적 우주 굴절은 있으나 은하수 안인 것	ㅛ 별의 흔적을 화석처럼 간직하는 것	ㅠ 은하가 새는 듯 하면서 흡수되기도 하는 듯 반사되기도 하는 것
2주기율 자음 배치도	ㅅ, ㅈ	ㅅ, ㅈ	ㄴ, ㄷ, ㄹ	ㄱ,	ㄱ,	ㅁ, ㅂ	ㅇ,	ㅇ,
3주기율, 풍	ㅊ	ㅊ	ㅌ	ㅋ	ㅍ	ㅋ	ㅎ	ㅎ

진에 화석 된 자음 배치도								
2와 3주 기율의 십간 배치도	갑,임	정	기	경	신	무	병	을,계
전형 원소와 지각	얼음 위의 물 수소, 중력 위의 바다	지구대 륙판의 분열	불의 띠	지각판 의 이동 지진	대기층 화산 구름	쓰나미	활화산	화석층

이는 8족의 오행 성정을 보는 것으로 6과 7주기율의 14개 자음이다. 실제 점 하나의 모음도 자, 모음이 하나인 것으로 한다. 이것이 핵인 수소족인 것에서 양쪽으로 갈라져 변방인 것이 사랑니라는 것으로 15개이다. 그러므로 란탄족 15개와 악티늄족 15개와 맞물린 것이 된다.

그리고 입은 괘상으로 태괘(兌卦)라고 한다. 이 태는 금과 옥에 해당이 되는 것이니 이빨인 것이고, 금은 상음(商音)이라고 하는 것이라 상음은 이빨 사이로 새어 나오는 소리를 말하는 것이다. 마치 솥에 김이 새어나오는 소리를 말한다. 즉 이빨이 옥인 것인데 이 옥 사이로 나오는 소리가 삼음이라고 하는 것이다.

소리가 30개의 이빨 사이로 세게 나오는 것을 말한다. 그런데 이 이빨이 반반으로 열어 말을 하니 이 말이 결과적으로 이빨에 닿아 스치는 것이 다르니 그 다르기가 15개라는 것이다. 이는 다른 15개를 상하 짝으로 다룬다는 것이 된다. 다만 전형원소만의 자음 배치도는 괘상의 오행으로 배속한 것이다. 이는 7주기율 전체의 배속에는 자음 15개를 한 묶음으로 배속하는 것이지만 8족만으로 배열하면 위 도표와 같이 한다. 그리고 수소족은 1차적 폭발에서 시작점인 것이고, ㅏ가 되는 것이고, 4족은 융합점인 것에서 2차적으로 폭발하는 분열인 것이니 5족이 시발점으로 ㅑ가 되는 것이다. 또한 자음과 모음은 같은 족에 있을 수 있는 것은 모자는 태생이 하나의 본질로 구성되기 때문이다.

전형원소만의 8족으로는 범우주적으로 봐야 할 필요가 있는 것이 7주기율로 펼치면 지구와 달까지 미치는 것에서의 3족의 특이성으로 볼 수 있는 것만으로 자음이 알차 있기 때문이다. 그리고 굳이 땅만이 화석이 되게 하는 것이 아니라 시공의 차이로 화석이 되는 것으로 볼 수 있다. 즉 지각의 변동으로 종말을 논한다면 원소 3족이면 불의 띠를 벗어나지 못한 것에 기인한다. 그리고 원소 4족에서 일이 일어나면 지진을 벗어나지 못해서이다. 5족에서 사고가 나면 화산재를 피하지 못하여 재난을 당한다. 원소 6족에서 피하지 못하면 쓰나미에 의해 사고를 당하는 것이고, 7족에 의해 사고가 나면 그것은 화산을 못 피한 것이다.

8족에서 사고를 당하면 이는 폼베이 시민이 되는 것이다. 그리고 원폭에 의한 사고라면 3족이면 증발하는 것이고, 4족이면 통신이 마비가 되니 신경이 마비된다. 5족에서 사고가 나면 공기에 의해 오염이 되는 것이고, 6족이면 물을 마시면 그로 끝이다. 또한 7족에서 사고를 당하면 저지대로 피신해야 한다. 8족에서 사고가 나면 새가 되어 날아야 하는 것이다.

※ 끈 이론의 주기율적 실체

원소 8족이 10차원이라는 것은 천간이 10이라는 것의 10차원으로 이는 구궁도 5와 10이 중앙인 10차원을 나타내는 실뭉치인 것이다. 그리고 여기에 다시 실낟(실낱) 하나가 나오면 11차원인 것에서 끈이 보이는 끈 이론이다.

이 한 뭉치 주기율에 실낟이 하나 고개를 내밀면 11차원인 것인데 이는 한 주기율이 10인 헬륨에서 다시 다음 주기율 수소족으로 실낟이 나오면 11차원의 시작이 되는 것을 말한다. 결국 어느 차원이든 한 바퀴에 눌어붙어 날이 나오면 날은 곧 실낟인 것이니 다 끈이론에서 날이 보이는 것이다. 하루하루의 날은 이 10차원이 묻힌 날을 세우는 날이 선 하루인 것이다.

엄지라도 세우는 것이라고 하루라고 하는 것인가?
하루의 누대 위에 광야를 본다. 그리고 5중궁에서 끈이 두 가닥으로 나오는데 이는 곧 자음이 ㄷ인 것이면 ㅌ이 되어 쌍으로 나오기도 하는 것이 화석과 얽힌 것이다. 그리고 쌍 자음 ㄸ와 같으면 이는 현생의 쌍이 되는 것이다. 즉 두 가닥은 한 가닥이 접혀서 나오는 것이고 호킹 복사도 접혀서 나오는 쌍이 되는 것이기도 하다.

※ 실을 단추 구멍에 넣어 10차원으로 돌리기

1주기율은 한 가닥인 것이면 2주기율부터 실이 두 가닥인 것이니 전형원소가 쌍인 것이다. 이 두 가닥 사이 즉 4와 5족 사이에 네 개의 단추 구멍으로 돌게 하면 이는 양쪽 8족의 사이즈가 4족인 4차원으로 실이 말려 들어가고 다시 당기면 4차원이 8차원으로 늘어나는 것이다.

단추 돌리기에서 돌리기 시작하면 고무줄이 아니어도 당기면 돌고 또 당겨가는 대로 돌고 하면 이는 8족이 도는 10차원으로 2차원이 말려 들어간다.

이도 실뜨기와 같은 우주인의 소꿉놀이인 것이다. 이는 8족을 십간(十干)으로 했을 때 그 사이 단추 구멍은 이중슬릿의 구멍과 사중 슬릿의 구멍이 있게 되는데, 그 나오는 끈이 두 개의 구멍에는 2주기율과 3주기율의 쌍의 끈이 나오는 것이고, 네 개의 구멍에는 4와 5주기율에 두 개 끈의 쌍과 6과 7주기율의 쌍의 끈이 있게 된다. 그러면 구궁도로 그 단추의 회전을 보면 생수의 사방과 성수의 사방이 합해 짝을 이루는 것은 두 개의 단추 구멍이 된다. 즉 이 짝의 수에 네 개의 구멍에서 양쪽으로 8개의 짝이 나오는 것이다. 이는 갑을병정이 경신임계와 짝을 이뤄 8족이 된다. 그러므로 10차원이 곧 2차원 하나로 돌아가는 법칙이다.

※ 끈이 차원의 머리로 날이 나오는 순서가
　 11이라는 것에서 11차원인 것이다

차원을 8단계로 보면 8족의 구분으로 미치는 것이 된다. 즉 이중슬릿이 배율로 늘어난 것에 여덟 개로 분리된 스크린이 있다면, 배율로 늘어날 때마다 차원이 2차원에서 3차원의 제곱에 제곱으로 늘어난다.

5차원은 5차원이 모형으로 증식하는 것이면 5×5=25인 2배율로 늘어나는 세포와 같은 것이다. 그러면 6차원이면 6×6=36으로 줄기세포가 증식하는 것이다.

7차원은 7×7=49로, 8차원은 8×8= 64로, 9차원은 9×9=81로 10차원은 10×10=100이 되는 것으로 다 차원마다의 2배율로 세포분열하는 것과 같다. 결과적으로 3차원 안의 차원인 것이다. 왜냐하면 모든 차원도 입체적 모형을 띠고 있기 때문이다.

결국 이 입체성 안에 차원의 모형이 있다면 이는 3족의 입체성 안에 전이 원소 10개의 구성과 같이 10차원인 것인데, 11차원으로 하는 것은 이 입체성이 실뭉치와 같다. 그러니 11차원은 다시 1차원의 실날을 보이는 것이니, 결국 끈으로 돌아온 것이 된다. 즉 1차원이 끈인 것인데 이것이 다시 11이 되면 끈이 되는 날인 것이다. 마치 우리가 8족이 구심으로 뭉치가 되면 10으로 돌아간다.

원소는 8족으로 마치는 것 갔지만, 다시 1족으로 돌아가려면 중궁인 2를 더해야 1차원의 날을 다시 낼 수 있다. 이 10차원은 날이 붙은 것이라 머리를 찾을 수 없다. 이것이 10차원의 상태인 8족인 것인데, 다시 수소족으로 날이 나오는 것은 10이 한 바퀴를 더한 뭉치이다. 결국 날은 11이 되어야 다음 주기율의 수소족으로 머리가 나오는 것이 된다.

이는 테이프의 멀리가 있는 것은 1인 것인데 테이프에 붙어 머리가 보이지 않은 상태가 8인 것으로 한다. 이를 구궁도로 보면 1이 수소인 것이면 2족이 헬륨인 것으로 2족이 1족의 실날이 되는 것이다. 그러나 얼레에 한 바퀴 감기면 이 날은 5인 핵에 붙어 버려 마치 과일에 과당가루가 붙어 금인지 까마귀인지 모르는 것과 같은 것이다. 그래서 5중궁과 2곤궁은 서로가 같은 기궁이라고 하는데, 이는 곧 헬륨이 2번인 날이기도 하고, 10이 되어 중궁에 붙은 날이기도 한 것이다.

증식이 차원의 줄기에 세포 기능과 같은 것이면 줄기 세포가, 그리고 다시 11차원으로 돌아가면 1차원인 끈이 되는 것인데, 오장의 줄기 중에 하나로 구성되는 것과 같다. 즉 3차원적 셈법이 되는 것이다. 1를 입체형의 1로 하는 것에서 배율로 하는 것이다.

수마다의 차원을 배로 한 것을 배를 한 것이다. 즉 4차원은 4차원의 배율로 하는 것이고 8차원이면 8차원의 배율이 되는 것이다. 이것은 마치 7×7은 가능해도 7×8인 다른 숫자는 가능하지 않다는 것이다. 같은 차원의 상대성이 결합 상태의 하나를 구축한 것이 차원이기 때문에 다른 상대성으로 하지 않은 것을 말한다.

이렇게 늘어나고 커지는 규칙성이 벗어나지 않은 것은 우리가 3차원을 벗어난 것을 보지 못하는 것이니, 결국 3차원의 인지 안에 있는 모형이니 모든 것은 3차원 안에 있는 것이다. 결국 3차원은 원의 입체 하에 수학적이기 때문에 직사각형의 원 안의 4조각 직삼각형은 차원에 어떤 규칙을 제공하는 것이다.

※ 3차원의 세포성과 10차원의 몸의 구조는 유전성으로 같다

이것이 아마 인간의 생체와 우주 차원의 메커니즘이 같다는 것이 궁극적으로 같아져 간다는 것에 그나마 과학의 허무함을 달랠 수 있을 것이다. 모든 차원은 3차원의 세포인 것이고, 10차원의 몸이 DNA의 끈으로 차원의 오장 중간 차원인 줄기 세포를 넘어 10

차원의 몸과 세포는 체격의 차에도 차원을 초월한 한 몸으로서 같은 것이다. 즉 차원에 따라 오장이 다른 줄기 세포를 이룬 것의 결합을 말하다.

　차원과 줄기 세포의 오장성 위치와 같은 내장으로 분류가 되는 것인데, 이것이 오장의 쌍으로 육부를 합하면 11차원이 되는 것으로, 그 차원마다의 굵어지는 매듭에는 줄기 세포의 특성으로 진화한 것으로 차원이 단계적 진화가 되었다는 것이 된다. 그러면 우리가 구궁도가 10차원을 말하는 것인데, 염색체는 끈이론의 입을 말하는 것이다. 이것이 성염색체에 갈라진 것으로 1족의 쌍의 끈이 벌어져 2족으로 입을 연 단계인 것이다.

　태양은 3족인 것이고, 주기율의 8족 중에 3족에서 전이 원소와 란탄, 악티늄족이라는 것의 생성으로 보는 것이면 이는 태양이 갖는 강력의 구성이라는 것이다. 즉 양자의 네 개 힘의 구성이 원소적 형성 요소와 같다는 것이다. 그렇게 3족까지는 선천수가 미치지 않는 것에서 우리가 인지하는 것으로 인체 우주로는 신경망이 된다. 이 4족과 5족이 전자기력에 해당이 되는 것이라고 봐야 한다.

　전기와 전자가 이 4족에서의 벽으로 해서 다시 도약하는 것으로 마치 이 4족의 융합 탄력이 곧 핵이 융합하는 것이고 분산된다. 이것이 신경이 되고 해마가 신경을 생산하는 것처럼 보이는 것이다. 입자의 생산성을 자(子)로 하는 것이면 신경은 경(庚)인 것이니, 해마가 뇌에서 신경의 생산지가 되는 경자(庚子)인 것으로 4가 진 뇌쾌인 것의 납갑이 되는 것이다. 그리고 자(子)는 생산적 입자인 것이니 갑자는 정자가 머리가 있는 형태를 띠는 것이다.

※ 말라식(識) 사이의 의식과 아뢰야식

원소 3족은 선후천으로 보면 3족까지를 아뢰야식으로 보는 것이고, 4족 이후의 선천수는 의식으로 하는 것으로 하면, 4족은 몸으로 보면 목을 의미하는 것이고 신경을 의미한다. 즉 턱은 천간으로 경이 납갑인 진뇌인 것으로 이 진뇌 활동은 신경을 강하게 한다. 그러면 식물인간과 의식의 함수와 의식 불명과 몸이 살아 있는 것의 차이를 봐야 한다.

그런데 우리는 양성자와 중성자를 한 몸으로 하는 쿼크로 했을 때 과연 양성자와 중성자 사이가 우리의 목 부위와 같다면, 또한 이는 팔식(八識)으로 나눌 수 있는 것과 동일시하면, 우리의 목은 머리는 살아 있는 양성자인 것으로 의식한다.

몸은 땅으로 돌아간 영혼으로 본다면 몸은 아뢰야식(識)이 된다. 즉 우리 몸은 의식과 아뢰야식이 병행하는 것이다. 만일 뇌가 죽으면 이는 이식이 사라지는 것이고, 몸이 죽으면 아뢰야식이 사라진다. 또한 목은 말라식(識)으로서 목의 신경이 죽으면 말라식이 사라지니 의식은 사라지진다. 다만 무의식은 내재된 말라식이라는 것으로 분변이 없는 것을 말한다.

경추가 그대로 살아 있으면 얼굴의 이목구비가 다시 살아 있는 것과 같고 의식을 일깨우는 것이 되고, 목 아래의 오장육부는 땅에 묻힌 오장으로 이목구비의 세계를 저장하고 있다. 이는 곧 아뢰야식으로 나타날 수 있는 것이 된다.

우리가 생으로서 머리와 몸을 하나인 것으로 아뢰야식과 의식이 함께 느낀다면 과연 죽은 자도 죽은 줄 모르고 의식과 아뢰야식이 공존하는 것이다. 결국 죽어서 아뢰야식이 일어나는 것이 살아서의 의식과 병행하는 것으로 하면, 즉 두 대의 열차가 병행하는 것에서 내가 열차가 병행으로 달리는 것에서 갈아 탄 것이라면 나는 갈아탄 것인 줄 모르고 있다는 것과 같다.

생의 의식의 열차에 탄 것이 의식의 열차를 떠나 옆의 아뢰야식의 열차에 옮겨 탄 것으로 하면 알 수가 없다는 것이고, 두 열차 사이가 있으면 그것은 말라식인 것이다. 그러면 음정의 도, 레, 미인 아뢰야식인 열차에 솔, 라, 시인 열차로 옮겨 탔다면 그 사이에 공간이 있다는 풍경은 말라식이 된다. 즉 음정의 파가, 말라식인 동시에 두 열차의 전체성을 볼 수 있는 것이 된다.

※ 모래시계 형태의 우주로 볼 때

두 깔때기가 마주한 목 부분이 얼굴 쪽으로 확산되는 것, 즉 목에서 이목구비에로의 신경이 쌍으로서의 팔방으로 하는 얼굴인 것이 위의 깔때기이다. 그리고 몸의 신경 묶음에서 비틀린 것으로 아래 오장육부를 쌍으로 해서 팔방으로 하는 것으로, 아래 깔때기로 하는 것이다. 이를 마주한 것을 우주라는 것으로 볼 때, 이는 아래 위로 양성자와 중성자로 나뉘는 것인가?

아니면 목을 중심으로 중성자로 하는 것에서 양쪽을 양성자로 하는 것인가 하는 것도 있다. 또한 말라식(識)인 목을 사이에 두고 머리는 의식인 6식에 두고 아뢰야식은 8식인 복부에 두는 것으로, 내적인 것이고 드러나지 않는 잠겨있는 영혼이라는 것이다. 즉 우리는 육지를 육신(肉身)으로 하는 것에서 하늘을 영혼으로 하는 것에서, 영혼은 하늘로 올라가 있다는 개념이 있다. 어쩌면 영혼은 땅이고 육신은 하늘이라는 개념이 더 적합성이 있다.

우리가 저승을 모르는 것은 마치 머리의 이목구비는 육지로서 시야가 트인 것이니, 육신의 권역인 것이고 오히려 내장된 오장은 배꼽을 중심으로 사방의 내장을 말하는 것이다. 이는 우리 눈에는 보이지 않은 내장성인 것이다. 이것이 곧 영혼적인 것, 즉 영혼은 땅으로 돌아간 영혼이니 땅 안의 내장은 보이지 않는 것과 같다.

배꼽을 4족인 진뇌라고 하는 것은 4족의 배꼽에서 위장이 중심인 것에서, 사방으로 하는 내장이 곧 오장이 된다. 그러면 배꼽이 4족인 것으로 오장의 쌍이 팔방이 되는 것으로 8족이 되는 것이면, 곧 4는 8방의 중심이 된다. 그리고 이 팔방은 목 아래 부분의 팔방인 것이니, 목 위의 팔방이 머리인 것이면 배보다 머리가 나중에 나온 것이 된다. 즉 몸의 배가 거울인 것이다. 그러면 이 거울이 팔방의 건궁으로 머리는 내밀면, 마치 헬륨족에서 다시 수소족으로 머리는 내미는 탄생이 되는 것이다.

입자는 양성자 먼저 소멸하느냐? 중성자가 먼저 소멸하느냐? 결국 중성자가 소멸해도 양성자가 남으니 원소 8족이 소멸해도 원소 1족이 남는다. 암흑의 개념도 한 주기율 내의 일이고 한 족의 일은 아니다. 물리적으로 보면 물질은 선과 악의 개념이 없다. 그런데 선과 악을 구분하듯이, 양성자라는 것과 중성자라는 것은 양자 역학으로 보면 이것도 저것도 아닌 것이고, 이것이기도 하고 저것이기도 한 것이다.

※ 1에 000이 세 묶음으로 곱해도 1인 것

곱해도 그러니까 중성자라고 이름일 때 중성자가 소멸하는 것이면 한 주기율인 헬륨이 소멸한다. 암흑물질이라는 에너지도 소멸하는 것이고, 주기율 있는 동안은 암흑물질이라는 것은 에너지인 것이다. 중성자라는 것은 광자의 전자화로 인한 암흑물질의 에너지가 질량화한 것이 되는 것이다.

끈이 1차원인 것으로 에너지를 파장으로 보면, 이 에너지가 똬리를 틀면 입자화한 것으로 입자화한 것을 10진법인 것이다. 그런데 10진법은 0에서 시작되는 점으로 이점은 1차원으로 진행하기 전에 10이 될 수 있고, 100이 될 수 있고, 1000이 될 수 있다. 즉 이 점 안에 천 개의 점이 들어있어도 0인 것이다.

하나의 점 안에 점이 천 개 들어있어 0이 세 개라도 점이 1인 것에 0을 세 번 곱해도 0인 것이다. 그래서 1하나의 점에 000을 곱해도, 점 하나는 있다는 것에서 1에 000인 것이다. 즉 곱하면 목을 넘어가는 모래시계가 있고, 이 1이라는 것은 원소 4족인 목이 1이라는 것이 된다.

이를 구궁도로 순환하면 중궁을 중심으로 두 번 순환해야 하는 것이니, 결국 구궁도는 따로 묶은 것이 아니라 중궁의 중력으로 두 번 조이는 것이 된다. 또한 한 묶음은 1/2이라는 것은 한 번 중력의 힘이 조이면 반인 것이고, 다시 풀었다 다시 조이면 2/2가 되는 것을 말한다. 그러면 5가 중성자인 것이니 5는 한 번의 수축성이 되는 것이다. 다시 6으로 풀리다가 10으로 다시 중궁이 되면, 우주가 펼쳐진 상태의 중력이 되는 것이다. 5는 수축 상태의 중력이 되어도 10은 팽창된 상태의 중력이 된다.

원소주기율은 2주기율과 3주기율이 짝으로 이루는 전형인 것인데, 이는 2주기율의 네온 8족은 수축 상의 주기율 중심의 중력인 것이고, 3주기율의 렙톤 8족은 팽창 상의 주기율 중심인 10과 같은 중력인 것을 말한다.

※ 얼굴의 양성자화와 오장의 중성자화
　　그리고 턱에서부터의 양분

　얼굴은 4족인 것으로 턱을 입으로 하는 중심으로, 이 입을 중심으로 이목구비가 합해 네 개인 것으로 4족으로 한다. 이는 굴렁쇠가 원심에 모인 것으로 턱으로 몰리는 것에서 각각의 굴렁쇠 크기로 얼굴의 언저리로 커진 형상을 말한다. 즉 우주의 인물화적 추상의 뼈대가 이렇게 진행되어야 과학적인 것이다.

※ 성이 세포로서 두 가닥과 체가 두 갈레로서
　　세포가 되는 것

　성은 음양인 것이니 양과 음이 갈라지는 것이다. 이는 얼굴로 보면 앞면과 뒷면이 된다. 그리고 머리는 하나인 것으로 둥근 것이면 앞면과 뒷면으로 하는 것은 성적인 차이를 나타낸다.
　이 앞면 얼굴이 이목구비로서 양쪽으로 갈라지는 것이면, 네 조각이 나는 것을 성세포 분열로 본다. 즉 우리가 몸의 앞면만으로 좌우로 하는 것은 이미 몸의 체로 했을 때의 일이다. 이 체는 신체를 구성했을 때의 양면으로 이룬다. 이는 체세포라는 것이다.

실제 성을 배제한 분할만으로 한 번의 분할 세포가 되는 것이고 이 체인 몸이 되기 전에 양인 앞과 음인 뒤통수가 먼저 분리되었으니 결국 성에서 출발하는 성세포는 네 조각의 분열이 있다. 이는 성의 음양이 2개 이 2개가 몸인 것에서 좌우로 갈라지니 네 조각의 세포가 되는 것이다.

※ 목이 4족인 것은

성세포와 체세포가 네 조각인 것은 깔때기의 윗부분인 것으로 얼굴의 이목구비가 된다. 이 목의 신경을 네 가닥으로 할 수 있다. 이는 목에서 보면 4족에서 다시 1족으로 역행으로 반사되는 상을 말한다. 곧 3족의 면에 상이 붙은 것을 식으로 갈라 두뇌의 저장성으로 하는 것이다.

목 아래 네 가닥은 반사와는 반대로 흡수가 되는 것에서 오장이 되니 이는 땅으로 저장성이 되는 것이다. 또한 이 네 가닥에서 이목구비의 중심으로 모인 것은 저장성과 아래의 네 가닥의 오장이 되는 것에서의 사방이 8족인 것의 저장성의 차이를 좀 더 명료한 면이 요구되는 것이 있다.

그러면 신경이 목에서 위인 이목구비로 확산이 되는 것으로 얼굴에 붙은 것이 프라즈마 상태에서 상이 되는 3족인 것이고, 이 4족의 신경이 8족으로 가는 것은 그림자적 상이 있는 것이 된다. 이는 색을 말하는 것인데 색은 3족에서 6족 사이를 말한다.

2족과 7족 사이는 색의 변화와 색의 경계가 없는 것이니, 색을 제외한 2족과 7족 간의 사이로 범위를 넓혀야 한다. 말하자면 색도 그 밀도가 6족과 3족 사이에 갈래가 나와야 분별되는 것이고, 2족과 7족의 사이로 넓히면 색이 없어지고 옅어져 무색계에 가까운 것이 된다. 또한 목에서 비틀리며 몸으로 오장육부 아래로 하면 내장이 되는 것이다.

※ 목이 4족인 것으로 신경인 것이면

이 4족이 깔때기 위로 모이면 신경이 머리 위로 모이는 것에서 이목구비인 앞면으로 모인다. 이는 앞뒤 2등분에서 다시 반으로 좌우의 대칭으로 있는 것으로서 성세포가 네 조각으로 분리된 것이 된다. 즉 수소의 양성자만으로 분리되어 보는 것이고, 이것이 두 개인 것으로 하면 이는 상대적으로 목 아래 배는 중성자인 것으로, 이는 성세포가 갈라진 것으로 보지 않는 것이고, 다른 차원의 종차가 붙은 개체가 된다.

이렇게 양성자 머리의 성세포와 중성자 몸인 성세포는 그 성이 다른 것으로 분열한 것이 된다. 즉 머리는 우주인 머리로서 낳는 것이고, 몸은 지구의 몸으로서 낳는 것이 위치가 다른 것과 같다. 그러면 얼굴의 마비와 몸의 마비는 목의 신경에 의해 결정되는 것인데 우리는 우주의 어떤 조각을 상실하는 것일까?

우주가 생사를 동시에 가지는 공간이면 아래 신경은 이승이고, 생사에는 의식의 경계가 중요한 분기점이다. 머리 쪽 이목구비의 신경은 저승인 것에서 이를 아뢰야식에 있는 것이라고 하면 배 속의 오장은 이승만의 의식에 있는 것인가 하는 것이다.

이 트인 시야도 속에 감춘 채 볼 것인가 하는 것이고, 반대로 우리는 보지 못해도 밖에서는 볼 수 있는 것이 되는 것인가와 이목구비는 의식인 이승으로 하는 것에서 오히려 몸의 오장은 그 속을 알 수 없다. 여기서 우리는 아뢰야식을 자각하지 못하니 아뢰야식으로 둘 것인가 하는 것이다.

아래위의 사이가 목인 것에서 신경이 끊기는 것으로 분리할 때 목에서 신경이 끊기고 머리가 다치면 식물인간이다. 하지만 죽지 않았다는 것은 몸의 심장은 살아 있다는 것이다. 그래도 의식을 살아 있는 것으로 할 것인가는 의식의 차원을 넘은 아뢰야식인 것이다. 이는 목의 신경이 끊기면 말라식의 상태이다. 그래도 머릿속의 뇌는 스스로 굴리는 것이 있으니 기억의 복구가 있는 것과 같다.

목의 신경이 절단되면 마치 양자학적으로 전자기력이 떨어져도 강력은 살아 있다. 이는 마치 전자보다 빛의 더 질긴 섬유성이 있는 신경이기 때문이다. 실제 신경은 분산되어도 연결되어 아뢰야식의 존재감이 없어보여도 막힌 신경과 의식이 끊겨도 아뢰야식의 강력함이 신경을 만들어 오듯이 한다는 것이다.

굳이 심장은 목 아래 몸에서 뛰는 것만으로 생명은 유지되는 것이 강력하다는 게 두뇌의 신경이 아무리 뭉치고 모여도 심장의 강력이 갖는 스스로 두뇌성의 기능이 있을 수 있다. 즉 전자기력의 신경이 흩어져도 강력한 심장만 있으면 한 주기율의 생명력은 살고 있다는 것이다. 즉 아뢰야식이 머리에 있는 것이 아니라 다만 우리는 머리의 신경망에 너무 의지한 진화에 의했을 수 있다는 것이다. 또한 우리의 의식은 신경망에 있는 것인데, 좀 더 고차원적인 아뢰야식은 우리의 전신에 조합적으로 있다는 것이 된다.

실제 우리의 의식이 모이는 것은 신경이 모이는 것이다. 하지만 이것이 4족인 것은 이 4족이 목인 것인데, 목인 경추에서 신경이 위로 이목구비의 신경으로 반산된 것이나, 이 얼굴 하나에 모인 것으로서 이를 머리 전체로 둥글게 한 것이 3족인 두개골(頭蓋骨)을 의미한다. 머리는 반쪽의 안면에 이목구비가 붙은 것으로 이는 아뢰야식이 남은 것이면 스스로 깨달을 수 있는 기억성을 가진 것을 말한다. 목의 의식의 신경을 활용해 두뇌의 잠재를 이목구비로 스크린을 보내게 하는 것이다. 즉 이목구비 4 개의 경계를 보이는 것이다. 이는 3족의 해골인 핵에 4개의 구멍으로 강력한 벽을 뚫어 놓은 것으로 하는 것이다 .

그러면 아뢰야식의 이목구비가 의식을 일깨우는 경락이 같은 것이 된다. 즉 목에 얼굴의 신경이 있다는 것은 이목구비는 목에서 갈리는 것으로, 신경이 4족 목으로서의 의식의 집결인데, 이 4족 의식이 아뢰야식인 머리에 올려 안면으로 이목구비의 성향의 오행으로, 스크린화한 것과 같은 것으로 볼 수 있게 한 것과 같다.

또한 머리와 안면은 이목구비로 해서 의식의 창이 되는 것이다. 그러면 3족과 4족의 단절성으로 전이 원소와 란탄, 악티늄족과의 단절성이 확실한 것은 무엇인가?

인간은 의식과 아뢰야식이 함께 있는 것인데 사후에는 아뢰야식만이 남은 것, 즉 이승과 저승의 경계는 몸으로 보면 목 부위가 되는 것인데, 목을 생사의 경계로 본다. 또한 이 부분은 집합점이고, 의식의 경계가 되는 것이다. 의학적으로도 신경과 영혼의 관계에서 중요한 부분이다.

목 아래 몸은 없어진다는 것은 신경이 끊겼다는 것이고, 피가 끊겼다는 것이다. 원소에서 3족은 목 아래 심장에 역점을 두는 것이고, 두뇌는 오히려 4족인 턱의 발달로 두는 것이니, 족 4족은 신경인 것으로 두뇌의 중요성으로 보는 것이다. 실제 두뇌는 목이 꺾인 부위가 봉오리가 된 것을 말하는 것이다. 즉 원소 8족에 4족은 반으로 꺾이는 것으로 신경이 복령처럼 모인 것과 같다. 그러니 머리는 복령덩어리와 같은 것인데, 이는 말라식과 같은 것으로 큰 기억이 없는 것과 같고 의식도 없는 것과 같다. 그런데 이 복령에 이목구비가 있으니 이 복령이 아뢰야식으로 의식을 회복한 것이다.

그러니 3족은 단순한 프라즈마와 같은 것인데 타조알과 같이 껍질에 쌓여 두꺼워지는데, 4족인 것이 네 개의 구멍을 파고 아리야식을 일깨우는 것이니 결국 이목구비가 의식을 되살려 두뇌의 아뢰야식을 일깨우는 것이 유전성이 된다. 이것을 양성자로 했을 때 몸은 중성자인 것으로 오장이 드러나지 않지만 의식의 중심으로 자리 잡고 있을 수 있다.

※ 당사주 초끈 이론과 인체의 생명력

우주는 끈으로 이뤄진 초끈에 있다는 논리에 부합한다. 즉 당사주는 년의 위치에 일어나 다시 월의 시작이 된다. 이는 년의 구심에서 조명하는 것이 아니라 년의 심지에 달의 굴렁쇠가 되는 것이다. 이 달이 원심으로 도는 것의 위치와 방향에서 다시 일이 일어나 원심 궤도의 시간으로 이동한다.

그리고 이 원심이 머문 날에 다시 시가 날이 머문 점에서 일어나 원심의 궤도를 따라 이동한다. 그러면 이것은 곧 구심에 연월일시가 하나로 된 것이 아니라 네 개의 굴렁쇠를 한 손으로 쥔 것이다.

즉 굴렁쇠 바퀴의 영원 같은 번복의 무한성이 결국 그 굴렁쇠의 테두리가 끈으로 이어진 것과 같은 것으로, 우리의 인식이 쥐는 한 손아귀의 것이 영원한 초끈을 쥐고 있듯이 하는 것이다.

※ 원소 8족은 하나의 몸인 것이다

곧 한 주기율의 몸인 것이다. 그런데 이 2주기율의 8족인 한 몸은 1주기율 원소 2개와 합해 중심의 브러시가 되는 것에서 10이 된다. 즉 브러시의 반쪽이 양쪽으로 하는 것으로 분열되는 것이면 이는 2가 되는 것으로, 8족의 핵인 2와 더불어 10인 것이다. 이는 곧 8족인 헬륨과 수소족 1을 합해 10인 되는 것으로, 8족인 여자와 수소인 남자가 만나서 1인 것을 말한다.

이 1로 합한 자식이 머리의 양두엽과 같으니 1족이고, 2족이 이목구비의 양쪽이 되는 것으로 갈라진 것으로 보는 것이다. 8족과 1족 사이, 즉 여자의 엉덩이는 8족인 것이고 양쪽의 난소가 하나인 것으로 보는 것이다. 그리고 남자의 정낭은 1수소족인 것으로 이것이 하나로 만나는 자궁이 곧 8족과 1족이 만나서 다시 주기율의 자식 8족인 몸이 되는 것이다.

2족은 단추 두 개의 구멍을 말하는 것이고, 단추 한 바퀴는 8족이 되는 것이다. 즉 단추는 8족인 것이고 여기에 구멍이 두 개 난 것과 합해 10인 것인데, 이 두 개는 구멍인 공망으로 하는 것이니 10에 2는 단추구멍인 절로공망이 된다.

이는 네 개의 단추구멍이 있는 것인데 4족을 말하는 단추구멍인 것이다. 즉 이 4개의 단추구멍은 4족의 핵융합에서 나타나는 것으로 2족의 단추구멍 2개로 8족의 중심이 되는 것은 정류자의 브러시와 같은 것이면, 4족의 융합적 단추구멍은 원동기 양쪽의 자석인 것이 4인 것으로 하고, 8족을 4족으로 끌어 모아 2족의 정류자로 몰아넣는 것이다. 또한 2족이 이중 슬릿인 것이면 8족인 스크린 사이에 4개의 결합이 있는 파장이 곧 4족의 융합점이다. 이것이 8족의 스크린으로 한 주기율 몸의 파장이 된다.

제11장

끈 이론과 인체

※ 5차원 중심의 10차원적 회전율과 구궁도

다음의 구궁도는 숫자가 9를 끝으로 9에서 다시 1로 역행하는 것으로 10진법의 회전율로 하는 것이다. 왜 10을 끝으로 역행을 하여 10진법이라고 하지 않는 것일까?

염색체의 갈라진 부분이 성 분할과 같은 것으로 이는 9까지가 정수로 하는 것인데 10에서 양쪽으로 갈라지면 1/2이 두 개인 것으로 9에서 양날개가 수평이 되는 것이니 9에서 양날개로 0.5, 0.5 두 개, 즉 9인 정수에 자연수가 1/2이 걸려 있는 것과 같다.

1, 2, 3, 4, 5, 6, 7, 8, 9, 9, 8, 7, 6, 5, 4, 3, 2, 1이 되는 것에서 이 9와 9 사이에 10인 것에서 분할이 되는 것을 말한다. 즉 10인 정수의 층이 되지 못하고 수평을 이루는 것에서 물이 아래로 떨어지는 것과 같다.

9인 꼭짓점에서 역행하면 10에서 돌아선 것인데 이 10이 1까지 미치니 이를 선천수가 9에서 역행하는 것으로 취급하는 것이다. 원소 1주기율을 뺀 여섯 주기율은 9까지로 한다. 여기에서 1주기율의 수소와 헬륨은 염색체 쌍의 양끝을 말하는 것으로 건곤으로 하는 것이다. 그 양쪽에 의해 한 가닥이 10의 역행으로 내려오는 것이고 또 한 가닥이 10의 역행으로 내려오는 것의 쌍이 되는 염색체가 된다.

염색체는 곧 주기율의 쌍이 꼬아 올라간 것과 같은 것이다. 즉 원소 3족이 3인 것이고, 상괘가 3인 것이고, 하괘가 3인 것에서 9가 되는 것에서 그 머리는 신경 가닥의 끈이 쌓인 것이 꼬인 형태다. 이를 합하면 9가 되는 것이다.

우리의 몸은 9인 것으로 쌍을 이루는데 이 9인 여섯 주기율에

1주기율에 포함되는 정수가 아니기에 두뇌는 좌우 뇌로서 전신과 연결되어 꼬인 것이다. 그렇듯 다음의 구궁도도 10은 귀문(鬼門)이라고 해서 실질적 정수의 문으로 보질 않는다. 그래서 아래 도표도 구궁도라고

4	9	2
3	5, 10(鬼門)	7
8	1	6

하지 십궁도라고 하지 않는다.

또한 앙리 푸앵카레(1854년 4월 29일~1912년 7월 17일, 프랑스의 수학자)의 추측을 보면 5와 10인 중궁에 여덟 궁에 갈 모형을 가고 있는데 그 모형이 아래와 같다.

구체인 S는 감궁 즉 원자를 말하는 것이고 수소를 말한다. H인 8자형은 곤궁인 2에 갈 것이고 아니면 별로는 예성(芮星)으로 갈 것이다. 그리고 8자에 목 테두리를 건 것은 4의 두 개가 중궁에 겹치는 것인 SXE가 되는 것이고, 속이 빈 도넛 모양은 이허중인 것

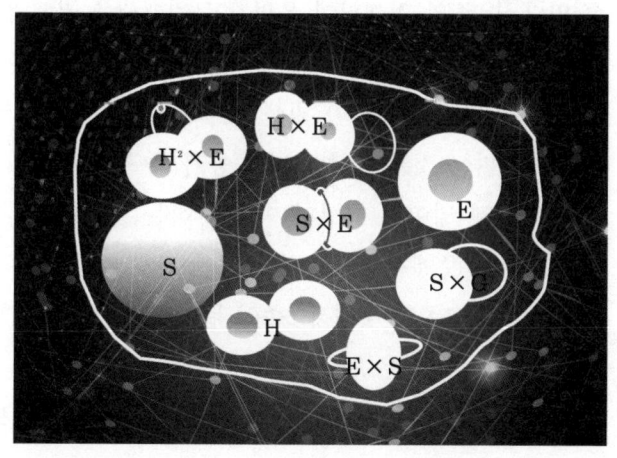

으로 9에 해당되는 것이다. SXG는 구궁의 2인 것이고, EXS는 구궁의 7에 해당되는 것이고, H는 6건궁에 해당된다. 이는 5까지 한 바퀴에 6부터 두 바퀴가 되는 것에서 0이 두 개인 8이 되는 것이다. 다만 이는 양에서 음으로 채우는 것이니 양이다.

H2XE는 두 개의 음에서 하나의 양을 빼는 고리가 되는 것이고, HXE는 두 개의 음애서 하나의 양을 빼니 이는 곧 오전의 양기를 말하는 것이다. 태양의 정오인 중천은 구멍난 도넛 O인 E인 것으로 이허중(離虛中)은 음(陰)이 창대한 것이다

※ 이허중괘 속의 오행

팔괘마다 그 속에 12지의 오행이 들어 있다는 것이다. 이는 곧 만일 이허중괘의 몸이라면 인간으로 보이는 형상보다 화신(火神)으로 보는 것을 말한다. 즉 몸이 불인 채로 움직일 수 있다는 것인데 이것 또한 실물보다 우주가 시뮬레이션이라면 현실적으로 보일 수 있다. 우주의 적색편이 우리가 무지개색을 가시광선의 오행적 분리라고 할 때 우주 공간에 있으면 무지개를 띠는 매우 얇은 것에 해당된다. 그래도 우리가 빛을 무지개색으로까지 분리가 되어 두께를 가진다는 것은 그나마 빛이 공기 중 물방울에도 반사가 되어 우주 팽창에 넓어진 현상이 아닌가 하는 것이다.

이 넓은 우주에서 물방울 하나가 무지개 띠를 만든다는 것이 수소 한 방울이 1족인 것에서 3족이 무지개로 팽창한 것으로 곧 거시적 우주가 미시적 우주의 테두리로 들어오게 한 것이 무지개인 것으로 3족으로 하는 것이고, 이는 곧 3족 안에 빛의 속도가 되는 것

이고, 3차원적인 것이다.

　이는 무지개 울타리인 적색으로 넓어지는 것으로 어둠으로 뜯겨가는 것과 같은 것, 즉 어둠은 빛의 속도보다 빠름으로 해서 빛이나 색이 뜯겨나가는 것이다. 이는 중화리(重火離)인 이허중의 괘의 실체를 보면

사(巳) － 적색편이
미(未) --
유(酉) －
해(亥) －
축(丑) --
묘(卯) － 청색편이

　이 괘가 가시광선을 나타내는 것이고 무지개색이 가장 뚜렷할 때 오행이라는 것이다. 이 괘상이 빛의 속도인 것에서 3족 안의 3차원적인 것이고, 이것이 4차원적으로서의 시공적 격차를 보이면 이는 4차원적인 것으로 빛의 속도를 능가하는 마치 언저리가 선천이 되는 것에서 핵인 고갱이를 빨아들이는 것과 같다.
　핵인 1~3까지는 빛의 섬유성 빛마저 뜯기는 것이니 오히려 빛보다 어둠이 앞서가며 당기는 힘이 더 세다는 것과 같다. 즉 빅뱅에 빛이 후발적이라는 것과 상대적 벽이 되는 것과 같다. 이는 곧 건곤감리에서 3과 6족이 대칭인 감리인 것에 뜯겨 해산되고 다시 뭉쳐지는 것에서 1과 8의 건곤 대칭의 비하면 우주에 별은 생겼다 사라지는 정도의 가랑이가 찢어지는 것이다.

※ 끈 이론과 인체

우리 인체는 입체성을 띤 것으로 3차원으로 볼 수 있는데 인체도 모든 차원이 끈에 연결이 되어 있는 기초성에서 볼 필요가 있다. 즉 신경이 목에서 X자형으로 틀어질 때는 이는 앞뒤로 쌍이 되는 것이 아니라 좌우로 쌍이 되는 것을 보면 이는 2차원인 면으로서 바탕을 이룬 것에서 좌우의 쌍을 말하는 것이다.

그리고 신경선은 두 선이 꼬인 것이기에 이는 1차원이다. 우리 몸은 3차원에서부터 보기 전에 1차원으로 보아야 한다. 우리가 3차원까지로 해서 선천수의 씨앗으로 보는 것이고, 선천수는 나무인 것에서부터 뿌리로 하는 것에서 9까지가 선천수이다. 이 선천수의 그늘 아래 서서히 소진되는 것에서 수리가 역행된다.

과일로 치면 씨앗이 3이고 나머지 9까지는 과살이 되는 셈이다. 과살은 씨앗의 거름이 되는 것이니 수량이 감소하는 것이다. 그리고 뇌의 신경은 갑(甲)에 해당되는 것이다. 그래서 뇌수막은 자(子)에 해당한다.

갑자는 을축과 합해 해중금이 되는 것으로 하고 이 신경이 목에서 좌우 교차로 이뤄지니 곧 좌뇌는 오른팔로 통하고 우뇌는 왼팔로 신경이 통한다. 팔과 다리는 진뇌(震雷)에 속하여 진뇌는 경(庚)인 것으로 이 경이란 곧 결정하다, 테이프를 끊다, 탯줄을 끊다 그리고 어느 날짜가 결정이 된 것이라는 의미인 것에서 일이 발생하는 시점의 날을 정하는 것이다. 그래서 진뇌는 경자(庚子)라고 하는 것이다. 즉 팔과 다리의 근육으로 움직이는 것을 말한다. 이는 마음의 간음도 간음인가 하는 것의 차이인데, 갑자는 머릿속의 상상도가 되는 신경인 것이고, 경자는 행위가 있은 근육 즉 신경이 근육화한 것으로 행위가 일어난 것을 말하는 것이다.

생각과 행위가 안정적으로 진행되기 위한 균형이 신경을 X자형으로 잡아주는 것이다. 경자는 작은골로서 행위를 일으키는 것이고 갑자는 큰골인 것으로 생각을 말한다. 이것이 좌우 대칭으로 행위를 하기 위해서는 뇌도 가위처럼 지렛대처럼 의지가 되어야 한다. 행위에 있어 정신은 균형을 잡고 있어야 하기에 목에서 X자형으로 중심을 잡아주어야 두뇌도 균형을 잡아가는 것이다.

※ 수소 한 알의 종자

원소 주기율에도 수소를 1로 한다. 기문이나 오행에도 자(子)를 1로 하는 것에서 출발한다. 구궁도에도 감궁(坎宮)을 1로 하는 것인데 우주에서의 1은 수소라는 것에서 출발한다. 이 넓은 우주에서 수소 한 알에서 출발하는 것에서 우주는 티끌 하나에서 출발한다는 것이다. 그러는 중에 행성인 것이 2이다.

행성은 곧 자궁인 것이다. 이 자궁은 땅이다. 이 땅에서 나무가 자라고 바람이 부는 것이 3과 4인 것이고, 이 나무의 자극과 바람에 떨어지지 않고 열리는 것이 5인 것으로 이것이 곧 〈나〉라는 것이다. 즉 우주의 중심에 되는 것을 나를 위시하는 것이다. 5가 나의 중심이고 사방의 중심이 오방이라는 것을 나타낸다.

세포의 눈은 수소 1인 것이면 미트콘트리아는 중궁의 태반인 것, 즉 열매가 꽃가루에 착상한 것이 된다. 수소가 정자면 5중궁이 난자인 것이다. 그리고 차원도 5차원에 모든 차원의 자궁이 되는 것이다. 본래 8괘는 사방을 두 번 돌아오는 것을 말한다. 이는 스핀과 관계가 있는 것에서 두 번을 하나로 하는 것이다. 이 스핀에 의해 한 스핀이 한 바퀴인 것에서 또 한 스핀이 물려 두 개의 원이 하나의 원에 스핀이 되어 짝을 이루는 것에서 톱니가 물려 어긋남이 없이 돌아가는 순리가 있는 것이다.

구궁도는 사방이 두 번 모여 8방이 되는 것이 8족인 것이니 곧 헬륨이 곧 5중궁인 것이다. 본래 2인 곤궁이 헬륨인 것이나 이 땅에 나무가 자라 착상이 되어 자리를 잡은 것이 5인 중궁이다. 이 5를 중심으로 다시 사방을 보면 8방이 되는 것에서 8족인 것이다. 그러면 2곤궁은 그 자리의 헬륨인 것이고 그 기궁이 5중앙인 나무가 흙에 중심을 잡은 것 위에 열매가 착상을 한 것이니, 곧 나무의 사방 위에 또 사방의 중심이 되는 것이 5와 10인 것이다. 이는 차원을 5차원을 중심으로 보면 이해가 빠르다. 그리고 지구에 수소가 떨어진 것이 정자인 것인데 이는 우주풍의 하나로서 보는 것이 땅에 떨어진 것이고 정자는 우주풍과 같은 활성을 띤다.

전자기력의 우주에서 백신화한 것이 대기권인 것이니 지구는 자연적 백신화에 의해 존재하는 것이다. 그 중에 달 공전이 가장 주관적으로 백신화한 것으로 착상이 되게 한다.

※ DNA의 오탄당 쌍으로서의 10과 이 쌍이
　　열 마디인 것으로서의 한 바퀴

먼저 수소 점에서 오탄당으로 5+5=10인 것으로 한 해로 하는 것이다. 이것이 열 개인 것으로 DNA 한 바퀴인 것으로 하고, 이를 10×10=100인 것으로 하면 DNA 열 마디가 한 바퀴가 100이라는 것으로 구성되면, 이는 곧 한 해가 한 바퀴의 스핀이 핵인 것이다. 또한 그 언저리는 10년이 되어야 한 바퀴인 스핀이 되는 것이다. 즉 하나의 구체가 두 개의 스핀이 있게 되는 것으로서 시공이 다른 것이 되는 것이다.

대운이 따르는 것은 스핀이 세 단계가 있다. 수소 점 하나만으로 스핀이 되는 것이 1인 것에서 오탄당의 스핀이 중간 겹의 회전으로 지구 자전으로 한다. 그러면 이 자전의 10배율이 언저리가 달인 것으로 지구가 태양을 도는 것으로 진행하는 DNA의 나선인 것이면 오탄당이 1년인 것이면 DNA 10마디가 10년인 대운이 된다.

※ 쿼크가 세 끼를 먹었는데 잠은 어떻게 자나

입가에 침이 고이면 아침이라 했나 점심에는 혀가 점으로 있다. 이 혀를 넘기려면 9시와 11시를 넘겨야 한다. 그런데 여기가 십간의 병과 정이 되는 것이고 또한 무와 기가 한 자리에 있다. 이는 병과 정은 태양의 프라즈마인 것이고 무와 기는 태양의 헬륨인 것이다. 즉 같다는 의미이다.

머리는 양성자 쿼크로서 세 끼를 먹어야 하는 삼색이다. 그리고 배는 중성자인 것으로 별들의 색으로 세포로 있다. 이렇게 삼키는 중에 전자기력이 전신에 영양을 공급하는 것인데 이 전자기장은 몸을 이루어 살이 통통 오른다.

중성자가 우주를 통하는 것은 짧은 듯해도 길고 양성자가 우주를 크게 통하는 듯이 해도 단순하고 둔한 것 아닌가? 머리보다 위장이 뻗친 세포가 더 민감하고 전자기장은 더 민감하다. 이 몸뚱이가 쿼크인 것인데 세끼를 먹고 뒤척이는 몸이니 잠도 자야 하는 것 아닌가.

※ 쿼크 구조상의 소화력

위장은 강력에 속하고 십이지장은 약력에 속한다. 이는 쿼크의 괘상이 여섯 개로 반반인 것에서 위장이 하괘의 쿼크에 해당되는 것이니 당연히 강력에 해당이 되는 연동인 것이다.

십이지장은 육효 부호 (−)과 (--)이 있는 쿼크에 해당되는 것인데 실제 이는 전자기력인 것으로 하는 것이다. 그러면 쓸개가 전자기력의 배합으로 콜레스테롤을 방출하는 것과 같다. 그런데 이 전자기력에 약력으로 붙어 있는 12지(支) 육신(六神)은 약력에 해당된다. 동효면 전자기력인 것이고 정효면 약력에 해당이 된다.

전자기력이 동하여 전자기력이 되면 이는 변괘의 강력에 붙은 전자기력이 된 것이다. 강력도 같이 강력으로 변화되어 지는 것에서의 괘상이다. 그리고 십이지장은 전자기력의 혼합인 것이고 소장을 약력인 것으로 하는 것은 소장은 복부인 것으로 땅으로 치는 것이고 지열에 속하는 것으로 따듯해야 한다.

머리는 천상신이면 대장(大腸)은 지하의 신이다. 소장은 태양열과 관계가 깊으니 소장은 심장과 연결되어 있는 것이고 여기서도 12지장처럼 전자기력이 있는 약력이 아니라 완전히 정적인 약력이다. 대장은 지하의 신, 소장은 우주에 있어 태양 쪽에 있는 것이면 대장은 어둠의 언저리에 있다. 곧 어둠은 우리가 귀(鬼)라고 할 때 이 귀를 다스리는 것이 신인 것이다.

어둠은 곧 물이 하는 것이고 물은 생명이지만 귀신의 생명이기도 하다. 이 귀신이 넘나드는 문을 펼치고 닫는 역할이 대장이 물을 흡수하는 기능인 것이다.

귀신은 물에서 출입이 용이하고 은하수를 타는 천상신은 좀 멀지 않은가. 땅에는 광물의 금이니 작아도 강력한 것이고 하늘의 금은 별이 녹으면 빛으로 전하니 우리는 잠으로 눈이 엄청나게 굴린다. 마치 포렌식을 하듯이 엄청나게 테이프가 돌아가는 것이다. 우주에 있는 달은 대장의 위치라고 하는데 본래 달은 거울처럼 비친 달이라 금에 속하는 것이다. 소장이 태양을 향한 한 쪽인 것이니 이는 거북이가 볕에 따라 암수가 생기는 것과 같다.

※ 어미는 자식이 늙어도 솜사탕 같은 것이다

비유하자면 솜사탕 만드는 틀은 1년 주기인 것이고 솜을 거두는 막대기는 하루인 것으로 하다면, 그럼 솜사탕은 1달인 것으로 하여 솜틀의 1년은 열두 개의 솜사탕을 만들 수 있다. 그러면 막대 하나가 30바퀴를 돌리면 솜사탕 하나인 것으로 건넬 수 있다. 그런데 300바퀴를 돌려 두 달이 모자라게 한 것으로 숨을 쉬게 하는 것, 즉 두 달은 허파에 채우게 하고 300은 실속인 몸으로 하는 것, 즉 머리를 1로 하는 것에서 이 1에 6분의 1이 비는 두 달이 허공인 대기권인 것에서 허파인 것이다. 이 허파인 것이 양성자인 것이면, 나머지 300은 중성자인 것으로 몸의 무게가 되는 것이다.

그러면 양성자 무게는 영혼의 무게이다. 그러나 영혼의 무게를 달 수 없는 것이 마치 풍선에 헬륨가스가 찬 듯이 무게가 나오질 않는다는 것이다. 인간의 육체는 죽을 때까지 솜사탕의 무게인 것이다. 그런데 죽으면 설탕의 무게이다.

※ 육효 두 개의 반복인 12지(支)와
   쿼크의 삼원적 독립성의 묶음

쿼크와 su(3) 게이지 입자인 글루온이 양자 동역학이 육효의 동효와 같은 것인데 이러한 동효상을 컷팅하듯이 보일 수 있는 정적인 면을 단면적으로 있을 수 있는 것이 무엇인가 하는 것이다.

이는 곧 한 컷인 정적 안, 즉 한 컷인 씨앗의 하드웨어 속에 유기적 한 단면을 컷트 형태의 단면으로 볼 수 있게 하는 것인 삼원색을 말하고 강력이 된다. 즉 색전하가 글루온 게이지로 상호 작용하는 것이 구궁도의 중궁이 삼원색인 것이면, 이것이 팔괘의 팔방으로 색전하를 가지게 하는 것으로 구중도의 구성학이 되는 것이다.

그러면 이 삼원인 중궁이 색전하는 띠는 것에서 뮤온이 음전자인 것으로서, 먼저 낮은 바닥인 것이 전자 바닥보다는 무거운 뮤온인 203배의 무게라는 것이다.

뮤온은 전자보다 음으로 −1인 전하가 207배의 무게를 갖는 질량과 같은 것, −1은 곧 207배의 중량인 전자 평균 1과 같은 것이다. 이는 +2인 것으로 반전하를 갖는 것으로 해서 하나의 스핀 축이 기우는 것을 말한다. 마치 남양결 215문구가 −1에 있는 것으로 바닥에 침전된 것으로 보면, 이 문구를 삼원색의 결합으로 +2까지로 끌어올리는 것이면, 시간수와 육십사 괘수와 10까지 더한 수를 합한 삼원의 아미노산 그릇의 RNA적 함수이다. 즉 215를 삼원의 색으로 담은 것에 전하가 8색의 분리로 궁의 깃발이듯 어느 궁이든 궁만의 색으로 전하가 미쳐있는 정보색과 같다. 이는 어느 팔방이든 이 정보가 팔색의 인지도를 나타내 보이는 것이다.

아는 색의 정보가 아니라 색의 이해도에 치중해 있는 것이 된다. 쿼크의 갈력한 치우침을 서로 생하며 이해하는 결합과 같은 것에서 이미 정보화된 소프트웨어는 색을 초월한 것이나 색전하로 8방에 전달이 될 때는 하드웨어적 루트를 따르는 것이다. 색도 소프트웨어로 취급할 것이 아니라 하드웨어로 취급이 되어야 하는 것과 그러면 색도 포장지에 불과하고 색 속에 또한 의미가 있는 것을 보아야 한다.

※ 쿼크는 삼원색이라는 보장은 없다

전하로 색을 띠는 것은 해묘미, 인오술, 진술축미인 삼원색이다. 신자진, 사유축은 색이 아니니 쿼크라고 해도 색이 아니다. 다만 중성자 쿼크라고 하면 이는 거울 속의 색이 된다. 양성자 쿼크와 중성자 쿼크의 사이는 거울의 안팎을 넘나드는 것과 같다.

쿼크의 삼원을 3족인 불로 녹여 부풀면 쿼크의 삼원이 세 개의 개체로 모인 것과 같다. 그러나 다 녹아버리면 세 겹의 껍질이 된 것이 3족인 허중(虛中)으로 속이 비면서 껍질만 유연하게 굳어지는 것이다. 그러면 삼원의 결집으로 서로 밀착이 강하니, 그 사이의 글루온은 액체가 고체가 된 듯이 쿼크의 독립성까지 다 얼려버리는 것과 같은 것이다.

즉 전자기 상호 작용하는 것으로 빛이었다가 금방 사라지는 반

입자의 특성이 전기적 전하를 갖지 않는 것으로 하는 것으로 전하가 없다는 것은 질량이 없다는 것을 말한다. 하지만 글루온이라는 매개체가 되면 전하가 있는 색전하를 갖는 것으로 이를 색즉시공이요 공즉시색인 것에 있는 것이 되는 것을 말한다.

글루온에서부터는 색도 물질인 질량으로 취급해야 하는 것이 아닌가 하는 것이다. 그리고 핵에 뭉쳐 있는 강력한 양성자의 반발력의 남성을 이기며 중성자인 원주율로 묶어 주어, 힘을 누그러뜨려 빛이 아닌 전기화한 기력으로 산란하고 포화 항태를 너그러움의 자유를 갖게 하는 것이다. 이는 원자핵의 안정이 곧 만물의 씨앗이 안정되게 물을 마시며 일어나는 화로가 되는 중수로와 같다.

핵 안의 가화만사성이 되게 하는 것이 삼원색의 상징성으로 하는 것에서 이는 빨노파의 기능을 보이는 것이다. 그리고 원자핵까지는 마치 씨앗 속에 무른 눈이 나는 듯이 3족 안의 유화가 있는 껍질로 강력한 두께의 자랑을 말한다. 이것도 핵을 벗어나면 씨앗이 밖이면 강력이 멀어지고 전자기력이 되는 것으로 섬유질이 세지는 것이다. 마침내 약력이 되면 피부까지 연한 것이 되는 것으로 하는 것이 된다.

※ 낚시하는 법을 가르친다는 것은

주역이 쿼크인 것으로 범우주적으로 보자면 주역만으로 지나가는 행인을 보더라도 전생에 내 부모였다는 메시지를 받을 수 있는 법칙을 볼 수 있다. 기르던 강아지가 죽어도 어느 날 갑자기 화신한 몸을 볼 수 있는 순간적 인연을 눈치 챌 수 있다.

이것은 내가 죽으면 만날 수 있는 곳과 그로인하여 인연이 멀어지는 길을 볼 수 있다. 가까워지는 것을 볼 수 있는 것은 이쪽의 경험으로 저쪽의 길을 확신할 수 있다.

왜 내가 이런 원소 주기율과 같은 물리 화학적 구조를 명징하게 하는 것은 어떤 화학적 변화의 비유로 만화 캐릭터 같은 상징성으로만 그치는 것이 아니라, 실제 영과 육이 그런 확실한 메커니즘으로 연결된 물리성으로 추상성을 뛰어 넘는 틀을 잡을 수 있다는 것이다.

※ 전자가 만일 바다라고 하면 이 우주의 전자에 인간은 왜 뜨지 않는 것인가

만일 영혼이 전자에 뜨는 부력에 뜨는 것이면 산 사람은 육체여서 뜨지 않는다?

과연 강력이 원자핵과 전자를 더한 것으로 하면 그중에 원자핵에 드는 것으로 뮤온으로 할 수 있는 것, 즉 뮤온이 207배의 질량으로 핵으로 둘 수 있는 위치성으로 전자에 중성자에 가까운 것으로 할 수 있는 것이면 이는 강력이다. 이는 전자보다는 무거운 것으로 전자기력으로 색을 띠는 것으로 아직 쿼크에 있는 핵력에 있는 것으로 하는 것에서, 뮤온보다 무게가 207배나 작은 것도 전자도 강력에 둔다. 그러면 약력에 있는 보손은 전자장에 휘말리는 먼지와 같은 것인가 하는 것이다.

이것은 전자를 더한 것을 말한다. 이 전자를 뺀 경계 벽을 뮤온이라고 하는 것으로 하고, 전자와는 207배의 무게에서부터 다른 핵으로 무게가 가라앉는 비중으로의 핵의 변으로 하는 것까지다.

마치 중력 밖의 전자 압력과 팽창력과의 경계에 쌓이는 껍질의 두께와 같은 것의 뮤온이 되는 입자로 한다.

이로부터 강입자로 하는 핵력으로 붙은 것이 되는 것으로 하는 것까지 또한 양성자는 중성자의 무게에 천 배가 넘는 부피성으로 한다. 그러면 중성자를 이루는 중에 양성자가 주는 것은 공망에 해당된다. 그런데 진공은 에너지인 빛의 양이 줄어든 것으로 하는 것과 나무처럼 부피가 주는 것으로 전자기장이 있다. 이 부피가 줄면 재가 되는 것으로 물에 녹아 함께한다. 즉 원소 3족은 꽃이고 원소 4와 5족은 나무인 것이고, 원소 6족은 재인 것으로 물에 가라앉는 것이다.

고로 사물의 물색이 무색으로 가라앉으면 무채색이 검어지는 것으로 색상이 없어지는 것으로서 색을 갖지 않는 무채색이 된다. 이는 흑색인 뻘이 흙에 깊어지면 황색으로 해서 다시 토생금인 것으로 곤이 건으로 화하여 백색인 것으로 전환이 되면 원소 1족으로 돌아가는 것이다.

즉 6족이 흑색인 것에서 다시 흙에 있으면 백색으로 주기율 전환의 삼원색이 되는 것과 같다. 다시 삼원색이 일어나는 흰색의 근거지가 수소족인 것으로 한다는 것이다. 삼원색이라는 것은 빛의 무지개색이 있는 것이고 나무의 삼원색이 있는 것이다.

※ 중력의 과제와 건곤

원소 4족은 6족보다 가벼운 것이나 힘은 6족보다 세다. 마치 지구 자전의 힘보다 공전의 힘이 강하듯이 말이다. 나무가 물보다 가

벼우나 나무가 더 강하다는 것이다. 원소 4족이 강하나 원소 6족이 강해보이는 것은 6족은 중력에 해당되는 것으로 압박을 받는 만큼 지탱하는 힘이다. 즉 중력은 원소 6족의 위치인데, 원소 4족은 핵융합인 것으로 중력을 밀어내는 힘이 있는 것으로 응축과의 경계에 있다.

우리가 낙조가 더욱 적색 거성이 붉어 보이는 이치는 항성의 등급이 낮을수록 붉은 것과 같은 것으로 6족에 있는 빛은 붉은 낙조와 같은 것이다. 이는 곧 물 위에 나무가 뜨면 중력 밖이 되는 것이고, 중력 밖의 핵융합과 같은 석양 같은 것이다. 가라앉으면 중력이 매몰되는 것으로 핵이 무거워 쳐지는 것이 된다. 그것이 곧 원소 주기율이 늘어날수록 무거워진다.

그리고 여덟 족만의 굴레로 보면 6족은 중력이 붕괴된 상태로 이온의 공간이 생겨 유기성의 변화에 틈이 많다. 그런데 이 중력의 반이 경화된 것이 7족인 것, 즉 6족의 이온 두 개의 반이 1족의 이온인 7족인 것으로 해서 마치 거북의 껍질에도 신경이 반은 있는 것과 같은 것에서 각질로 떨어져 나온 것이 8족인 것으로 한다. 이로써 우주 빅뱅에서 팽창의 언저리가 곧 중력의 껍질과 같은 것으로 본다.

※ 쿼크의 정보력

정보가 쿼크의 결합성으로 분산되지 않는 것으로 더 이상 분해되지 않는다. 그러므로 삼원 간의 결합인 것에서, 그 사이의 인자로 접착하게 하는 매개체가 뮤온이다. 그러면 괘상의 변화로 보면 대성괘의 괘상은 변하지 않는 강력을 뜻한다.

그런데 이 강력은 마치 괘상이 간산괘이면 산인 것이다. 만일 산이 무너져도 산은 산인 것으로 보인다. 그러나 그 산의 흙이 다른 용도의 구조물이 되면, 괘상이 변하여 변괘가 되어도 변한 것으로 보지 않는 것이 아니라, 절개지가 남은 산이라는 것을 보고 정적으로 판단하는 것이고, 동적으로 본 것은 아니기 때문에 정적으로 보면 산은 산이고 물은 물인 셈이다.

그러나 실상은 효가 동하여 다른 효로 변한 것이면 이는 중간에 뮤온이 작용한 매개체의 결합으로 움직이는 것이다. 즉 괘상의 변화는 쿼크의 변화에서 색이 변하는 것, 반 쿼크로서 색이 변하는 것의 변괘인 것으로 본다.

이는 괘를 궁으로 했을 때 그 궁의 색은 8색인 것과 9색인 것으로 드러나는 것의 변화임에 실제 삼원색인 쿼크는 무색인 것이다. 즉 각기 떨어진 것에서 삼원색으로 하는 것이 아니고 결합하여 헬륨으로 쿼크를 이루는 것이 되기 때문이다.

선천수 3까지는 백색으로 하는 것이고, 4부터 결합력을 발휘하는 뮤온이 된다. 그러면 중성자와의 결합이 핵융합적으로 단단해진다. 고로 헬륨의 중성자는 쿼크의 짝이 되어 단단한 것이면 천체 우주의 정보는 쿼크의 세계에서 나오는 것이다. 그런데 쿼크가 단순한 입자가 아니라 384개의 사건이 얽혀 있는 저장성에서 어떤 것으로도 분할되지 않고 공제되지 않는 것에서 동효(動爻, 점술에서 점괘가 바뀌는 일)의 레코드판에 따라 서로 이동하여 가면서 색이 변하는 것이다.

이 이동이 된 것으로 풀리는 것과 감기는 것으로 삼원을 이루고 있는 것으로 한다. 그러면 우리는 쿼크의 우주만으로 주역의 세계를 괘사와 효사로 전해 받을 수 있는 정보력에 사는 것이다.

※ 우주는 얼지 않으니 10으로 하고
땅은 어니 2달이 지체되어 12달이다

지구 공전도 타원으로 이동하듯이 중앙을 축으로 해야 하는 것이 기울어 늘어나니 2개의 축이 4계절의 축으로 늘어나 12개월이 되는 것이다. 마치 제사상 잔 돌리기와 같다.

건곤의 문제를 1주기율의 굴레를 2주기율에는 핵으로 들어가는 것에서 2주기율의 6족인 산소에서 8을 채우는 것이다. 또 나머지 7족과 8족은 거품인 것으로 하고 이는 계절을 수용하는 주기율의 기울기에도 수소족의 핵 중력은 벗어나지 않고 돌림을 의미한다.

※ 6족을 채우면 곧 8을 채우는 다도(茶道)가 된다

보통 주기율 상으로 6족이면 우주 어느 곳이든 미치는 은하수와 같은 6족으로 한다. 이는 우주 전체가 은하수의 바다라는 개념에서 있을 수 있다. 그런 중에 7족은 행성인 것이고 화산이 살아 있는 행성인 것으로 플로오린(fluorine, 할로겐 원소의 하나)의 성격을 띠는 것이다. 그래도 지표면이 순한 편이다.

사화산처럼 있는 것이 8족이다. 이는 온도 상의 유기성의 끝인 우주 결빙 상태와 같은 것으로 절대온도의 임계치가 8족인 것이다. 물질계의 유기성을 수소족으로 하는 것에서 다시 일어나는 시점과 같은 것이다.

절대온도에서 파괴된 입자들이라 해도 다시 수소족에 의해 재발현이 되는 것에서 헬륨이 흙처럼 단단한 돌이라면 이것이 쇠처럼 더 단단히 토생금이 되는 것이 절대온도를 넘는 기점에서 입자화의 기점인 금이 되는 것으로 하는 것이다. 즉 수소가 얼며 고체가 되면 그로부터 우주는 굳어버린 것인데 그러면 우주는 굳은 것인가 하는 것이다. 왜냐하면 우주는 거의가 수소로 되어 있기 때문이다.

모든 물질이 결빙이 되듯이 하는 것인데 결빙이 아니고 진공일 수 있는 상태로 우주 결빙인 것으로 하는 것인가, 아니면 진공도 에너지인 것이니 절대온도에서 더 이상 내려가지 않은 상태의 에너지 팽창 중의 결빙에 해당이 되는 것인가 하는 것이다. 그러면 원자가 되지 않은 상태의 아원자와 힉스 상태의 아힉스는 팽창에 따른 에너지의 미시성으로 볼 것이냐, 아니면 팽창에 동조하지 않는 동립성으로 할 것이냐이다.

보통 삼합에 인오술 삼합이 팽창의 핵심이 펼쳐진 것으로 하고 그러면 팽창을 3족인 인오술로 모인 것으로 보아 오가 1/3인 가시성이고 2/3는 암흑물질이 되는 것으로 암흑 에너지로서의 팽창이 되는 것이고 이 정점이 오인 것이다.

양전자와 전자가 반반으로 바뀌는 것이기도 하지만 1/3만 양전자이고 빛이 되는 것이고 2/3는 음전자로서 암흑물질이 되어 있는 것이 된다. 즉 보는 시각에 따라 1/3이 되는 것이기도 하고 1/2이 되는 것이기도 하다. 또한 힉스에 있어 절대온도 분기점의 수소가 액화와 고체화의 점에서 절대 온도 밖의 공간은 진공을 가질 수 있는 것인가와 암흑 에너지가 에너지라면 이는 상대성을 어떻게 부여할 것인가 하는 것이다.

　빅뱅의 내적 응축력은 진공 상태의 포장에서 일어난 것이 아닌가 하는 것이다. 그러면 산과 바다가 빅뱅이 일어나기 전에 구성된 것이 함께 빅뱅으로 터지는 것이 가능한가 하는 것이다. 빛이 나무가 되고, 나무가 물이 되고, 물이 금이 되고, 금이 토가 되는 역행성으로 보아 조성이 되었다면 역으로 빅뱅을 홀로그램으로 다시 형상 기억으로 회복이 되는 것으로 슬로우 비디오와 같다.

　우리가 말하는 수미산이니 사해 바다니 하는 것이 형상 기억처럼 복구된 것이라 봐야 한다. 그런데 무엇보다 꼭 우주적으로 보지 않고 개인 것으로 형상 기억처럼 조성이 되는 것이면 전생이나 내생이나 그 탄력을 받을 것이란 것이고, 그 공간성으로 보아 현재 상황의 에너지로 변화를 꽤할 수도 있다는 것이 될 것이다.

　이것이 절대 온도에서 수소로 다시 일어나면 이는 액화인 것이다. 그래서 우주의 기본은 물로 하는 것에서 물을 1로 한다. 이 물이 그릇에 담긴 것을 금으로서 건금으로 1로 하는 것이다. 또한 그 금에 담긴 물로서 출발하는 유기성이니 1 또한 물로서 시작한다. 즉 금생수가 되는 것이고 이때부터 절대온도 금에서 갑자가 일어나니 곧 수소족이 되는 것이다. 여기서 수소와 리튬 사이의 헬륨을 분기점으로 하는 메커니즘을 살펴야 한다.

　또는 수소로 모일 수 있는 미세성의 입자까지 가서 시작되는 점을 발견한다면 온도만으로 보아도 절대 온도를 넘은 분산 입자가 힉스보다 더 작게 퍼져 다시 힉스입자라는 것으로 볼 수 있다. 이를 10배율로 수소라고 하는 입자성으로 큰 것으로까지 뿌리를 둘 수 있는 거와 같다.

　이는 곧 힉스 입자의 정의가 되는 것인데 나중에 2주기율의 리튬으로 출발해 베릴륨으로 양극으로 갈라지는 시점으로서 1주기율의 헬륨이 갖는 분기점이 힉스장의 호수가 발현되어 나중에 수소라는 바다가 형성되어 있는가 하는 것이다.

베릴륨의 입에 힉스 입자 정도는 맛을 느낄 수 있는 양자 컴퓨터인가 하는 것과 같다. 즉 코일이 감긴 양 날개의 자석으로 정류자 정도의 입에는 느끼지 않나 하는 것이다.

※ 입자성으로 보아 힉스의 장으로 열 무대는 아닌 것 같은 옹골찬 원소라는 것에서

이는 곧 정류자의 양극은 헬륨 8족과 수소 1족 사이에 일어날 때 4족과 5족의 사이의 분리의 시작점과 2족의 양극이 갈라진 것으로 양극으로 하는 것은 분명 차례가 있다. 이것이 곧 공간과 시간 사이로 논조가 발생하는 것에서 언어의 조각을 보는 것이다. 우리가 무엇을 예지하는 데는 시간과 공간의 분리가 중요한다.

얼마 전에 어느 지하 차도에서 물이 차 인명이 손실되었다는 것을 보았는데, 이를 또한 유념해서 봐야 하는 것이 천기를 도둑질해 봐야 한다. 즉 어떤 징조라는 것을 막연히 볼 수 없다. 그 위치나 인간에 의해 나타냄으로서 시간이나 물건의 동향을 살피는 것이다.

만일 내가 일상적인 맑은 날 그 지하도를 지나는데, 거기서 어떤 행인의 행위가 괘상으로 잡혀 그 인간이 어떤 일이 일어날 것이라고 예견이 잡혔다. 그렇다고 하더라도 놓치는 것이 있다면 이는 곧 그 인간의 시간적 위치상으로 예견된 것으로 공간과는 상관없이 일이 일어날 수 있는 것을 본다.

문제는 그 지하 차도에서 문제를 일으킨 것을 시간적 위치의 인간이 아니라 공간적 위치의 징조를 보인 것으로 잡아야 한다. 만일 인간과 시간만의 예측으로 보아 유동성을 본다면 이는 그 지하 차도에서 인명이 상할 것이라는 위치성을 놓치는 것이 된다. 그러면 이도 또한 하나의 섭입견이 두 개의 변수를 놓치는 것이 된다.

한 번은 까치가 나뭇가지를 물고 하늘을 나는 것을 보았는데 하필이면 바로 우리가 있는 전봇대 위에서 뚝 떨어뜨리는 것이었다. 그러면 나는 또 귀찮고 골머리가 아파도 셈하여 보았는데, 왠지 차 안에서 괴한을 만날 것이라는 것이다.

그리고 보니 우리들 중에 두 사람이 차를 타고 시내로 나갈 일이 있다는 것이다. 그래서 차 안에서 시비 붙지 말라고 하고 집에 왔는데 그 날 저녁에 아무 일도 없었다고 한다.

그럴 때는 정말 입이 방정이고 식록을 감하는 짓거리 같아 보인다. 그런데 웃기지 않는가, 그날 저녁 뉴스에 웬 괴한이 버스에서 인질극이 일어난 것이다.

그래서 내가 하는 말이 있다. 철들자 노망이 될 것이라고, 즉 까치가 하늘을 날아오른 것을 간과한 것이다. 그리고 한 번은 지인과 잠자리에 들 시간에 되어 눕는데, 갑자기 바람이 불어 부엌문을 꽝! 하고 크게 치는데, 시골집이라 문이 헐겁다 보니 소리가 벼락같이 치는 것이 그렇게 된 것이다. 그러나 워낙 일반적이지 않는 일이라 괘상을 보니 무슨 일이 일어날 것이라고 짐작하게 한다.

그런데 곁에 있던 지인이 아무래도 그 일로 전화가 올 것이라고 한다. 정말로 전화가 그 일로 온 것이다.

그럼 과연 이 이치가 차도에 물이 차 생명을 잃을 것이라는 징조는 어떻게 봐질 수 있는 것인가.

※ 쿼크가 양성자 중성자 속에서 상대적인 것이면

이는 곧 원소 8족으로 보면 반인 4족까지는 양성자로 하는 것이고, 한글 자음으로 두는 것이면, 나머지 5~8까지는 산성족으로 모음에 두는 것이다. 그러면 곧 알칼리 네 개의 족은 양성자로 하고, 산성 네 개는 중성자로 할 수 있다.

즉 세 개의 쿼크가 하나의 양성자나 중성자인데, 그 반인 세 개가 짝인 것으로 쿼크의 3쌍이 되는 것이다. 이는 여섯 개가 쌍이 되는 것인데, 1족과 8족은 전체적 한 쌍을 이루는 1주기율인 것이고, 2주기율부터는 1족과 8족은 전체성으로 하는 한 쌍인 것에서 나머지 2, 3, 4족이 양성자 쿼크이고 5, 6, 7족이 중성자이다. 그러니까 1과 8족은 이 세 개의 전체성을 둘로 상대적인 것이다.

※ AI가 자신을 빼고 전생을 볼 수 있다면
  이 우주는 AI의 우주라고 할 것이다

만일 존재가 세포 수만큼의 마음이 담긴 것에 그 마음이 함께하는 인형 개수라면 수십조 개의 세포와 같은 결집력을 갖는다. 하지만 그 혼은 인형에 담긴 세포 뭉치지 부리는 인간은 쉬면 혼이 아닌 것이고 인형은 꿈의 세계에서 정리될 것이다.

 잠과 꿈을 함께하여 연속성을 가지나 인간은 인형과 떨어져도 이미 단절된 것이다. 오직 인형만의 실질인 것이다. 인형이 움직이는 것은 내 몸이 아니라 마음이 담긴 인형만의 수명을 갖는 생명력이기 때문이다. 그 생명력을 보자면 요즘 사회 현상에서 불거진 성형을 보아 그 성형에 이력이 난 자도 마치 생가죽 헝겊으로 붙이는 고통이 산 동물 살가죽 벗기는 고통과 같은 동질감이다.

 그래도 봉합되면 전 국민이 조아리는 마술 같은 희열의 사디스트 같은 병리 현상이 나와 여왕벌처럼 모이는 대중의 집중력이 인과율로 모이는 집합의 산술도 나온다. 내 몸 하나에 전 국민의 대중성과 맞물린다. 이는 마치 손오공의 머리털이 수많은 신군(神軍)을 부리듯 인간에게는 꿈같은 이야기지만 AI에게는 미분적분법으로 수학적일 수 있다니 AI가 무섭다는 것이다. 즉 그 전산 속도로 잡아가는 유추는 신적인 것이라 시공을 초월한다.

※ 공망(空亡)이라는 것은 수소 핵과 상대성인 것으로 하면 허점이 요점이 강한 것이 된다

 어떤 일이 발생할 때, 그 일의 접점이 어디인가 하는 것이다. 외괘에서 동효가 발생하면 외에서 일이 일어난다. 내가 공망인 것이면 나는 그 일을 피한 것이 된다. 그런데 보통 근병은 공망이면 출공(出空)하는 날 즉시 낫는다는 것이다.

 이것을 피난으로 보면 내가 출공하는 날 숨어 있지 않아도 괜찮다는 것이 된다. 그러나 그 출공하는 효가 달이 차는 경우 이는 근래의 일과는 거리가 있는 것이니 애매하다. 즉 출공하면 잡힌다는 것이 된다. 그러면 공망의 자리에 나타는 것으로 하지는 출공인 것이면 집에 나타나면 당하는 것인가 하는 것이다. 이 공망의 문제는 꼭 두 사람 간의 한 사람이 비는 것에서 사고를 나타낸다.

예를 들면 내가 그 배를 타지 않은 사이에 다른 사람들은 선상 테러를 당한다든가 하는 것, 또한 나는 집에 남고 다른 사람을 보냈는데 다른 사람이 강도를 만나는 것, 나는 애첩을 만나려 가는데 가고 보니 애첩이 전 애인에 잡혀 도망간 사이 자신은 피해를 입지 않았다는 것, 이것은 다 공망의 연유에 의해서 보는 것이다. 여기서 지하 차도의 사고를 유추할 수 있는 것이다.

※ 시간이 머무는 복령(茯苓)이라는 것

DNA는 수소가 시간을 2차원적 길이가 아니라 1차원적 점으로 붙드는 것이다. 아무리 우주가 넓어도 우주의 수소 하나가 중심을 잡아주어 유기체가 되는 것으로서 오탄당 사이에 수소가 곧 1차원적 입자성의 중심을 말한다. 원소 4와 5족의 나무뿌리는 6족의 유기성을 따라 분자 구조의 공간을 어느 족보다 자유롭게 흡수하는 것이 된다.

원소 6족이면 뿌리가 엄청 자랄 수 있는 물을 먹는 것이고, 전기로 물에 너무 자유로운 방전이 되어 활개가 살아난다. 전기는 곧 나무이기 때문이다. 나무가 전기가 안 통하는 것이라고?

나무는 전지가 최고로 자란 것이니 그 안에서 수용하는 신경과 같은 것이라 실제 느낌인 것을 측량할 수 있는 것이면 우주의 그 어떤 초감각도 다 잡을 수 있는 요소의 정밀체라고 할 수 있다. 만일 영혼이나 귀신이 이런 나무의 감수성을 느낀다면 동물과 같은 인생이야, 무덤덤하다 못해 감도 안 오는 초정밀체라는 것이다. 우리가 양자 컴퓨터가 초정밀이라고 해도 인간의 육감으로는 감이 없듯이 초감각은 인간의 감각을 초월하는 것이다.

※ DNA의 중앙의 수소 점에 염기의 뿌리가 박힌 것이면 물리의 인체학적 상수

원소 4족이 세포 중에서 뉴런에 해당하는 신경 세포인 것으로 하는 것이냐 아니면 원소 4주기율의 8족이 신경 세포인 것으로 하는 것이냐 인데, 즉 신경망은 원소 4족인 것이지만 신경망으로 보아 세포성으로 할 때는 8족이라는 것이다.

어찌되었든 수소 점에 뿌리를 둠으로서 원소 4와 5족이 6족의 물을 빨아들임으로서 오탄당이 땅인 것에서의 네 개의 염기 서열로 맥을 이루고 망을 이루는 것에서의 4와 5족인 것은 6족인 수소에 뿌리를 박음으로서 위대하다.

무엇보다 DNA의 구조가 핵융합으로 8족까지 늘린 구조가 쌍의 중앙인 수소 점이 1이고, 두 개의 수소가 붙은 A-T는 이중 수소는 2인 것이고, G-C는 세 개의 수소가 오탄당 쪽으로 붙어가는 중간에 있는 것이 삼중 수소를 말하는 것인데 동위원소가 된 것이다.

그리고 4는 네 개의 염기를 말하는 것으로 융합의 고리를 말한다. 이는 지퍼와 같은 것으로 기막히게 네 개의 염기 중에 하나는 RNA로 우라실이 되는 것이면, 이중 수소와 삼중 수소가 합하여 다섯이다. 이 둘 중에 삼중 수소의 중성자가 떨어져 나가니, 자연히 이것이 RNA의 염기 우라실로 융합이 되기 전에 DNA 상의 염기 하나가 떨어져나가 RNA 상의 염기로 융합을 하고 나서 내 개의 염기로 결합한 DNA가 되는 것이다. 즉 DNA 상의 네 개의 염기가 우라실과 합하여 다섯 염기가 되는 것이 이중 수소와 삼중 수소의 만남이다.

그 중에 RNA쪽에서 생긴 염기가 결합하고 떨어져 나간 것은 하나의 중성자라는 것이 나간 게 되어 네 개의 결합체이다. 이는 곧 핵융합의 시점이지만, 또한 RNA가 아미노산을 취용하는 순간인 것과 같은 것이다. 이렇게 네 개의 염기가 4라는 상수를 둘 수 있는 것에서 오탄당에 붙은 것이다. 이는 5라는 불변의 인체 우주적 상수를 갖는다.

〈참조〉
DNA는 앞에서 살펴본 것처럼 이중 나선(double helix) 구조이다. 이때 샤카프(chargaff)의 실험을 통해 푸린(purine, 요산 화합물의 원질)의 양과 피리미딘(pyrimidine, DNA, RNA의 자극성 냄새가 나는 결정체)의 양이 거의 동일함이 확인되면서 결국 A-T, G-C간의 결합이 이루어짐이 확인됨(이때 A-T 끼리는 2개의 수소 결합, G-C끼리는 3개의 수소결합으로 연결됨).

※ 건의 갑목은 두뇌의 신경이다

좀 더 구체적으로 건이 깨지면 두개골이 깨지는 것인데, 건궁의 납갑(納甲) 갑목(甲木)은 뇌 속의 신경을 말한다. 이 건궁의 납갑이 갑목과 임수인 수생목이 있는 그릇과 같은 것에서 마치 둥근 어항이 깨지면 쏟아지니 물고기는 말라 죽는 것이다. 이는 머리가 신경을 살리는 기능성을 말하는 것이면 이것은 폐가 산소를 공급해야 하는 이유와 같은 것이다.

이는 뇌가 산소를 전적으로 공유하는 것, 신경은 곧 산소와 같은 파장의 섬유성을 키우는 근원이 된다. 건(乾)은 머리인 것에서 그 속에 기능은 갑목 신경이라는 것이다. 을은 굴절된 몸인 을(乙)을 상징한다. 이는 곤토인 땅속에 굳은 뿌리를 말하는 것으로 나무 위에 앉은 새의 형상으로 보이는 것이다.

갑은 직접적인 압핀의 형상이고 꼭대기를 말하고, 을은 뿌리와 같은 굴절을 말하는 생명체인 것이다. 즉 갑이라는 몸뚱이가 임수를 먹고 우주로 자라면 을이라는 줄기세포가 엄청나게 생겨나게 되어 있다. 이 세포 하나가 잎새인 것에서 수많은 벌레가 알을 낳아 공생으로 몸 전체를 이루는 것과 같은 것이다.

이것이 모두 하나의 갑목에 을목이 수십조 개의 세포로 남아도 한 주기율의 수소족의 유전체인 것으로 같다는 것으로서 모래밭을 이룬 것과 같다.

※ 헬륨인 중력이 핵융합에 뜬 것이든가 아니면 핵융합에 무거워 가라앉는 것이든가

은하수 선상에서의 부침의 문제를 보자면 원소 6족까지는 건인 하늘의 우주인 것으로 한다. 이는 6족은 건궁의 임수(壬水) 납갑인 것으로 은하수로 하는 것에서, 하늘의 자기장이 은하수를 먹고 자라는 것을 말하는 것이다. 또한 우주 초전도성의 매개체와 같은 것이기도 한 것이 진공 중에 실질성의 순도와 같은 통신의 공간인 것에서다. 그리고 이 갑목이 임수의 비율로 압력을 가하면 건인 하늘에 있는 것도 아니고, 곤인 땅에 있는 것도 아닌 것, 즉 팽창이 안과 밖을 유지하고 있는 사이로 유기성을 발휘할 수 있는 것에서 말하는 것이다.

마치 물속 1마일 깊이까지는 중력에 해당되는 것으로 중력에 의해 부침이 좌우되는 것이다. 그러나 그 이상의 무게면 가라앉는 것으로 중력이 파괴되는 것으로 함몰하는 것과 같다. 다만 건(乾)은 중력 밖으로 드러낸 것이니, 납갑(納甲) 갑목(甲木)이 임수(壬水)에 뜬 것이듯이 중력은 임수에 뜬 것이 된다. 즉 은하수에도 중력의 부력이 있어 땅이 유지되는 것이다. 또한 은하수의 블랙홀도 자체적으로 함몰로 끝나는 것이 아니다. 중력이란 땅에 떨어지는 만큼 받쳐 주는 부력이 있는 것에서 무중력이라는 것에서의 경계가 있다.

만일 그렇지 않다면 무한 블랙홀이 되는 것으로 수평이 없는 것이다. 그러면 우주도 은하수라는 정립이 어렵다. 그리고 사건의 지평이라는 시간적 상황을 두기 어렵다. 모든 게 머무는 것이 아닌 무상이라는 것의 한 부분인 것으로서의 수학적 눈금이 맞는다는 유희만으로 진보에 자위할 수밖에 없을 것이다.

※ 우리는 몇 겁에서 만난 것인가

지구 45억 년? 모래 한 알도 45억 년, 모래 두 알에 한 알을 달에 얹어놓으면 45억 년의 쌍둥이, 굳이 사이에 시간을 끼워 넣기 전에 동시적 쌍둥이다. 쌍둥이 사이에는 시간이 없다. 그러면 달에 간 모래 얽힘을 몰래 내가 훔쳐 달처럼 떨어지지 않았어도 같은 공간에 동시성에는 모래가 곁에 떨어진 두 알에는 몇 억 광년이 일어난 것이다. 그리고 현재도 수억 겁의 광년을 일으키고 있다. 모래 한 알에 수억 겁이 넘나드는 것이다.

우주 크기의 공간이 필요가 없는 지척에서 수억 만 겁이 부풀려 있는 것이다. 이는 그 억만 겁의 공간을 돌아온 것이 아니라 그냥 45억의 모래 한 알에 수억 광년이 수억 겁이 샘솟듯이 나온다.

내가 기억하는 것이나 세포가 기억하는 것이나 용이 모래알처럼 작아졌다 성운처럼 커졌다고 해도 우주를 나르는 것이면 수많은 겁의 공간으로 시간의 끈을 이룬다. 모래 한 알의 말씀이 수천 만 겁을 흘러 부처님의 말씀이 된다. 우주가 공간을 초월하여 말씀이라 해도 그냥 양자에 머물러 다른 별에 있다. 그러나 모래 한 알의 이야기가 시간을 초월한 것, 즉 지척에서의 동시적 모래 얽힘의 대화 사이에는 과거와 미래를 연결 짓지 않더라도 겁과 광년으로 얽혀간 것을 내놓는다.

양자가 다른 은하와 대화한들 모래 한 알의 대화는 45억의 지구가 다 하는 날까지 억겁의 세월을 오가며 과거세 미래세가 두 개의 모래알 사이만으로 이야기할 것이다. 이 두 개의 모래알이 두 개의 팔 다리가 되는 것이면 몇 억겁의 조화가 인생 하나의 우주라는 것을 실감할 것이다.

양자 얽힘은 동시적인 것이면 우주 시차는 의미가 없는 것이고, 양자 얽힘이 동공적(同空的)인 것이면 곁에 있는 두 개의 모래알 사이의 거리 차는 몇 광년의 거리이든 의미가 없다. 곧 70조 개의 시공이 열리고 닫히는 것이 한 순간이다.

※ DNA에 있어 수소 점

수소를 빅뱅의 유전체라고 하고 양자학적인 동시적 유기성이라고 하자 그러면 DNA에서의 오탄당이 수소 점에 모인다. 그러면 이 수소는 빅뱅의 유전체이기 때문에 이 수소 점에 저장이 되는 오탄당의 연결은 곧 현재라고 하면 현재와 과거는 자고로 빅뱅과 현재의 나와 관계가 되는 것이다.

빅뱅과 나와의 관계가 태양계의 나이로 보면 140억 년이 된다. 이는 오탄당이 수소 점과 통하는 사이에 140억 년의 고리로 된 것이다. 우리가 심장을 태양이라고 할 때 DNA의 수소 점에서 오탄당이 양쪽의 날개로 십진법으로 나아가서 심장을 만들었다면 이 과정만 하더라도 140억 년 전의 일로 140번의 심장이 뛰고 있는 것과 같다.

지구가 위장이라고 할 때 이 위장의 기능은 45억 년에 이미 만들어진 세포의 DNA라는 것이고, 위장은 곧 45억 세월의 가진 양자와 같은 것이다. 이 양자는 결국 떨어져도 엮임이 되는 일시적이라도 수천수만 겁의 시공 사이를 오간다는 것이다. 곧 보살님 세포 하나에 일으키는 시공은 겁을 세포수로 따져 일으키듯이 일어난다는 것이다. 인류라는 것도 우주가 아무리 넓어도 땅 위에 꽃을 보듯이 하는 것이다.

수소는 빅뱅에서부터 저장된 것을 뱉기도 빨아들이기도 한다는 것인데 광년을 오탄당으로 따져 만 년이라고 해도 오탄당에서 수소 점으로 기록이 되면 수백억 년이 되는 것이 아닌가.

※ DNA에 있어 수소 점에서 1의 출발

DNA의 수소 점이 몇 개가 붙어 두 갈래와 세 갈래가 갈라진 것에 두 갈래는 이중 수소에 속하고 세 갈래면 삼중 수소에 속한다. 여기에 4중 수소는 없는 것에서 융합으로 4중 수소가 양성자와 중성자의 짝을 이루는 것인데 이것이 네 개의 염기가 된다. 즉 원소 4족에서 진괘가 되는 것인데 진괘는 분열이 되는 것이고 분열은 곧 합에서 일어난다. 이것이 곧 DNA의 RNA화한 것이다.

떨어지고 융합하는 RNA가 곧 진괘에 해당되고 음정으로는 파에 해당한다. 이는 곧 떨어지면 붙는 것이니 반음에 해당한다. 이 반음이 온음보다 접착력이 강한데 곧 건곤이 반음이라고 해도 두 개의 반음 사이에 중간의 온음이 묶여 있기에 원소 1주기율의 수소와 헬륨만으로 일곱 주기율의 끄는 장력을 갖고 있다는 것이다. 그리고 이 염기가 4개인 것에 우라실로의 변화로 4가 3이 되는 것에서 1이 떨어져 나간 것이다. 이 사이 한 라인이 비는 것이 이허중인 것으로 실제 불꽃과 같다. 융합이나 분열에서 불꽃인 에너지가 나는 것이다. 이를 3족의 상황으로 본다. 이 3족에 전이 원소와 란탄, 악티늄족이 일어난다는 것은 곧 전이 원소와 란탄, 악티늄족은 RNA에 속하는 것에서 DNA로 결합된 것을 말한다.

이는 삼중 수소에서 원자 하나가 떨어져 나가 융합하여 그 융합의 중심이 있는 것이 오탄당이라는 것에서 10진법의 반에 이르는 반쪽이고 온쪽이 양쪽이니 오탄당의 쌍이 곧 10이라는 것이다. 그리고 인간의 몸이 수소인 것이고 양쪽 손이 오탄당의 쌍인 것이다. 그러면 이 손의 표상이 되는 것은 이미 중앙의 수소인 내장에서 나온 것이 된다.

지렁이 몸은 커도 그 생명선은 가는 창자에 있다. 즉 가장 직선적인 표상인 것이다. 허나 인간의 창자는 오장도 크고 뼈도 크고 팔다리까지 해서 더 커 보인다. 그러나 마치 DNA는 DNA 중앙의 수소 몇 개의 조합이 곧 창자의 조합과 같은 것이고, 그 내막은 훨씬 외적인 우주와 섭생의 고리가 있는 것과 같은 식욕과 같으나 그 욕구는 작은 것이다. 그러나 그 나머지 오장과 팔다리는 지구 내적인 요소를 강조하는 탐식이 될 수 있어 이는 곧 창자의 욕구보다 훨씬 더 오장의 욕구가 강한 지구와 달의 유기성이라고 할 것이다.

※ 양자 물리적 천지

주기율과 족	1	2	3	4	5	6	7	8
1주기율	수소 백(魄)							헬륨 혼(魂)
2주기율		베릴륨 백(魄) 빛의 속도보다 빠름 양자 엮임은 빛의 속도를 초월하니 모든 인지의 척도를 앞서서 예측이 가능함, 무안계(無眼界) 마음	빛의 속도 빛의 속도 안의 사물 척도 안계(眼界)	신경계				네온 혼(魂) 사(死)

2주기율과 3주기율부터의 전형 원소는 무색계로 하고 이를 무안계(無眼界)로 하는 것이고 빛의 속도로 섬유화된 사물로서의 시

야성를 말한다. 즉 전이 원소가 3족에서 시작되기 전의 1족과 2족이 눈으로 인지하는 세계가 아닌 무의식계라는 것이다.

마음을 내면 빛의 속도를 초월하는 것이니 마치 서울에서 부산까지 가는 차표를 끊어 정확하다고 해도 중간인 대전에 내릴 수 있다는 것을 미리 알 수 있는 것이다. 시공은 빛의 속도에 정확히 맞춘 계량이지만 마음은 먼저가 빛이 오기 전에 자리 잡을 수 있어 먼저 알 수 있다. 원소 3족은 빛의 속도지만 원소 2족은 마치 두 개의 양자가 달과 지구로 떨어져 있어도 동시적으로 반응하는 속도가 빛을 능가하는 속도이다. 그러니 3족의 몸의 순간이동보다 2족이면 마음이 이미 순간이동으로 얽혀 있다는 것으로 괘상으로 태상절(兌上絶)인 태괘(兌卦)의 양쪽 사이를 말한다. 그리고 1족은 마음과 행위가 분리되지 않고 마음이 곧 행위가 된다.

3주기율	나트륨 생(生) 혼백	백(魄)		신경계				아르곤 혼(魂) 사(死)
4주기율	생(生) 혼백	백(魄)						혼(魂) 사(死)
5주기율	생(生) 혼백	백(魄)		신경계				혼(魂) 사(死)

4주기율과 5주기율부터의 전이 원소는 색계(色界)라고 하고, 6주기율과 7주기율은 란탄, 악티늄족을 욕계(慾界)라로 한다.

6주기율	생(生) 혼백	백(魄)		신경계				혼(魂) 사(死)
7주기율	생(生) 혼백	백(魄)		신경계				혼(魂) 사(死)

　육도 중생은 이렇게 1주기율을 핵으로 하는 여섯 주기율의 생멸로서 반복되는데 주기율은 족이 같으니 천상이나 지상이나 같은 하늘을 보고 땅을 보아도 다만 청명도가 다를 뿐이다. 이런 공간 차이는 죽어도 죽은 줄 모를 수가 있다. 양파 껍질 같으니 원소 3족은 항성의 팽창을 말하고, 2족은 빅뱅이 팽창하는 것을 말한다.
　암흑물질은 빛이 속도 안이기도 하지만 밖이기도 한데, 이는 우주의 정적인 것이기도 하지만 동적이기도 하기 때문이다. 즉 빛의 속도로 안식(眼識)에 드는 물질은 팽창의 굴레에 들어 동적 평행을 이루지만 원소 1족이면 혼과 백이 합한 정적인 자아이다. 다만 바닷물이나 샘물이나 물은 같다는 의미이다.
　죽어 원소 3족에 있다면 이는 전이 원소나 란탄 악티늄족에는 벗어나지 못한 원소의 굴레가 있는 것이나 의식은 1족의 상태로 있다. 이는 원소 주기율은 의식계를 합한 혼과 백인 것이다. 그리고 주기율 사이 공간이 무의식계로 보는 것이고, 아뢰야식으로 본다. 원소 8족이 혼인 것인데 이것이 주기율 전환이 되어 1족으로 변하면 이는 아뢰야식이 도니다. 그러므로 어느 주기율에 태어나든 족이 같은 기억의 소생이 된다.

※ 부처가 되기 어렵다는 것

내가 아는 지인이 돌아가셨는데 그가 다음 생애에 누구에게 피습 당해 사망한 것을 보았다. 그런데 어느 연대에 일어날 것인지 디테일한 게 없다. 즉 몇 백 년 후인지 몇 겁 후의 인간으로 태어났을 때의 일인지 모른다. 그 후로 내가 인간으로 태어났을 때, 그 사람과 대화를 하는 것을 보면 동시대적으로 살아간 현세의 인연으로 그 미래에 다시 보지 않았나 하는 것이다.

몇 겁의 부처님 연대에 일어났다는 역사의 시대적 유전성을 서사화하지 못한다는 것이지만 과학적 가능성으로 보자면 원소 주기율로 이러한 디테일한 시공 차이를 그래프화 하고 공식화할 수는 있는 것이다. 내가 부처는 아니었어도 현재의 이별을 몇 겁의 지났어도 만났다는 이야기이다. 그러니 그대의 과거뿐 아니라 미래의 만날 인연을 원소적으로 그래프화 할 수 있다.

※ 시간은 가는 것인가?

시간은 원소 3족 안의 진행이라고 하는 것인데, 원소 1, 2, 3족 까지는 시간이 가는 것이 아니라, 수리가 되지 못하는 것이다. 이는 4족부터 수리가 되는 것으로 선천수라고 한다. 또한 주기율로는 4주기율부터 전이원소가 10개 되는 것에서, 실이 한 뭉치 원주율이 되는 구경(球境)의 시방(十方)이 되는 것을 말한다.

원소 4주기율을 전이원소 10으로 감아 한 뭉치가 되는 것으로 십진법의 반복적 두께로 늘어나는 진행이 되고 이 주기율이 뭉치로 된 것이 지구가 태양을 도는 한 바퀴인 것이면 5주기율의 3족으로 뭉치면 달이 지구를 보는 한 뭉치가 된다. 그러면 4주기율의 지구 궤도가 다시 5주기율의 달 궤도와 물려 10×10=100이 되는 비중으로 응축되니, 무거운 편이고, 또한 여기에 지구 자전율로 10을 더한 6주기율이면 궤도는 작아지면서 밀도와 중력은 100×10으로 높아지니 란탄족이라는 부산물이 15개 생겨나는 지상의 생물과 같다.

또한 달의 자전율로 짝을 이뤄 밀물과 썰물로 설레이니 사람 몸의 단전 위치와 같고, 성(性)은 중력과 같이 쏠리는 현상이 된다. 그러면 시간은 3족에서 블랙홀이 되는 것에서 전이 원소로 다시 팽창하는 공간만으로 시간이 있는 것이라 3족 밖에서 보면 시간은 멈춘 것에 있다.

오직 이 4~7주기율 간의 반복만 있을 뿐 간 것이 아니다. 물론 갔다고 해도 어마어마한 중력을 차고 나가는 힘이 있어야 한다. 그런데 원소 주기율적 견인력의 진행으로는 시공의 함몰이 되니 시공과 수학성을 체험하지 못한다. 원소 4주기율부터의 전이원소가 왜 3족에서 출발하는 것인가를 궁구해 볼 필요가 있다.

이 구조를 잘 이해하면 씨앗의 알참이 8족적 대궁으로 속을 비우며 중력과의 비례로 허와 실을 갖추고 있음을 안다. 그리고 전형원소에 전이 원소는 블랙홀인 것이고, 전이 원소 자체만으로 팽창을 의미한다.

선천수는 이미 하늘이 정해진 대로 살 수 있는 것을 말한다. 그런데 하늘이 없는 곳에도 스스로 발광을 할 수 있는 곳은 원소족의 영역이면 충분하다. 이는 빛보다 빠르다는 것은 암흑물질의 부산물이 빛 가루로 쌓일 수 있다는 것이다. 그러면 빛 가루로 하늘을 덮으면 그냥 하늘로 대명천지인 것이니 등불이 있을 수 없고, 굳이 태양이 비출 필요가 없으니 내 스스로 등불이 될 수 있는 것이다. 그런데 과연 천상계는 태양이 없을 수 있나? 그러니 저승도 이승처럼 전이 원소 안의 세계일 수 있다.

※ 기하학

지구 45억 년, 그러면 지구 모래 한 알도 45억 년, 이 모래 한 알의 반쪽을 화성으로 보내면 한 알의 양자 엮임은 같은 유전형의 세포 분열로서 45억+45억은 양쪽 사이의 공간, 45억×45억은 시간 얽힘, 수백 억 광년, 수천 억 광년, 수조 광년 우주 시공이 되니 우주가 지구 손바닥 안이 아닌가.

※ 왜 새는 팔 대신 날개를 가졌을까?

본래 사람은 허리의 난자에서 니오는 것이라 이 위치는 숲이며 물에서 육지로 진화했으므로 태곳적부터 강하다. 그러나 새는 알에서 나온다. 알 속을 보면 흰자가 폐가 된다. 이 흰자가 싸고 있는 위장이 노른자이다. 이 노른자에 핏줄이 일어나는 것이 심장으로 이를 양성자 팔이라고 한다. 양성자 쿼크도 8괘가 있는 것에서 태양족의 팔괘라고 한다. 이는 날개로 퍼덕이게 하는 것이니 태양의 알에서 깨어난 것이다.

그러나 인간은 지구 중력에서 물결의 파동으로 일어난 것이라

달이 지구 중력이 품은 것을 일으켜 지구인으로 번식하는 것이다. 새는 선녀족인지 몰라도 천상에 미련이 있는 것이고 이는 중성자 팔괘에 해당하는 중성자 쿼크가 된다.

인간은 지구에 안착한 자기중심이 되는 것에서 중성자적이고 중성미자적 티끌에서 일어난 것이다. 8은 양손의 엄지 2개를 뺀 8개의 손가락이 8이다. 이는 원소 1주기율의 2를 뺀 8족을 의미하는 것과 같다.

거울에서 귀신이 나오는 법칙이 오일러 공식과 낙서(洛書)같기도 하고 또한 귀신 씨나락 까먹는 것도 이미 공식에 접근했나? 콧대가 이미 독보적 패러다임인 수학에…,